本書由香港青松觀資助出版

全真學案（第二輯）

張廣保 主編

鍾離權學案

ZHONGLIQUAN XUEAN

章偉文 著

齊魯書社

《全真學案》編委會

總　序

金代中期,王重陽在中國北方創立了一種有别於傳統道教的新道教——全真教。全真教以三教合一爲宗,以性命雙修、功行并重爲修煉門徑,汲取禪宗的心性理論、修行方式等諸多因素,對傳統道教從教義、戒律到宫觀組織、修行方式,以及終極超越境界等方面都進行全面革新,并在元以後分領道教的半壁江山,與正一教并立爲二,最終形成北全真、南正一的道教宗派新格局。這就打破了此前道教史上靈寶、上清、正一等三足鼎立的舊格局。

在全真教的發展歷史中,大蒙古國初期是教門發展的關鍵時期。它不僅確立了全真教在道教中牢不可破的重要地位,而且對整個中國社會、歷史的走向也引發極爲深遠的震蕩。開闢全真教這一發展新局面的關鍵人物就是全真掌教丘處機。正是丘處機以年逾古稀之齡萬里西行,覲見"一代天驕"成吉思汗,及隨之而來的雪山論道、一言止殺,使得全真教獲得蒙古皇室的尊崇,從而走出道教,與當時的漢地世侯一道,擔當起在蒙古國時期重建業已解體的中國社會,以及教化民衆、化導殺心等重要社會、文化功能。從歷史看,道教在中國社會中的這種作用,在整個道教史中都不多見。因此丘處機與成吉思汗的相遇,不僅是一個對道教具有重大影響的事件,而且在中國歷史上也是具有深遠意義的重大事件。此外,考慮到成吉思汗及其子孫創立的蒙古帝國是一個地跨歐亞的大帝國。它的版圖不僅包括北中國,而且還囊括俄羅斯(金帳汗國)或術赤兀魯思、西亞地區(伊兒汗國或旭烈兀汗國)和中亞地區(察合臺汗國)。其統轄範圍幾乎包括當時文明世界半數以上的領土。又考慮到它與羅馬教廷的複雜關係,我們説蒙古帝國的歷史在一定程度上就是世界史。而丘處機與成吉思汗的相遇,乃蒙古統治者首次鄭重其事地對待一個定居農業文明的宗教領袖(雖然據《佛祖歷代通載》卷三三,在稍早幾年,佛教與汗廷有過一次非正式的接觸),其對道教采取的接納態度,無疑會直接影響此後汗廷的宗教政策,影響它對其他定居文明宗教,例如西亞的伊斯蘭教、西藏的喇嘛教、中亞的聶斯脱里教(基督教在東方的一個宗派)等宗教的接納。

一、開創期

對於全真教的研究,發展到今天可以毫不誇張地説已經是一門國際性的學問。中國方面的研究如果從清光緒年間陳教友的《長春道教源流》算起,迄今已有近一百五十年的歷史。總結這一時段的研究歷史,我想把它區分爲四個階段:開創期、奠基期、復蘇期與全面發展期。中國對於全真教的研究是由活躍於清代後期的陳銘珪開創的。陳銘珪(1824—1881),字友珊,入道之後改名教友,道號酥醪洞主。作爲清代咸豐二年(1852)的副貢生,陳銘珪在仕途上一直不得志,加之晚清自道光之後,由於鴉片戰爭引發的政治、社會變革及西方文化學術涌入的衝激,晚年爲了逃避社會矛盾，排解個人生命歷程中所遭遇的挫折感，他在廣東羅浮山酥醪觀拜禮全真道士，正式加入全真龍門派成爲一名全真道士。爲了表達他對全真教的忠誠，陳銘珪於光緒五年(1879)編撰了後來成爲全真教研究開山之作的《長春道教源流》。其書序云："余中年感异兆，學道於羅浮酥醪觀中。觀爲全真之龍門派，源出於丘長春。暇因考史册，并取《道藏》諸書核之，知長春之學，深有得於《道德》要言，而無煉養、服食、符籙、禳禬末流之弊……余因溯其源流，輯爲是編，以告世之爲全真學者。"①在此需要特别指出的是：陳銘珪的道士身份直接影響到《長春道教源流》的撰述。由於撰寫此書時，陳銘珪已正式遁入玄門，因此他編纂該書的意圖很清楚：此即意在表彰前輩全真高道救世救民、慈心惠物、修道煉真的高尚行爲。受此種動機的制約，他在擇取史料時明顯有偏頗，其中最明顯的表現就是對於歷史上涉及對全真教批評的文獻，諸如蒙古國時期耶律楚材所撰《西游録》、元釋祥邁的《至元辨僞録》等，他就均未收録。此外書中搜集史料主要以丘處機一系的全真龍門派爲主綫，至於全真其他各派的傳承法嗣則付之闕如。個中原因有二：其一丘門一系的全真龍門派在後世較其他各系更爲繁盛，這在陳銘珪的家鄉廣東羅浮山尤其如此。其二與陳氏本人作爲全真龍門派弟子的身份直接相關。他編輯此書的動機之一顯然是要光揚本宗。至於題名酥醪洞主曰的辨證，也可以看出他處處刻意回護全真教。因此該書雖然從前人文集中搜集大量有關全真教材料，因而爲此後全真教研究奠定扎實的史料基礎，但文中顯露出的濃厚護教意識

① 陳銘珪：《長春道教源流・序》，見嚴一萍輯《道教研究資料》第二輯，臺灣藝文印書館 1974 年版。

妨礙其立論的客觀性、公正性。

早在陳銘珪編著《長春道教源流》之前的清代道光、咸豐、同治(1821—1874)時期,清代學術的主流就已由考據之學向經世之學過渡,就中西北史地之學尤其爲當時的學者所關注,李文田、丁謙、洪鈞等都是這一領域的佼佼者。正是這些研究西北史地的學者居於本學科的興趣,重新發現淹没已久的元李志常的《長春真人西游記》,并對之予以深入研究,當然重點在於發掘其地理價值。這方面的代表性作品有丁謙的《元長春真人西游記地理考證》及王國維的《長春真人西游記注》(其後二十世紀三十年代又有張星烺《西游記注釋》),而錢大昕則有發端之功(1866年的俄譯本、1867年的法譯本及1877年的英譯本均是受此種中亞史、地理史研究語境的影響)。就中丁謙祇是將《長春真人西游記》看成一本單純的地理學著述,毫不關注其宗教價值;①而王國維則有所不同,在注文中除援引《元史》《多桑蒙古史》《蒙韃備録》《西使記》《至元辨僞録》及元人文集等史料以疏釋本文外,還花費相當筆墨考證書中涉及的蒙古時期全真教史,例如蒙古憲宗時的佛道争端,丘處機、耶律楚材的交惡。值得特别提到的是:王國維在書中附録中特别録引清考據大家錢大昕一段話,提示一起史實:“丘長春以丁亥七月卒,而元太祖之殂,亦即在是月。”丘處機與成吉思汗在經歷神奇性的歷史會面之後,又神秘地於同年同月逝世,此事在道教語境中的確引人遐思,其聯想空間尤大。②

① 丁謙:《元長春真人西游記地理考證》,見嚴一萍輯《道教研究資料》第二輯,臺灣藝文印書館1974年版。

② 王國維:《長春真人西游記注》,見嚴一萍輯《道教研究資料》第二輯,臺灣藝文印書館1974年版。

二、奠基期

不過,從二十世紀有關全真教研究發展的歷史看,陳銘珪《長春道教源流》一書無論在解釋模式,還是在撰作體例方面對於後世尤其是二十世紀前五十年之前的全真教研究都具有很强的示範性。二十世紀四十年代歷史學家陳垣撰作《南宋初河北新道教考》,顯然就沿襲陳銘珪所創立的模式。對此陳垣本人也不否認。作爲廣東同鄉,陳垣對自己的這位鄉賢推崇備至。① 這從一方面説明居於地域鄰近性的影響有時是很大的。然而,陳垣與他的那位鄉賢還是有很大不同:他并非全真道士。他之撰作此書顯然不是出於弘道,而是直接受到當時特定政治、社會環境的激發。作者此書著於二十世紀四十年代,二次世界大戰是當時制約時代的大事。其時作爲同盟國一員的中國,其國土的大部分正處於作爲軸心國主要成員之一的日本的占領之中。陳垣當時正生活在日占區中的北平。面對山河破碎、國土淪陷,他的心情極端憂鬱,然而處於日占區,他又無法公開表達這種憂思,於是他將之寄寓於宋金之際興起的全真教,意圖通過對全真教在金、蒙、元史事的考證性詮釋,委曲地表達自己的憂思。誠如作者撰於1957年的《重印後記》所言:"盧溝橋變起,河北各地相繼淪陷,作者亦備受迫害,有感於宋金及宋元時事,覺此所謂道家者類皆抗節不仕之遺民,豈可以其爲道教而忽之也。因發憤爲著此書,闡明其隱。"②正是居於這一特定語

① 他在書中提到關於全真教的研究,歷代均不重視,"六十年前,東莞宗人友珊先生撰《長春道教源流》,始稍稍闡明之"。這就充分肯定陳教友對於全真教研究的發端之功。陳垣:《南宋初河北新道教考》,中華書局1962年版,第1頁。

② 陳垣:《南宋初河北新道教考》,中華書局1962年版,第154頁。

境,陳垣關注的重點與他的那位鄉賢有所不同。他突破陳銘珪單純以龍門派爲主綫的宗派意識,以十二大專題爲紅綫對金、蒙、元時期的全真教展開全面研究。與陳銘珪的研究相較,陳垣的《南宋初河北新道教考》表現出下列特色:其一取材更爲廣泛。除大量利用《道藏》内外文獻之外,還廣泛利用金石材料,這當然與其深厚的學識分不開。其二由於國土淪陷的激發,"遺民"意識濃厚。他之所以用"南宋初"而不用金元來稱呼新道教各派,顯然是中國傳統史家慣用之曲筆,其意乃在借史抒情。① 居於此種詮釋意向,他極注重對全真創教之祖王重陽的考述。不過也正是這一濃厚的遺民意識,使他難以公正地刻畫王重陽的歷史形象。例如他認定王重陽爲南宋遺民,因而就無法面對王重陽曾經應過僞齊武舉,并在金朝任過監酒小吏這一歷史事實。此外,王重陽的第一代大弟子大多與金皇室關係密切,例如七真中王處一、丘處機、劉處玄都曾先後接受金世宗、金章宗的召見。其實王重陽的出家、創教與其説是出於對宋室的忠誠,倒不如説是由於個人仕途的失意及由之引發的挫折感,對生命無常、虚幻等源於個體的生命領悟等個體因素。總之,陳垣依據自己的解釋語境對王重陽形象的塑造,衹能是作者將自己遺民意識投射於歷史人物。對此我們不妨視爲一種歷史解釋學的誤讀個案。其三,他以"新道教"來統稱金末元初興起的全

① 關於此點,他在書中有明確表述:"右三篇四卷廿十三章,都六萬餘言,述全真、大道、太一三教在金元時事。繫之南宋初,何也?曰三教祖皆生於北宋,而創教於宋南渡後,義不仕金,繫之以宋,從其志也。靖康之亂,河北黌舍爲墟,士流星散,殘留者或竟爲新朝利用,三教祖乃别樹新義,聚徒訓衆,非力不食……然固汴宋遺民也,而録宋遺民者多忽之,豈入元以後有遺民,入金以後非遺民耶,可謂大忘也矣。"陳垣:《南宋初河北新道教考》,中華書局1962年版,第3頁。

真教、真大道、太一教等流行於北方的新道派,這是極富創意的。新道教與中國道教各派相比,確實具有獨有的特色,例如全真教就公開宣稱以三教合一爲立教宗旨,所謂"三教搜來做一家",并在一定程度上對傳統道教尤其是北宋道教進行批評,這些都使當時教内外人士對其身份認同産生困惑。從當時文集所傳材料看,當時人都覺得這些所謂新道教非釋(禅)非儒亦非道,而教徒自己起初也不明確其教派歸屬,因而全真教起初可能完全是一種出於三教之外的新宗教。不過歷史發展往往出人意料,全真教等新道教對傳統道教的批判恰好構成道教發展的一個新階段,而爲道教所包容。陳垣早在二十世紀四十年代就使用"新道教"一詞,①説明他奠基於歷史文獻引發的感覺是敏鋭的。其四,以八大專題對金真教展開全面研究,對後來研究具有示範性,尤其是以"末流貴盛"爲題對元代中後期全真教墮落現象的批評,難能可貴。② 陳垣《南宋初河北新道教考》對於二十世紀後半期中國全真教研究有著很重要的影響,這可能與他在史學界舉足輕重的地位有關。二十世紀中國史學界向有"南北二陳"之説,北陳即指陳垣。因此,《南宋初河北新道教考》堪稱全真教研究的奠基之作。

值得提及的是陳垣在《南宋初河北新道教考》提到,包括全真教在内的"新道教"在金元易代之際對於保全中華文化、維持種族延續重要作用的觀點,在此後中國史學界引起頗爲激烈的響應。二十世紀六七十年代,幾位重量級的中國史學家諸如錢穆、姚從吾都曾撰專論闡發陳垣的上述觀點。錢穆在其所著《中國學術思想

① 陳垣:《南宋初河北新道教考》,中華書局 1962 年版。

② 陳垣:《南宋初河北新道教考》之十一"末流貴盛",中華書局 1962 年版。

論叢》(六)之《金元統治下的新道教》①、姚從吾撰《成吉思汗信任丘處機這件事對於保全中原傳統文化的貢獻》②《金元全真教的民族思想與救世思想》③等都致力於擴展、闡發全真教在蒙古游牧文化大舉入侵之特定歷史階段,對於沿續中原漢文化、華夏種族生命之重要歷史作用。值得注意的是這兩位學者當時或居留香港,或自大陸遷居臺灣,其時國共分爭,國民黨及其政府全綫潰退,由大陸遷居臺灣。由於對於傳統文化采取一種偏向於全面否定的態度,這在其時知識分子的心目中造成一種傳統文化斷裂、中國文化整體改宗的印象。身處此境對於遷居香港、臺灣的兩位歷史學家,他們再次感到自身如同七百多年前全真教先輩一樣,再次面臨一場中國文化走向的重大抉擇。於是歷史再次召喚全真教,讓他們來回答二十世紀五十年代呈現的新問題。不過這次壓力不是來自北方草原,而是來自中國社會内部。幸運的是今天已經開始總結歷史,懂得傳統的珍貴,開始以一種全新的態度來處理作爲西方文化一支的馬克思主義與中國自身傳統的關係。在此需要簡單提一下,早在二十世紀二十年代,同處中華儒教文化圈的日本學者也很重視對全真教的研究。日本老輩學者例如小柳司氣太、窪德忠、吉岡義豐等人也就全真教的成立、白雲觀史及其全真教與儒道關係等一系列問題展開全面研究,推動這一領域的進一步發展。與中

① 錢穆:《金元統治下的新道教》,見《中國學術思想論叢》六,臺北東大圖書公司 1978 年版,原文發表於 1966 年。

② 姚從吾:《成吉思汗信任丘處機這件事對於保全中原傳統文化的貢獻》,見《姚從吾先生全集》第六集,臺北正中書局 1982 年版。

③ 姚從吾:《金元全真教的民族思想與救世思想》,見《東北史論叢》,臺北正中書局 1970 年版。

國學者相比,由於解釋語境完全不同,日本學者對於中國學者特別關注的全真教救世問題明顯缺乏熱情,他們研究的目的一部分乃在於爲配合二十世紀三十年代的侵華戰争之需對中國社會進行全面調查。此外,在研究方法方面,日本學者很早就不單純限於文獻,而采用田野作業的新方法,像小柳司氣太、吉剛義豐都曾居住於白雲觀進行實地調查。這同時也説明對全真教的研究很早就具有跨越國界的特性。

三、復蘇期

自 1949 年至 1979 年,在中國由於共産黨領導下的新政權信奉馬列主義,對於中國傳統文化尤其是宗教文化采取全面批判的態度,因而這三十年大陸地區對於全真教研究幾乎毫無進展。至於臺灣方面,情况略有不同,除上述姚從吾的研究之外,孫克寬是其時臺灣從事全真教研究的主要學者。他撰有《宋元道教之發展》《金元全真教的初期活動》《全真教考略》,對金元時期的全真教作了很好的研究。二十世紀八十年代之後,伴隨著中國共産黨的改革開放新政之施行,對於傳統文化價值也轉入重估時期。與此相應,中國大陸對於全真教的研究進入復蘇及全面發展的新階段。在復蘇期的二十世紀八十年代,中國大陸從事全真教研究的主要學者有:龍晦、郭旃、陳俊民等人。龍晦著有研究論文《全真教三論》,郭旃有論文《全真道的興起及其與金王朝的關係》,陳俊民亦撰有《全真道教思想源流考略》等專論。與此同時略後,由任繼愈、卿希泰分别擔任主編的兩種有關道教的通史性著述《中國道教史》,對於金元時期的全真教均闢有專章。復蘇期中國大陸對於全真教的研究除像此前一樣關注教史研究之外,還特别注重對全真教思想及其與傳統思想的關係。對於此前學界討論較爲充分的全真教救世問題及遺民認同,這一時期也有所回應。此外需要特别提及的是,1988 年由文物出版社出版的陳垣編纂的道教碑刻集《道家金石略》①,對於此後全真教的研究具有重要意義。此書雖然名爲《道家金石略》,但有關全真教的部分占據全書主體。此書的出版爲全真教研究提供新的史源,有助於訂正《道藏》内外傳世文獻記述的錯誤,這對於進一步深化全真教研究無疑有著推動作用。不過,學界要消化書中纂集的有關全真教的碑刻材料,尚須等到二十世紀九十年代之後。

四、全面發展期

進入二十世紀九十年代,中國大陸學界開始從不同角度重新審視全真教,這一階段的研究呈現多視角、問題意識濃厚等特徵,歷史學、宗教學、哲學等各學科的學者都介入全真教的研究,從而迎來歷史上不多見的全真教研究黄金時期——全面發展期。造成全真教全面發展的動因,除上述新材料的出版之外,當代全真教組織尤其是全真龍門派的推動也是一個重要原因。例如隸屬全真龍門派的香港青松觀,自二十世紀九十年代至今,多次組織全真教國際學術研討會,并將會議論文結集出版(例如 2004 年由青松出版社出版的《全真弘道集》,就收集了由中、日、法等國學者撰作的二十四篇論文,是一部有關全真教的專輯。2006 年又召開"全真教戒律中的生態思想"專題討論會,并將論文結集公開出版),資助有關道教研究專刊《道家文化研究》的出版(現已出版三十輯),這些舉動直接推動了這一領域研究的進展。此外,各地方政府從發展地區經濟、文化動機出發,也贊助在本地召開的全真教會議。這些又

① 陳垣編纂:《道家金石略》,文物出版社 1988 年版。

反過來影響各大學博士、碩士生論文選題傾向。從研究所采用的視域看,這些研究有的考察全真教與蒙古皇室的關係,例如鄭素春的《全真教與大蒙古國帝室》;有的從全真教史的角度,探討全真教宫觀組織的系統及宫觀經濟、宗師傳承世系及宗祖譜,例如程越的博士論文《金元全真道宫觀研究》、張廣保《蒙元時期全真宗祖譜系形成考》、馬頌仁《七真各自的思想特色、活動的再評價——兼論四哲、七真説的出現過程》;有的從歷史的角度,接續此前論題,繼續考察全真教在金元易代之際,救世濟人,維護中原文化的諸種活動;還有的從心性角度,從哲學、宗教角度考察全真教心性哲學的特色,及其與禪宗、理學心性理論的互動關係。例如由張廣保撰作的《金元全真道及其内丹心性論研究》。尤其是此時對明清全真教的研究也是此前未曾涉及的,例如陳兵《清代全真道龍門派的中興》、王志忠《明清全真教論稿》、唐大潮《王常月修道思想略論》等這些都是二十多年來全真教研究取得的新進展。在此,再次要提及的是,二十世紀八十年代出版的陳垣先生編纂的《道家金石略》一書,爲這一時期全真教研究全面利用金石碑銘材料奠定基礎;其後王宗昱又編輯《金元全真教石刻新編》①,相信隨著新材料的整理,還將進一步推動全真教的研究。

在此我想重點介紹一下二十世紀九十年代以來對全真教研究的三大新趨勢,其一從道教内丹學的角度對全真教的主體内修實踐方術——内丹術的研究。衆所周知,在道教史中全真教是傳承内丹修煉術的重要道派,亦被稱爲金丹道北宗,從而與張伯端開創的内丹道南宗并駕齊驅。然而,對於全真道内丹術,二十世紀八十

① 王宗昱:《金元全真教石刻新編》,北京大學出版社2005年版。

年代以前，除道教界的高道陳攖寧、王沐因爲自身修行的需要有所論及之外，學術界并未引起重視。八十年代之後，伴隨大陸“氣功熱”的修行思潮的影響，學界開始關注全真教的内丹學。這方面較早的研究作品有張廣保《金元全真道及其内丹心性論研究》、胡孚琛等《道學通論》相關部分。2000 年之後學界對於這一主題的興趣有增無減，在“内丹學”名義下對全真教内丹術研究的作品很多，例如楊立華 1998 年博士論文《兩宋内丹道教及其淵源研究》、張廣保《唐宋内丹道教》、詹石窗《全真道的内丹養生説與易學關係略論》。此類作品還很多，詹石窗主編的《道韵》曾以專號形式刊載有關全真内丹學研究的專論。至於各類學術刊物所載，更是難以一一類舉。此外，這一論題的研究還引發國外尤其是歐美中醫、養生界的興趣，2006 年筆者曾參加於德國慕尼黑舉辦的“國際道教養生會議”，會上就曾專門設立“内丹養生”的論壇。2007 年在美國新墨西哥州由孔麗維（Livia Kohn）教授發起，召開以“内丹——道教傳統中的性、自我與社會”爲主題的國際討論會。總之，這可以説是道教内丹學視野下的全真教。有關這一主題的研究因爲具有較强的個體生命關涉性，因而受到來自學術圈之外各界的普遍關注。其二對於元代全真教戲劇、詩詞等文學作品的研究。關於這一主題的研究，二十世紀九十年代之前，除柳存仁撰有《全真教和小説西游記》之外，没有得到學界的普遍關注。九十年代之後至今，有關此主題研究的成果可謂碩果纍纍，例如詹石窗《南宋金元道教文學研究》，吴光正《八仙故事系統考論》，劉敬圻、吴光正主編《八仙文化與八仙文學的現代闡釋——二十世紀國際八仙論叢》，胡義成《〈西游記〉定稿人與全真教關係考》，李安綱《〈西游記〉奥義書》等，這方面的研究關注此前一直被忽視的以全真教爲主題的元代戲劇作品，對於從社會學視角把握全真教對元代社會尤其是下層民衆的影響大有幫助，同時也使我們明白以全真教爲主題的"道化劇"的上演，對於全真教在元代社會中的傳播極爲重要。據學者統計，元代的十九位作家共創作三十四種神仙道化劇，共占元劇總目的十六分之一，其中與全真教有關者二十六種，占神仙道化劇總數的百分之八十八點四。① 這從一個側面説明全真教對於元代社會的廣泛滲透性。此外，有關全真教文學的研究也呈現一些熱點，對於中國古典文學的研究亦產生衝擊。例如有關古典名著《西游記》作者問題，學者近年來就提出新説。《西游記》未署撰人，傳統的看法是由魯迅、胡適等人依據明天啓年《淮安府志》的孤證，考定作者爲吴承恩。胡義成認爲《西游記》的祖本《西游記平話》的作者係丘處機弟子史志經，今本《西游記》定稿人係明代嘉靖、萬曆年間茅山乾元觀全真龍門派道士，其中閻希言(蓬頭)師徒可能性最大。這就推翻傳統以作者爲吴承恩的説法。② 不過胡義成的説法并無很强的證據支撑，推測的因素過多。然而，同樣不可忽視的是，《西游記》中與内丹道的聯繫極其密切。對此，李安綱《〈西游記〉與全真道文化》作了詳盡闡述。③ 他發現《西游記》中大量引用全真教徒例如馬丹陽、馮尊師《鳴鶴餘音》及張伯端的詩詞，至於文中直接使用内丹道術語例如嬰兒、姹女、木公、金母、朝元等更是不勝枚舉。

① 吴光正：《八仙故事系統考論——内丹道宗教神話的建構及其流變》，中華書局2006年版。

② 胡義成：《〈西游記〉定稿人與全真教關係考》，載《杭州師院學報》(社會科學版)2003年第2期。

③ 李安綱：《〈西游記〉與全真道文化》，載《運城高等專科學校學報》2001年第2期。

對於這些,過去研究者都没有注意到。因此無論作者是否係全真教徒,此書與内丹道有着密切的關係是不可否定的。其三對於地域性全真教研究。有關此主題的作品大量出現於 2000 年之後。例如吴亞魁的《江南全真道教》及丁鼎主編的《昆嵛山與全真道:全真道與齊魯文化國際學術研討會論文集》收録的相關文章。吴亞魁主要對自 1271 年至 1911 年六百多年内,江南地區全真教進行總體研究。他所使用的"江南"概念充分考慮到江南地區的地理完整性、經濟一體性及獨特的文化心理因素,以環太湖地區的"六府一州"作爲考察對象。至於關注的焦點,他集中於江南全真道教的地域特徵、教派融合、成分構成。至於研究方法,他係用歷史學的方法及個案研究法。這種研究是一次很好的嘗試,祇是他使用的教史材料有限,大量的碑刻尤其是明清全真石刻材料使用太少,這就有損研究對象的完整性。總結近年對於地域性全真教的研究,有一個可喜的現象值得稱賞,這就是此類研究通常建立於新發現的全真石刻、方志材料基礎上。對此,我們下文還將提及。此外值得提到的是,近幾年來西方道教學者也表現出對全真教研究的濃厚興趣。美國《中國宗教研究》(*Journal of Chinese Religious* No. 29, 2001)於 2001 年由法國學者高萬桑(Vincent Goossaert)、美國學者康豹(Paul R. Katz)共同組織的有關全真教的專題,集中圍繞全真教的宗教認同的形成及早期教團的修行生活這一主題,進行個案的、歷史的研究。西方學者這方面的研究對於中國學者也有不小影響,這種中西之間的學術互動值得倡導。這也再次説明全真教的研究已超越國界,越來越成爲一門國際性的研究領域,受到各國學者的共同關注。

2007 年中國大陸對於全真教研究成果集中體現於由陳鼓應主

編的《道家文化研究》二十三輯之“多元視野下的全真教”專輯。此輯由張廣保負責編輯,共收録與全真教有關的專論十九篇。全輯共分七組,其内容既涉及對金元全真教的深度研究,也涉及明清全真教、地域性全真教及各專題,例如全真科儀、醫學、内丹、養生、宫觀、戲劇等。第一組由詹石窗、楊燕《鍾吕内丹學略論》和賴煒芳、黄永鋒《丘處機〈攝生消息論〉析略》兩文組成,都是討論全真教的内丹修行及養生問題。詹、楊對全真教定爲五祖之鍾離權、吕洞賓的内丹道思想進行研究,尤其對幾種署於鍾、吕名下的道書作了考述。賴、黄之文則集中發掘丘處機《攝生消息論》的養生思想。第二組也包括兩篇,即張廣保《蒙元時期全真教大宗師傳承研究》、劉曉《全真教尹志平接任掌教之謎》,兩文都集中對蒙、元時期全真教領袖——掌教大宗師傳承及其宗派糾葛等相關教史問題展開討論。張廣保在文中試圖以全真掌教宗師的傳承爲主綫,一方面以復原、重構這一時期的部分全真教史,另一方面也想藉此顯示蒙、元時期皇權與教權的盛衰消長,從而勾勒出兩者之間既相互抗爭又相互依存的複雜關係。此外,作者還想通過這一研究揭示大宗師職位在全真教内部各宗派之間的分配、輪轉是不均衡的。這説明全真教各宗派勢力之間也存在錯綜複雜的競爭、聯合關係。這是全真教在道教史中有别於其他各派的一種特殊發展模式。

關於早期全真教是否舉行齋醮科儀一直是學界爭論的論題,本輯第三組所收劉仲宇《早期全真教儀式初探》、張澤洪《金元全真教齋醮科儀初探》,就集中探討早期全真教齋醮科儀問題。劉仲宇認爲早期全真教從創教之初就汲取傳統的道教儀式,全真七子廣泛參與當時社會中舉辦的各種齋醮祈請儀式,不僅如此,他們還將某些儀式成分納入了自己的修行體系,列爲制度。這就反駁了學界有關早期全真教不尚科儀的説法。張澤洪通過對早期全真碑刻、文獻的爬梳,其研究結果與劉仲宇論點頗可互相發明。第四組是有關全真宫觀系統的研究。張廣保《金元時期全真教祖庭研究》圍繞全真教祖庭——大重陽萬壽宫爲中心,對全真教東西"祖庭"進行全面研究,試圖藉此復建金、蒙、元時期,全真教宫觀組織及其地域分布的歷史面貌。作者認爲在全真教宫觀系統中,體現出七真門下派生的各種宗派勢力與堂下爲代表的全真教掌教大宗師的權力的互相交織。這是全真教宫觀組織所呈現的一大特色。程越《全真祖庭白雲觀在金元時期的沿革》則對全真教總部——當時稱之爲"堂下"的白雲觀及其在金、元的沿革歷史作了考察。關於地域性全真教的研究,近年引起學者濃厚的興趣,這無疑標志著全真教研究的深化。本輯第五組收録三篇專門探討明代地域全真教的專論。樊光春多年從事陝西地區全真教的研究,在《碑刻所見陝西佳縣白雲觀全真道龍門派傳承》一文中,他以碑刻材料爲依據,結合方志資料對明代後期佳縣全真教龍門派的傳承過程予以重構。這一嘗試難能可貴。而趙衛東的《泰山三陽觀及其與明萬曆宫廷之關係》則依據三陽觀現存的七十餘塊碑刻,對明後期三陽觀的興衰、沿革及其與萬曆朝宫廷的糾纏,作了很詳細的梳理。與樊、趙二文的個案研究不同,陳金鳳的《略論宋元明清時期四川地區全真道的發展》從宏觀角度勾勒宋、元、明、清四川地區全真教發展的歷史,并特别探討四川全真教與該地地域文化之關聯。第六組是專論清代全真教尤其是龍門律宗代表王常月的思想。其中華裔美籍學者劉迅《張將軍瘞埋枯骨:清初南陽重建中全真道與清廷之合作》以其新發現的三通清初南陽地區全真教碑刻爲依據，以地處南陽的全真教十方叢林玄妙觀爲研究個案，分析清軍入關之後，全真教在南陽地區政權的重建中的重要作用。文章無論是視角，還是所依據的碑刻材料都讓人耳目一新。楊海英的《清前期的道教與宫廷》則依據包括清宫檔案、碑刻在内的公私史料，對自後金至雍正時期，清宫廷與道教的複雜關係進行探討，論文所論雖然不全然限於全真教，但與全真教的關係極爲密切。丁培仁《〈金蓋心燈〉卷一質疑》對清代全真道士閔一得《金蓋心燈》卷一所記龍門律宗的傳承世系提出質疑，以爲書中關於龍門第一代律師趙道堅的記述靠不住，又關於初真、中極、天仙三壇大戒之形成及龍門二十字輩等，該書的記載同樣也成問題。朱展炎《論王常月對早期全真道宗教思想的繼承》就王常月與早期全真教思想之關係展開論述。胡小琴《王常月與丘處機》則集中探討王常月對丘處機思想的繼承與發展。第七組是有關全真教的專題研究，也由三篇文章組成，它們分别是李大華的《全真"優游"説及其現代性反思》，這是一篇頗具思想性的理論探討專論，作者對"優游"這一全真教主要修煉方式所藴含的生存意義及其對現代生活的啓示作了深度思考，這對我們今天重新評估全真"優游"説的現代價值頗有借鑒意義。第二篇是蓋建民的《全真道與中國傳統醫學稽考》，作者多年從事道教醫學的研究，此次更將視野投入全真教與中國傳統醫學的關指。作者認爲由於全真教提倡功行雙修，因而他們也像道教其他教派一樣，把醫術作爲開宗立派、擴大教勢的重要手段。此組最後一篇是吴光正的《全真教與元明戲劇》，作者對元明時期一百八十多部神仙道化劇作了系統考察，指出在道化劇中再現了全真教的神仙譜系、修煉理論及生命倫理。

五、結論

二十世紀以來,中國的全真教研究雖然取得重大進展,但迄今爲止的全真教研究還存在不少薄弱環節,其中最重要的是:没有走出道教的狹隘範圍,將全真教置於金末蒙初社會的大環境中去考慮。這就勢必無法揭示全真教在這一時期擔負的重建社會秩序從而救世濟人的真實歷史角色,由之引起:對蒙古國前四汗(成吉思汗、窩闊臺汗、貴由汗、蒙哥汗)在中原統治的歷史理解陷入不完整狀態。此外,由於缺乏比較文化史的眼光,學者們没有從世界歷史的整體角度,比較考慮蒙古汗廷在中國北方對待全真教的態度,與在各汗國對待伊斯蘭教、藏傳佛教及聶斯脱里教等態度的聯繫,及由此産生的文明融合的不同結果。這本來是研究以薩滿教信仰爲特徵的蒙古游牧文明與不同類型的農業定居文明之間衝突、融合的絶好案例。復次,對於金元全真教史的許多重要問題,迄今爲止或者尚未涉及,或者没有得到深入的研究。例如蒙、元時期全真宫觀系統與教團宗派間的關係、全真歷代掌教大宗師的傳承、職掌,全真教與前四代蒙古汗廷的關係,以及蒙、元時期全真宫觀經濟等。由於對於這些問題缺乏研究,使得我們無法完整、清晰地展示全真教的形象。再者,對明清時期全真教的歷史發展及其對這一時期社會、思想影響的研究,例如全真教對元、明民間宗教三教合一思想的關係等,尚待進一步深化。地域性全真教研究雖然取得不小進展,然而仍須通過進一步發掘石刻、方志材料以奠定更爲堅實的基礎。最後,雖然中、日、美、歐等各國(地區)都有一些學者涉足這一領域的研究,然而由於各自關注的視點及所使用的研究方法的不同,實際上彼此之間還缺乏有效的對話及互動,互相漠視他方的研究成果可説是這一領域的通病。這説明距離建立一個共同的全真教國際學術研究領域尚有一定的距離。

進入2010年之後,中國大陸的全真教研究出現一些新的動向。其中最值得重視的有兩點:其一是全真教的内丹心性論再次引起學界關注。例如中南大學陳明在吕錫琛教授指導下,於2010年以《全真道的道德修養論研究》爲題撰寫博士論文,2015年南開大學哲學院徐長波又以王重陽内丹心性論爲主題撰作題爲《三教融合背景下的王重陽内丹心性學》。按:心性論是中國思想傳統中儒、釋、道共同關注的重要論題,這一問題意識分别與儒、釋、道的成聖、成佛與成仙證道的終極追求目標密切相關。這是立基於西方學術傳統下的道教學研究所無法理解的,因此全真教内丹心性學祇有在中國文化的大傳統下纔能被理解。其次就是有關全真教派字譜的研究。這一問題最早由意大利籍學者莫尼卡對全真道龍門派傳法世系的質疑牽引而出。她的質疑雖然不見得可靠,但由此引發中外道教學界廣泛利用碑刻材料對全真教派字譜的深入研究極具意義。而對全真教派字譜的研究又直接推動了對明清全真教的研究。關於這方面的研究,可參考趙衛東主編的《全真道研究》。

爲了弘揚全真教性命雙修、功行并重、苦己利物、救世度人的立教精神,我們於2009年編著出版了第一輯《全真學案》。這套叢書出版之後,産生了良好的社會影響,不少讀者來信詢問第二輯的編著工作。經過大家的共同努力,在香港青松觀、齊魯書社的大力支持下,經過各位編著者的共同努力,《全真學案》第二輯也將陸續面世。第二輯主要有《鍾離權學案》《吕洞賓學案》《劉海蟾學案》《王重陽學案》《孫不二學案》《李道謙學案》《姬志真學案》《王志謹學案》《于道顯學案》《秦志安學案》。其中既有全真教尊奉的鍾離權、吕洞賓、劉海蟾、王重陽等五祖，又有位列七真之一的孫不二，更有七真第一、二代杰出傳人王志謹、于道顯、秦志安、姬志真、李道謙等高道。我們相信隨著第二輯《全真學案》的陸續出版，讀者對全真教必將産生更全面、深入的了解。

張廣保

2015 年 9 月 25 日

目　録

第一章　道教仙傳、史話中關於鍾離權的記載

一、《三洞群仙録》

南宋時期，正一道士陳葆光①撰集《三洞群仙録》②，卷五有“洞

---

① 關於陳葆光，《道藏提要》謂：“陳葆光，南宋江陰（江蘇江陰）静應庵道士。受業於天慶觀，晚居茅峰。有《三洞群仙録》二十卷（見該書）。”詳見任繼愈主編：《道藏提要》，中國社會科學出版社 1991 年版，第 1229 頁。

② 《三洞群仙録·序》謂：“江陰静應庵道士陳葆光，憤末學之夫怠於勤修，果於自弃，生存行尸，死爲下鬼，乃網羅九流百氏之書，下逮稗官俚語之説，凡載神仙事者，裒爲此書，以曉後學。”（《道藏》，第 32 册，第 234 頁。本文所引用道教經典，如注明見《道藏》某某册某某頁，均以文物出版社、天津古籍出版社、上海書店 1988 年版《道藏》爲准）則此書爲陳葆光所著。根據《序》文，《三洞群仙録》當成書於南宋前期，因其《序》中有“紹興甲戌（1154）中元日譽里竹軒書”（《道藏》，第 32 册，第 235 頁）之説。歷史上，南宋高宗趙構於公元 1127 年 5 月稱帝，改元建炎；公元 1131 年起又改年號爲紹興，“紹興甲戌”即紹興二十四年（1154），爲此《序》所作之年。通常情況下，書成之後，方有作《序》之事；《序》作於“紹興甲戌”，則此書於此前當已撰成，約爲南宋前期。

賓蓬島”句,其釋文提及鍾離先生。其謂:

> 《丹訣》:吕洞賓舉進士,兩至禮部皆不利,曰:既不利人間舉,當修天上舉。唐末,因游廬山,遇鍾離先生,得其道。每持惜氣,貨筆墨往來京畿、衡岳之間,人多不識其洞賓也。而先生授以《秘訣》云:三花和會化火龍,直出昏衢千日功。①

此處所提及的鍾離先生,結合唐、宋時期流行的關於鍾、吕相授受的各種仙傳之説,可能即爲道教史上著名的神仙家鍾離權。據其説,吕洞賓爲唐末人,曾經兩次至禮部參加科舉考試,求舉進士,但均失利。此後,他有志於修仙,認爲既然在人間考堂失利,不如修習天上神仙的考試;於廬山游歷時,遇祖師鍾離先生,得鍾離先生授以道法。

陳葆光在書中交代,其所謂吕洞賓遇鍾離先生并得其道之事,出於一本叫《丹訣》的書。據此書,鍾離先生所授吕洞賓煉丹秘訣爲:“三花和會化火龍,直出昏衢千日功。”則鍾離先生爲吕洞賓之師,所授丹法爲修仙之訣,其秘在三花和會化火龍。一般而言,内丹所言“三花”指人身之精、炁、神;所謂三花和會,大概指修行人通過養精、惜氣、存神,歷千日修煉,在體内結成純陽内丹、化爲“火龍”。如此,修行人便能出離昏衢,成就神仙之功。這則材料對傳説中的鍾離傳授吕洞賓丹法之事有所介紹。

① 《道藏》,第32册,第263頁。

二、《金蓮正宗記》

《金蓮正宗記》①五卷,題林間羽客樗櫟道人編。樗櫟道人即元代全真道士秦志安②,爲元《道藏》編校者之一。

此書中有《正陽鍾離真人》一篇,據《廬山金泉觀記》而成。其謂:"謹按《廬山金泉觀記》云:曾祖諱朴,祖諱守道,父諱源,當後漢末年,皆據要津,有功於國,世濟其美。"③若與南宋道士陳葆光《三洞群仙録》所説吕洞賓唐末於廬山遇鍾離先生相關聯,則鍾離權與江西廬山,似有密切干係。

《金蓮正宗記》謂:"先生諱權,字雲房,號正陽子,京兆咸陽人也。"④明確鍾離先生名諱爲鍾離權,字雲房,號正陽子,籍貫爲京兆咸陽人。文中還言及鍾離權曾先後仕漢與晋,曾與晋之名臣周處

---

① 《金蓮正宗記序》稱"時太歲辛丑平水長春壺天述"(《道藏》,第 3 册,第 344 頁),太歲辛丑疑即公元 1241 年。一般書成而後有序,《金蓮正宗記》的成書時間當在此《序》撰成之前。

② 秦志安(1188—1244),元全真道士,字彦容,號通真子,又號樗櫟道人。陵川(山西陵川)人,宋德方弟子。元太宗九年(1237)於山西平陽(山西臨汾)主編元《道藏》,歷時八年。元太宗十六年(1244)卒於平陽玄都觀樗櫟堂(見元好問《遺山集》卷三十一《通真子墓碣》及李道謙《甘水仙源録》卷七《通真子秦公道行碑銘》)。著有《金蓮正宗記》等。以上據任繼愈主編:《道藏提要》,中國社會科學出版社 1991 年版,第 1220 頁。

③ 《道藏》,第 3 册,第 344 頁。

④ 《道藏》,第 3 册,第 344 頁。

共事①,此説當爲神仙家言。文中謂鍾離權得遇紫府少陽君也即東華帝君,東華帝君以其“丹臺元有籍,聊謫在人間”②,遂與其談玄,并授之以赤符玉象、金科靈文、大丹秘訣、周天火候、青龍劍法等。又云:“至唐文宗開成年間,因游廬山,遇吕公洞賓,授以天遁劍法。自稱天下都散漢,後隱居於晋之羊角山,天真賜號曰太極左宫保生真人。”③唐文宗李昂(809—840)開成年間,始於公元836年的開成元年起,終於公元840年的開成五年。《金蓮正宗記》認爲鍾離權游廬山、遇吕洞賓并授其天遁劍法,即爲這一時期。

關於鍾離權之著述,《金蓮正宗記》謂:“又撰《真仙傳道集》洎《靈寶畢法》,授於吕公,言天地造化、陰陽交泰、内丹養命之道,秘於《玄都寶藏》,以爲萬世龜鏡。”④查《正統道藏》洞真部方法類所收《修真十書》⑤第三書爲《鍾吕傳道集》,此書三卷,托名爲鍾離權傳授吕洞賓丹法之問答記録;而《靈寶畢法》又名《秘傳正陽真人靈寶畢法》,現《道藏》本存三卷,亦托名鍾離權著、吕岩傳。二書内容大致爲言天地陰陽交泰、造化生物之理,内丹養命之機,此與《金蓮正宗記》所説相契。且《鍾吕傳道集》卷一即“論真仙”,故《真仙傳

---

① 其謂鍾離權“仕至左諫議大夫,因表李堅邊事不當,謫爲南康知軍。漢滅之後,復仕於晋。及武帝時,與偏將周處同領兵事,屢出征討。”詳見《道藏》,第3册,第345頁。

② 《道藏》,第3册,第345頁。

③ 《道藏》,第3册,第345頁。

④ 《道藏》,第3册,第345頁。

⑤ 《道藏提要》謂:“《修真十書》,不署編者,乃一部以内丹爲中心的著述彙編。所收大多爲兩宋鍾吕金丹派南宗之作,然亦收金末全真道士王志謹(1178—1263)之《盤山語録》。鍾吕金丹派南北二宗學説著述之交流合會,始於元一統之後。故本書蓋元初紫陽南宗徒裔所編集。”任繼愈主編:《道藏提要》,中國社會科學出版社1991年版,第191頁。

道集》可能即爲《修真十書》中《鍾呂傳道集》的別名。據《金蓮正宗記》,秦志安在編元《道藏》即《玄都寶藏》時,曾將《真仙傳道集》《靈寶畢法》二書收入其中。不過,《金蓮正宗記》未提及明《道藏》中署名鍾離權所作之《破迷正道歌》及其爲《黄帝陰符經》所作之注解。

此外,《金蓮正宗記》還收録了鍾離權的兩首詩作。其謂鍾離權:"曾於邢州開元寺觀音殿後題詩二絶,筆勢飄逸,有龍飛之狀。其詩曰:'得道真仙不易逢,幾時歸去願相從;自言居處連滄海,别是蓬萊第一峰。'又云:'莫厭追歡語笑頻,尋思離亂可傷神;閑來屈指從頭數,得到清平有幾人。'"①撰文稱此"二絶"乃"宋朝劉從廣於皇祐四年(1052)九月九日立石刊勒"②,"皇祐"乃宋仁宗趙禎的年號之一。詩中除表現對得道真仙的仰慕之情外,也提及對"離亂"的厭倦以及對"清平"之世的渴望。因二詩刊勒於北宋仁宗時期,結合唐末、五代之離亂,可以推測鍾離權大致生活的年代應該距唐末、五代不遠。

對於鍾離權丹法及修養之特點,《金蓮正宗記》記載:"又有頌云:'見錢如患真仙子,遇色如仇大丈夫。養氣氣如龜喘息,煉形形似鶴肌膚。生我之門死我户,幾個惺惺幾個悟。夜來鐵漢細尋思,長生不死由人做。'"③提出"生我之門"也可以是"死我之户",故修行人要遠離財、色的誘惑,養氣如龜息、煉形如鶴形,如此,則長生可期。

《金蓮正宗記》還提及鍾離權"此後復歷廬山",於"五月二十日"升仙④。但未提及是哪一年的五月二十日。《金蓮正宗記》後有一

---

① 《道藏》,第3册,第345頁。
② 《道藏》,第3册,第345頁。
③ 《道藏》,第3册,第345頁。
④ 《道藏》,第3册,第345頁。

《贊》,謂:"自爾以來,全真教法漸有綸緒,故可以爲金蓮正宗第二祖也。"①對鍾離權在全真道教發展史上的地位與貢獻有積極評價。

三、《凝陽董真人遇仙記》

《凝陽董真人遇仙記》②一卷,原題禄昭聞編纂,收録於《正統道藏》洞真部記傳類。凝陽董真人即金人董守志③,此書爲其門人靈陽子盧自然等所集,并囑禄昭聞記録;董守志還有《和光集》④三卷,似佚不存。

本書中記載董守志與漢鍾離(也即鍾離權)的相遇,頗有戲劇

① 《道藏》,第3册,第345頁。

② 關於此書,《道藏提要》謂:"本傳爲編年體,記述董真人生平、遇仙、得道之經過。真人……早年多病。據稱歷經鍾離正陽、吕純陽、劉海蟾三仙點化,并授以鐵馬星印及符水丹藥,病愈後悟道出家……董真人與全真道士王重陽、'北七真'等同時,其所遇仙人皆全真道尊奉之祖師,其修煉法亦與全真道同。此書舊題禄昭聞編撰,禄身世不可詳考,此傳蓋金末元初之作。"詳見任繼愈主編:《道藏提要》,中國社會科學出版社1991年版,第232頁。

③ 關於董守志之家世,《凝陽董真人遇仙記》謂:"真人家世隆安,本姓术虎,俗稱董氏,諱守志,字寬甫,號凝陽子,元係女直人也……以祖游宦陜右,遂寓居終南山。大定庚子(1180)……遷隴州汧陽鎮防,因家焉。""真人於正隆庚辰年(1160)十二月二十八日生,大定庚子(1180)隸於軍籍。"《道藏》,第5册,第753頁。

④ 《凝陽董真人遇仙記》後文有:"門人靈陽子盧自然等嘆日月之如流,痛音容之愈遠,遂自秦度隴,權爲移殯。""門人靈陽子等親炙日久,聞見日多,得師流傳遺文詩、詞、歌、頌總四篇,爲上、中、下三卷,目曰《和光集》,不敢自私,刻梓以傳於世。别集真人出處、遇真紀年一帙曰《遇仙記》,尚庶幾真人升仙證道之源流、垂世立教之本末,開卷而瞭然也。故爲之記。"(《道藏》,第5册,第757,758頁)

性和神仙色彩。其謂：

明昌乙卯(1195)九月一日出戍於德順州南寨。十一日辰時與衆會食間，忽見一神人，身長八尺許，頂分二髻，容貌紫赤，髭髯盛美，青袍草履，仗劍造門而呼曰："爲汝隱於軍中，故來相接，何爲不出？"真人驚起，墜於床下，即時昏悶，衆皆扶翼之。至七日，稍蘇，四肢不能屈伸。本寨千户申至總押所遣官醫驗，以爲癱瘓，遂得長假，還歸汧陽本寨求治。

承安丙辰(1196)三月三日未時，復見神人衣白袍於門首，指面大笑。真人就卧榻瞻禮，忽然不見。因問家人曰："來者神人，識之否？"答曰："不識。"真人謂家人："今夜甚要灑掃精潔，庶幾神人再降，救我性命。"家人如其言已。

是月望日夜半，神人復降，光明如晝，异香滿室，立於前曰："爲汝不省，得此重疾，特來救汝。"即於懷中取丹三粒，俾安三魂，藥七錠，俾定七魄，語之曰："服此，蕩散一切邪氣，通身如火，慎勿驚怖。"言畢，遂失所在。既服丹藥，病果痊愈。

二十七日午時，神人復降，真人喜而拜謝。神人曰："汝識鍾否？"真人曰："識，是處宫觀皆有之。"神人笑曰："汝衹識撞的鍾，不知聲從何來？吾乃漢鍾離也，爲汝累世修行，有缺功行，故來賜汝鐵馬，可隨身執持，勿得輕弃。今歲運氣，人多疾疫，吾又賜汝法水、符藥，可以救人，補完功行，汝可每旦焚香請藥，吾降藥與汝。"真人依其言，藥果從空降下，但有疾者服之，必效。凡請藥之際，屢見神人現於空中，至誠祈請之人亦有見之也。①

① 《道藏》，第5册，第753頁。

文中提及爲董守志療疾之“神人”爲“漢鍾離”，結合後文可知，此漢鍾離即鍾離權。鍾離權除授董守志丹、藥之外，尚賜其可以隨身執持之“鐵馬”，上述皆醫治董守志自身病患所用；又賜法水、符、藥，此則可以爲有疾者療病。

此《記》文中，還多次提及鍾離權與吕洞賓、劉海蟾一起教誨、接引董守志，肯定鍾離權與吕洞賓、劉海蟾之間的道侣仙緣。如其云：

> 承安庚申(1200)十月望日，於汧陽住庵，忽遇向者神人。真人急膝跪於前，神人曰：“爲汝不能省悟，吾先賜汝鐵馬，今又賜汝七星寶印，可作持修。印馬者，乃先天之物、七星慧劍也。汝依法修煉，吾復提汝。勿得漏泄，記取！記取！”真人拜謝間，神人恍然不見。
>
> 泰和壬戌(1202)孟冬十七日寅時，忽聞空中降語云：“三河口相會。”真人倉惶趨進，行至虚川澗口岸之南，見二神人已坐磐石(即鍾、吕二仙也)。真人拜跪於前，鍾仙曰：“汝身垢膩太多，何不入水中洗滌？”真人曰：“唯。”仙又指水中一大魚曰：“汝能捉否？”真人溯流而上搏之，魚竟不獲。又指一大龜曰：“汝能登龜背否？”真人勉力而登，亦不能得。二仙撫掌笑曰：“汝魚、龜俱不能得，待汝洗浄垢膩，捉得魚、龜，吾復提汝，汝望西南覷。”及仰視間，二仙恍然不見。於是，出水穿衣，望空拜謝而歸。既至庵中，覺遍體蒸熱，如此彌旬。每旦沐於三河，頓然不食，自覺有得於心，常默然感於仙真也。①

① 《道藏》，第5册，第754頁。

文中提及“二神人”，其小字注曰“即鍾、吕二仙也”。也就是説，除已經提及之漢鍾離外，則另一仙爲吕仙，也即吕洞賓。當然，在這個過程中，董守志主要得鍾離權教誨，如文中説：

> 癸亥(1203)年，真人既入道，俗眷猶存室。奚烈氏親見真人遇仙异迹，遂割愛，始得禮師出家。乙丑(1205)年仲春望日夜，見鍾仙降於土室中，神光射人，晃然如晝。長跪於前，仙誨曰：“汝毋以藥與人，恐悮人性命，損汝功行。吾前與吕仙會於三河，令汝洗垢膩、捉魚龜，汝悟其旨乎?”真人曰：“否。”仙曰：“垢膩者，乃心垢也；魚、龜者，乃性、命也。大抵修行，祇要除垢、止念，靈臺無物，自得性、命相守，煉成金丹，脱殼飛升，遨游仙闕，汝切記取。”因留《行藥吟》，其辭曰：“勸汝行藥兮，於心無益。貪救他人兮，不覺自己。縱然醫可兮，人皆道好。若是悮殺兮，難還纍世。似此行藥兮，可不痛哉。子細尋思兮，經綸不識。吾今勸汝兮，行藥勞神。若不依從兮，永墮沉淪。莫著聲色兮，是非休説。再勸於子兮，不得貪嗔。亘古販骨兮，何時得徹?惜氣養神兮，固蒂深根。改過歸正兮，舊業皆消。清净無爲兮，與道合真。受人供養兮，一心辦道。若不進道兮，萬禍臨身。吾今訣破兮，省悟記取。性停命住兮，遨游輕舉。若不改正兮，一失永失。依此修行兮，吾來提汝。”復取小瓢傾酒賜之，既飲，而冥然不省已，經七日，然後稍醒。見土室中功德播、蓋所須之物俱爲灰燼，滿室异香不絶。自兹厥後，豁然大悟。①

① 《道藏》，第5册，第754～755頁。

鍾離權此次誘化董守志,將“三河口”相遇時的一些隱喻事件,明確其内涵:如以“垢膩”喻人心後天染污之物,因其與一般之垢物有所不同,故謂之“心垢”;以“魚鼊”喻性命,因鼊爲玄武,代表北方坎水,丹道一般以之喻“命”;魚通常身有鱗甲,且捕魚當以網,鱗甲、魚網在《周易》中常以離卦象之,如《周易・繫辭》所謂:“作結繩而爲罔罟,以佃以漁,蓋取諸《離》。”離代表南方之火,丹經中常以其喻人之心神與性。鍾離權告訴董守志,修行人若能除去心中宿世所積之“垢膩”,清净止念、靈臺無物,如此自能捉得“魚鼊”,得性與命相守,煉成金丹,飛升成仙。

鍾離權因董守志纍世修行,但有缺功行,故賜其鐵馬、法水、符藥,助人、救人,以補完功行,此與全真道所宣導的“真功”“真行”亦頗相近①。據文中記載,乙丑(1205)之年,人民多疾疫,董守志以鍾離權所授法水、符藥,傾心救助。然於此過程中,鍾離權認爲董守志有“貪救他人,不覺自己”之過,認爲如此“行藥”,“於心無益”,故作《行藥吟》奉勸董守志,認爲行藥勞神、不覺自己,則易墮沉淪;故勸其改過歸正,惜氣養神,固蒂深根,得清净無爲,性停命住,方能與道合真。反之,如果不能一心辦道、進道,則可能萬禍臨身,一失永失。

文中還提及鍾離權與劉海蟾一道教誨董守志:

庚午(1210)年德順卓庵仲冬七日,夜色將分,真人縱步前

---

① 董守志初入道時,尚有家眷,文中提及的奚烈氏即爲董守志之家眷;後來,奚烈氏因親見鍾離權誘化董守志之异迹,亦發心出家修道。於此細節可推測,董守志後來創立教團,亦如金元全真道一樣,主要采取出家修行的方式。

院,仰觀乾象,適二仙乘彩雲而過。真人驚惶易衣焚香,見正陽上仙青袍草履,一仙面黄、髯美、皂巾、絳服,正陽手托一仙右肩,立於大杏樹下,霞光射目,香風襲人。真人拜跪,正陽仙曰:“汝在汧陽時,有扮肩先生化汝,數月不省悟,汝以先生爲何人也?”真人曰:“當時先生云解州芮城黄面劉也。”正陽指而笑曰:“即此海蟾公也,後於白坡庵有一先生與汝針法,令汝病可,亦此海蟾公也。爲汝前生亦是修真之士,吾與海蟾亦曾提挈,賜汝道號曰凝陽子,法名遇真。吾今與海蟾再來,明話前因,復賜舊號,加以和光老人,法名守志。又教汝三共之道,水火顛倒、煉金液還丹之法,既濟、黄芽、枯水銀不飛走之訣,汞鉛凝結、神氣相守之道。即賦詩曰:‘全神養氣得身安,汞結鉛凝合自然。入聖超凡歸物外,何愁不做大羅仙。’”又曰:“吾曾賜汝鐵馬七星寶印,汝猶未省,吾今爲汝言之,吾昔以劍法傳洞賓,令其執以修行,今傳汝鐵馬星印,與洞賓一同。”因賦二頌云。其一曰:“七星寶印正當權,復顯光明照大千。鐵馬祛邪能代劍,龜蛇自是兩相纏。”其二曰:“七番提挈大愚頑,鬢髮蒼浪老却賢。若是蹉跎歸地府,人身一失永難還。”

海蟾仙亦留頌云:“前世貧人號海蟾,今來説破舊因緣。不因纍劫修行到,誰肯頻頻提挈賢。”又以《五言長篇》贈之曰:“吾今説大道,亘古人行少。要固水銀瓢,勿令猨偷了。清净真無爲,纖毫塵不擾。黑雲一點無,湛然明月皎。閉口牢藏舌,六根盡除掃。北海黑龜兒,南山赤蛇繞。洞中雪飄飄,爐鼎自然造。煉成無價珍,同赴蓬萊島。此乃修真秘訣,慎勿獨善。兼汝有數子,亦是前生法眷。汝曾於鸞鷟山登真洞集休觀建庵,號曰凝陽,與通玄子陳信道爲伴,今谷神子馬善能等爲汝之門人，同作修持。登真洞，乃張果老仙隱。通玄子，即今之冰陽子陳知和也。今亦付之道號、法名，先令盟誓，而後傳法，方可修行，切記切記，慎之戒之！”真人拜謝，仰視二仙復駕彩雲而升空矣。①

此次，鍾離權與劉海蟾一道賜董守志，道號爲“凝陽子”，又法名爲“遇真”，又加“和光老人”之號。前文説董守志的著作稱《和光集》，可能即與此有關。又傳授董守志“三共之道”，水火顛倒、煉金液還丹之法，既濟、黄芽、枯水銀不飛走之訣，汞鉛凝結、神氣相守之道。所謂“三共之道”，可能即爲精、氣、神三者相凝、相守之道，如《玉皇心印妙經》有“上藥三品，神與氣、精”之説，此爲唐宋内丹道教之共識。“水火顛倒”，可能即爲道門中所説的“取坎填離”之法，也即後文所説的水火“既濟”、汞鉛凝結之法、神氣相守之道、枯水銀不飛走之訣，皆是同一意思。

鍾離權還爲董守志賦詩一首，其曰：“全神養氣得身安，汞結鉛凝合自然。入聖超凡歸物外，何愁不做大羅仙。”於此詩中教導董守志，指出“全神養氣”“汞結鉛凝”爲超凡入聖、成就大羅真仙之道，而全神養氣又不能執著，當法其自然。并爲董守志印可，謂其所賜“鐵馬七星寶印”，一顯光明一袪邪，與其昔以劍法傳吕洞賓之意同；又賦《二頌》，勉勵董守志及時修行，成就仙品。

劉海蟾亦留《頌》與董守志，又作《五言長篇》贈之，提出道教修行的秘訣在於：要閉口牢藏舌，六根盡除掃，使自己心地清净無爲、無纖毫塵埃之擾；若能使自己的心地黑雲一點皆無、湛然如明月之

① 《道藏》，第5册，第755，756頁。

皎潔，則自然身心安泰、龜蛇蟠結，爐鼎自然造就，煉成無價之珍寶；又示明他和鍾離權之所以盡力接引董守志的前因後果，如其中提及自己爲“前世貧人”，道號爲“海蟾”，若結合鍾離權所說“吾今與海蟾再來，明話前因，復賜舊號”，則暗示了董守志前生亦曾得二人提携，乃修真之士；董又曾於甘肅隴南之鸑鷟山登真洞集休觀建庵，號“凝陽”，此登真洞乃唐代真仙張果老的仙隱之所；鍾離權與劉海蟾還具體指導董守志建立教團，如提及其與前生的通玄子陳信道也即今世的冰陽子陳知和曾爲道伴，而谷神子馬善能等皆爲董守志之門人，勉勵董守志與他們同作修持，盟誓而後傳法，共同修行。當然，此大多爲神仙家言。又，此段文字提及劉海蟾爲山西“解州芮城黄面劉”，似以劉海蟾爲山西解州芮城人，與吕洞賓爲同鄉里人，這與其他仙傳以劉海蟾爲燕人之説略有不同。

鍾離權教授董守志，尚引《陰符經》之語，爲之詳説。此可證鍾離權與《陰符經》有關聯。

崇慶癸酉(1213)仲春二十六日，與師叔陳先生歸汧陽，天色昏暝，黄塵障空，至流江峽忽過二仙(正陽、海蟾也)，各乘花鹿而立。真人拜跪，正陽曰：“吾先付汝修真秘訣，當夜事煩，恐汝不明，今復提汝，勸化一切男女，返真歸道，可煉大丹，養冲和自然之氣，運用真水、真火，汞、鉛凝結，烹煉成丹。若不煉心定意，息氣養神，如何得出離輪迴之苦。莫起風波，休生烟火。若嗔則神弱，怒則氣散，氣散則人亡，人亡則永爲下鬼，何時出期。《陰符經》云：火生於木，禍發必剋。奸生於國，時動必潰。知之修煉，謂之聖人。若人發火，火生則烟起，烟起則不見形影，暗中不覺，損壞其身。不可恣縱六賊三尸，祇要剿除猿馬，屏去萬緣，怕汝不信，火剋金，金剋木，木剋土，土剋水，水剋火，此是五行相剋之法。又如金生水，木生火，此是地道順行，即有生死。祇要水生金，火生木，此是天道逆行，豈有生死乎！大抵修煉决要，養就水中金，此是五行顛倒法。”①

此次鍾離權授董守志修真秘訣，令其以之勸化衆人，使衆人皆能返真歸道。其法在於煉心定意、息氣養神，養自身冲和自然之氣，通過煉神與氣，使神氣相凝結，烹煉成丹。鍾離權强調，修行人不能起嗔怒之心，因爲嗔則神弱，怒則氣散，氣散則人亡。如《陰符經》所説：“火生於木，禍發必剋。奸生於國，時動必潰。知之修煉，謂之聖人。”若人發怒則火生，火生則烟起，烟起則不見形影，猶如人嗔恨而不能清醒判斷事理，如此則損壞其身。故修行人不能恣縱六賊三尸，而要剿除猿馬，屏去擾亂神、氣之萬緣，於五行中，不取五行順行，而要於水中生金，火中生木，養就水中金，此是五行顛倒法、天道逆行之理，超出生死，爲修煉之决要。

董守志崇慶癸酉（1213）遇鍾離權，所得秘訣偏於修命；貞祐甲戌（1214）年再遇鍾離權，其所得教諭則偏於修性。

貞佑（祐）甲戌（1214），真人從德順往汧陽，九月望日起發，十八日到隴州，宿南關。未時分，忽見正陽神仙立於河上，問曰：“汝今何往?”真人亟拜而答曰：“弟子汧陽有土埪所，爲人占奪，今故幹此。”仙曰：“土埪直錢耶，汝性命直錢耶？汝祇識得土埪，昧了真空，著了假空，汝還不省，墮落頑空。”真人告曰：“何者爲

① 《道藏》，第5册，第756頁。

真空?”仙曰:“真空者,遍塞虛空,不染不著,一靈常在。”問:“識否?”真人曰:“不識。”遂以氣一噓,真人頓然省悟。須臾,失其所在。行至汧陽,惶恐不已,所幹之事,更不敢言論。①

公元1214年,董守志從德順去往汧陽,因其在汧陽有一處供神的土龕地産爲人占奪,欲訟此事。鍾離權認爲董守志此行,是不識地産與自己性命誰更值錢,衹識得土堽,著了假空而昧了真空。對於“真空”,鍾離有一番説明,其謂:“真空者,遍塞虛空,不染不著,一靈常在。”真空即性命之本,其充塞於整個虛空,不染不著於萬物,衹是一靈真性、恒常永存。得此教誨,董守志頓然省悟,行至汧陽,更不言論“土堽”之事。

關於鍾離權所授董守志之教法特點,文中説:

丙戌年(1226)貞元節,謂門人曰:“我數四教指汝等生死事大,辦道修真,汝等於十二時中,無一時在道,受了十方供養,虛度時光,向前還他口債,受苦如何當得!但起意動念,須要合於天心,過去一切好人,皆是福緣廣大,自能感動天地、神明。大抵修行,積功纍行,煉性成真,休歇無事,萬緣不染,真清真净,神氣冲和,性命自然相守,大丹自然凝結,功成行滿,聖賢自然接引汝等,共我同伴,能得幾時。”衆皆憂懼,禮謝而退。②

其教法認爲,修行人於起意、動念之時,要使自己的念頭合於

① 《道藏》,第5册,第756頁。
② 《道藏》,第5册,第757頁。

"天心",做個好人,方能福緣廣大,由此自能感動天地、神明。因此,所謂修行,不過是積功纍行,煉性成真,休歇無事,萬緣不染,真清真浄,神氣冲和,性命自然相守,大丹自然凝結,功成行滿,自能聖賢接引。由此亦可折射出鍾離權一系丹法的特點。

四、《歷世真仙體道通鑒》

元代浮雲山聖壽萬年宫道士趙道一,道號全陽子,編撰《歷世真仙體道通鑒》①五十三卷、《續編》五卷、《後集》六卷。其中,《歷世真仙體道通鑒》卷三十一收有《鍾離權》一篇,對鍾離權之出生地、名號、家世,有如下之説:

---

① 關於《歷世真仙體道通鑒》所作之時間,其文前有"甲午五月廬陵劉辰翁書"之《序》(《道藏》,第 5 册,第 100 頁),另有"閼逢敦牂歲三月中瀚中齋叟鄧光薦書於本一庵"之《序》(同上)。"閼逢"亦作"焉逢",《爾雅·釋天》謂:"太歲在甲曰閼逢。"又曰:"太歲……在午曰敦牂。"因此,所謂"閼逢"也就是十天干中"甲"的别稱,所謂"敦牂"就是十二地支中"午"的别稱,"閼逢敦牂"即甲午歲。元朝在中原地區統治時期,有兩個甲午,一個是元世祖至元三十一年甲午(1294),另一個是元惠帝至正十四年甲午(1354)。兩《序》所言之"甲午",乃公元 1294 年,而不是公元 1354 年。證據之一即書中《鍾離權》云:"宋欽宗靖康初(1126—1127),封真人爲正陽真人。元至元六年(1269)正月,褒贈正陽開悟傳道真君。"據此,鍾離權"正陽真人"之號封於宋欽宗靖康初年,也即公元 1126 年至 1127 年;進入元代,褒贈鍾離權封號之事發生於公元 1269 年。《仙鑒》於此未提及元武宗皇帝至大三年(1310)爲鍾離權所加"正陽開悟傳道鍾離真君可加贈正陽開悟垂教帝君"之號,故推測《歷世真仙體道通鑒序》所説"甲午"爲公元 1294 年。因《仙鑒》書成之時,尚無元武宗之加封,故《仙鑒》未及此事。以此之故,我們初步判斷《仙鑒》的成書可能在元代中前期。

真人姓鍾離，名權，後改名覺，字寂道，號和谷子，一號正陽子，又號雲房先生，燕臺人也(一云京兆咸陽人，曾祖諱朴，祖諱守道，父諱源，皆漢代著名)。父列侯至雲中府。①

《仙鑒》以鍾離權爲燕臺人。燕臺故址大概在現在的河北省北部、易縣之東南，相傳燕昭王於此地築臺，以招納天下賢士、賓客，故燕臺也稱賢士臺、招賢臺，見載於南朝時梁之任昉所作《述异記》卷下。又載一説云鍾離權爲京兆咸陽人，此同於秦志安《金蓮正宗記》的説法，由此可推測出《仙鑒》作者對《金蓮正宗記》之説是熟悉的；又其謂鍾離權"曾祖諱朴，祖諱守道，父諱源"，亦見載於《金蓮正宗記》②。

《仙鑒》説鍾離權之父列侯至"雲中府"，這可能采用了宋代之地理名稱③。若果真如此，則《仙鑒》所據以編纂的部分素材，其年代可能出於五代、北宋時期。

關於鍾離權出仕之經歷，《仙鑒》一方面保存《金蓮正宗記》相類似的説法，謂其"少攻文學，仕漢至諫議大夫；因表李堅邊事，謫官江南。漢祚既終，歷魏仕晋"。"晋武帝時，命與偏將軍周處攻征，失利。"④又提出另一種説法，即鍾離權"及壯，仕晋爲大將，統

---

① 《道藏》，第5册，第276頁。

② 《道藏》，第3册，第344頁。

③ "雲中"乃戰國時趙地，古代所謂"雲中"，地理位置大概在陰山之南、黄河自西來折南流之處。秦曾於此置雲中郡；漢分秦雲中郡之東北部置定襄郡，西南部仍爲雲中郡，下治有雲中縣，其地相當於現在内蒙古的托克托縣；三國時期，此地屬魏，魏廢雲中之稱；唐置雲州，後改稱雲中郡，旋又復爲雲州，其以大同、太原等地皆謂之雲中郡或雲州。宋始稱"雲中府"，遼則改爲大同府。

④ 《道藏》，第5册，第276頁。

兵出戰西北土蕃。”[1]這些説法見載於道教各種仙傳之中，於正史似無傳。

《仙鑒》又謂：“《全真傳》云：‘真人生於漢代四月十五日，於晉朝五月二十日上升，不記何年。’”[2]此《全真傳》有可能即爲《金蓮正宗記》[3]。查現存《金蓮正宗記》有鍾離權“復歷廬山，登三級紅樓，冉冉而升空矣，乃五月二十日”[4]的記載，但缺鍾離權“生於漢代四月十五日”的記載，也未明言其五月二十日“上升”乃“晉朝”之日。這等不相吻合之處，是否與後人加以整理有關，或者不同版本的差异所造成，尚不可確知。我們推測，這段話於正文中以注的形式記録，也有可能爲後人所補入。

關於鍾離權之道緣、師傳。《仙鑒》謂其自小有“身游紫府，名書玉京”[5]之志；及壯，因征戰失利，獨騎奔逃，得遇東華先生，或曰紫府少陽帝君，受其教導而結仙緣。其謂：

> 老人授以長生真訣，赤符玉篆，金科靈文，金丹火候，青龍劍法，囑之勤行……自是領悟玄旨。[6]

結合前後文，此“老人”即東華先生或曰紫府少陽帝君。然《仙鑒》還保存了另一種説法，其謂：

---

① 《道藏》，第5册，第276頁。

② 《道藏》，第5册，第276頁。

③ 如《正統道藏》所收《金蓮正宗仙源像傳》，原作《全真正宗仙源像傳》；據此，則《金蓮正宗記》又名《全真傳》，也是有可能的。

④ 《道藏》，第3册，第345頁。

⑤ 《道藏》，第5册，第276頁。

⑥ 《道藏》，第5册，第276頁。

一云自知夙有仙骨，故擺脱世緣，冀紹仙果。首遇上仙王玄甫，得長生訣。再遇華陽真人傳太乙刀圭、火符内丹，洞曉玄玄之道。一云昔軒轅黄帝得金丹秘訣，以玉匣藏於壽春縣東紫金山懸鐘洞。真人得遇師傳之後，復游雲水。至魯，居鄒城；入崆峒，於紫金四皓峰居之，遇仙人引入洞，獲玉匣秘訣，至德内全，遂終妙道。①

此則謂鍾離權先遇上仙王玄甫得長生訣；再遇華陽真人傳太乙刀圭、火符内丹等玄玄之道；又於崆峒紫金四皓峰遇仙，獲玉匣秘訣。關於鍾離權之仙友，《仙鑒》提及有清溪鄭思遠、泰華施真人等②。

關於鍾離權道法之承傳，《仙鑒》認爲其最重要的授法之事，當屬其傳授吕紹先即吕洞賓。其云：

後有唐進士吕紹先，屢舉不第，乃縱游天下，首於廬山遇火龍真人傳劍法，後於長安道中遇真人題壁間云："坐卧常將酒一壺，不教雙眼看東都。乾坤世界無名姓，疏散人間大丈夫。"③

此文所説吕紹先長安道中所遇"真人"即鍾離權，他爲誘吕紹先即吕洞賓入道，於壁間題詩點撥吕紹先。吕紹先則作《言志詩》唱和："生在儒家遇太平，懸纓垂帶布衣輕。誰能世上争名利，臣侍

① 《道藏》，第5册，第276頁。
② 《道藏》，第5册，第277頁。
③ 《道藏》，第5册，第276～277頁。

玉皇歸上清。"①鍾離權得吕紹先《言志詩》,認爲其有仙緣,乃携其至終南山鶴頂,傳授道法。

《仙鑒》又據《真人神游記》,言及鍾離權爲吕紹先取道名,謂:"真人臨去,謂紹先曰:'爾既到此從吾奉道,今子當名岩,字洞賓。'"②大概其意謂:修仙當入山,居洞天、岩室。故爲其取名爲岩,字洞賓。據此,則吕紹先名岩,字洞賓,乃得自鍾離權所賜。

鍾離權又教導吕洞賓,道教神仙所謂"真人"不衹是修性也要了命:

> 汝等守陰者惟知是魄,有陽衹是冥魂,世人不知分離陰陽之异。若能全陽而聚其冥魂,以合陰魄,使陰陽相合,魂魄成真,是謂真人。③

修道者不能衹是"守陰",也要"全陽",性命雙修則陰陽相合,陰陽相合則魂魄成真,如此方能成就"真人"。吕洞賓向鍾離權請教"全形"之方,鍾離權認爲要"全形",不離全"神",其謂:

> 慧發冥冥,泰定神靈;神既混合,豈不契真;金形玉質,本出精誠;大藥既成,身乃飛輕。④

修行人於修持中得冥冥之静,於冥静之中可以生發智慧;此

---

① 《道藏》,第5册,第277頁。

② 《道藏》,第5册,第277頁。

③ 《道藏》,第5册,第277頁。

④ 《道藏》,第5册,第277頁。

時，人心泰定、神智清靈；神與氣混合，則可以與道相契，成就真人。"全形"所追求的金形玉質，不能與精誠之心、神相離，神氣相合則大藥成，於此方能身輕飛舉。鍾離權臨上升之時，又賜吕洞賓以上真玄訣："取筆於洞中石壁，草書一十六字，曰：晝日高明，夜月圓清；陰陽魂神，混合上升。"①關於鍾離權著述，《仙傳》言："其問答玄妙，神仙施肩吾編之爲《鍾吕傳道集》，今行於世。"②此與《修真十書》所説，基本一致。

五、《金蓮正宗仙源像傳》

《金蓮正宗仙源像傳》一卷，元劉志玄等撰，《正統道藏》洞真部記傳類收録。元代正一嗣教天師太玄子張嗣成《金蓮正宗仙源像傳序》謂：

> 李全正攜至劉天素與謝西蟾所作《全真正宗仙源像傳》一帙，余讀而善之，稽首爲之贊：天啓玄風，青牛西度。微言五千，無極道祖。傳之東華，爰及鍾吕。既投一錢，復遇二士。奇哉七蓮，景星甘露。禮重雪山，化被中土。世遠言存，道無今古。像而傳之，若聞若睹。黄鶴悠悠，白雲何許。素書一編，沈烟一縷。天上人間，桃花流水。時泰定丁卯(1327)春嗣天師太玄子書於玄德堂。③

---

① 《道藏》，第5册，第277頁。
② 《道藏》，第5册，第277頁。
③ 《道藏》，第3册，第365頁。

嗣天師張嗣成於此《序》中，對早期全真教之傳授，有一個簡要概括。其認爲全真之教風乃由天啓，老子著五千微言，爲無極道祖，傳之於東華帝君；東華傳鍾、吕，鍾、吕"既投一錢"，傳授劉海蟾；王重陽復遇二士，得授道業，傳全真七子；全真七子中的丘處機得成吉思汗雪山禮重，使全真教風化被中土。在這個傳授體系中，鍾、吕居於承前啓後、非常重要的地位，然又增加無極道祖——老子傳東華帝君之説，這大概是元代中期佛道論衡之後所出現的一個新情況。由此《序》，我們還可以得知《金蓮正宗仙源像傳》亦名《全真正宗仙源像傳》，由劉天素與謝西蟾所作，劉天素即廬山清溪道士劉志玄。此書前存劉志玄《自序》，其謂：

> 大道之妙，有非文字可傳者，有非文字不傳者，此《仙源像傳》所以作也。惟我全真，自玄元而下，五祖七真，道高德厚，化被九有。長春丘祖師萬里雪山，玄風大闡，此固不待文字而後傳。然其事迹之詳，未易推究，余每欲緝一全書紀之。一日以此意爲西蟾先生言之，西蟾欣然稱善，乃相與博搜傳記，旁及碑碣，編録數年，始得詳悉。乃圖像於前，附傳於後，名曰《全真正宗仙源像傳》。同志之士覽之者，因其所可傳求其所不可傳，則是書不爲無補，若其猶有未備，幸有以教之。時泰定丙寅(1326)陽至日廬山清溪道士劉志玄謹序。①

《序》中提出，全真之教實傳自玄元老子，後續則有鍾離權、吕

① 《道藏》，第3册，第365頁。

洞賓等五祖、七真，化被九有。此書是劉、謝二人“相與博搜傳記，旁及碑碣，編録數年，始得詳悉。乃圖像於前，附傳於後”，名其書曰《全真正宗仙源像傳》，乃記全真道自太上玄元之祖老子以下之五祖、七真事迹、形像之書。

《金蓮正宗仙源像傳》首録元代諸帝聖旨、詔書、褒封制詞。與鍾離權相關者，如《元世祖皇帝褒封制詞》謂：“正陽鍾離真人可贈正陽開悟傳道真君……宜令掌教光先體道誠明真人張志敬執行。准此。至元六年(1269)正月日。”①至元六年爲公元1269年，時忽必烈在位，此材料記載忽必烈封北五祖自東華帝君、正陽鍾離真人、純陽吕真人、海蟾劉真人、重陽王真人爲真君、全真七子爲真人封號的史料。此次褒封，鍾離權有“真君”之號。而至大三年(1310)，元武宗加封北五祖爲“帝君”封號的史實即《武宗皇帝加封制詞》，也保留在此書之中，其謂：“正陽開悟傳道鍾離真君可加贈正陽開悟傳道垂教帝君……右付玄門演道大宗師掌教凝和持正明素真人苗道一收執，准此。至大三年(1310)二月日。”則元武宗時，鍾離權之封號由元世祖忽必烈所封“真君”上升爲“帝君”。劉志玄因在京師之大長春宫(即今北京白雲觀)侍當時全真掌教大宗師孫真人也即孫履道，故能得以目睹并記録元代諸帝褒封全真五祖、七真、十八宗師之聖旨，其謂：

臣志玄生逢盛世，濫忝冠裳，頃年侍教主開玄大宗師孫真人於京師之大長春宫，得睹列聖詔書，謹録鋟梓以示四方，使見聞之有悉知聖朝重道之美意云。泰定元年(1324)正月望日，賜紫

---

① 《道藏》，第3册，第366頁。

教門高士澄虚湛寂洞照法師臣劉志玄稽首頓首拜書卷末。①

關於鍾離權的記載,《金蓮正宗仙源像傳》采《金蓮正宗記》之説,而較爲簡略。其謂:"師姓鍾離,名權,字雲房,號正陽子,京兆咸陽人也。"②曾仕漢爲將軍,因戰失利,遁入終南山,遇東華帝君授以至道;後又隱於晋州之羊角山,不與世俗接,自稱天下都散漢。嘗有頌云:"生我之門死我户,幾個惺惺幾個悟。夜來鐵漢細尋思,長生不死由人做。"③此頌亦見於《金蓮正宗記》,但略去前面數句詩文,其獨特之處在於提出:"今終南山凝陽洞傳道觀,即遇東華帝君處;咸陽周曲灣正陽宫,即其故居也。"④以終南山凝陽洞傳道觀爲鍾離權遇東華帝君處,而咸陽周曲灣之正陽宫爲鍾離權之故居。

六、《純陽帝君神化妙通紀》

《純陽帝君神化妙通紀》七卷,《正統道藏》洞真部記傳類收録,此書爲元代道士苗善時⑤編。另外,此書前亦附元至元六年

① 《道藏》,第3册,第369頁。

② 《道藏》,第3册,第370頁。

③ 《道藏》,第3册,第370頁。

④ 《道藏》,第3册,第370頁。

⑤ 苗善時,字太素,號實庵,元代全真道士,爲元代高道李道純的弟子(見《玄教大公案序》),編著有《純陽帝君神化妙通紀》及《玄教大公案》二卷。苗善時於《純陽帝君神化妙通紀序》中説:"僕不揣井觀管量於諸經,集唐、宋史傳,摭收實迹,削去浮華,績成一百二十化,析爲六卷。每章就,和詩詞、象章直説,目之《神化妙通紀》。"(《道藏》,第5册,第703頁)

(1276)及至大三年(1310)全真道五祖得到詔封的制詞及聖旨。

該書主要記載吕洞賓之仙迹,其選材範圍大致爲唐、宋史傳,其内容與鍾離權有頗多相涉。如《純陽帝君神化妙通紀》卷之一《瑞應明本第一化》言及吕洞賓於唐德宗貞元十四年(798)四月十四日巳時生。其謂:

> 謹按《道統録》帝君,姓吕名岩,字洞賓,唐河中府永樂縣①人氏……唐德宗貞元十四年(798)四月十四日巳時,衆見有一白鶴自天飛下,竟入房帳中不見。母氏正寢,亦夢。驚覺,即時真人降生。②

若以吕洞賓生時來推鍾離權盛年,亦當與此時相近。不過,此所説吕洞賓誕年與本書《黄粱夢覺第二化》所言前後却不能相吻合。《黄粱夢覺第二化》謂:"唐憲宗元和五年(810),時年二十一歲,赴長安應舉,寄居旅館。"③若吕洞賓誕於唐德宗貞元十四年(798),則至唐憲宗元和五年(810),吕爲十二歲,而不是二十一歲,孰是孰非難以判定。

在本書《黄粱夢覺第二化》中,出現了鍾離權點化吕洞賓的描述,其謂:

---

① 苗善時《象章》謂:"或疑各本載帝君生所及居處不一,詳推乃父仕宦遷移,又作者欲在本鄉人物爲美,是以差誤不一。今考河中府永樂鎮九峰山故宅,基址儼然,今建純陽萬壽宫是矣。永樂縣至宋熙寧間,改作鎮。愚校正的實,亦不敢固執,庶幾同志無疑矣。"(《道藏》,第5册,第705頁)由此可知,在苗善時所處的元代,關於吕洞賓誕生之地便有不同説法。

② 《道藏》,第5册,第705頁。

③ 《道藏》,第5册,第705頁。

一日，有一羽士狀貌奇古、美髯環目，鶴氅長裙，丰采不凡，直詣館中揖坐，話間誘化帝君入道。帝君曰："待某受一官爵，光顯祖上門風，然後隨師未晚。"羽士笑求一齋，帝君命僕造飯，覺身倦欲睡，羽士於袖中取一枕與帝君曰："此如意枕，若枕此，從爾平日所好即應。"就枕卧，方睡，忽一使者至，召狀元吕某受誥。始自州縣官，次擢朝署，由是臺諫翰苑秘閣及諸清要，無不備歷，或黜或升。前後兩娶富貴家女，子孫振振，簪笏盈門，如此幾四十年。最後獨相十年，權勢薰炙。忽被重罪籍没家産，分散妻孥，流於嶺表，孑然窮弱，憔悴立馬風雪中，方此嗟嘆，恍然夢覺。羽士在旁笑曰："黄粱猶未熟，一夢到華胥。"帝君驚曰："君知我夢耶！"羽士曰："子適來一夢，萬態榮悴多端，五十年間一俄頃耳。得不足喜，喪不足憂。且有大覺而後知此大夢，人間世百年亦一大夢耳。"帝君豁然悟曰："縱簪纓極品，金玉滿堂，以此推之，亦造物戲弄，何足戀哉！"遂作禮再拜曰："先生非凡也，願加點化愚蒙。"羽士曰："汝既頓徹幻化，空花利名桎梏，回心向道易矣。"帝君曰："某然少省，如《易》中云游魂爲變、死生之説、盡性至命之理，望師慈憫，指示修進之方。"羽士默然良久，曰："萬理融通，則心朗徹；七情寧息，則性圓明。此心澄息，自然本性玉虚，又何游魂爲變？性一太空，寂明寥廓，了無生滅，何死生之慮哉？乃知我本無生，何名爲死？"帝君茫然良久，大洞明了，再拜謝曰："夙生慶幸，得遇仙真，適聞慈音妙義，恍然不知有我。"羽士曰："吾所語汝，乃性盡之妙一邊事也；以至慧命末後大事，待汝果脱灑時，再付未晚。"帝君謝曰："師孰耳？"羽士曰："吾鍾離其姓，權名也，雲房其字也。吾居終南七星山鶴嶺，子异日尋吾來。”言畢，飄然而往。①

這裏所述，大概就是中國文化史上有名的“黄粱一夢”。由此觀之，鍾離權誘化吕洞賓，有以下三個步驟：

首先，誘其識榮華、名利乃幻化、空花，如“黄粱一夢”而已。

其次，則誘其明心見性，知曉心澄性虚，方能無游魂之變、死生之慮。因此書《瑞應明本第一化》言吕洞賓“三教經書圓貫精熟，常誦《周易》《道德》《陰符經》”②，故《黄粱夢覺第二化》中洞賓以《易傳》所云“游魂爲變”“死生之説”“盡性至命之理”，請鍾離權指示修進之方，也能够合於情理。而觀鍾離權的回答，則先從盡性一邊説起，如其云：“萬理融通，則心朗徹；七情寧息，則性圓明。此心澄息，自然本性玉虚，又何游魂爲變？性一太空，寂明寥廓，了無生滅，何死生之慮哉？乃知我本無生，何名爲死？”認爲若能萬理融通，則自心朗明透徹；喜怒哀樂愛惡欲七情寧息，則自性圓明。如果心能澄息，自然本有之性如玉之虚，於其中何來游魂之變；性一如太空之寂明寥廓，則了無生滅，如此則無死生之慮。既然我本無生，則亦無死。此説體現了元代李道純一系禪道雙修的丹法特點。

其三，於修性之説後，鍾離權進一步提出“性先命後”“性命雙修”的要求，其謂：“吾所語汝，乃性盡之妙一邊事也；以至慧命末後大事，待汝果脱灑時，再付未晚。”認爲前所説者乃盡性之事，若能盡性，則後續可以付之以慧命修養之法。

---

① 《道藏》，第5册，第705～706頁。

② 《道藏》，第5册，第705頁。

《純陽帝君神化妙通紀》卷之二《歷試五魔第四化》，有鍾離權"五試"吕洞賓的内容：一試"親喪"，二試"財喪"，三試"色誘"，四試"死懼"，五試"魔害"①。鍾離權於"五試"後對吕洞賓説：

> 吾嘗嘆仙才難得，人之塵心難滅。吾之求人向道，甚於人欲求我也。故五試汝，子皆不動心，然可以教子。但功行未完，今且授汝煉黄白秘方，可以濟物利人，待汝功行滿，吾來度子。帝君曰："得燒煉口訣。"復問如此則煉成，將久有變异乎。雲房曰："三千年後還本質。"帝君愀然曰："如此則必誤三千年後人也，某不願爲也。"雲房曰："子心如此，三千八百功行成，悉在此矣！"②

於"五試"中，折射出鍾離權對"修道"的理解：修行人一方面必須心超萬緣，不爲財、色、生、死、魔等外緣動心；然另一方面又不可失其赤子之心，這從其肯定吕洞賓不願"誤三千年後人"，認爲存此心則三千八百功行盡在其中，可略見一斑。

《神變傳經第五化》有鍾離權告吕洞賓"仙品"及"大道"并"授經"之説。③ 於此，鍾離權提出修真有十五品仙人，并大略言其中之

---

① 《道藏》，第 5 册，第 707 頁。

② 《道藏》，第 5 册，第 707 ~ 708 頁。

③ 關於"仙品"，其謂："修真有一十五品仙人，略言一二。如明悟世間生滅不常，幻妄俱空，塵心頓息，本性圓明，此名清靈鬼仙；法天地升降之理，效陰陽消息之微，假身心爲鼎爐，以精炁爲藥物，五藴皆空，七情泯息，久久色身輕健，法象飄然，此名靈明地仙；情欲皆泯，愛識頓消，此心明瞭，一性虚無，以太極爲爐，天地爲鼎，煉元精，息元氣，凝元神，三元混妙，一真體玄，恍惚象先，超然未始，鬼神莫測，變化無方，此名神仙；神炁妙融，變化莫測，混然無狀，性命玉虚，體一太空，真空不空，大象無象，逍遥無極，游泳先天，頓超虚無，自然玉清真境，此名天仙。"（《道藏》，第 5 册，第 708 頁）

四品，即：清靈鬼仙、靈明地仙、神仙、天仙。這是站在道教立場對當時各種修持方法所作的一個“判教”與總結，與《鍾吕傳道集》所云五品仙基本一致。其所謂鬼仙的特徵爲：明悟世間生滅不常，從而幻妄俱空、塵心頓息，得見本性圓明。因此，法側重於修性，修行人雖能得一性之清靈，然於色身圓成尚有所缺，故將之判爲“鬼仙”之列。

與側重修清靈之性不同，有一種修持法要取法天地升降之理、效陰陽消息之微，以自己的身心爲鼎爐，以自身的精、炁爲藥物，清空五蘊，泯息七情，行之久久，得色身輕健、法象飄然，此爲靈明“地仙”，即丹家所謂陸地神仙。“地仙”以自己身心爲修煉之鼎爐，以自身之精炁爲修煉之藥物，泯息自身七情、六欲，法天地陰陽消息之理而行，其特點是局於自己身心而修，最後所得色身輕健、法象飄然，亦屬個人果位。

若修行人能以太極爲爐、天地爲鼎，煉宇宙天地之元精，息長宇宙天地之元氣，凝宇宙天地之元神，將天地間之元精、元氣、元神混融妙合，則能超出自身之外，體真玄，恍惚象先、超然未始，從而鬼神莫測、變化無方，此方可名爲“神仙”，神仙的特點是能够與天地精神相往來，返歸於未始之先天、無物之象先。在此基礎上，修持人更進一步，達到神炁妙融，變化莫測，混然無狀，體一太空，真空不空，大象無象，逍遥無極，游泳先天，頓超虚無，自然化入玉清真境，此方名爲“天仙”。

修仙不離大道。關於大道，鍾離權告吕洞賓説：

> 大道無形無名，無問無應，其大無外，其小無内，充塞宇宙，運化古今，不變不遷，無生無死，不化而化，不神而神，希夷

微妙,清虛自然,不可致詰。①

大道無形、無名,因其"無",故能爲萬有之母;大道貫通形上與形下,故大而無外、小而無内,於時、空變遷與流逝中,自身却不變不遷;大道於不化中化生萬物,於不神中生成神妙變化,雖希夷微妙却又清虛自然。這些對道的描述,合於《道德經》關於"道"的理解。

《神變傳經第五化》還提及鍾離權授《靈寶升玄消灾護命經》一卷付予吕洞賓。② 書謂此經乃鍾離權之師東華帝君所授,其所言乃真空、重玄之妙理,能够剖劈有無、色聲之妄幻。此書作者苗善時於《彖章》中釋《靈寶升玄消灾護命經》經題説:

谷神不昧,曰靈;元炁融中,曰寶;徹入玄關登上境,曰升玄;心息混融,保合太和,曰護命。經中自衆生沉滯聲色,迷惑有無,至若知空不空,知色不色,名爲照了,始達妙音。識無空法,洞觀無礙,入衆妙門,自然解悟,離諸疑網,不著空見。已上言辭簡當,性理雙融,盡三教性理真空,大藏關要悉備於此經。③

此經題之解頗有意味:所謂"谷神",一般可以喻指修行人心的虛無之神,心神不昧則"靈";元炁充盈於身,此爲"寶";修行人神炁圓融,洞徹玄關密旨而提升境界,爲"升玄";心與息相依,性與命雙修,保合身心陰陽之太和,此爲"護命"。苗善時認爲,鍾離權曾授

① 《道藏》,第5册,第708頁。
② 《道藏》,第5册,第708頁。
③ 《道藏》,第5册,第708～709頁。

此經予吕洞賓,因其能盡儒、釋、道三教性理之真空,三教精義悉備,故此經意義非常重大!

此材料中出現的《靈寶升玄消灾護命經》,《雲笈七籤》卷一一九收入,題作《太上靈寶升玄消灾護命經》。我們認爲,苗善時於此提及鍾離權傳授吕洞賓此經,用意可能有如下幾點:

其一,不滿意世所傳鍾離權授吕洞賓《靈寶畢法》之内容①,然又不能輕易否認諸仙史所謂鍾、吕以《靈寶經》相授受之説,故以《靈寶升玄消灾護命經》代替《靈寶畢法》。

其二,諸仙傳有以鍾離權爲漢代之人,而《靈寶升玄消灾護命經》歷史較早,可能爲唐以前之作品;若以此爲鍾離權所傳,似更能證明鍾離權爲漢人之説不虚。

另外,苗善時爲李道純弟子,李道純等人非常看重《靈寶升玄消灾護命經》。《道藏提要》認爲:"《道藏》洞真部贊頌類收有唐司馬子微《太上升玄消灾護命妙經頌序》一卷,故此經爲唐以前道書之一。《道藏》洞真部玉訣類收有混然子注本和李道純注本。清人李涵虚輯入《太上十三經》。明白雲霽《道藏目録詳注》稱此經'明妙玄清静之理'……敦煌遺書 P2471、S3474 爲是經古鈔本,題作《太上升玄護命經》一卷。文字與《道藏》本有出入。"②查元李道純有《太上升灾消灾護命妙經注》;元末道士混然子王道淵有《太上升灾説消灾護命妙經注》,《道藏提要》對此書解釋道:"《道藏》洞真部本文類有《太上升玄消灾護命妙經》一卷。此爲其注本……其解

---

① 其謂:"嘗默嘆世傳《靈寶畢法》《鍾吕傳道集》謬妄之甚,乃要名尚奇之士爲之;或云施肩吾作,亦未知是否。又有於僞書中取用,作集作記,證事證理,而爲傳道根源,真乃井蛙耳!"(《道藏》,第 5 册,第 710 頁)

② 任繼愈主編:《道藏提要》,中國社會科學出版社 1991 年版,第 20 頁。

題云:'明本來之真性,全見有之身命,以心煉念(命),以情歸性,然默運天機,流精化氣,會於乾宫,充周四體,乃謂之"升玄"。運符火以煉神,咽金液以煉形,形强神清,諸邪不入,百病不生,長生久視,超塵出劫,乃謂之"消灾護命"'。"①王道淵所釋"升玄""消灾護命"與苗善時所釋,於文字雖略有所异,但大意基本相近。

鍾離權所授丹法的特徵,於此書所載鍾、吕問答中,亦多有説明。如《明玄體道第六化》載:

帝君(指吕洞賓)九拜長跪曰:"某嘗玩諸仙丹經,卦象异名,多有疑心,望師慈憫愚蒙,一一細詳開發。"師(指鍾離權)曰:"心本無迹,疑從何有?且天地未肇,父母未生,道之一字,亦是强名,何卦象异名之有?子既有疑,不妨拈出。"

帝君曰:"丹書言修金丹,何謂金丹?"師曰:"金,堅之喻;丹,圓之喻,即爾本性圓明堅固是也。"

問曰:"性命一乎,二乎?"師曰:"不可謂之一,亦不可謂之二。一點靈明無昧,性也;一點元氣常調,命也。性無命,則無依倚,亦不能安止;命無性,則不冲融,亦不能固密。二物混融,一真玉瑩。性也、命也,俱强名爾。"

問曰:"何謂水火?""元神,火也;元炁,水也,神炁混融,混融則水火既濟也。"

問曰:"何謂真陰真陽?"答曰:"身中一點元精,真陰也;一點元炁,真陽也。精炁密融,則陰陽混合,而爲純一之體也。"

問曰:"何謂坎離?"答曰:"即前陰陽水火之象也,陰中陽,

① 任繼愈主編:《道藏提要》,中國社會科學出版社1991年版,第77頁。

坎也；陽中陰，離也，取坎中一陽復離中一陰，則成純陽乾體也。”

問曰:“何謂一陽生?”答曰:“身中元炁。元炁生發時也，静極一動，便是一陽生也；所以道時至神知，至此時也，淵清息念，含光内燭，自然三宫升降，《道德經》云:‘綿綿若存，用之不勤。’以致純全，皆自然而然。泥於子午四正本生時，皆妄爲也。所以不知常，妄作凶也。”

問曰:“何謂火候?”答曰:“慧，火；炁，候也，心息相依，綿綿温固，文火候也。情生念動，剛志力反，武火候也。”

問曰:“何謂藥物?”答曰:“元炁、元精也。”

問曰:“何謂爐鼎?”答曰:“身爲玉爐，心爲金鼎也。”

問曰:“何謂玄關?”答曰:“至玄至妙之樞機也，又謂玄之又玄，最上重關也；元神凝中，强名神谷；元炁息中，强名玄牝。假喻身中玄竅，虚無之谷也。元無定所，不有不空。《道德經》云:‘谷神不死，是謂玄牝。’即此妙也。”

問曰:“何謂青龍白虎?”答曰:“性屬木，故喻青龍。情屬金，故喻白虎。金能剋木，故情多損性。誠能攝情歸性，則金木無間而爲一，自然龍虎伏矣。”

問曰:“何謂龜蛇?”“即前水火陰陽之象也。”

問曰:“何謂鉛汞?”答曰:“心與炁也。心猶汞之難死，誠能息炁養心，則心死而性圓明。虚心養浩，則炁息而命無漏矣。鉛能制汞，故聖人假此二物爲喻，教人易爲修真。

“至於八卦五行，皆假喻以歸元；四象三才，悉强名而達道。汝能死心息炁，息炁凝神，炁神一混，心性一源，身外有身，體一玉虚。這許多評論，都是太空雲翳，鏡水塵風。汝其頓徹力行,自然而然。”真人拜謝。①

此一大段對話對於我們理解苗善時所述鍾離權一系丹法的特點,具有重要參考價值。在問答中,吕洞賓提及諸仙丹經多卦象、异名,令人疑惑不解,鍾離權則直指人心,提出心本無迹、道亦强名,何卦象、异名之有?修行人要參究自己之疑從何而有,天地未肇、父母未生之時道又如何等話頭,若能悟透,則各種疑惑可迎刃而解。鍾離權丹法頗重心地修養之功,王重陽所創全真道亦承襲此特點。

對於丹經中各種异名,本書托吕洞賓之問、鍾離權之答,皆有精當之釋。如釋丹經所謂“金丹”,書中不取外丹礦物化合之説,而以其爲修行人自己的圓明堅固之“本性”,這就具有鮮明的内丹特色。在鍾離權一系的丹法看來,人之本性爲何以“金丹”名之,因“金”有堅之喻;“丹”有圓之喻,故以金丹喻人之本性堅固而圓明。王重陽創全真教,以“本來真性唤金丹”,與此意正同。

鍾吕内丹道强調性命雙修,并由此分化出先性後命和先命後性等不同修習方式。在此問答中,亦有對此問題的探討。關於人之“性”與“命”到底是一還是二的問題,鍾離權一系的丹法認爲,性與命不即亦不離。在他們看來,人心中一點靈明無昧即謂之性,一點元氣常調即謂之命。性與命各有其側重、有所區别,故不可謂之爲一;然性與命又不可截然分開,若以之爲兩個毫不相干的不同之物,亦是偏頗的看法。因爲性無命則無所依倚而不能得安;衹强調命而不修性,則命與性不相冲融,命亦不能得其固密。修行人衹有

① 《道藏》,第 5 册,第 709 頁。

將性與命二物混融相交接，方能得性命相合而使之如美玉之晶瑩，從而性命俱真。在此境界，性與命不分彼此，則所謂性、命之名亦俱爲强名而已。有時候，丹經以"性"屬木，故喻之以"青龍"，以命或情屬"金"，故喻之以"白虎"；五行中，金能剋木，丹經借之以喻人之情多則損性；若能攝情以歸性，丹經則謂之爲"金木無間隔"，從而性與命合而爲一，也可以謂之爲"龍虎伏"。

對於丹道所常言的"水火"，鍾離權一系丹法以修行人之"元神"爲"火"；以修行人身中之"元炁"爲"水"，丹經所説"水火既濟"指的即修行人之神、炁混融相抱，融爲一體之意。若細分之，人身之元炁由身中元精所化，元精與元炁，又可以"真陰""真陽"名之。其中，修行人身中一點元精乃爲真陰，一點元炁乃爲真陽；煉元精化而爲元炁，精、炁密融，則真陰、真陽混合而爲純一之體。有時候，丹經又以"坎離"名真陰、真陽及水、火。真陰、真陽相融，其中，陰中有陽謂之"坎"，坎居北方，四象配玄武，故亦可謂之龜；陽中有陰謂之"離"，離居南方屬火，又以"巳"蛇配之；坎爲水而離爲火，取坎中一陽填離中一陰，則成純陽乾體。煉外丹，藥物一般不離鉛、汞，鍾離權一系丹法亦借汞、鉛以言内丹藥物，其所謂汞、鉛即修行人之心與炁，其中，人心猶汞之難死，若能息炁養心，則心死而性圓明；人身之炁如鉛之陰沉難興，若能得心火相融，通過虚心養浩，則可以炁息而命無漏。這個原理與外丹法中以鉛、汞相制類似，故内丹家借外丹所用汞、鉛二物爲心與炁之喻。上述水火、陰陽、坎離、龜蛇、鉛汞諸説，所論皆丹道之藥物，其所謂藥物，一般不離"元炁""元精"與"元神"。

苗善時所述鍾離權一系丹法因屬内丹，故其所謂煉丹之"爐鼎"即修行人自己之身心。其中，修行人之"身"爲玉爐，"心"爲金鼎。煉丹的一個重要因素是火候,對於"火候",其以人心所發之明"慧"爲"火",以身中元炁運行法則爲"候"。修行人心與息相依,綿綿温固,此即内丹所謂文火候;若修行人情生念動,則以堅剛之志促之返歸於清静,此爲武火候。火候中,有兩個現象非常關鍵,即身中"一陽生"及"玄關"現。關於"一陽生",其謂身中元炁生發之時便是一陽生之時;修行人淵清息念、含光内燭,於静極之中元炁發動,此一動,即所謂"一陽生"。一年中,冬至之時一陽生;一日中,夜半子時一陽生,然此皆與丹經所説"一陽生"有所不同。丹經所謂"一陽生"不一定局限於一年之冬至或一日之夜半子時,修行人於静修中元炁發動,自然時至神知、三宫升降,此時即所謂"一陽生"之活子時也。

對於修煉時出現的"玄關",其認爲,"玄關"乃人身中至玄、至妙之樞機,因其玄之又玄,爲修行中之最上重關,故謂之"玄關"。"玄關"無有定所,不有亦不空,其實即元神、元炁凝息之所。修行人元神凝聚之所,勉强名之爲神谷或谷神;元炁息長之所,勉强名之爲玄牝、玄竅,神炁相合不離於玄關。因此,丹經中八卦五行、四象三才,無非借喻,修行人死心則能息炁,息炁則能凝神,頓徹力行,自然炁、神相混融,則心性一源,可得身外有身,體同玉虚。

對於鍾離權與吕洞賓此一大段問答,苗善時非常重視,以之爲道教歷代聖師密傳之心印。他於《象章》中説:

> 師祖此篇問答,歷代聖師心心密印……乃修真最妙的的上義,心明性養之玄微,慧命真空之妙用,盡在是矣。[1]

---

① 《道藏》,第5册,第710頁。

至於世傳鍾離權傳吕洞賓之《靈寶畢法》《鍾吕傳道集》，苗善時則深不以爲然！究其原因，大概認爲前者過分强調了修身命的具體方法、用功次第，而對心性修養言之簡略有關。苗善時這一系更强調心明性養、慧命真空，性命非一、非二，所以，他對世俗所傳吕洞賓得鍾離權傳"劍法"之説，就以"心法"去進行解釋、加以發揮。《密印劍法第七化》載有鍾離權傳吕洞賓"劍法"之説：

> 正陽師真宴坐間而謂純陽帝君曰：修真體道，全憑慧力堅持；入妙造玄，先要志剛决烈。所以極終極始，天地莫遷。大用大機，鬼神莫測。故聖人携寶劍倒斡璇璣，仗剛鋒直摧魔怪，故有劍法之喻也。此劍也，采無極至精，合先天元炁，假乾坤之爐鞴，運元始之鉗錘。慧火煆成，靈泉磨利。以太極爲環，剛中爲柄，美利爲刃，清净爲匣。虚白燦爛，純粹堅剛。運造化之機，秉仁威之令。舉之無今古，按之無先後。六天神鬼歸降，三界妖魔乞命。破煩惱障，絶貪愛緣。斬七情，誅六賊，斷嗔怒，剿妄邪。事物來前，迎刃而解。藏之身，可以無生死，體象先。撝之政，可以鎮國家，清天下。光輝善利，圓混剛中。奸邪一見寒心，外道纔聞破膽。子當精進圓成，横向太虚凛凛。帝君受此劍法，至敬禮謝，韜光晦迹，密降華峰，强名曰：先天遁神劍。①

於此，其認爲鍾離權傳授吕洞賓之"劍法"，實乃修真之"心法"。"劍法"中提到修真體道最重恒心與毅力，修行人衹有善始善終、慧力

① 《道藏》，第5册，第710頁。

堅持、志剛決烈,方有入妙造玄之可能。其次,闡明此“劍法”的功用在於治國理身,可以破煩惱障,絶貪愛緣,斬七情,誅六賊,斷嗔怒,剿妄邪;携寶劍倒斡璇璣,仗剛鋒直摧魔怪;藏之身,可以無生死,體象先;撝之政,可以鎮國家,清天下。再次,明確鑄“劍”之方,其既以鑄劍喻修身,故提出此劍采無極至精、合先天元炁,假乾坤之爐鞲,運元始之鉗錘,慧火煆成,靈泉磨利;此劍以太極爲環,剛中爲柄,美利爲刃,清净爲匣。正如苗善時所作《慧劍吟》之説:

紫極洞中傳劍訣,不屬陰陽不用鐵。先天元炁煆鎔冲,鑄成便會誅妖孽。得煆煉,經琢磨,利勝鏌鎁及大阿。握在手中龍虎伏,收歸匣内炁神和。斬三尸,誅五賊,剿滅七情并六欲。貪嗔愛鬼悉消亡,昏散魔軍皆滅没……此寶劍,常隨身,藏諸用,顯諸仁,絶如美玉無瑕釁,瑩似水晶絶點塵。此寶劍,無中有,太上親授東華手,諸祖列仙密密傳,得之慧妙光星斗……剖除人欲全天理,掃蕩風雲升清。①

---

① 詳見《道藏》,第5册,第710頁。值得注意的是,此《慧劍吟》之文體、語調乃至内容,與中國歷史上著名的神怪小説《西游記》第二回“悟徹菩提真妙理,斷魔歸本合元神”所述須菩提祖師傳孫悟空“長生妙道”之訣頗多類似。《西游記》所謂“長生妙道”之訣爲:“顯密圓通真妙訣,惜修性命無他説。都來總是精氣神,謹固牢藏休漏泄。休漏泄,體中藏,汝受吾傳道自昌。口訣記來多有益,屏除邪欲得清凉。得清凉,光皎潔,好向丹臺賞明月。月藏玉兔日藏烏,自有龜蛇相盤結。相盤結,性命堅,却能火裏種金蓮。攢簇五行顛倒用,功完隨作佛和仙。”對比《西游記》此訣與苗善時所作之《慧劍吟》,無論形式與内容皆有極相似之處。如其强調性命雙修,以人身之精、氣、神爲上藥三品,以“月藏玉兔”爲陰中之真陽,“日藏烏”爲陽中之真陰,乃至“龜蛇相盤結”之説,“火裏種金蓮”之説,“攢簇五行”之説,“顛倒”之説等,都集中體現了鍾吕一系内丹道的思想,與鍾吕内丹道的精神高度一致。由此不妨推測一下:《西游記》的作者與推崇鍾吕、倡導三教合一、性命雙修的全真道徒如苗善時等,可能存在密切之干係。

於《慧劍吟》中，其所謂劍不屬陰陽不用鐵，乃用先天元炁煆鎔而成，得之可以炁神和、龍虎伏、三斬尸，五賊誅，剿滅七情六欲、貪嗔愛鬼、昏散魔軍，從而滅人欲、全天理。欲得此劍，修道者當體驗虛無的境界，於虛無境中候其有，因其如美玉、水晶之無瑕亦無塵，故其能藏諸用而顯諸仁，修道者雖説得之，而實無所得。由此我們可以看出，苗善時強調鍾離權所授吕洞賓之"劍訣"，實指修真之"心法"。

七、《消摇墟經》

《消摇墟經》，明代洪自誠[①]編纂。《道藏提要》謂：

明洪自誠撰《仙佛奇踪》八卷，其第一、二、三卷爲神仙傳記。《續道藏》截取其前三卷題名《消摇墟經》，編爲二卷。卷首有袁了凡序(《續道藏》本序脱去作者)謂"惟羽客仙翁""能蟬蜕鳳舉而消遥物外"，"蒙莊氏所稱逍摇游者，意在斯乎！""消摇墟"之旨趣，蓋取於此。《仙佛奇踪》前三卷所載自老子、魏伯陽至馬丹陽等仙真凡五十六人。《續道藏》本於《消摇墟》中又增入王子喬、太上老父、劉海蟾、黄安、浮丘伯、麻衣子、張三豐等七人，共載六十三人。《四庫提要》以《仙佛奇踪》"多

① 洪自誠，號還初道人，明萬曆時人，編撰《仙佛奇踪》。《續道藏》別裁爲《逍摇墟》《長生詮》《無生訣》三書。洪氏又有《菜根譚》流傳頗廣。詳見任繼愈主編：《道藏提要》，中國社會科學出版社 1991 年版，第 1216 頁。

荒誕之談”，附之小説家存目。《仙佛奇踪》每傳之前，均有繪像，《續道藏》本無圖像。案原書無“經”字，《道藏目録》亦無“經”字。《續道藏》本題“消摇墟經”，未是。①

《四庫全書總目》提及《仙佛奇踪》四卷(内府藏本)，謂：

明洪應明撰。應明字自誠，號還初道人。其里貫未詳。是編成於萬曆壬寅，前二卷記仙事，後二卷記佛事。首載老子至張三丰六十三人，名曰《消摇墟》，末附《長生詮》一卷。次載西竺佛祖自釋迦牟尼至般若多羅十九人。中華佛祖自菩提達摩至船子和尚四十二人，曰《寂光境》。末附《無生訣》一卷。仙佛皆有繪像，殆如兒戲。考釋道自古分門，其著録之書亦各分部。此編兼采二氏，不可偏屬，以多荒怪之談，姑附之小説家焉。②

《消摇墟經》卷一載《鍾離權》，其謂：“鍾離權，燕臺人，後改名覺，字寂道，號王陽子，又號雲房先生。”③此與《歷世真仙體道通鑒》同，皆以鍾離權爲燕臺人，但云鍾離權以“王陽子”爲道號，則是其獨特之説法，《周易參同契》有“王陽加黄芽”之説，不知兩者之間

---

① 任繼愈主編：《道藏提要》，中國社會科學出版社 1991 年版，第 1158 頁。

② 〔清〕永瑢等撰：《四庫全書總目》，中華書局 1965 年版，第 1230 頁。

③ 《道藏》，第 35 册，第 372 頁。

是何關係。鍾離權“及壯,仕漢爲大將,征吐蕃失利,獨騎奔逃”①。文中提及鍾離權仕漢爲大將,征吐蕃失利,查閱相關仙、傳,基本皆持此説。然此説頗令人費解,歷史上,西漢、東漢征討北方匈奴之事則有之,征“吐蕃”則似乎有“關公戰秦瓊”的意味,因爲吐蕃王朝大概於七世紀時纔由松贊干布建立於青藏高原,此王朝前後延續了約兩百多年,故不太可能有漢征吐蕃之事。若從歷史史實來分析,征吐蕃最有可能發生於唐朝,果若如此,則鍾離權可能爲唐人。

至於文中所説鍾離權仕“漢”爲大將,此“漢”大概可以有三種説法:一是歷史上的西漢、東漢王朝;二是歷史上的漢屬之地,如漢中、巴蜀等地,所謂“仕漢”,即在漢屬之地出仕爲大將之義;三是將之理解爲五代時之後漢。比較起來,我們認爲後二説似乎更加合理一些。

關於鍾離權之師承,其謂:

> 一老人披白鹿裘,扶青黎杖,抗聲前曰:“來者非漢大將軍鍾離權耶,汝何不寄宿山僧之所!”……於是老人授長生真訣及金丹火候,青龍劍法……後再遇華陽真人,傳以太乙刀圭、火符内丹……入崆峒、於紫金四皓峰居之,得玉匣秘訣,遂仙去。②

文中言鍾離權遇胡僧引行數里,見到東華先生,東華先生自稱

① 《道藏》,第35册,第372頁。
② 《道藏》,第35册,第372頁。

“山僧”①。鍾離權得東華老人授長生真訣及金丹火候，青龍劍法；後再遇華陽真人，傳以太乙刀圭、火符内丹；又雲游至魯，居鄒城，入崆峒、於紫金四皓峰居之，得玉匣秘訣，遂仙去。

《消摇墟經》在洪自誠《仙佛奇踪》基礎上補入《劉海蟾》，其謂：

> 劉玄英，號海蟾子。明經，事燕主劉守光爲相。雅喜性命，欽崇黄老。一日，忽有道人自稱正陽子來謁，海蟾邀坐堂上，待以賓禮。道人爲演清静無爲之宗、金液還丹之要，既竟，乃索鷄卵十枚，金錢十文，以一文置之几上，纍十卵於金錢，若浮圖之狀。海蟾警异之曰：“危哉。”道人曰：“人居榮禄之場，履憂患之地，其危殆甚。”復盡以其錢劈破擲之，遂辭去。海蟾繇此大悟，遂解印辭朝，易服從道，遁迹終南山下。丹成尸解，有白氣自頂門出，化鶴冲天。②

文中提及的“燕主劉守光”（生年不詳，卒於公元914年）歷史上爲深州（今河北省深州）人，乃五代時期燕國的創立者。其父爲唐末幽州節度使劉仁恭。劉守光發動兵變，奪父位自立，并於後梁乾化元年（911）八月在幽州稱帝，國號大燕，其割據的勢力範圍大

① 宋代理學開山祖周敦頤曾得僧人壽涯“有物先天地，無形本寂寥；能爲萬象主，不逐四時凋”之偈，雖壽涯身份爲僧人，然其偈實合於《道德經》二十五章“有物混成”之義。此云鍾離權得“山僧”東華老人授長生真訣、金丹火候，亦可與此對照、參看。

② 《道藏》，第35册，第372～373頁。

略相當於今北京和河北北部一帶。後梁乾化三年(913)十一月,晋王李存勖拔幽州,劉守光出逃、被擒,燕國滅亡。劉守光之燕國正式稱帝割據的時間爲公元911年至公元913年,僅存在二年,因其統治期間殘暴不仁,故在歷史上又被稱爲“桀燕”。文中稱劉海蟾曾任“桀燕”劉守光之相,鍾離權警示劉海蟾“履憂患之地,其危殆甚”,還真有一定道理。

因《消摇墟經》中的《劉海蟾》爲後來編入,洪自誠原本《仙佛奇踪》未收。故洪自誠《仙佛奇踪》之《鍾離權》中,言及鍾離權“道號王陽子,又號雲房先生”,未及後來頗爲人所知之“正陽子”。正一道士陳葆光撰集《三洞群仙録》提及“鍾離先生”,亦不及“正陽”稱號。然而至元代,則有詳實資料證明鍾離權有“正陽”之封號。這也意味著洪自誠《仙佛奇踪》之《鍾離權》這部分内容,其所據材料出現較早,大概那時鍾離權尚没有“正陽子”之稱,而《劉海蟾》中則有“正陽子”之説,故二篇雖同屬《消摇墟經》,然在編著時間及所據材料方面可能并不一致。

另外,《消摇墟經》卷二載《吕純陽》,其中亦有鍾離權與吕洞賓解“黄粱夢”“十試洞賓”,授洞賓《靈寶畢法》等内容。

八、《吕祖志》

《吕祖志》此書大概爲明代道流所編,而其所據主要材料則多爲南宋時期所出。《道藏提要》謂:

此書爲明代道流所編。彙集吕岩傳記師承、丹法源流、顯道靈迹及詩詞雜著……書云:"吕岩字洞賓,唐河中府永樂縣(今山西永濟)人",生於貞元十四年(798),咸通中(860—874)舉進士,時年六十四。遇鍾離權度之,經十試、十問而授之以《靈寶畢法》,後乃得道……道録陳景元傳其像於世,政和中(1111—1118)賜號妙通真人。事迹所載,多南宋紹興間事,亦有熙寧以至嘉定己巳(1209)者,此書所記多爲宋事,然"無患心"條有"嘉靖三十九年(1560)洪水氾濫"語,可見此書殆出於嘉靖、萬曆間。①

此書編纂依據的主要材料大體出於兩宋時期,編成的年代爲明朝。因文中所言吕岩生於唐貞元十四年(798),又言其"隱顯變化不一,迨今四百餘年",以此計算,則關於吕洞賓相關材料的時間下限至於元末明初。不過,其所載吕洞賓事迹多爲宋元之前事,如其《真人自記》云:

吾京川人,唐末三舉進士不第,因游江湖間,遇鍾離子受延命之術。尋又過苦竹真君,傳日月交并之法。久之適終南山再見鍾離子,得金液大丹之功。年五十,道始成……吾固有劍,蓋异於彼,一斷貪嗔,二斷愛欲,三斷煩惱,此其三劍也。吾道成以來所度者:何仙姑、郭上竈,二人性通利,吾授之以歸

① 任繼愈主編:《道藏提要》,中國社會科學出版社 1991 年版,第1173～1174 頁。

根法。①

後附一句云:此《記》見江州望江亭。此材料元代苗善時亦曾得見,并對此多有批評。故《吕祖志》一書雖編成於明代,書中的一些材料多爲宋元時事,甚至可能更早一些。

本書《真人本傳》有"黄粱夢覺"一段,載鍾離權三《絶》,其謂鍾離權:

> 書三絶白於壁,一曰坐卧常携酒一壺,不教雙眼識皇都;乾坤許大無名姓,疏散人中一丈夫。二曰得道真仙不易逢,幾時歸去願相從;自言住處連滄海,别是蓬萊第一峰。三曰莫厭追歡笑語頻,尋思離亂可傷神;閑來屈指從頭數,得到清平有幾人。②

這明顯是將歷史上鍾離權散見於不同之處的三首詩輯於一處。但詩中云"莫厭追歡笑語頻,尋思離亂可傷神",甚合於唐安史之亂至於唐末、五代時的社會情况。若以此推之,則鍾離權爲唐末、五代時期的人,似乎又得一論證。

此文也有鍾離權於終南"鶴嶺傳道"於吕洞賓之説,謂:

> 汝等不知分合陰陽之妙,守陰則衹是魄,存陽則衹是魂,

---

① 《道藏》,第36册,第451~452頁。

② 《道藏》,第36册,第447頁。

若能聚其陽魂以合陰魄,使陰陽相會,魂魄同真,是謂真人。洞賓曰:"魂魄冥冥,至理甚深,何以全形?"師曰:"慧發冥冥,泰定神靈,神既混合,豈不契真。金形玉質,本出精誠。大藥既成,身乃飛輕。"洞賓自是凡十問修真之説(見後),雲房悉傳以上真玄訣,盡豁塵濁。①

由此終南"鶴嶺傳道",可以得見鍾吕金丹派的修持特點,即修行之人要合自身陰陽之妙,不能衹是守陰或衹是存陽,要通過聚陽魂以合其陰魄,使性命得到雙修,方可以稱得上是"真人"。對於進一步如何全形,鍾離權指出大智慧生於修行人冥冥的泰定之中,不能於冥冥中入於泰定,則神不能靈明、不能生發出大智慧;神與精、炁混合,則大藥成,能够修成真人、得金形玉質,如此則身輕若飛、得道成仙。後文又提及吕洞賓除師承鍾離權外,還師承火龍真人,似未將鍾離權與火龍真人混爲一人,其謂:"洞賓既得雲房之道,又得火龍真人傳天遁劍法,一斷煩惱,二斷色欲,三斷貪嗔。嘗有詩曰:'昔年曾遇火龍君,一劍相傳伴此身。天地山河從結沫,星辰日月任停輪。須知本性綿多劫,空向人間歷萬春。昨夜鍾離傳一語,六天宫殿欲成塵。'"②這與其他仙傳以鍾離權與火龍真人爲一人的説法略有不同。

《吕祖志》中説:

---

① 《道藏》,第 36 册,第 448 頁。

② 《道藏》,第 36 册,第 449 頁。

時雲房又以《靈寶畢法》授洞賓。始雲房於終南石壁間得《靈寶經》三部，上部《元始金誥》，中部曰《元皇玉籙》，下部曰《太上真元義》，凡數千卷。雲房撮其要爲《畢法》，分十二科及六義，蓋明陰中有陽，陽中有陰，天地升降之道；氣中生水，水中生氣，心腎交合之機；以八卦運十二時，而其要在艮；以三田互相反復，而其要在泥丸；至下手工夫，姑借咽氣嗽液爲喻。而真機口訣，實在口傳心授，不在文字間也。①

其所云"分十二科"，不知是否即道書之"本文""玉訣"等"十二類"；所謂"六義"，猜測與後文所説"陰中有陽""陽中有陰""天地升降之道"，以及"氣中生水""水中生氣""心腎交合之機"，可能一致；其中，陰中有陽爲坎，陽中有陰爲離，天、地爲乾、坤，天、地升降即乾、坤交合，乾、坤交合成震、坎、艮、巽、離、兑六子，六子似乎可以喻指内丹中的藥物與火候；氣中生水指精，水中生氣指神，精與神合即心與腎交。所謂"八卦運十二時"，可能指丹道的火候，而其要在艮，似指丹法主要以静、止爲主，因艮有静、止之義；所謂"三田"，當指上、中、下三丹田，三丹田互相反復，指精、炁、神在上、中、下三丹田流轉，而其要在"泥丸"，因神栖居於泥丸，丹道以神爲火，神爲丹道修煉之主；而丹道的下手工夫，借咽氣、嗽液爲喻，可能即指聚精、煉精、化精。而此中的真機口訣，因修行人各自情况有异，衹能口傳心授，而不落於文字間。《吕祖志》此段論述，基本上與《靈寶畢法》的意旨相通。

① 《道藏》，第36册，第448頁。

文中還提及鍾離權贈詩吕洞賓,其謂:

> 知君幸有英靈骨,所以教君心恍惚。含元殿上水晶宫,分明指出神仙窟。大丈夫、遇真訣,須要執持心猛烈。五行匹配自刀圭,執取龜蛇顛倒訣。三尸神、須打撤,進退天機明六賊。知之三要萬神歸,來駕火龍離九闕。九九道至成真日,三界四府朝元節。氣翱翔兮神恒赫,蓬萊便是吾家宅。群仙會飲天樂喧,雙童引入升玄客。道心不退故傳君,立誓約言親灑血。逢人兮莫亂説,遇友兮不須訣,莫怪頻發此言辭,輕慢必有陰司折。執手相别意如何,今日爲君重作歌。説盡千般玄妙理,未必君心信也麽。子後分明説與汝,保惜吾言上大羅。①

此詩的風格,與前文所述苗善時《慧劍吟》(也包括《西游記》第二回須菩提祖師傳孫悟空之訣)相似。從此詩中,亦可窺見鍾吕丹法之要訣:修道首先要有緣,要有大丈夫的英靈决烈之志,道心不退,如此方堪得修真之訣;其次,下手之時,要持心一處,久之則心意恍惚,如《道德經》所謂"恍兮惚兮""惚兮恍兮",神與炁交,陰陽相含抱,生成一顆光燦燦的水晶、玄珠,此爲成神、成仙的里窟;修行人精、神、魂、魄、意五行匹配,自然結成刀圭之丹,而其真訣實不外乎黿、蛇顛倒之法,也即神往下注、炁往上升、神炁相合之理。人身的三尸之神須要打撤、去除盡净,内丹火候的進退要與天機相合,内丹之藥不從眼、耳、鼻、舌、身、意六門漏泄,精、炁、神三寶結而身中萬神皆歸,如此則能駕火龍而離九闕。

---

① 《道藏》,第36册,第448~449頁。

此文還有鍾離權“十試”吕洞賓及《洞賓十問雲房》①,此一大

---

① 其謂:“第一問天地,曰乾三索而天交於地,乃生三陽;坤三索而地交於天,乃生三陰。陽中藏陰,乃曰真陰,真陰到天,因陽而生;陰中藏陽,乃曰真陽,真陽到地,因陰而發,交合得道,自然長久。第二問日月,曰月受日魂,以陽變陰,陰極陽純,月華瑩净。修煉到此,積氣成神。第三問四時、五行,曰一心自有五行,一日自有四時。大抵陰陽相推而已,陽不得陰不成,到底無陰而不死。陰不得陽不生,到底陰盡而皆陽。第四問水火龍虎,曰身中有君火、臣火、民火。真火出於水中,恍恍惚惚,其中有物,視之不可見,取之不可得。真水生於火中,杳杳冥冥,其中有精,見之不可留,留之不可住,腎水也。水中有氣名曰真火,心火也;火中生液,名曰真水,以水生木,腎氣足而肝氣生,以絶腎之餘陰,而氣過肝時,即爲純陽,藏真一之水,恍惚名真龍;以火剋金,心液盛而肺液生,以絶心之餘陽,而液到肺時即爲純陰,藏正陽之氣,杳冥名真虎。氣中取水,水中取氣,得忝大,歸於黄庭,此大丹也。第五問鉛汞,曰鉛性沉重而喜墜,此腎水以潤下而易漏。汞性輕飛而喜升,此心火以炎上而易散。以鉛制汞,以沉重而鎮輕飛,内丹結矣。第六問抽添,曰冬至後,陽升於地,地抽其陰,太陰抽而爲厥陰,少陽添而爲陽明,厥陰抽而爲少陰,陽明添而爲太陽。夏至後,陰降於天,天抽其陽,太陽抽而爲陽明,少陰添而爲厥陰,陽明抽而爲少陽,厥陰添而爲太陰。又如日月,月受日魂,日受月魄。前十五日,月抽其魄,而日添其魂,精華已滿,光照下土,不然無初生而變上弦,上弦而變月望也。月還陰魄,日收陽精,後十五日日抽其魂,而月添其魄,光照已謝,陰魄已定,不然無月望而變下弦,下弦而變晦朔也。日月往復而變九六,此抽添之象也。第七問河車,曰人身陽少陰多,無非是水。故有取於河車之誼,河車起於北方正水中,而非若旁門搬運力也。第八問内觀坐忘之妙,曰龍虎交媾,陰陽配匹,九皇真人引一朱衣童子下降,九皇真母引一皂衣女子上升,相見黄屋之前。有一黄衣老嫗接引,如夫婦之合,盡時歡洽。女復下降,男復上升,如夫婦之離。既畢,産一物,大如彈丸,色同朱橘,抛入黄屋,以金氣盛留。第九問如此修行,有魔難否。曰子知十魔九難乎?衣食逼迫一難也,恩愛牽纏二難也,利名縈絆三難也,灾患横生四難也,盲師約束五難也,議論差别六難也,志意懈怠七難也,歲月蹉跎八難也,時世亂離九難也。一六賊魔,二富貴魔,三六情魔,四恩愛魔,五患難魔,六神佛爲害是聖賢魔,七刀兵魔,八女樂魔,九女色魔,十貨利魔。第十問有何證驗,曰始也淫邪盡絶,外行兼修,采藥之際,金晶充滿,陰魄銷融。次心經涌溢,口出甘液。次陰陽擊搏,腹鳴如雷。次魂魄未定,夢寐驚恐。次或生微疾,不療自愈。次丹田夜暖,形容盡清。次若處暗室,而神光自現。次若抱嬰兒,而上歸金闕。次雷鳴一聲關節通,而驚汗四溢。次玉液烹煉成凝酥,而雪花散墜,或化血成乳而漸畏腥膻,或塵骨將輕而漸變金玉。次行如奔馬。次對景無心。次吹氣療疾。次内觀明朗。次雙睛如漆。次紺髮再生。次真氣足而常自飽。次食不多,而酒無量。次神體光澤,精氣秀媚。吹口生异味,鼻有异香。次目視萬里。次疰痕銷滅。次涕泪誕汗皆絶。次三尸九蟲悉除。次内志清高,上合太虚,凡情皆歇,心境俱空。次魂魄不游,夢寐自絶,神采晶爽,不分晝夜。次陽精成體,靈府堅固,寒暑不犯,生死不干。次嘘呵可乾外汞。次神光常生坐卧。次静中時聞天樂,金石絲竹之清,非世所常聞。次内觀或游華胥樓臺,殿閣之麗,非世所常見。次見凡人腥穢。次見内神出現。次見外神來朝,功圓行滿,膺籙受圖,紫霞滿目,金光罩體,或見火龍飛,或見玄鶴舞,彩雲繚繞,瑞氣繽紛,天花亂墜,神女下降,出凡入聖,逍遥自然。此乃大丈夫功成名遂之日也。”詳見《道藏》,第36册,第450～451頁。

段文字相當於介紹了鍾離權向吕洞賓所傳之道,其中的十問十答基本出於《鍾吕傳道集》《靈寶畢法》,是對二書相關内容的精選;究其源則似出於《周易參同契》。

因爲修煉内丹要取法天地陰陽造化生物之理,故吕洞賓首問丹道中所謂的天地,究爲何物?鍾離權的答復先從《周易·說卦》“乾坤父母六子説”來講,乾爲天、坤爲地,乾三索交於坤而生三陽:震、坎、艮;坤三索交於乾而生三陰:巽、離、兑。陽中之陰乃爲真陰,真陰由坤而至於乾,由地上升至於天,因陽而生;陰中之陽乃爲真陽,真陽由乾而至於坤,由天降至於地,因陰而發。真陰、真陽交合,則自然可以得道而長生久視。

既然要得真陰、真陽相交合,方能修成内丹,故吕洞賓第二問丹道中的真陽、真陰也即日月究爲何物?鍾離權的回答是,宇宙自然中,月亮受日之光而生魂,此即以太陽變月亮之陰,陰盡則陽純,此時月華瑩净。人修煉亦同於此理,神入炁中,如月受日光;久之則炁積神旺,銷盡身中陰質而體變純陽,此與陰盡陽純、月華瑩净是一様的道理。

欲内丹修煉成功,不離火候調節,故吕洞賓第三問丹道中的四時、五行爲何,實即對内丹火候問題的探討。關於内丹修煉的火候,鍾離權的回答是:修行人的一心之中,自可以分爲五行;一日的修煉中,自有春、夏、秋、冬四時之分,春分、秋分喻丹道的沐浴,冬至喻丹道一陽生,此時可以進火,夏至喻丹道的一陰生,此時可以退符。丹道所謂的五行、四時,這其中大抵的意思無非是陰陽相推而已,因爲陽不得陰不成、陰不得陽不生,至於修煉到極至,則當銷去群陰,陰盡而變爲純陽,修行人復爲純陽之質,則可以長生不死。

内丹强調性命雙修,修性煉命以成丹,不離藥物。關於内丹修煉的藥物，在丹經中有種種術語，令人難以理解，故吕洞賓第四問丹道中的水、火與龍、虎，究爲何物？鍾離權認爲，修行人身中之火有君火、臣火與民火之分，這三種火皆爲真火。所謂真火應該出於水中，指的是修行之人於静定之中，感覺恍恍惚惚，於其時身體産生神妙變化，似乎從無至有、有物生成，此物視之不可見、取之不可得，此即真火産於水中之意。同樣的道理，真水也生於火中，修行之人於静定中杳杳冥冥，身中有真精産出，此真精不同於凡夫的生殖之精，屬於見之不可留、留之不可住，此爲真水，即腎水之精華。故真修行之人其神與炁、精不可分離，水中有氣名爲真火，即精、炁旺時神静定，此静定之神火即心火；火中生液名爲真水，即神静定時精、炁生，此精、炁即爲真水。五行中，水可以生木，以水生木，指修行人腎氣足而肝氣生，腎氣化而爲肝氣，意味著絶腎之餘陰，也即後世煉精化炁的功夫，這步功夫旨在將後天生殖之精全部轉化爲先天真一之炁；所謂“氣過肝時即變爲純陽”，是因爲肝於五行之中配木，這裏喻指修行人的本來真性呈現；因性與命不可以截然兩分，故純陽之性中亦藏有真一之水，此必於恍惚之中方能得到，所得到并呈現的本來真性即名真龍，因青龍屬木、居東方，正好可以肝之氣來喻之。修行人以火剋金，即以神馭炁的意思；五行中火能剋金即修行時神能馭炁的意思；心液盛而肺液生，指修行人神愈静則炁愈旺，炁旺則神定而心無雜念，此即所謂“絶心之餘陽”；火剋金而化液，即神馭炁而静定，也即“液到肺時即爲純陰”的意思，炁定屬命功。然正如上文所説，性與命不可截然分而爲二，故炁定的命功之中藏有正陽之性，此亦必於杳冥之中方能得到，此炁即名爲真虎，因白虎屬金、居西方，正好可以肺之氣來喻之。將真性與真命兩相結合，即所謂“氣中取水、水中取氣”，也即龍虎交媾；性命雙修，則大丹可成。

内、外丹皆用同一套術語，不容易把握其對應關係，故吕洞賓第五問丹道中的鉛、汞爲何。鍾離權認爲，外丹中，鉛性沉重而喜墜，内丹則以此喻人的腎精之水因潤下而易漏；外丹中，汞性輕飛而喜升，内丹則以此喻人的心神之火易於炎上、容易散亂。外丹以鉛制汞、沉重而鎮輕飛，内丹則以之喻炁定則神安、神凝則炁住，如此則内丹結矣。

修丹的過程中，藥物在相互作用時，彼此之間需要如中藥那般進行配伍，故吕洞賓第六問丹道中的抽添之理爲何。鍾離權認爲，人與自然之理相通。自然界中，冬至節氣之後，地中陽氣開始回升，陽氣升則抽地之陰，太陰抽則變而爲厥陰，厥陰抽而爲少陰；陰抽的同時陽亦在添，少陽添則變而爲陽明，陽明添則變而爲太陽。夏至後，地中陰氣開始回升，陰氣升則抽天之陽，太陽抽則變而爲陽明，陽明抽而爲少陽；陽抽的同時陰亦在添，少陰添則變而爲厥陰，厥陰添則變而爲太陰。

日、月之理亦如此。月受日之魂，日受月之魄。每個月的前十五日，月受日之光、抽其陰魄，至於十五日，則月受日之精華已滿，從而月之光能普照下土；在這個過程中，有初生之峨眉月，初七、八所變之上弦月，十五月望之滿月。此後，月復還其陰魄、日收其陽精，故後十五日，日抽其魂而月添其魄，由月望而變下弦，下弦而變晦朔，光照已謝，陰魄已定。日、月往復而變九、六，九、六相加即十五，指每月十五日陽長、十五日陰添；或者九代表火之成數，六代表水之成數，水火即日月，此日月、水火抽添之象。若以此喻内丹之修行，神與炁、精相融、進退，亦如同日月、水火、冬至夏至之理。神入炁中，屬抽陰添陽，爲進陽火；炁入神中，則屬抽陽添陰，爲退陰符;丹道所謂抽添,即進陽火與退陰符。

内丹修煉有不同層次,隨著功夫的進步,藥物烹煉相應地在修煉者身體的不同部位來展開,這個過程,不離河車之用,故吕洞賓第七問丹道中的河車之理爲何。鍾離權認爲,凡夫之身陽少而陰多,故以水喻陰;修行之人煉陰成陽,猶如抽水所用的河車,能將水於低窪陰處而運送至高岸陽處。内丹所謂河車,即起到煉盡陰質、化成純陽的作用。河車要發揮其功能,當於"北方正水"中方能生起,北方正水,指的是身中的活子時,子屬北方、又屬陽水,一陽生起,即可生發河車之用,與旁門左道所謂的搬運有所不同。

内丹修煉過程中,修煉者身心會發生種種奇妙變化,故吕洞賓第八問丹道中的内觀、坐忘之妙。鍾離權認爲,内丹内觀、坐忘不離上文所説的龍虎交媾、陰陽配匹。九皇真人、九皇真母皆譬喻,似指修行人所具有丹法九轉的功能;朱衣童子指心神之火,心火要下降;皂衣女子指腎中真水,腎水要上升,心炁與腎炁相交,水火既濟於中宫黄庭,即所謂"黄屋"之前;"黄衣老嫗"指丹經中的黄婆,此即修行人得静定之後所生的真意;在真意的作用、接引之下,心炁與腎炁如夫婦般相合、盡時歡洽。歡洽既畢,生成金丹,入於中宫黄庭,此中自有内觀、坐忘之妙。

當然,在修煉内丹的過程中,也存在種種可能妨礙修行的因素,故吕洞賓第九問修行中有哪些魔難,以便能預先防備之。鍾離權提出修行要經歷"九難""十魔"。所謂"九難",如缺衣少食、饑寒逼迫,此爲一難;恩愛牽纏,此爲二難;名利縈絆,此爲三難;灾患横生,此爲四難;盲師約束,不得明師指點,此爲五難;對於丹法之理,人各异説,議論差别,莫知所適,此爲六難;修行人自己志意懈怠,此爲七難;歲月蹉跎,修行人年老力衰,此爲八難;遇時世離亂,此爲九難。

又有“十魔”，對修行人構成考驗，一是眼、耳、鼻、舌、身、意六賊之魔，盜人精炁；二是榮華富貴之魔，消磨人的道心、意志；三是喜、怒、哀、樂、愛、欲六情之魔，蕩人心志；四是恩愛之魔，令修行人難得出離；五是患難之魔，使身心不得安寧；六是修行人念頭中自生起所謂的種種神與佛，從而著相、執相，意念爲害，此是聖賢魔；七是刀兵魔，遇亂世之刀兵，不見清寧之世；八是女樂魔，九是女色魔，修行人爲聲色所困；十是貨利魔，修行人爲財所害。鍾離權認爲，修行人對於“十魔”“九難”皆要用心、盡力去克服，方有可能修成大丹。

在不同的階段，内丹修行有不同的功效，對此亦要有所瞭解，故吕洞賓第十問丹功有何證驗。鍾離權認爲，修煉丹功的證驗體現在如下方面：開始時，修行人要斷絶淫邪之心，兼修外行、多做善事。在這個過程中，其身、心必然發生變化，在心神的指引下，精化爲炁，精、炁充盈，身體的陰質逐漸銷融。

其次，修行人心神安寧、神旺，口中有甘甜之液不斷涌出；身内陰陽之氣擊搏，腹内似能發出如雷鳴般的聲音。在這個過程中，因修行人之魂、魄尚未完全安定下來，故於夢寐中尚有驚恐；或者會生起微疾，但不用醫療、自能痊愈。這大概是因爲身體中真炁發動，舊有病竈受其衝擊而出現的情況。一般人不修行，其身體感受性的敏感度逐漸減低，故身體中雖有舊疾，但其感受并不明顯；修行後，因身體的感受性變得敏鋭，此時反而覺得有微疾出現。其實，這不是真的生病了，而是原有的疾病這時開始顯現、可以感受得到罷了；又因爲是體内真炁生起，對舊有的病竈進行清理，故能不藥而愈。

更進一步，修行人會覺得丹田夜中生暖，肢體、形容清而不濁；這時，修行人即便處於暗室之中，身體中自有神光現出。

其後，基本就是《鍾吕傳道集》關於内丹道的修行次第了。如身中河車運轉，真炁沿督脉上升，由身後之尾閭、夾脊、玉枕向上升入泥丸，若抱嬰兒而上歸金闕；再沿身前之任脉下降，入於中宫黄庭。此時，身中若有一聲雷鳴，修行人四肢、關節盡通，而驚汗四溢。

運轉河車之後，修行人進入玉液還丹、金液還丹的修習。在玉液還丹階段，修行人精神好，身體光彩、潤澤，精氣充盈；感覺身中好像有雪花散墜，其身體如得玉液烹煉成凝酥之狀；久之，其血化而成爲白色的乳液，這時，修行人漸畏腥羶，喜愛清浄、素食。金液還丹階段，修行人塵骨將輕，而漸變金玉。

以上所説玉液、金液還丹之後，則進入鍾吕内丹學的内觀、朝元階段。這一時期，修行人志向清高，心如太虚，凡情皆歇，心境俱空；魂魄安定，夢寐自絶，神采晶爽，不分晝夜，真正能够做到對景無心，即所謂不動心。其静坐之時，常有神光生起；静中常聞美妙天樂，金石絲竹之清，非世所常聞。修行人雙睛如黑漆，炯炯有神，能視萬里之遥；内觀其自身，歷歷明朗；口鼻常有异香，蒼白之髮變黑，真氣足而常自飽，自然辟穀，食雖不多，而飲酒可以無量；各種病症、疤痕銷滅，涕、泪、誕、汗皆絶，體内三尸、九蟲悉除，陽精成體，靈府堅固，寒暑不犯，生死不幹；吹氣可以療疾，噓、呵能使外汞由液態變而爲固態。

内觀、朝元之後，更進一步，則進入出陽神的階段。修行人出陽神，其行如奔馬，疾若飄風；陽神或游華胥、樓臺、殿閣之麗，非世所常見；能燭見凡夫腥穢，得外神來朝。

最後,在出陽神的基礎上,修行人得道而超越。此時,修行人功圓行滿、膺籙受圖,紫霞滿目,金光罩體,或見火龍飛,或見玄鶴舞,彩雲繚繞,瑞氣繽紛,天花亂墜,神女下降,出凡入聖,逍遥自然,此乃大丈夫功成名遂之日。當然,此情此景,於鍾吕内丹道而言,亦衹是比喻而已。道本不可言説、不可擬似,一落言辭、物象,即非常道。

綜上所説,我們發現,在唐末、五代至於宋元時期,道教中關於鍾離權的傳説比較廣泛,尤其是鍾離權授吕洞賓、劉海蟾的故事廣爲流傳。這一方面當然得益於全真道等道派的傳播,由於全真道以其祖師王重陽得鍾、吕傳授,故對鍾、吕十分崇敬,這在《金蓮正宗記》《金蓮正宗仙源像傳》等全真早期教史中得到反映。不僅全真道如此,在北方流傳的其他道派,如《凝陽董真人遇仙記》所反映的金人董守志所創道派等,也自覺將自己的教派承傳歸於鍾離權、吕洞賓、劉海蟾,這大概應該不是個案。另一方面,南方以張伯端爲祖師的金丹派南宗,亦將自己的傳法譜系與鍾離權、吕洞賓、劉海蟾相聯繫,如著《純陽真人神化妙通記》的苗善時爲李道純的弟子,李道純是南宗白玉蟾所傳王金蟾的弟子,而白玉蟾乃張伯端一系承傳的關鍵人物。

既然這一時期的重要道派,皆受到鍾吕内丹道的影響,故對於鍾吕内丹道在道教史上的重要地位,我們當給予積極之肯定。鍾離權於正史無傳,關於其生平、修道事迹的種種説法,皆出於各種仙傳,這給學術研究帶來了諸多困難。但如果我們將其視爲唐、宋、金、元時期道教發展過程中的一個文化符號,則這種文化現象的出現當不是偶然,它反映出道教發展至唐、宋、金、元時期所出現的一個重要轉向,即從重玄辨析的純哲理探求、外丹燒煉之服餌,轉向鍾吕内丹道所倡導的性命雙修。性命雙修能突顯出道教發展的新特點，即一方面在修行中重視心性清净之本的追求；另一方面，又將心性修養與身體結合起來，認爲修道者欲得心性之本的澄清、呈現，不離對自己身體精、炁、神的煉養。由於其注重身體當中精、炁、神相融合的具體實踐和方法，這使得其具有了與衆不同的身心觀和煉養觀，這種觀點認爲，人體的身、心是相互影響的，欲求心性之清净，可以通過煉養身體之精、炁與神的方式來達成。不僅如此，從哲學的層面看，鍾吕内丹道性命雙修的宗旨和追求，恰能反映出道教將形上之道與形下之人、物相貫通的具體路徑、方法，這使得其理論相較重玄學和外丹學而言，顯得更加圓融、更具説服力，也更具實踐的可操作性。

第二章　與鍾離權相關之道派、人物承傳體系

一、鍾離權與金、元時期北方全真道派承傳之關係

關於鍾離權與金、元時期北方全真道派之間的承傳關係，我們首先要考察全真教祖王重陽的説法。

王重陽是全真道的實際創立者。《重陽全真集》[1]卷三存王重

① 《重陽全真集》前有一《序》，乃"大定戊申（1188）清明一日寧海州學正范懌德裕謹序"，其謂："真人（指王重陽）羽化之後，門人裒集遺文約千餘篇，辭源浩博，旨意弘深，涵泳真風，包藏妙有，實修真之根柢，度人之梯航也。京兆道衆聚財發槧，雖已印行，而東州奉道者多以去版路遥，欲購斯文，不易得也。長生劉公，教門標的，仙宗羽儀，爲一代之師真，作四方之教主。謂全真之風起於西，興於東，遍於中外，其教廣矣！大矣！乃命曹瑱、來靈玉、徐守道、劉真一、梁通真、翟道清等化緣，特詣吾鄉，求序於懌。以真人《文集》分爲九卷，載開版印行，廣傳四方。"（《道藏》，第25册，第690頁）故《重陽全真集》乃重陽羽化後，由其弟子劉處玄等門人裒輯其遺作而成，分爲九卷，約千餘篇。今《道藏》所存爲十三卷，與《序》所説略九卷有不同，大概爲後世重印時所分。於此《集》中可見王重陽之修道思想。

陽所作《酹江月》詞，亦作《西江月》，其中提及其師傳情況，其謂：

正陽的祖，又純陽師父，修持深奧。更有真尊唯是叔，海蟾同居三島。弟子重陽，侍尊玄妙，手内擎芝草。歸依至理，就中偏許通耗。

至今自在逍遥，金丹傳得，一點靈明好。皆出幽微俱助正，本有清虚顛倒。復住晴空，還居杳邈，此事成須到。將來去後，恁時公等知道。

本初面目，禀三光精秀，分來團聚。得得成形唯自在，應占逍遥門户。一個靈明，因何墮落，撲入凡胎處。輪迴販骨，幾時休歇停住。

搜獲虚幻身軀，榮華富貴，莫也非堅固。頓悟如如緣合後，深謝真師垂顧。秘訣親傳，依從做徹，達了憑遭遇。雲朋霞友，并歸蓬島瓊路。①

王重陽於此《詞》中，以正陽子鍾離權爲師祖，以純陽子吕洞賓爲師父，以劉海蟾爲師叔，自己爲弟子。於《詞》中，他深謝三位真師垂顧，秘傳自己修行親訣，從而能悟身軀爲虚幻，世間榮華富貴亦非堅固；又認爲祇要依從師真所傳真訣修行，透徹達悟，就可以與衆多雲朋霞友，并歸蓬島、瓊路，得道升仙。在《重陽全真集》卷之二，還收録有王重陽所作七言詩《和純陽真人韻》②。

《重陽全真集》卷九存王重陽《了了歌》，其謂：

① 《道藏》，第 25 册，第 710 頁。

② 《道藏》，第 25 册，第 699 頁。

漢正陽兮爲的祖,唐純陽兮做師父,燕國海蟾兮是叔主,終南重陽兮弟子聚。爲弟子,便歸依,侍奉三師合聖機。①

《了了歌》所説的“漢正陽”指的是鍾離權,“唐純陽”指的是吕洞賓,“燕國海蟾”指的是劉海蟾,“終南重陽”指的是王嚞本人。這仍然是以正陽子鍾離權爲師祖,純陽子吕洞賓爲師傅,劉海蟾爲師叔。不過,上述這個排列及説法意味頗深,王嚞於《歌》中説“終南重陽”,而不説“金重陽”或“宋重陽”,這表明前文所説之“漢”“唐”及“燕國”,可能如“終南”一樣,指的是地名,而非朝代之名。所謂“漢正陽”,可能是説鍾離權爲漢地之人,如歷史上的巴蜀、陝西漢中等地,皆可謂之漢;“唐純陽”,可能是説吕洞賓爲山西人,因爲唐興起於山西,唐高祖李淵曾爲隋朝太原留守,故山西可稱爲唐地,各種仙史也都説吕洞賓爲山西人;“燕國”可能指北方幽州、燕山這一帶,其地歷史上屬於燕,如戰國七雄中的燕國、五代劉守光的後燕等。

又,王重陽《窈窈歌》説:

人人衹要生,害風衹要死。生則無著摸,死則有居止。不戀皮肉脂,不戀骨筋髓。藉甚髪眉鬚,藉甚舌牙齒。安用脚手頭,安用眼鼻耳。小腸能成水,大腸能成米。水米太茫然,晝夜何時已。認破醜機關,須當分彼此。别般二物合和真,元來一道分明是。這個在何處,這個在那裏。教公會得時,也飲清

① 《道藏》,第25册,第736頁。

凉水。直待正、純陽，方稱重陽子。①

王重陽曾築活死人墓修行，於此《詞》中，王重陽對此方法似有所肯定。他又表達了自己對師真——正陽子鍾離權和純陽子吕洞賓的感激！認爲"直待正、純陽，方稱重陽子"，衹在師祖、師傅傳授修行之訣後，自己纔能會得此玄機，得飲清凉之水，方可以稱得上"重陽"之道號。

在《重陽分梨十化集》卷下，有一首王重陽爲其徒馬丹陽所作之《詞》，其謂：

丹陽問余不住飲冷水，何故？答曰：我自甘河得遇純陽真人，因飲水焉。故作是詞：

害風飲水知多少，因此通玄妙。白麻衲襖布青巾，好模好樣真個好精神。不須鏡子前來照，事事心頭了。夢中識破夢中身，便是逍遥達彼岸頭人。

馬丹陽問王重陽爲什麽老是喝凉水？王重陽説自己在甘河得遇純陽真人吕洞賓，因得師真加持，雖飲凉水，亦如瓊漿玉液。此説表明，王重陽甘河所遇之仙爲吕純陽。

王重陽的弟子們對全真教派與正陽子鍾離權等的關係，也有一些論述。如王重陽首座大弟子、全真七子之一馬丹陽所著《漸悟集》卷上，有《寄長春子丘通密》，其謂：

① 《道藏》，第25册，第736頁。

長思仙,長思仙,思憶長春子最賢,何時得面圓。展花牋,展花牋,寫就清吟三兩篇,專憑鸞鶴傳。

功要圓,行要圓,修煉身中子母圓,何愁性不圓。喜團圓,十分圓,雲水風邀月正圓,無分晝夜圓。

遇重陽,夢純陽,爇起心香禮正陽,三師助我陽。煉陰陽,固元陽,五色霞光簇太陽。雲中子抱陽。①

"長春子丘通密"即丘處機。於此《詞》中,馬丹陽以正陽子鍾離權、純陽子吕洞賓、重陽子王嚞爲全真教門之三師,所謂"遇重陽,夢純陽,爇起心香禮正陽,三師助我陽",明確正陽子鍾離權與全真道之承傳關係。丹陽又云:"鍾吕遺風仙,專行教化。"②風仙即王重陽。丹陽以重陽全真教法,實源於鍾、吕,即鍾離權、吕洞賓。此亦是一證。

馬丹陽所著《洞玄金玉集》之卷四,其謂:

癸卯四月,行化道過福山,因借坡公《海市詩》韻以述懷,贈諸道友:

馬風得遇治虚空,水養靈烟恍惚中。斡動玲瓏珍寶藏,剔開晃朗藥珠宫。性好清閑并道德,教傳農士與商工。調和鼎内龍蟠虎,逗引爐中虎繞龍。鉛精汞髓歸根蒂,女姹嬰嬌惜主翁。既悟無爲真活計,肯持有作假英雄。專志投玄能離苦,虔誠索隱不憂窮。心便環堵攀原憲,腹長胎仙傲孔融。欽崇教

① 《道藏》,第25册,第460頁。

② 《道藏》,第25册,第797頁。

主唐才吕，遵奉講師漢將鍾。常嘆一瓢爲我累，寧思五袴傚他豐。九載曾修三澗雪，十年不把一文銅。誰繼重陽師父踵，丘劉譚馬闡家風。①

馬丹陽於此提及"唐才吕"，并以之爲教主，此"唐才吕"，可能即爲唐秀才吕洞賓的意思；又提及"漢將鍾"，以之爲"講師"，此"漢將鍾"，可能即爲鍾離權。馬丹陽於此，已有將吕洞賓看作是唐之秀才、鍾離權爲漢之將領②的看法，認爲鍾、吕與王重陽有授受關係；而自己與丘處機、劉處玄、譚處端等，則屬於繼承王重陽之志者。

《洞玄金玉集》卷四又謂：

予行化芝陽，特承蓬萊道衆見訪，相别索詩，爲借坡公韻，藏頭迭字贈焉：

□仙説破萬緣空，□色色空眼界中。□下聞道必生怪，□我矜誇自有宫。□殿修完無用木，□金間隔不煩工。□巧難通水與火，□清易引虎和龍。□蟠虎繞投離女，□姹嬰嬌訪坎翁。□母清靈生异相，□貌威嚴别是雄。□哉雄哉真得得，□兮得兮赤窮窮。□究内事默而語，□話胎仙和且融。□融入妙開金□，□□傳玄扣玉鐘。□離傳吕吕傳王，□父傳予麻麥豐。□人儉已成仙契，□聖合賢惡鄧銅。□臭不如功行累，□功積行得仙風。

①　《道藏》，第25册，第584頁。

②　此所説之唐、漢，或爲五代十國之後唐、後漢，亦未可知。

因馬丹陽此詩藏頭、叠韻，現試還原如下："修仙説破萬緣空，空色色空眼界中。中下聞道必生怪，怪我矜誇自有宫。宫殿修完無用木，木金間隔不煩工。工巧難通水與火，火清易引虎和龍。龍蟠虎繞投離女，女姹嬰嬌訪坎翁。翁母清靈生异相，相貌威嚴別是雄。雄哉雄哉真得得，得兮得兮赤窮窮。窮究内事默而語，語話胎仙和且融。融融入妙開金口，口口傳玄扣玉鐘。鍾離傳吕吕傳王，王父傳予麻麥豐。豐人儉已成仙契，契聖合賢惡鄧銅。銅臭不如功行累，累功積行得仙風。"在這首詩中，值得注意的是，馬丹陽提出"鍾離傳吕吕傳王，王父傳予麻麥豐"，"鍾離"當即正陽子鍾離權，"吕"即純陽子吕洞賓，"王父"即王重陽，"予"即馬丹陽自己。此詩明確早期全真道之傳承，爲鍾離權傳吕洞賓，吕洞賓傳王重陽，王重陽傳馬丹陽等。另外，《洞玄金玉集》卷二收録馬丹陽《謹繼祖師純陽真人韻贈華亭磁窑鄭公》①，也有以純陽子吕洞賓爲全真道祖師的説法。

王重陽另一位弟子、全真七子之一的玉陽子王處一於其所著《雲光集》卷一之《全真》中説：

> 我師弘道立全真，始遇純陽得《秘文》。性滿虚空凝皓彩，丹成表裏結祥雲。頓超法界留玄教，傳化人天贊聖君。救拔群生諸苦難，自然寰海普知聞。②

提出王重陽遇純陽子吕洞賓，得《秘文》相授，修行有得，乃創

① 《道藏》，第 25 册，第 572 頁。
② 《道藏》，第 25 册，第 649 ~ 650 頁。

全真之教。又,《雲光集》卷之四,有《沁園春》詞一首,其謂:

予自七歲,遇東華帝君於空中警唤,不令昏昧。至大定戊子,復遇重陽師父,因作此詞,用紀其實云。

元禀仙胎,隱七歲玄光混太陽。感東華真迹,飄空垂顧,悟人間世夢,復遇重陽。密叩玄關,潛施高論,皓月清風煉一陽。神丹結,繼璇璣斡運,羽化清陽。欣欣舞、拜純陽,又虚妙天師同正陽,命海蟾引進旌陽,元妙古任安,尹喜關令丹陽。大道横施,驅雲天下,絶蕩冤魔顯玉陽。諸仙會,講無生天理,空外真陽。①

於此《詞》中,他提及自己七歲時,得遇全真之祖東華帝君警唤;又於金大定戊子(1168)遇其師王重陽;接著,提及純陽子吕洞賓、正陽子鍾離權和劉海蟾,還及於東晋許旌陽、先秦時關令尹喜等道教神仙人物,再及於丹陽和王玉陽自己。雖於此未明言正陽子鍾離權與全真道究爲何種關係,然其顯然認爲鍾離權與全真道密切相關。

又,王玉陽於《丹陽升霞,作黄籙醮罷,憶師遂作》中説:

的祖純陽,隨時顯异,密傳師父仙宗。重陽憫化,遺教馬扶風。斡運玄機順應,真功就、三界圓融。垂光降,亡靈濟度,都在碧霄中。諸公還悟解,頓抛俗海,體道皆同。聚玄珠丹寶,返老還童。定是超凡入聖,騰雲外、光滿山東。真無妄,汞

① 《道藏》,第25册,第680頁。

成九轉，直赴大羅宫。①

於此，表達了以純陽子吕洞賓爲師祖，王重陽爲師傅，馬丹陽、王玉陽等爲弟子的早期全真道傳承情况。

全真七子諸弟子中，尹志平對鍾、吕與全真道之關係亦有所闡明。在《清和真人北游語録》卷二，其謂：

長生師父屢言，今之教門中至誠進道之人，皆宿世遭逢正陽、純陽真人，曾結重緣。今人要知此理，積德不休，則其超進未可量也。②

文中引劉處玄之説，認爲全真教門中，那些至誠進道之人，皆與全真教祖鍾離權、吕洞賓結下重緣。又《清和真人北游語録》卷三謂：

山東堂下有一客來參問，本西路富商，有遇正陽真人傳授微訣，即日盡弃其財，世欲淡然，自忘於心。師父惟教之積福，慎勿馳騁於外；外人既知，則必加尊重，久而有所損折，難以成道。是知雖遇真傳，亦須重積功行，以資其福，方有所成也。③

此言及在山東時，有一客來參問丘處機。此客本西路富商，然遇正陽子鍾離權傳授微妙之訣，則一心脱俗而學道。丘處機教他

---

① 《道藏》，第 25 册，第 682 頁。
② 《道藏》，第 33 册，第 164 頁。
③ 《道藏》，第 33 册，第 170 頁。

要重積功行，而慎勿外馳浪得虛名，否則於其福有所折損。此亦及正陽子鍾離權。

《正統道藏》洞神部、記傳類所收元代李道謙編撰《甘水仙源録》十卷，卷七之《頤真冲虛真人毛尊師蜕化銘》爲宣授河南府路提舉學校官李國維撰，其謂：

> 自大道既隱，人欲滋熾，不可救藥。幸鍾、吕而下，降及近代全真之教興，有王重陽者出，化馬、譚、丘、劉於海上，相從往返東西二都，仙迹顯著，而後遠近向風，而流傳漸久彌滿四方，游其門而學者，不知其幾萬千人。至於識性命之理，了死生之事，而不失其所者，蓋亦寡矣。百年以來，能繼重陽七真之風，而不下於今之高道，動化關洛間，衆所欽慕，卓然獨异者，冲虛真人毛尊師也。師諱養素，字壽之，道號純素子，頤真冲虛真人，其師號也。①

此提及全真教的發展可以上溯至鍾離權、吕洞賓，鍾、吕而下，至於王重陽化馬丹陽等四子、七真，全真教興。此《銘》文爲紀念冲虛真人毛養素而作，毛養素爲馬丹陽之徒。

《甘水仙源録》卷七之《洸燈子然先生道行碑銘》，翰林直學士中順大夫陝西漢中道提刑按察副使王利用撰，其謂：

> 道家者流，蓋逸民之徒歟。語其心則冲虛清静，語其身則落魄不羈，語其情則愛惡俱遣，語其志則持守不移。其設教

① 《道藏》，第19册，第777～778頁。

也,不娶不宦,不葷不垢,慈而祥,貧而樂,和柔謙退而已。所以老莊於周,鍾離於漢,吕仙之於唐,繼繼承承,而不世出也。①

因其中涉及"不娶"之設教,此所語道與教,大概符合全真道的特徵。其認爲,全真道之精神,往上則有先秦之老莊,繼之則有漢唐之鍾、吕。所謂"鍾離於漢,吕仙之於唐",此漢唐不指地域,而指王朝。故當時即存在以漢唐等朝代論鍾、吕應世之時者,究其原因,大概覺得非如此無以明神仙之久遠、神奇吧。

不過,也有一些材料表明,全真道早期主要以吕洞賓、王重陽、馬丹陽等七真爲教派之尊師。如《甘水仙源録》卷之一有《終南山神仙重陽真人全真教祖碑》,其云:

伏遇世宗皇帝知真人道德高明,二十八年戊申二月遣使訪其門人,應命者丘與王也。命丘主萬春節醮事,職高功。五月,見於壽安宫長松島,講論至道,聖情大悦,命居於官庵。又命塑純陽、重陽、丹陽三師像於官庵正位。②

據此,則金世宗曾於大定二十八年戊申(1188)召見王重陽弟子中的丘處機、王玉陽,并於長松島上的壽安宫,與丘處機講論至道;此後,又命丘處機居官庵,於官庵之正位,塑吕純陽、王重陽、馬丹陽三師之像。

又,其卷五之《冲和真人潘公神道之碑》謂:"涉魏、晋、隋、唐以

① 《道藏》,第19册,第782頁。
② 《道藏》,第19册,第725頁。

來,蜕迹闤闠、凝神碧落者,其名不可殫紀。至於協陰陽之秘幻,集靈异之大成,微而草野鄙人,幽而深閨稚女,一聆其名知其爲列仙者,唐吕純陽一人而已。盛矣哉! 其傳之也,全真之教蓋發源於此。其流逮於金初,祖師王公倡之於前,七真繼起於後,而道大行矣。"①認爲吕純陽爲全真教之發源,至於金初,王重陽倡導之,七真繼起而發揚之,從而全真之道大行於世。

卷七之《崇真光教淳和真人道行之碑》,嘉議大夫吏禮部尚書高鳴撰,其謂:

> 全真之教始於少陽君,興於重陽子,大盛於長春公。長春傳之清和,清和傳之真常,真常傳之誠明,誠明傳之淳和。淳和以大元數之,實爲宗門五代祖,諱志坦,字公平,出於相州湯陰王氏。②

此則以少陽君(東華帝君)爲全真教始祖,至於王重陽,全真道開始興起,而於丘處機之時,至於鼎盛。丘處機傳於尹清和也即尹志平,尹志平傳李真常也即李志常,李真常傳張志敬也即張誠明,張誠明傳王志坦也即王淳和,自丘處機始,傳至王志坦,爲五代。

另外,元代道士秦志安所編纂之《金蓮正宗記》③之《序》亦謂:

---

① 《道藏》,第19册,第761頁。

② 《道藏》,第19册,第776頁。

③ "此傳爲全真道第一部教史著作。其中叙全真道之授受系統,將全真道之歷史追溯至老子,稱太上老君傳道於金母,金母傳白雲上真,白雲上真傳王玄甫,王玄甫授鍾離權,鍾離權授吕洞賓和劉操,吕洞賓授王重陽,王重陽授馬丹陽等七人。其後之全真道教史著作,大致以此書爲依據。"詳見任繼愈主編:《道藏提要》,中國社會科學出版社1991年版,第127頁。

道無終始,教有後先。或曰:道與教不同乎?曰:不同。湛寂真常,道也;傳法度人,教也。道之爲體,雖經無數劫,未嘗少變。教之爲用,有時而廢,有時而興。或曰:教之興也,自何而始?曰:軒轅黄帝鑄鼎之後,乘火龍而飛升太虚,然後知有長生久視之説。雖有其説,知而行之者七十二人而已。下逮殷王武丁之世,老君示現於瀨陽,東臨魏闕,西度流沙,演化者九百九十六歲,乃跨白鹿,升蒼檜,超碧落,游玉京。雖有如此顯异,而人猶顢頇而未知信向也。及漢天師張静應之出世也,親受正一法籙,戰鬼獄而爲福庭,度道士而爲祭酒,其教甚盛,化行四海。繼之以寇、吴、杜、葉,祛妖馘祟,集福禳灾,佐國救民,代天行化,歷數十世,宫觀如林,帝王崇奉。及正和之後,林天師屢出神變,天子信向,法教方興,而性命之説猶爲沉滯而未之究也。及炎宋之訖録,挺生重陽,再弘法教,專爲性命之説,普化三州,同歸五會,以金蓮居其首,東游海上,度者七人,以柔弱謙下爲表,以清静虚無爲内,以九還七返爲實,以千變萬化爲權,更其名曰全真,易其衣而衲甲。逮我長春子丘神仙受皇帝之宣,應陰山之聘,勸之以减酒色,戒之以少殺戮,一言愷切,萬國生春,救億兆於鼎鑊刀鋸之間,人心歸向者,如百川赴海而莫之能禦也,牧豎蕘童,咸知稽首;東夷西戎,皆咏步虚,家家談道德之風,處處講希夷之説,懶衣髽髻雲連乎道路之間,琳宇瑶壇星布乎山澤之下,自軒轅以來,教門弘盛未有如今日者。是教也,源於東華,流於重陽,派於長春,而今而後滔滔溢溢,未可得而知其極也,故作《金蓮正宗記》。時太歲辛丑（元大德五年，公元1301年）平水長春壺天述。①

此《序》在對全真道承傳體系進行説明之時，既不及鍾離權，也不及吕洞賓及劉操（海蟾），而衹説全真之教源於東華而流於王重陽、立教派於丘長春。究其原因，我們認爲可能是因爲正文中已有鍾、吕之相關闡述，故於《序》中略而不言。在《金蓮正宗記》正文中，對於鍾離權傳授吕洞賓有記載，如云鍾離權“至唐文宗開成年間，因游廬山，遇吕公洞賓，授以天遁劍法。自稱天下都散漢，後隱居於晋之羊角山，天真賜號曰太極左宫保生真人”②。《金蓮正宗記》所收《純陽吕真人》，乃依《岳州青羊觀石壁記》而成，其中也有鍾、吕相授的説法。其謂吕洞賓“後任五峰廬山縣令，因暇日游廬山之勝迹，偶與正陽先生相遇，一話一言之間，心與心契密，受大道天遁劍法、龍虎金丹秘文，賜號純陽子。由是之後，休官弃爵，專心向道，師資膠漆，未嘗暫離”③。吕洞賓曾對鍾離權發出感嘆：“先生去後身須老，乞與貧儒换骨丹。”④鍾離權則回答説：“金丹一粒定長生，須向真鉛煉甲庚。火取南方赤鳳髓，水求北海黑龜精。鼎攢四季中央合，藥運三元八卦行。齋戒與君成九轉，一丸入腹鬼神驚。”⑤文後之《贊》則謂：“自古得道神仙數甚多矣，然而鍾吕之名獨顯於世，雖樵童牧豎、婦人女子皆知之者，何也？蓋慈悲之心，接

① 《道藏》，第3册，第343～344頁。
② 《道藏》，第3册，第345頁。
③ 《道藏》，第3册，第346頁。
④ 《道藏》，第3册，第346頁。
⑤ 《道藏》，第3册，第346頁。

物利生,無所不至,感人之最深耳!"①

鍾離權不僅授道於大名鼎鼎的吕洞賓,也接引過另一位神仙人物劉海蟾。《金蓮正宗記》之《海蟾劉真人》云:

> 先生姓劉,諱操,字宗成,號海蟾公,燕山人也……平昔好談性命之説,然終不得其妙。一旦有道者來謁,邀坐堂上,以賓禮待之,問其姓名,默而不答,但自稱正陽子,願乞鷄卵十枚,金錢一文,安金錢於案上,而高纍十卵,危而不墜。海蟾嘆曰:"危哉!"先生曰:"相公身命俱危,更甚於此。"海蟾頓悟,先生乃收卵而藏之,擘金錢而弃之,遂辭而去。②

文中的正陽子即鍾離權。劉海蟾接受正陽子之教,弃官離家,"厥後遠泛秦川,陶真於太華之前,遁迹於終南之下,頤精煉氣,以至成真"③。其《贊》謂劉海蟾:"一旦遇正陽子,悟金錢之决破,嘆纍卵之終危……煉氣於終南之下,陶真於太華之前。"④明確説劉海蟾受正陽子鍾離權所接引。

《金蓮正宗仙源像傳》之《海蟾子》所載,與《金蓮正宗記》的記載略有不同。據其説,鍾離權第一次與劉海蟾見面,并未介紹自己;第二次復遇,劉海蟾方知授丹訣於己者爲正陽子,也即鍾離權。其謂:"忽有道人來謁,師以賓禮延之,問其姓名,默而不答。惟索鷄卵十,金錢一,以金錢置案上,纍纍叠十卵不墜。師嘆曰:危哉。

① 《道藏》,第3册,第346頁。
② 《道藏》,第3册,第347頁。
③ 《道藏》,第3册,第347頁。
④ 《道藏》,第3册,第347頁。

道人曰:公身命俱危,更甚於此。師復問曰:如何是不危底。道人乃歛鷄卵,金錢擲之於地,長笑而去。師於是頓悟。因夜宴,盡碎寶器,明日解相印,易道衣,佯狂歌舞,遠游秦川。復遇前次道人授以丹訣,方知是正陽子也。"①文又謂劉海蟾:"後以道妙授董凝陽、張紫陽,乃遁迹於終南、太華之間,不知所終。"②其《贊》則謂"一巵仙酎,留待重陽"③。結合這兩則材料,則劉海蟾得鍾離權相授後,曾先後授道於董凝陽、張紫陽,又傳授王重陽。其授董凝陽之事,可以與《凝陽董真人遇仙記》相互參看。

《金蓮正宗記》《金蓮正宗仙源像傳》《甘水仙源録》《七真年譜》等全真道的仙傳材料中關於全真教祖師王重陽遇師、受教的經歷,一般皆將之與鍾離權、吕洞賓、劉海蟾相關聯。其中比較有名的説法,認爲王重陽得"兩個先生"④傳授,從而創立全真道教。當然,傳授王重陽大道和秘法的"兩個先生"究竟爲誰,各仙傳對此有不同的記載、説法,下面我們來做一探討。

第一種説法認爲"兩個先生"皆指吕洞賓。如《金蓮正宗記》卷二《重陽王真人》謂:

時正隆己卯,四十有八歲也,甘河橋上過屠門、嗜氈根而大嚼焉。有二道者各披白氈,忽從南方儵然而來,烟霞態度,

① 《道藏》,第3册,第371頁。

② 《道藏》,第3册,第371頁。

③ 《道藏》,第3册,第371頁。

④ 《七真年譜》謂:"大定五年乙酉,重陽祖師年五十四。是年於終南上清太平宫壁上書云:害風害風舊病發,壽命不過五十八;兩個先生決定來,一靈真性成搜刷。"(《道藏》,第3册,第382頁)

霄漢精神,觀厥眉宇,大抵相類。先生不覺驚起、趨進,俛首前揖,相與語,言皆出世語,滌塵滓垢,蠲膏肓盲,如醉而醒,如喑而鳴;密授真訣,更名曰嚞,字曰知明,號曰重陽子。既畢,指東方曰:"汝何不觀之?"先生回首而望,道者曰:"何見?"曰:"見七朵金蓮結子。"道者笑曰:"豈止如是而已,將有萬朵玉蓮芳矣!"言訖,忽失所在……有詩曰:"四十八上始遭逢,口訣傳來便有功。一粒金丹色愈好,玉京山上顯殷紅。"①

據此,王重陽於金正隆四年己卯(1159)四十八歲時,於甘河橋上首遇二位披氈道人,道人密授重陽修行真訣,并預言二事:其一爲王重陽將收七真爲徒,所謂"七朵金蓮結子";其二爲王重陽創全真之教,大興於世,即"將有萬朵玉蓮芳矣"。

《金蓮正宗記》雖然於此并未明言王重陽四十八歲於甘河鎮所遇道人是吕洞賓,然其於後文提及此道人爲蒲阪永樂人;蒲阪永樂乃吕洞賓的故籍,故實際暗示了傳道之人即吕洞賓。

《金蓮正宗仙源像傳》之《重陽子》則坐實其事:

金正隆四年己卯六月望日,於終南縣甘河鎮酒肆中遇二人,皆蓬首披氈衣,年貌如一。師見而异之,即時懇禮,其人徐曰:此子可教。遂密授以道妙。師有頌云:四十八上始遭逢,口訣傳來便有功。一粒金丹色愈好,玉華峰上顯殷紅。其所遇者,蓋吕純陽也。②

---

① 《道藏》,第3册,第348頁。

② 《道藏》,第3册,第371~372頁。

其認爲王重陽遇師是在甘河鎮酒肆中，而非甘河橋上；所遇二位披氈師即爲吕純陽，也即吕洞賓。因道教中有分形之説，二人年貌如一、眉宇大抵相類，可以理解爲是一個人所化。

王重陽第二、三次所遇"道者"，《金蓮正宗記》明確説其居蒲阪之永樂，此與一般仙史所説吕洞賓鄉里正相同：

> 明年庚辰，有一道者同宿，月中乃言曰："吾居西北大山之中，彼間有人善於談演《陰符》、《道德》尤所精通。聞君平昔好此二經，胡不相從，試往觀聽。"先生躊躇，未之能决，道者忽起，拋拄杖，乘風而去。左右求之，杳無音耗，茫然如有所失。比及中秋，過醴泉縣，再遇道者，趨而拜之，忻然相邀入於酒館，共飲之次，問其鄉里，答曰："蒲阪永樂是所居也。"又問年甲幾何，答曰："春秋二十有二。"復問其族，默而不言。遂索毫楮書《秘語》五篇，使之詳讀。先生讀之數過，方悟妙理，戒之曰："天機不可輕泄！"即令投之火中。道者曰："速往東海，丘劉譚中有一儁馬，可以擒之。"言畢不知所在。①

金正隆五年庚辰(1160)，王重陽再次遇師。此師於修行中，重視《陰符》與《道德》二經，授王重陽《秘語》五篇，其中既有"九轉成，入南京，得知友，赴蓬瀛"的讖語，也有"鉛是汞藥，汞是鉛精，識鉛識汞，性住命停"的性命雙修之法；既有"一朝九轉神丹就，同伴蓬萊去一遭"的期望，也有"恐爾來遲，身沉泉下"②的告誡等。他

---

① 《道藏》，第3册，第348頁。

② 《道藏》，第3册，第348頁。

還催促王重陽速東行至海，去擒丘、劉、譚中之俊馬，暗示王重陽座下有馬丹陽、丘處機、譚處端、劉處玄四位俊杰之材，將可以大興全真之教。《金蓮正宗記》後文則以王重陽第二、三次所遇并授其《秘語》之師，即爲其第一次所遇的披氈師："昔日披氈師真《秘語》云：'九轉成，入南京，得知友，赴蓬瀛。'"①。

《金蓮正宗仙源像傳》認爲王重陽第二次再遇"前次二仙"，實即吕純陽："明年庚辰中秋日，於醴泉道中再遇前次二仙，師趨而拜之，欣然共飲酒肆。酒家叩問二仙鄉貫年姓，答曰濮人也，年二十二，而不告其姓。復以《秘訣》五篇授師，俄失所在。"②《金蓮正宗仙源像傳》已明確説王重陽前次所遇仙真即吕純陽，庚辰中秋於醴泉道中再遇之，并得授《秘語》五篇。

元代李道謙編撰《七真年譜》中關於王重陽遇師的記載，與上述所説略同。其謂："正隆四年己卯，重陽祖師年四十八。此年六月望日，師飲酒於終南甘河鎮，會二仙人被髮披氈，而年貌同一，其人徐曰：此子可教。因授以口訣。故師《遇真》詩云：'四旬八上始遭逢，口訣傳來便有功。'其所遇者，純陽吕真君也。"③認爲王重陽第一次所遇之師爲吕洞賓。

第二種説法認爲"兩個先生"指鍾離權與吕洞賓。《甘水仙源録》卷九之《鄠縣秦渡鎮重修志道觀碑》，題前鄠州教授雪溪逸人俞應卯撰，其謂：

> 祖師重陽以全真名教者，即無極之真，二五之精，妙合而

---

① 《道藏》，第3册，第349頁。
② 《道藏》，第3册，第372頁。
③ 《道藏》，第3册，第381頁。

凝，所以爲萬善之原也……迨西漢之四皓，以是道定國本之計於一言；東漢之嚴光，以是道契中興之主於平昔。至於晋、宋、齊、梁，歷唐暨宋，時雖不古，而斯道自存，如許旌陽、葛勾漏、陶隱居、寇謙之、司馬子微、東華、正陽、純陽與夫希夷，亦善推其所全之真以及當時之君。其正陽、純陽，陰陽不測之神，至今常顯於寰宇之内，故重陽祖師得以繼是道之正傳、全一真之妙理。

師本醴泉人也，姓王氏，於金朝初興之日舉進士、中甲科，人物魁梧，天資秀偉，方瞳熒熒，美髯郁郁。奈何道與時違，故不以軒冕利禄縈其心，常以水竹烟霞樂其志，遂卜終南劉蔣而居焉。一日，遇鍾、吕於甘河，傳是道之妙訣，以重陽爲號，以嚞爲名，於所居之室四隅各植海棠一株。繼而策杖出關，東歸海上。有問其故，則曰我向丘劉譚裏捉馬去，人皆未諭其旨。未幾，從游者七，其所親侍者四：馬鈺、譚處端、劉處玄、丘處機是也。號馬爲丹陽、譚爲長真、劉爲長生、丘爲長春。西還抵汴，遽謂門人曰："東華、鍾、吕之約，不敢愆期，吾後事在劉蔣。全真之教，汝輩當勉之。"言畢，具湯沐，奄然而逝。①

據此所説，則王重陽於甘河所遇二仙爲鍾離權、吕洞賓，這與《金蓮正宗記》《金蓮正宗仙源像傳》等仙史以之所遇爲吕洞賓的説法略有不同。其謂鍾、吕二仙於甘河傳道之妙訣予王重陽，王重陽得二仙之指引，策杖出關，東游海上，得全真七子爲己之門人；又携丘、劉、譚、馬四子西還，至於汴，對四人説欲赴東華、鍾、吕之約，然

① 《道藏》，第19册，第794～795頁。

後羽化登真。其傳授關係似爲:

> 東華—正陽—純陽—王重陽—全真七子(馬、譚、丘、劉、郝、王、孫,所謂"從游者七";馬、譚、丘、劉,所謂"親侍者四")

王重陽亦曾得劉海蟾相授,劉海蟾與吕洞賓同師鍾離權,故王重陽以劉海蟾爲師叔。《金蓮正宗記》謂:

> 他日,又携酒一壺立於路次。有道人呼曰:"害風害風,將汝酒來。"先生應聲與之,一飲而竭。却遣先生以空壺就甘河中取水,令自飲之,其味極佳,真仙酎也。道人告曰:"吾海蟾公也。"言訖,忽失所在。①

此處明確説道人告訴王重陽,自己是"海蟾公",即劉海蟾。《金蓮正宗仙源像傳》則説:"甲申秋,復遇劉海蟾於甘河鎮,飲以仙酎,故師有《詞》云:'正陽的祖,又純陽師父,修持深奥,更有真尊,唯是叔海蟾,同居三島。'"②認爲王重陽於金大定四年甲申(1164)所遇之師爲劉海蟾,并引王重陽之《詞》,指明王重陽以鍾離權爲自己的師祖,以吕洞賓爲師傅,以劉海蟾爲師叔。

《七真年譜》謂:

① 《道藏》,第3册,第348~349頁。

② 《道藏》,第3册,第372頁。北方全真道所傳各類《仙傳》,皆以劉海蟾爲王重陽師叔;然南方所流傳的金丹派,如張伯端、白玉蟾一系,陳致虚一系等,則認爲劉海蟾與王重陽同師吕洞賓。

大定四年甲申，重陽祖師年五十三。師《全真集》自序云：余嘗從甘河携酒一葫欲歸庵，道逢一先生叫云："害風肯與我酒吃否？"余與之，先生一引而盡，却令余以葫取河水。余取得水授與先生，先生復授余，令余飲之，乃仙酎也。又曰："子識劉海蟾否？"余曰："但嘗見畫像耳。先生笑之而去。"①

這些記載與《金蓮正宗記》《金蓮正宗仙源像傳》大略相同。

關於王重陽得鍾離權、吕洞賓、劉海蟾傳授，開創全真道教，《金蓮正宗記》卷二《重陽王真人》文後之《贊》謂：

祖師出世，四遇真仙，飲甘河之一味，授《秘辭》之五篇。十九葉相承於桂樹，一萬枝不絶於金蓮。寶鏡高提，照譚馬壺中之景；神珠獨耀，見丘劉劫外之緣。誰知太古家風，憑納衣而暗度；却羡玉陽名字，仗傘竹以偷傳。錯上鈎竿，大士出默然之海；晚歸船舫，散人游清静之淵。作大教權輿之主，開全真户牖之先。逮功成而名遂，然後跨鸞鶴而飛上青天也。張神童詩曰：占斷終南一洞天，曾來東海領諸仙。祇憑入聖超凡手，種出黄金七朶蓮。②

這其中所説的"四遇真仙"，即前所説王重陽四次遇師相授之事；"《秘辭》五篇"爲其師所授；"十九葉"即上文所説十九位全真道早期的傳教骨幹。至於"譚馬""丘劉""太古""玉陽""大士"

---

① 《道藏》，第3册，第381～382頁。

② 《道藏》，第3册，第350～351頁。

“散人”“黄金七朵蓮”,指的是全真七子。如果結合前文所述,我們可以繪出鍾離權、吕洞賓與王重陽全真道教相關之授受、傳承圖如下:

東華帝君王玄甫—鍾離權—吕洞賓

劉操—王重陽—馬丹陽

譚處端

丘處機

劉處玄

王處一

郝大通

孫不二

元代由儒入道的陳致虚撰《上陽子金丹大要列仙志》①,此書原係其《上陽子金丹大要》之附録,後分出别爲一卷。據其説,則金元時期王重陽所創之全真道,在江南亦有傳承法脉。而江南全真道在教派溯源之時,習慣上也將之與東華帝君和鍾、吕相聯繫。

《上陽子金丹大要列仙志》首列東華帝君;其後爲正陽帝君(鍾離權)、純陽帝君(吕洞賓)、海蟾帝君(劉海蟾)、重陽帝君(王重陽);此後爲北七真的丹陽真君(馬鈺)、長真真君(譚處端)、長生真君(劉處玄)、長春真君(丘處機)、玉陽真君(王處一)、廣寧真君(郝大通)、清静元君(孫不二);再往後則爲北方全真道南傳至陳致虚的譜系,即黄房公(宋德方)、太虚真人(李珏)、紫瓊真人(張

① 詳見《道藏》,第24册,第74~75頁。

模)、緣督真人(趙友欽),趙友欽傳上陽子陳致虚。宋德方爲馬鈺弟子,也是丘處機雪山覲見成吉思汗的十八隨行之一。

《上陽子金丹大要列仙志》以東華帝君爲鍾離權之師,提出其得老子之道,隱昆侖山,復居五臺山紫府洞天,自稱少陽君;於終南山凝陽洞,以道授鍾離權。[①] 對鍾離權,其有如下記載:"正陽帝君姓鍾離,名權,字雲房,號正陽子,京兆咸陽人……遇少陽君授以至道,隱晋州羊角山……自稱天下都散漢,有詩行世,後於澧水以道授純陽。"[②]鍾離權的弟子爲吕純陽,姓吕,名岩,字洞賓,號純陽子,祖居西京河南府滿柘縣、永樂鎮招賢里(蒲州坂縣),生於天寶十四年乙未四月十四日巳時(一云生唐德宗貞元丙子),因縱步廬山,游澧水之上,遇正陽授道,有詩詞名《渾成集》行於世,并以道授海蟾、重陽。[③] 關於劉海蟾,其謂海蟾帝君姓劉,名操,字宗成,號海蟾子,又改名玄英,燕山人。因遇純陽授以丹道,道成,遁迹於終南、太華之間,以金丹授董凝陽、張紫陽。[④]

其謂重陽帝君姓王,名中孚,字允卿,又易名世雄,字德威。後入道,改名嚞,字知明,號重陽子,咸陽大魏村人也。生宋徽宗政和二年。壬辰十二月二十二日,於終南縣甘河鎮,遇純陽授口訣,有詩"四十八上始遭逢"之句。明年庚辰,醴泉再遇,復得金丹之道。乃作穴居修行,名活死人墓。又與和玉蟾、李靈陽結庵而坐。史處厚、劉通微、嚴處常相繼受道。後焚其庵,東出關,抵寧海州,以金丹之道授與丹陽,又授丘長春、譚長真、孫不二、王玉陽、劉長生、郝

---

① 詳見《道藏》,第 24 册,第 74 頁。

② 詳見《道藏》,第 24 册,第 74 頁。

③ 詳見《道藏》,第 24 册,第 74 頁。

④ 詳見《道藏》,第 24 册,第 74 頁。

太古。乃以純陽所授《秘訣》五篇,盡付七人。有《全真前後集》《韜光集》《雲中集》《分梨十化説》行於世。①

若據上述之説,則可以繪全真道南傳至陳致虚一系傳授圖:

東華帝君—鍾離權—吕洞賓—劉海蟾—董凝陽、張紫陽
王嚞(王重陽)—馬鈺等北七真
馬鈺—宋德方—李珏—張模—趙友欽—陳致虚

據《上陽子金丹大要列仙志》,則王重陽與劉海蟾同師吕純陽,爲師兄弟之關係。此與前文所言王重陽以劉海蟾爲"師叔"之説有所不同。據其説,吕純陽師正陽子鍾離權;王重陽傳全真七子,即丹陽真君馬鈺、長真真君譚處端、長生真君劉處玄、長春真君丘處機、玉陽真君王處一、廣寧真君郝大通、清静元君孫不二。北方全真道傳至江南陳致虚這一系,是由馬鈺傳黄房公宋德方(有披雲真人之號),宋德方傳太虚真人李珏,李珏傳紫瓊真人張模,張模傳緣督真人趙友欽,趙友欽傳上陽子陳致虚。② 太虚真人李珏爲蜀之崇慶府人,紫瓊真人張模爲饒州德興人,緣督真人趙友欽亦爲饒郡人,上陽子陳致虚爲江右廬陵人。

陳致虚又撰《上陽子金丹大要仙派》,此書原來亦係《上陽子金丹大要》之附録,後分出别爲一卷。關於《仙派》,其以太極先天老子爲首,與《上陽子金丹大要列仙志》所説全真道傳法譜系基本相同。③ 陳致虚所述《上陽子金丹大要》,開始將王重陽全真道與江

---

① 詳見《道藏》,第24册,第74~75頁。
② 詳見《道藏》,第24册,第74~75頁。
③ 詳見《道藏》,第24册,第77頁。

南張紫陽一系的丹法進行融合；在師承方面，《金丹大要列仙志》《金丹大要仙派》等，也開始融合南北二宗，并將其源皆追溯至鍾離權、吕洞賓、劉海蟾、王重陽。由此可見，全真道傳入江南之後，出現了一些新的情况。

又，《上陽子金丹大要仙派》中收有《鍾吕二仙慶誕儀》，并有《鍾離祖師賀表》，其謂：

> 恭惟祖師鍾離正陽開悟傳道垂教帝君，自本自根，先天先地。把乾坤爲鼎器，煉坎還離；捉烏兔爲藥材，降龍伏虎。道超太極，恩溥群生，劫劫長存，人人受度。由純陽、海蟾、重陽繼授之後，列聖心心；暨丹陽、長春、紫陽接濟以來，爲衆父父。功非言辭之可頌，仁與造化之相侔。①

在此《賀表》中，陳致虚除將鍾離權、吕洞賓看作全真道祖師外，并將劉海蟾、王重陽等皆列爲鍾、吕之傳人，爲師兄弟之關係；而張紫陽則爲劉海蟾之傳人，與馬丹陽、丘長春等全真七子爲同輩而并列。

二、鍾離權與道教金丹派南宗

宋元時期的道教金丹派南宗，大抵以張伯端一系爲主。張伯端爲北宋時人，所著有《悟真篇》等。明《正統道藏》藏《紫陽真人

① 《道藏》，第24册，第79頁。

悟真篇注疏》,此書題象川無名子翁葆光注、武夷陳達靈傳、集慶空玄子戴起宗疏。翁葆光爲南宋時人,乃張伯端再傳弟子,戴起宗爲元人。此書收有張伯端自撰《悟真篇序》,其謂:

僕幼親善道,涉獵三教經書,以至刑法、書算、醫卜、戰陣、天文、地理、吉凶死生之術,靡不留心詳究。惟金丹一法,閲盡群經及諸家歌詩論契,皆云日魂月魄、庚虎甲龍、水銀丹砂、白金黑錫、坎男離女,能成金液還丹,終不言真鉛、真汞是何物也。又不説火候法度、温養指歸,加以後世迷徒恣其臆説,將先聖典教妄行箋注,乖訛萬狀,不惟紊亂仙經,抑亦惑誤後學。

僕以至人未遇,口訣難逢,遂至寢食不安,精神憔悴。雖詢求遍於海岳,請益盡於賢愚,皆莫能通曉真宗,開照心腑。後至熙寧己酉(1069)歲,因隨龍圖陸公入成都,以夙志不回,初誠愈恪,遂感真人授金丹、藥物、火候之訣,其言甚简,其要不繁,可謂指流知源,語一悟百,霧開日瑩,塵盡鑒明,校之仙經,若合符契。因謂世之學仙者十有八九,而達其真要者未聞一二。僕既遇真詮,安敢隱默,罄所得成律詩九九八十一首,號曰《悟真篇》;内七言四韻一十六首,以表二八之數;絶句六十四首,按《周易》諸卦。五言一首,以象太一之奇;續添《西江月》一十二首,以周歲律。其如鼎器尊卑、藥物斤兩、火候進退、主客後先、存亡有無、吉凶悔吝,悉備其中矣……所期同志覽之,則見末而悟本,舍妄以從真。時皇宋熙寧乙卯(1075)歲旦,天台張伯端平叔序。①

---

①《道藏》,第2册,第914~915頁。

於此《序》中，張伯端謂其於宋神宗熙寧二年己酉(1069)，隨龍圖大學士陸詵至成都，以夙志不回，初誠愈恪，遂感真人授金丹、藥物、火候之訣；修而有成之後，他不敢隱默真訣，故罄其所得，撰成《悟真篇》一書。張伯端得訣之年爲公元1069年，其《序》作時間爲皇宋熙寧乙卯(1075)歲旦，則公元1075年或之前，張伯端已撰成《悟真篇》一書。於此《序》中，張伯端衹言其於成都遇真師得訣，但并未明言其師之姓名。

此注文後，又録有張伯端《悟真篇後序》，其謂：

> 僕自己酉(1069)歲，於成都遇師授以丹法。當年主公傾背。自後三傳非人，三遭禍患，皆不逾兩旬。近方追憶師之所戒云：异日有(他本有"與"字)汝解繮脱鎖者，當直(宜)授之，餘皆不許。爾後欲解名籍，而患此道人不之信，遂撰此《悟真篇》，叙丹藥之本末。既成，而求學者輳集而來，觀其意勤，渠心不忍悋，乃釋而授之。然後所授者，皆非有巨勢强力、能提危拯溺、慷慨特達、能明道之士。初再罹禍患，心猶未知，竟至於三，乃省前過。故知大丹之法至簡至易，雖愚小人得而行之，則立超聖地，是天意秘惜，不許輕傳於非人。而僕不遵師語，屢泄天機，以有其身，故每膺譴患，此天之深誡如此之神且速，敢不恐懼剋責。自今以往，當鉗口結舌，雖鼎鑊在前，刀劍加項，亦無復敢言矣。
>
> 此《悟真篇》中所咏大丹、藥物、火候細微之旨，無不備悉，倘好事者夙有仙骨，睹之則智慮自明，可以尋文解義，豈須僕區區授之矣。如此乃天之所賜，非僕之輒傳也……時皇宋元

豐改元戊午歲(1078)月戊寅日張用成平叔序。①

此《後序》謂作於皇宋元豐改元戊午歲(1078),與文前之《序》相差大約三年的時間,主要言《悟真篇》書成之後,求學者輳集而來,張伯端不忍心拒絶,乃釋而授之。然而,因所授者非其人,張伯端一再罹禍患。他認爲,這是自己不遵師語、屢泄天機,故每膺天譴。於此,張伯端仍然未明言其師究爲何人。

《道藏》所收《紫陽真人悟真篇三注序》中,有《悟真篇記》一篇,對於瞭解張伯端拜師、修道之經歷及《悟真篇》授受之源流,頗有幫助。其謂:

張平叔先生者,天台人。少業進士,坐累謫嶺南兵籍。治平中,先大父龍圖公詵帥桂林,取置帳下典機事。公移他鎮,皆以自隨。最後公薨於成都,平叔轉徙秦隴,久之,事扶風馬默處厚於河東。處厚被召,臨行,平叔以此書授之,曰:平生所學盡在是矣,願公流布,當有因書而會意者。默爲司農少卿,南陽張公履坦夫爲寺主簿,坦夫曰:吾龍圖公之子婿也。默意坦夫能知其術,遂以書傳之坦夫。坦夫復以傳先考寶文公。余時童丱,在傍竊取而讀之,不能通也。先公帥秦,陽平王箴衮臣在幕府,因言其兄冲熙先生學道,遇劉海蟾,得金丹之術。冲熙謂:舉世道人無能達此者,獨張平叔知之。成道之難,非巨有力者不能也。冲熙入洛,謁富、韓公,賴其力而後就。余時年少氣鋭,雖聞其説,不甚介意,亦不省所謂平叔者爲何人。

---

① 《道藏》,第2册,第968頁。

適來年運日往,志氣日衰,稍以黄老方士之術自治。有以金丹之術見授者,曰:神者,生之體;形者,神之舍。道以全神,術以固形。神全而形固,則其去留得以自如矣。因卜吉戒誓,傳法既竟,再謂余曰:九轉金液大還丹,上聖秘重,不可輕易泄漏也。异日各見所授,先依盟誓,又須自修,功成方可審擇而付之。蓋欲親歷其事,然後開諭後學,俾抽添運用之時,得免危殆,則形神俱妙之道,由是著矣。古今相傳,皆有斯約,違者必有天譴。豈不知平叔傳非其人,三遭禍患者乎!子當勉之,宜無忽焉。

復序其所從來,得之成都异人者,豈非海蟾耶?且冲熙成丹之難,及於世之所謂道人者,無所許可,唯平叔一人而已。其言與予昔者所聞於衮臣者皆合,因取此書讀之,始悟其説。又考世之所傳吕公《沁園春》及海蟾詩詞,無一語不相契者。是以知淵源所來,蓋有自矣。今好事者多收此篇,而文理頗有不同。疑其初成,未經裁益,時已有傳之者爾。亦嘗參較其舛誤二十餘處,而尤甚者,如詩所謂:纔見芽生須急采,若逢望遠不堪嘗。此本乃改云:鉛見癸生須急采,金逢望後不堪嘗。蓋補完丹訣於其間,顯見世之所傳,辭旨有所未善也。其别本復有《了悟真如》一絶,此乃以歐冶鑄劍之事易去之。緣平叔自爲《悟真篇後序》曰:此《悟真篇》中所歌咏大丹、藥物、火候、細微之訣,無不備悉,觀之可以尋文解義。苟無是詩,則變煉金木之妙,何從而得之?其文簡而理隱,故出此篇,以繼成其事。然後金木還返之旨焕然可推,大丹既成而聖胎可結也。學者當知此書傳之浸廣,獨吾家之本爲真。蓋平叔之所親授者也。

余雖得之,顧力不足,當求同志者共成之。[1]

此《記》乃宋龍圖閣大學士陸詵之孫陸思誠所撰。《記》謂張伯端也即張平叔於宋英宗治平(公元1064—1067年)中,即爲陸思誠大父也即龍圖公陸詵召置帳下,參謀其事,其時陸詵方任帥於桂林;其後,陸詵官移他鎮,張平叔皆隨之而徙,包括成都在內。後來,陸詵薨於成都,張平叔於是轉徙秦隴,事扶風馬默也即馬處厚於河東。馬處厚被召,臨行之際,張平叔以《悟真篇》授之,希望他爲與道有緣者流布此書。馬處厚爲司農少卿時,陸思誠的姑父張坦夫爲寺主簿,馬、張二人爲同事,因張坦夫爲陸詵的女婿,馬處厚猜測張坦夫能知張平叔《悟真篇》所説之術,遂以此書傳之張坦夫。後來,張坦夫又將《悟真篇》傳陸思誠的父親寶文公。那時,陸思誠還衹是個孩童,他曾竊取《悟真篇》而讀之,但不能通達書中修丹之秘意。

陸思誠於此《記》中,又提及有一位名叫王箴(也即文中所説之王衮臣)的人,曾言及其兄王冲熙先生學道之事:王冲熙遇劉海蟾,得授金丹之術;冲熙説舉世道人無能達此術者,獨張平叔知之。由此,陸思誠推測,張平叔於《悟真篇序》中所説傳其修丹密訣的成都异人,可能即爲劉海蟾,原因之一即在於王衮臣之兄王冲熙先生説劉海蟾所授他修丹之術,世之道人中,唯張平叔一人知之。後來,陸思誠又取《悟真篇》之書而讀之,發現其與世間所傳吕洞賓《沁園春》及劉海蟾詩詞所説,無一語不相契合。因此,他認爲吕洞賓、劉海蟾與張平叔及其《悟真篇》之間,存在授受與淵源的關係。

① 《道藏》,第2册,第968~969頁。

若從現存文獻來看，以張平叔得劉海蟾傳授、撰《悟真篇》之說，大概出於宋人陸思誠。此後，一些仙史皆沿襲其說，如《歷世真仙體道通鑒》卷四十九之《張用成》，提及紫陽真人張伯端與劉海蟾之間的授受關係，其謂：

張伯端，天台人也。少無所不學，浪迹雲水。晚傳混元之道而未備，孜孜訪問，遍歷四方。宋神宗熙寧二年，陸龍圖公詵鎮益都，乃依以游蜀，遂遇劉海蟾，授金液還丹火候之訣，乃改名用成，字平叔，號紫陽。修煉功成，作《悟真篇》，行於世……紫陽常云：道家以命宗立教，故詳言命而略言性；釋氏以性宗立教，故詳言性而略言命。性命本不相離，道釋本無二致。彼釋迦生於西土，亦得金丹之道，性命兼修，是爲最上乘法，故號曰金仙。傅大士《詩》云：六年雪嶺爲何因，祇爲調和氣與神；一百刻中爲一息，方知大道是全身。鍾離正陽亦云：達磨面壁九年，方超内院；世尊冥心六載，始出凡籠。以此知釋迦性命兼修分曉……其修持之人，始也不悟大道，而欲於速成，形如槁木，心若死灰，神識内守，一志不散，定中以出陰神，乃清靈之鬼，非純陽之仙。以其一志，陰靈不散，故曰鬼仙。雖曰仙，其實鬼也。故神仙不取。釋迦亦云：惟以佛乘得滅度，無有餘乘。又曰：世間無有二乘得滅度，惟一佛乘得滅度爾。釋迦之不取二乘，即我教之不取鬼仙也。奈何人之根器分量不同，所以釋氏説三乘之法，道家分五等仙、三千六百傍門法也。鍾離真人云：妙法三千六百門，學人各執一爲根；豈知些子神仙訣，不在三千六百門。此正釋迦所謂惟一佛乘得滅度之意也。一云：英宗治平中，龍圖陸公帥桂林，取紫陽帳下典機事，公移他鎮，皆以自隨，最後公薨於成都，紫陽轉徙秦隴。久之，事扶風馬默處厚於河東。處厚被召，臨行，紫陽以《悟真篇》授之曰：平生所學，盡在是矣，願公流布此書，當有因書而會意者。後處厚出爲廣南漕，紫陽復從之游。於元豐五年(1082)三月十五日，趺坐而化，住世九十九歲。①

此言張伯端於宋神宗熙寧二年(1069)隨龍圖大學士陸詵入蜀，遂遇劉海蟾，得劉海蟾授金液還丹火候之訣，乃改名用成，字平叔，號紫陽，修煉功成，作《悟真篇》，行於世。張伯端受教於劉海蟾，而一般認爲劉海蟾與鍾離權、吕洞賓有授受關係，故以張伯端爲代表的金丹派南宗，與鍾離權亦關係密切。

從《仙鑒》的記載中，可知張伯端性命雙修的觀點，與鍾、吕金丹派正同。文中載，張伯端引鍾離正陽所説"達磨面壁九年，方超内院；世尊冥心六載，始出凡籠"，明釋迦佛性命兼修；又引《鍾吕傳道集》"鬼仙、人仙、地仙、神仙、天仙"五等仙説，認爲定中出陰神，因其神屬陰，身之宅舍難固，故不免常用遷徙之法；若一念差誤，則透靈別殼、异胎，所得之果即爲鍾吕"五等仙"中的"鬼仙"，"鬼仙"雖不入輪迴，又難返蓬瀛，終無所歸，止於投胎奪舍而已。張伯端同意鍾、吕之説，認爲金丹大道性命兼修，故聚則成形，散則成氣，所至之地，真神見形，謂之陽神；若不修命，只修性，則所出謂之陰神，因此，性命兼修是爲最上乘法。但因每個人的根器不同，故釋教説三乘之法，道家分五等仙、三千六百傍門法，但正如鍾離真人所説："妙法三千六百門，學人各執一爲根。豈知些子神仙訣，不在

① 《道藏》，第5册，第382～383頁。

三千六百門。”此所引鍾離真人之説，蓋取於托名鍾離權所著之《破迷正道歌》。

文中又説張伯端於陸詵薨後，轉徙秦隴，事扶風馬默處厚於河東，并以《悟真篇》授之，此與陸思誠《悟真篇記》所説相同。

大概金丹派南宗從白玉蟾和他的弟子們起，則明確張平叔得劉海蟾相授，并從劉海蟾上溯至鍾離權、吕洞賓。如《海瓊問道集》一書，由白玉蟾述，留元長編集，出於南宋。留元長在《海瓊問道集序》中説：

> 讀韓昌黎《桃源》之句，則起神仙渺茫之念；讀白居易《海山》之辭，則起兜率歸去之思。人心無根，隨語生智。噫！吾聞之神仙可以學得，不死可以力致，非曰能之，願學焉！
>
> 幼時業愛修仙，鞭心於兹，不覺壬子又丁丑矣！人間歲月如許，頭顱皮袋又安以頓哉！天貸其逢，而於道有可聞之漸。是年春，遭遇真師海瓊君，姓白諱玉蟾，或云海南人，疑其家於褱沔也。時又蓬髮赤足，以入廛市；時又青巾野服，以游宫觀，浮湛俗間，人莫識也。自云二十有一矣。三教之書，靡所不究，每與客語，覺其典故若泉涌然，若當世飽學者，未能也。真草篆隸，心匠妙明，琴棋書畫，間或玩世。所與交者，盡時髦世彦，雖敬慕之者，不可得親隨。身無片紙，落筆滿四方；踏遍江湖，名滿天下，其從之如毛也。時人多見其囊中曾不蓄銖銅、粒黍以自備，或醉甚輒呼雷，或睡熟能飛章，或喜或怒，或笑或哭，狀如不慧，或亦出言與休咎合，觀其濟世利人之念，汲汲也！徹夜燒燭以坐，鎮日拍欄以歌，晨亦不沐，晝亦不炊，經年置水火於無用。稱其耳聵目眵，或對客以牙宣爲辭，未審厥旨

也。無酒亦醉，睡醒亦昏，諸方士夫刊其文、碑其言多矣！今多嗔少歡，與世甚相違，故慕之而針芥歟！

荷相授以九鼎金鉛砂汞之書，太乙刀圭火符金液之訣，紫霄嘯命風霆之文。元長自惟曩者獲罪於天，失身墮世，何以得此！誓糜軀以修之焉！期不負所學矣！謹集間酬警悟之一二，以鋟諸木，使四海同志之士有所啓發也。

白君得之於陳泥丸，陳得於薛道光，薛得於石泰，石得於張平叔，張得於劉海蟾，劉得於吕洞賓。况人皆知其爲人而讀其書也，吾何贅以叙哉！紫元子留元長稽首再拜序。①

據此説，張平叔得劉海蟾之傳，劉海蟾又得吕洞賓之授；張平叔傳石泰，其後相續而傳者爲薛道光、陳楠和白玉蟾，留元長則爲白玉蟾的弟子。

白玉蟾另外的弟子陳守默、詹繼瑞在《海瓊傳道集序》中，則將此金丹派南宗師徒授受表前溯至鍾離權，其云：

關尹子曰：所可傳者，祇謂之事，不謂之道。老君曰：吾不知其名，强名曰道。此集之行，其與三千六百法，養命數十家，大故天淵矣！凡我同志，其精研之！《魯語》有謂：夫子之言性與天道，不可得而聞也。吁！天下後世，不審夫子之意，即以爲甚高難行之事。夫豈知夫子之門獨稱顔淵，顔淵得之則三月不違仁，而又終日如愚，故其在陋巷，甘以簞食瓢飲爲樂，所以三十二歲而蜕去矣！人能悟顔淵心齋之旨，則知神室之説，

① 《道藏》，第33册，第140頁。

既知神室則知神水。孟子曰性猶水也,其斯之謂乎!《悟真篇》云:修生之要在乎金丹,金丹之要在乎神水華池。至簡至易,雖愚暗小人行之,立躋聖地。《道德經》云:吾道甚易知,甚易行。昔者鍾離雲房以此傳之吕洞賓,吕傳之劉海蟾,劉傳之張平叔,張傳之石泰,石傳之道光和尚,道光傳之陳泥丸,陳傳之白玉蟾,則吾師也。乙亥之秋,遇之於武夷山,越戊寅之春,復於廬山相會,過太平興國宫,有道士洪知常字明道,自號坎離子,於内外二丹,留意久矣!千師萬友,參究已遍;千經萬論,搜括無踪。一旦與之因緣契合,半句之下,金篦刮膜;片餉之間,玄珠成象。洪公將隱形遁迹,杜門絶交,坐進火候,以圓聖胎。恐此道無傳,故以所得吾師《金丹捷徑》一篇,《鈎鎖連環經》一卷,及《廬山快活歌》一章,刊行於世,總而名之曰《傳道集》,欲天下共之。刀圭子陳守默、紫芝子詹繼瑞稽首拜書。①

於此《序》中,陳守默、詹繼瑞提出金丹派南宗由鍾離雲房也即鍾離權傳之吕洞賓,吕傳之劉海蟾,劉海蟾傳之張平叔,張平叔傳之石泰,石泰傳之薛道光(即道光和尚),薛道光傳之陳泥丸,陳泥丸傳之白玉蟾,白玉蟾即陳、詹二人之師。

又,《海瓊傳道集》中收有《仙派》②一篇,其謂:

正陽真君—純陽真君—海蟾真君—紫陽真人—杏林真

① 《道藏》,第33册,第147~148頁。

② 《道藏》,第33册,第151頁。

人—道光真人—泥丸真人—玉蟾真人

正陽真君爲鍾離權，鍾傳純陽真君吕洞賓，吕傳海蟾真君劉操，劉傳紫陽真人張伯端，張傳杏林真人石泰，石傳道光真人薛式，薛傳泥丸真人陳楠，陳傳白玉蟾也即玉蟾真人。

另外，白玉蟾又傳弟子王金蟾，王金蟾傳李道純（道號瑩蟾子）。李道純弟子苗太素有《玄教大公案》，由苗太素弟子王志道編集。《玄教大公案序》共四篇，金陵淵嘿道人柯道冲《序》謂：

> 道統之傳，其來久矣。始太上混元老祖以象先之妙，强名曰道，而立言以德輔翼之，而五千言著其中。然存言外之旨，微妙玄通，有不可得而言者，深不可識，亦强爲形容焉。自道德受關令尹子，其十子各得其妙，如列、莊諸子，至安期生、李仙卿、葛仙翁衆真，更相授受，各有經典。然枝分派列，於洞天福地，亦代不乏人。自周漢以來，惟尹子嗣祖位，金闕帝君繼道統，授東華帝君，帝君傳正陽鍾離仙君，鍾傳純陽吕仙君，吕傳海蟾劉仙君，劉南傳張紫陽、五紫，北傳王重陽、七真，道統一脉，自此分而爲二。惟清庵李君，得玉蟾白真人弟子王金蟾真人授受，爲玄門宗匠，繼道統正傳，以襲真明，亦多典集見行於世。實庵苗太素師事之，心印其要，蓋青出於藍而青於藍者也。實庵抱負此道，以列祖道統心法，模範學人。采摭諸經樞妙，升堂入室，舉其綱要，於列祖言外著一轉語，復頌録之以易數，爲六十四則，又入室三極則。門弟子王誠庵輩集成編，名曰《玄教大公案》。言言明本，句句歸宗，體用一真，圓混三教。使人於羲皇畫外縱横，玄聖象先游泳。至哉！華陽真逸唐公

捐金綉梓，以廣其傳，義亦宏矣！誠有决烈漢向此《大公案》外，具無極眼睛，覷得七穿八透，豁然四達六通，則道統明明相繼而無息，豈不美歟！金陵淵嘿道人柯道冲敬序。①

此《序》認爲，道統之傳，始於太上混元老祖，也即老子。老子以《道德》授關令尹子，其後，十子各得其妙，如列、莊諸子，至安期生、李仙卿、葛仙翁衆真，代不乏人，各有經典，枝分派列，更相授受。自周、漢以來，關尹子嗣祖位，金闕帝君繼道統，授東華帝君；東華帝君傳正陽鍾離仙君，鍾傳純陽吕仙君，吕傳海蟾劉仙君，劉南傳張紫陽、五紫，北傳王重陽、七真，道統一脉，自此分而爲二。

然後，清庵李道純得玉蟾白真人弟子王金蟾真人授受，成爲玄門宗匠，繼道統之正傳。實庵苗太素師事之，心印其要，以列祖道統心法，模範學人；其門弟子王誠庵輩集之成編，名之爲《玄教大公案》，則道統明明相繼而無息。以圖示其所説：

太上混元老子—關尹子—金闕帝君—東華帝君—正陽鍾離仙君—純陽吕仙君

—莊、列十子

純陽吕仙君—海蟾劉仙君—張紫陽、五紫

—王重陽、七真

張紫陽、五紫（包括白玉蟾）—王金蟾—清庵李道純—實

① 《道藏》，第23册，第889頁。

庵苗太素—誠庵王志道

以上爲鍾離權與張平叔、白玉蟾等爲代表的金丹派南宗關係之考察。

三、其他與鍾離權相關的道教人物、道派承傳

宋元時期,除北方全真道和南方所流行的金丹派南宗之外,其他與鍾離權相關的道教人物與道派承傳,相關仙傳、史料頗有記載。

南宋李簡易撰《玉溪子丹經指要》,此書卷首繪有《混元仙派之圖》,此《圖》以"混元教主、萬代宗師太上老君"爲首,副則爲"東華木公上相青童帝君"與"西靈金真萬炁祖母元君"。據其説,此後爲華陽真人(疑即東華帝君)傳正陽真人(疑即鍾離權);正陽真人下傳有:王鼎真人、成都真人、純陽真人、王老真人、陳朴真人、耳珠真人等。①

李簡易《混元仙派之圖》未明言華陽真人、正陽真人究爲何人。元趙道一《歷世真仙體道通鑒》則在此基礎上有明確説明,其以華陽真人爲鍾離權之師王玄甫:

上仙姓王名玄甫,漢代東海人也。師白雲上真得道,一號

① 《道藏》,第4册,第404頁。

> 華陽真人。六月十五日降世，十月十六日上升，不記是何朝代。後傳道與鍾離覺，即正陽子鍾離權也。所著文辭，隱而不傳世。有詩一章，載《混成集》，其詩曰：華陽山裏多芝田，華陽山史復延年。青松岩畔高柯下，白雲堆裏飲飛泉。不寒不熱神蕩蕩，東來西往氣綿綿。三千功行好歸去，休向人間説洞天。大元至元六年正月，褒贈東華紫府少陽帝君。①

《仙鑒》以鍾離權之師王玄甫爲華陽真人。若與《混元仙派之圖》中華陽真人傳正陽真人之説相對照，則華陽真人爲王玄甫，正陽真人爲鍾離權，《混元仙派之圖》所説華陽真人傳正陽真人，可能即指王玄甫傳鍾離權。

關於正陽真人鍾離權傳純陽真人吕洞賓，《歷世真仙體道通鑒》卷四五之《吕岩》謂：

> 先生吕岩，字洞賓，號純陽子。世傳以爲東平人，一云西京河南府蒲坂縣永樂鎮人，即今河東河中府也……後因游廬山，遇异人，得長生訣。一云武宗會昌中，兩舉進士不第，因於長安道中，擬游華山。酒肆憩息，俄有一人，長髯碧眼，自西而來，亦憩此肆，遂與共炊。髯者親爨，先生因就日負暄，不覺睡著，夢舉進士，登科第，歷任顯官。奏對稱旨，遂除翰苑，入臺閣，擢侍從。俄拜執政，居朝三十餘年。偶上殿應對差誤，被罪謫官，南遷江表。路值風雪，僕馬俱瘁。一身無聊，方自嘆息。忽然夢覺，髯者飯猶未熟。倏然笑曰：黄粱猶未熟，一夢

① 《道藏》，第5册，第215頁。

到華胥。先生驚曰:公安知我有夢耶?髯者曰:公適來之夢,富貴不足喜,貧賤不足憂,大抵窮通榮辱,壽夭得喪,往古來今,皆如一夢。富貴則爲好夢,貧賤則爲惡夢。壽長則爲好夢,夭折則爲惡夢。如公適來之夢,誠好夢也。一失到底,轉爲惡夢,公備知之矣。貴即虚名,富猶孽火,金珠外物,子孫他人,一息不來,四大不顧,把甚物爲堅固。即復題詩壁間,先生大悟,因拜曰:公真异人也,敢問貴姓,居何鄉邦?髯者曰:吾乃天下都散漢鍾離權也,居終南山,公若省悟,可從吾去。先生於是弃儒業而從游,師事之而得道。①

此謂吕洞賓之師爲"天下都散漢鍾離權"。又,《歷世真仙體道通鑒》卷四九之《劉玄英》,謂:

劉玄英字宗成,號海蟾子。初名操,字昭遠,後得道改稱焉。燕地廣陵人也(一云大遼人)。以明經擢第,仕燕主劉守光爲相,素喜性命之説,欽崇黄老之教。一日忽有道人來謁,海蟾乃邀坐堂上,待以賓禮。問其氏族名字,俱不對,但自稱正陽子。海蟾順風請益,道人爲演清静無爲之宗、金液還丹之要……一旦遽辭燕地,遠泛秦川,陶真於泰華之前,遁迹於終南之下,韜光隱晦,人莫測其所以然。一云爲燕丞相,一旦遽悟,弃官學道。後遇吕洞賓,得金丹之秘旨。自此往來終南、泰華間。復結張無夢、种放,訪陳希夷先生,爲方外友。②

---

① 《道藏》,第5册,第358頁。

② 《道藏》,第4册,第382頁。

此自稱"正陽子"的道人,一般將其解讀爲鍾離權。因此,鍾離權與劉海蟾之間,似亦有師承授受關係。當然,《通鑒》又説劉海蟾後遇吕洞賓,得金丹秘旨;訪陳摶,與張無夢、种放相交結,共爲方外之友。因張平叔在成都遇真人得授丹訣,劉海蟾既然爲張平叔之師,故《混元仙派之圖》所説正陽真人所傳之"成都真人",可能即指劉海蟾。

《混元仙派之圖》中有鍾離先生傳王鼎真人。《歷世真仙體道通鑒》卷五十之《王鼎》謂:

> 王鼎,襄陽人也。其初蓋寄迹醫卜中,以養妻子。嘗有詩云:也有山妻也有兒,也爲卜筮也爲醫。後遇鍾離先生,得道,作《詩》云:假裏淘真十八年,今朝始遇漢朝賢。遂自號王同子,人不見其飲食也。一日行江干,或見二影在水中,怪而問其故。曰:若欲更見之乎? 斯須十餘,久乃没。宋真宗祥符中,召至禁中,麻衣草履,長揖而已。後去,不知所之。著《修真書》行於世。①

此王鼎與《混元仙派之圖》所説的王鼎真人,俱受教於正陽真人鍾離權也即鍾離先生,二者有可能爲同一人。

《混元仙派之圖》中有鍾離先生傳王老真人。關於鍾離先生傳王老真人,《歷世真仙體道通鑒》卷五二之《王老志》謂:

> 先生姓王,名老志,濮州之臨泉人也。嘗遇鍾離真人授内

---

① 《道藏》,第5册,第389頁。

丹要訣，以道術知名。沂州有公吏，欲求事左右，寄所親致意，先生答之詩曰：多年退罷老公人，手種桑麻數百根。盡是筆頭挼捻得，一枝枝上有冤魂。竟拒不見。濮有士人饒口，欲以語窮之，往造焉。其居四面環以高墉，但開狗竇出入。士人匍匐就之，方談辭如雲。忽見地有旋渦處，俄已盈數尺，中有鱗甲如斗大。先生謂士人曰：子亟歸，稍緩必致奇禍。士人遽出，行未五里，雷電雨雹倏起，馬跪局不行，乃入土室避之。望先生庵廬百拜乞命，僅得免。宋徽宗政和三年九月，詔州縣敦遣至京師，賜號洞微先生。四年正月，加號觀妙明真洞微先生。先生雖掉頭禄豢，然時出危言諷天子。一日，徽宗召之入禁禦，顯肅皇后在坐，先生卒然出幅紙曰：陛下他日與中宫皆有難，臣行死，不及見矣。臣有乾坤鑒法，可以厭禳。然尤當修德，始可回天意。請如臣法，鑄乾坤鑒，各以五色流蘇垂置於寢殿。臣死後，當時坐鑒下，記憶臣語。日儆一日，思所以消變於未形者。上竦受其説。有詔庀工，鑒成進御，而先生歸濮解化（《皇朝通鑒紀事》云：宣和四年十月辛未，觀妙明真洞微先生王老志卒，賜金以葬，贈正議大夫。《宣和録》云：先生所居地必生花，謂之地錦）。靖康陟方之禍，二宫每寶持之。且嘆其先識，納君於正道也。①

所謂王老真人，當即王老志，據《歷世真仙體道通鑒》，其師爲鍾離真人，可能即爲鍾離權。

又，《歷世真仙體道通鑒》卷四十五之《施肩吾》謂：

① 《道藏》，第5册，第403頁。

瓊山白玉蟾跋《施華陽文集》云：李真多以太乙刀圭火符之訣傳之鍾離權，鍾離權傳之吕洞賓。吕即施之師也，施有上足李文英。昔施君授李一十六字，世罕知者：一靈妙有，法界圓通，離種種邊，允執厥中。予偶得之，故并以告胡栖真，使補其遺云。①

據此，白玉蟾曾爲施肩吾所著《施華陽文集》作跋。於其中，白玉蟾提出關於鍾離權道法授受的一個傳承譜系，即：

李真多—鍾離權—吕洞賓—施肩吾—李文英

據《歷世真仙體道通鑒》，鍾離權還與吕洞賓、劉海蟾、陳七子一道點撥過馬自然。《歷世真仙體道通鑒》卷四九之《馬自然》謂：

馬自然，不知何許人也。少習修真煉氣之方，年六十有四，至建昌酒壚，見四道人，衣百結，而儀觀甚偉。有童在傍，自然問其氏名，答曰：鍾離先生、吕先生、劉海蟾、陳七子也。自然大驚，僕僕往拜之。鍾離真人曰：汝骨氣异凡曹，吾數十年求可教者，莫爾及也。俄與吕、陳二公偕去，曰：爾有師矣。獨海蟾留，乃爲自然演金丹之秘，曰：杳杳冥冥，其中有精；恍恍惚惚，其中有物。物非常物也，精非常精也。天得之以清，地得之以寧，人得之以靈。夫能抱元守一，回天關、轉地軸，則

① 《道藏》，第5册，第359頁。

陰陽會而乾坤合矣。於是,開坎離之户,使龍虎交噬,入戊己之變化,此上天之靈寶,妙中妙者也。是法者。人皆有分焉,惟其識昧神昏,沉湎愛欲。或知之而未達,閉息孤坐,存神入妄,漱津則咽唾,導引則勞形,辟穀則中餒,吐納則召風邪,外荒則燒鉛汞,内荒則淫陰丹,如是,中不煉而神不存矣。自壯而趨老,自老而趨死,如六驥抉隙,亦可哀哉。爾當求精於杳冥,求物於恍惚,形神洞達,與道合真。自然聞其言而師之,遂得道。後游廬山,酣寢石上,逾六旬。蕘者過,始驚寤之。俄去,入閤皂山,登紫房,訪清虚。時復往來市道上,著蓑裳,冠箬笠,持大鐵杓化錢。市酒,醉則徜徉山澤間。其後不知所終。①

馬自然所撰《馬自然金丹口訣》中亦有:

三十年來海上游,直至如今無地頭;訪師求道尋妙訣,也衹一個真氣修。又憂生、又憂死,我共他人都如此,六十四年都大休。吾遇海蟾爲弟子,向我耳邊説一句,似飲菩提與甘露。玄微妙訣無多言,衹在眼前人不顧。内有金丹十六兩,送在西南坤地上。誰知此物是還丹,衹在泥丸宫裏養。還丹還丹從此識,本在人身休外覓。②

馬自然自謂其師爲劉海蟾,故《仙鑒》所説,非無所據。又,李

① 《道藏》,第5册,第384頁。
② 《道藏》,第25册,第806頁。

簡易《混元仙派之圖》謂馬自然"六十四歲遇道,有丹訣於世"①,與《仙鑒》所説亦同。《混元仙派之圖》以馬自然與張平叔、藍養素等并列,這可能表明,他們皆曾受教於劉海蟾,有著共同的師承。現試舉藍養素爲例,《玉溪子丹經指要序》謂:

僕家宜春郡城之東,遠祖朝議觀休官學道,自號玉溪叟(今大族不稱郡望,皆止稱玉溪),兩遇純陽真人而不悟(一於岳山松樹下;再於岳陽樓,月夜聞笛聲)。後再游南岳,欲見藍養素。道中逢一人荷釘鉸之具者,謂公曰:公非李某乎?往岳山見養素乎?公曰:然。如此則煩公寄一信於藍,云劉處士奉問先生,十月懷胎,如何出得?遂長揖而去。

公行數里,悒怏不快。因思此人既知余姓名,又知余心事,且言不類俗,因詢求之,不復得矣!暨見藍,具述所言。藍曰:眉間得無白痣乎?曰:有。藍曰:此劉海蟾也。吾養成聖胎,若非此人,不能證果,公更爲我言之。公曰:劉處士奉問先生,十月懷胎,如何出得?藍撫掌大笑。惟聞頂雷隱然,見一人如雪月之輝,與藍無异,直上冲霄,而藍已逝矣!公焚香嘆息而退。今岳山長笑先生是也(見《本家奇遇傳》及《宜春志》)。公歸,取神仙傳記道書諸子,閉門不通賓客,盡日披玩。未幾,亦無疾而逝(有《顯親集》行於世)……時景定五年歲次甲子(1264)四月圓望,宜春玉溪子李簡易自序。②

① 《道藏》,第4册,第405頁。
② 《道藏》,第4册,第405~406頁。

李簡易之《序》,以藍養素得劉海蟾“十月懷胎,如何出得?”之開示,遂出陽神、獲大成就。如此,則藍養素與劉海蟾之間似亦有授受關係,當然與鍾、吕也就存在關聯。

《歷世真仙體道通鑒》卷四七之《陳摶》,記載有鍾離權、吕洞賓與陳摶的交往,其謂:

> 先生姓陳,名摶,字圖南,號扶揺子,亳州真源人也,與老子同鄉里(一云普州崇龕人,恐是後來隱居之所)……陳康肅公堯諮既登第,過竭先生,坐中有道人,髽髻,意象軒傲。目康肅公,連言曰:南庵。語已,徑去。康肅公深异之,問曰:向來何人?先生曰:鍾離子也。康肅公憫然,欲去追之,先生笑曰:已在數千里外矣……關中逸人吕洞賓有道術,雖數百里,頃刻輒到,世以爲神仙。常數至先生齋,酬倡如交友。①

《歷世真仙體道通鑒》卷五一之《劉卞功》,記載鍾離先生與劉卞功的交往,其謂:

> 先生劉卞功,濱州人也,自少好道。家居,有老父過其門曰:善補鐵。先生曰:我鬲敗,能補否?老父曰:人破尚能補,況鬲乎?先生知其非常人,遽再拜,老父因以丹餌之。自是盡弃世事,穿窟室以居……欽宗靖康初,先生始去其鄉,游巴蜀,浮江浙,窺衡湘,蓋有意於接物矣。在蜀得二士,曰郄、曰柴,自是常從之。先生至吴,又得桐廬李季次仲,授以方書。次仲

① 《道藏》,第5册,第367,369,371頁。

行之甚篤，道亦成。先生嘗以告鍾離先生求援度次仲，云：鼻通三劍，腦煉九丹。①

《歷世真仙體道通鑒續編》卷四之《崔羽》，記載鍾、吕與崔羽的交往，其謂：

先生姓崔名羽，唐州人。少隸京師班直，休官樂道，自號紫霞。宋高宗紹興間，游羅浮，已老矣。初不自言其年，朱顔方瞳，舉心林野。性喜酒，人具饌邀之，飲則醉，醉則歌。然歌中所言休咎，皆驗。後居東莞數年。一夕，命道流設醮於上清觀。禮畢。命酌，西室酬酢，笑語若對客者。人問之，曰鍾、吕、陳三先生會於此。既徹爵，奄然端坐而逝。縣人共迎置於紫霞亭焚之，有蝴蝶徑尺，自烈焰中騰空而去。是日，鄉人有識之者於榴花渡見其東歸，蓋歸羅浮也。②

前文述及董凝陽爲鍾離權之徒，見於《凝陽董真人遇仙記》中。其關於鍾離權道法傳授體系，提出鍾離權傳凝陽董守志；鍾離權在付董守志道號、法名後，亦付董之道伴陳知和道號、法名，若如此，則不僅董守志爲鍾離權之徒，陳知和亦爲鍾之弟子。關於董守志的法脉傳承。文中提及，董守志傳盧自然、馬善能：

"我昔遇正陽上仙時，賜我印、馬，令我修行，今將鐵馬付

① 《道藏》，第5册，第395頁。

② 《道藏》，第5册，第437頁。

盧自然,七星寶印付馬善能,二人與我立教,可爲師牧,與我當日傳法一同,不得輕泄懈怠。”……真人呼衆門人,即令拜靈陽子、谷神子……言訖,正未刻儼然而化矣。時丁亥(1227)十月二十五。①

《凝陽董真人遇仙記》關於鍾離權道法傳授體系如下:

鍾離權、吕洞賓、劉海蟾—凝陽子董守志—靈陽子盧自然、谷神子馬善能

—通玄子陳通道(冰陽子陳知和)

又,《消摇墟經》卷二,以韓湘子爲純陽先生弟子,曹國舅爲鍾離、純陽弟子。其《韓湘子》謂:“韓湘子,字清夫,韓文公猶子也。落魄不羈,遇純陽先生,因從游。”②《曹國舅》中云:“曹國舅,宋太后弟也。因其弟每不法殺人,深以爲耻,遂隱迹山岩,精思玄理,野服葛巾,經旬不食。一日遇鍾離、純陽二仙,問曰:聞子修養,所養何物。對曰:養道。曰:道何在。舅指天。曰:天何在。舅指心。二仙笑謂曰:心即天,天即道,子親見本來面目矣。遂授以還真秘術,引入仙班。”③

南宋李簡易《混元仙派之圖》所列與鍾離權有授受關係的修道、得道之人,雖無詳細内容可供考證,然似乎皆可從《歷世真仙體道通鑒》中查到其人、其事,且《仙鑒》對此神仙人物之記載,一般皆

① 《道藏》,第5册,第757頁。
② 《道藏》,第35册,第379頁。
③ 《道藏》,第35册,第379頁。

言其與鍾離權有關，故二書可以對照、參看。因此，《混元仙派之圖》關於鍾離權仙道授受的説法，得《仙鑒》充實之；《仙鑒》之説，部分有承於《混元仙派之圖》，故非爲無據。

綜上所述，我們可以得出結論，鍾離權不僅影響金元北方王重陽所創全真道派，與南方以張伯端、白玉蟾爲代表的金丹派南宗亦有淵源關係。除這兩個大的道派之外，鍾離權在宋代還有廣泛影響，如《仙鑒》所説襄陽的“王鼎真人”，於宋真宗時曾入朝；王老志也即“王老真人”於宋徽宗時曾入朝；還有與張平叔同時代的馬自然；宋早期的陳摶；南宋高宗時的崔羽等，這些神仙、修道人物皆與鍾離權有關聯，或以其爲師，或以其爲友，或界於師友之間，也可能還有私淑之者；其所處年代基本爲宋、金時期，這一時期正是鍾吕金丹道興盛、异軍突起之時。於其中，有建立教團、影響後世深遠者，如王重陽、張伯端，陳摶亦可充於其中；也有當時名重一時者，如董凝陽等；當然，也有散仙之類如王老志、馬自然等。鍾離權所授予人者，一般皆爲性命雙修之術，即所謂“清静無爲之宗、金液還丹之要”，其中，清静無爲側重修心性，使心性如皓月般無塵、無礙；金液還丹屬命功，側重實腹、强骨，二者合於《道德經》“虚其心，實其腹；弱其志，强其骨”之旨。由此亦可得見，鍾吕金丹道能够超越唐代興盛的重玄之學、後來居上的原因所在。

第三章　署名鍾離權所著道經及其思想

一、《鍾吕傳道集》及其思想

《修真十書》卷十四、十五、十六,存《鍾吕傳道集》,此書題正陽真人鍾離權雲房述、純陽真人吕岩洞賓集、華陽真人施肩吾希聖傳。本書的主要内容如下:

(一)道合天人

道是修仙得以成就的基礎,得道者方可以稱爲真仙,仙以道爲其根基。若要論修仙,則先要探討何者爲道。

關於"大道",鍾離權謂:"大道無形無名,無問無應,其大無外,其小無内,莫可得而知也,莫可得而行也。"①道涵蓋天地萬物,爲宇宙萬化之本,其超出於言語之外,本不是用來問對的。對形上本體

① 《道藏》,第4册,第658頁。

之道,要修之、證之,身體力行之、體悟之,不能僅知識性地去解釋它,也不能衹以人的感官知覺去把握;故僅憑人的感官、知覺來説,對於形上之道可以説是不可得而知、亦不可得而行的。鍾離權所説大道"無形無名",有取於老子《道德經》;而"其大無外,其小無内",則取於莊子《南華真經》。

對於何謂道,道與天、地、人、物的關係,鍾離權説:

> 及乎真原一判,大朴已散。道生一,一生二,二生三。一爲體,二爲用,三爲造化。體用不出於陰陽,造化皆因於交媾。上、中、下列爲三才,天、地、人共得於一道。道生二氣,二氣生三才,三才生五行,五行生萬物。萬物之中,最靈、最貴者人也。惟人也,窮萬物之理,盡一己之性,窮理、盡性以至於命,全命、保生以合於道,當與天地齊其堅固而同得長久。①

如果要對大道進行説明,應當先從真原之本開始,真原之本即大道。真原一判,大朴已散,如此則道生一,一生二,二生三,生生不息。其中"一"喻指道之體,"二"喻指道之用,"三"則喻指造化。道有體、有用,其體用不出於陰陽之理,造化生物皆因於陰陽交媾。

天居上、人居中、地居下,天、地、人列爲三才,同時,天、地、人三才也共得於一道。由真原之道生陰陽二氣,由陰陽二氣生天、地、人三才,由天、地、人三才而生金、木、水、火、土五行,由五行變而生成萬物。萬物之中,最靈、最貴者爲人,人既能窮萬物之理,又

---

① 《道藏》,第4册,第659頁。

能盡一己之性，通過窮理、盡性，達知天命，通過全命、保生以合於大道，則能與天地齊其堅固而同得長久。

道爲萬化之本。天地合於道而運轉，從而能上下往來、行持不已，故天地亘千古而無窮。但是，天所得乃乾之道，所用者爲陽氣，陽氣主升，天主升之陽氣如何能下降而交於地？地所得乃坤之道，所用者爲陰氣，陰氣主降，地主降之陰氣如何能上升而交於天？如果天地不能相交，則陰陽不能相合，陰陽不合，則乾天、坤地無法相互作用，從而大道無法顯現。鍾離權説：

> 天道以乾爲體，陽爲用，積氣在上。地道以坤爲體，陰爲用，積水在下。天以行道，以乾索於坤，一索之而爲長男，長男曰震；再索之而爲中男，中男曰坎；三索之而爲少男，少男曰艮。是此天交於地，以地（當作“乾”）道索坤道而生三陽。及乎地以行道，以坤索於乾，一索之而爲長女，長女曰巽；再索之而爲中女，中女曰離；三索之而爲少女，少女曰兑。是此地交於天，以坤道索乾道而生三陰。三陽交合於三陰而萬物生，三陰交合於三陽而萬物成。天地交合，本以乾坤相索而運行於道。乾坤相索而生六氣，六氣交合而分五行，五行交合而生成萬物。方其乾道下行，三索既終，其陽復升，陽中藏陰，上還於天。坤道上行，三索既終，其陰復降，陰中藏陽，下還於地。陽中藏陰，其陰不消，乃曰真陰。真陰到天，因陽而生，所以陰自天降，陰中能無陽乎？陰中藏陽，其陽不滅，乃曰真陽。真陽到地，因陰而發，所以陽自地升，陽中能無陰乎？陽中藏陰，其陰不消，復到於地，陰中藏陽，其陽不滅，復到於天。周而復

始，運行不已，交合不失於道，所以長久堅固者如此。①

此取《周易·說卦》"乾坤父母生六子"之説。其以天、地爲乾父、坤母，六子爲三陽、三陰之六氣，六氣交合則分五行，五行交合則萬物生。鍾離權於此主要想探討天地生物不息的長久之理，并以之與人相對照，探尋人的長生久視之理。就天道而言，其以乾爲體，陽爲其用，天積"氣"在上；地道以坤爲體，陰爲其用，地積"水"在下，以"氣"論陽，以"水"論陰，這是鍾吕金丹術語的特徵之一。天行其道，則以乾索於坤而生三陽，得長男震、中男坎、少男艮，此以天交於地。地行其道，以坤索於乾而生三女，得長女巽、中女離、少女兑，此以地交於天。三陽、三陰再相交合則萬物生成。

天地相交合的過程具體爲：乾道下行，三索於坤而生三陽，乾索坤既終，乾之陽復升於天，復升之陽中藏有坤地之陰；坤道上行，三索於乾而生三陰，坤索乾既終，坤之陰復降於地，復降之陰中藏有乾天之陽。

在此基礎上更進一步，復升於天的陽之中藏有陰，其陰不消，乃爲真陰，真陰實因陽而得生，隨陽而升到天，故説真陰能自天而降，此真陰之中即含有陽。復降於地的陰之中也藏有陽，其陽不滅，乃爲真陽，真陽因陰而發，隨陰而降到地，故説真陽可以自地而升，此真陽之中即含有陰。這種過程周而復始、運行不止。因陰陽交合不失於道，所以天地能長久堅固。

不僅天地得道而可以長久，人亦可以修道而獲長生久視。因爲大道無所不包，宇宙天地與人類社會莫不承載有道。大道本無

---

① 《道藏》，第4册，第659頁。

形、無名,天地萬物各得其所而有形、有名。其中,天地得於道而有乾道、坤道之稱;日月得於道而有陽道、陰道之稱;人若得於道,於朝廷之上則稱君臣之道,閨門之中則稱夫婦之道,鄉黨之間則稱長幼之道,庠序、學校之中則稱朋友之道,室家之中則稱父子之道。所謂:“大道無形,因彼之所得而爲形。大道無名,因彼之所有而爲名。天地得之而曰乾道、坤道,日月得之而曰陰道、陽道,人若得之,朝廷則曰君臣之道,閨門則曰夫婦之道,鄉黨則曰長幼之道,庠序則曰朋友之道,室家則曰父子之道。是此見於外者,莫不有道也。”①

雖説道合天人,但通常情况下,道似乎衹體現在天地的恒久不已上,人與道相合的情况,則微乎其微。爲什麽天地可以合於道,而人欲合道則相對較難呢?應該説,没有人可以私意把持大道,使之隱而不傳。究其原因,大概是因爲現實中很多人雖有好道之名、而無行道之實;或者聽聞過大道之理,對於行道則無信心;或者雖有信心,却不肯下苦志去真修實踐;或者開始下功的時候非常勤奮,最終則慢慢懈怠而不能堅持。因此,非無道也,人實不能與之相合也。從這個角度而言,則大道確實難知、更難行。

(二)法天體道

從理論上説,人有聰明之性,若留心於清静,亦可以效法天地交合之機,奉行大道,小則得安樂延年之效,中則得長生不死之效,大則得脱質升仙之功。

---

① 《道藏》,第4册,第660頁。

天地陰陽相交之機，具體如何體現在人身之上？鍾離權說：

真氣造化成人，如天地行道……既生之後，元陽在腎，因元陽而生真氣，真氣朝心；因真氣而生真液，真液還元。上下往復，若無虧損，自可延年。如知時候無差，抽添有度，自可長生。若以造作無倦，修持不已，陰盡陽純，自可超凡入聖。此乃天機深造之理，古今不傳之事。公若信心而無猶豫，以名利若枷杻，恩愛如寇讎，避疾病若怕死亡之難，防失身於別殼，慮透靈於异類，委有清静之志，當且壯其根源，無使走失元陽，耗散真氣。氣盛而魂中無陰，陽壯而魄中有氣，一升一降，取法無出天地，一盛一衰，其來亦似日月。①

人具有法天體道的根基。人之生出於父精、母血之交會。父精、母血之交會，與天地造化之機是相合的，故人身亦可以體現出大道的存在。

人身中有氣、有水。氣爲陽象天、主於升，氣中藏有真水；水爲陰象地、主於降，水中藏有真氣。此真水即真陰，真氣即真陽。真陽藏於腎水之中，真陰藏於心氣之中。嬰兒既生之後，元陽藏於腎，因元陽而生真氣，真氣上朝於心。因真氣而生真液也即心液，真液還元，復降於腎。心腎上下往復，真氣、真液循環；真氣與真液若無虧損，人自可延年益壽。故人如果能够知曉身體中真氣、真液運行之時候，准其時而無差，抽添有其度，即可以得長生久視；若能

① 《道藏》，第4册，第660頁。

造作無倦、修持不已，就可以陰盡而陽純，超凡而入聖。

天地因其運轉合於道，故能得長久；同樣的道理，人若能通達天地運轉之理，施之於自身，也可以和天地一般長久。但是，雖從此理論上説，人可以長生久視，但實際上很難壽過百歲。爲什麽道獨在天地而遠於人？對此，鍾離權説："道不遠於人，而人自遠於道矣；所以遠於道者，養命不知法；所以不知法者，下功不識時；所以不識時者，不達天地之機也。"①人之所以不能够與道相合，主要原因在於人養命不知法、下功不識時、不能達天地之機和人身之機，從而與道相遠。

故修真、奉道之士於下手、用功之時，當取法天地陰陽升降之機、日月精華交合之理，所謂：

> 始也法效天機，明陰陽升降之理，使真水、真火合而爲一，煉成大藥，永鎮丹田，浩劫不死而壽齊天地。如厭居塵世，用功不已，當取日月之交會，以陽煉陰，使陰不生，以氣養神，使神不散，五氣朝元，三花聚頂，謝絶俗流，以歸三島。②

修持之功有其節度。剛開始時，修丹者要效法天地交合之機，明自身陰陽升降之理，使體内真水、真火合而爲一，煉成大藥，永鎮於丹田，達到浩劫不死而壽齊天地的目標。此後，如果厭居塵世，修道者可以通過用功不已，取日月交會之法，以陽煉陰、使陰不生，

① 《道藏》，第4册，第659頁。
② 《道藏》，第4册，第661頁。

以氣養神、使神不散，達到五氣朝元、三花聚頂，則可以謝絶俗流，歸於蓬萊三島。

關於天地陰陽升降之理、日月精華交合之度與人身氣血之運行的對應，鍾離權説：

> 大道生育天地，天地分位上下，相去八萬四千里。冬至之後地中陽升，凡一氣十五日，上進七千里，計一百八十日陽升到天，太極生陰。夏至之後，天中陰降，凡一氣十五日，下進七千里，計一百八十日陰降到地，太極復生陽。周而復始，運行不已，而不失於道，所以長久。運行日月，日月成形，周圍各得八百四十里。月旦之後，六中起九，凡一日計十二時，魄中魂進七十里；凡十五日，計一百八十時，魄中魂進八百四十里。月望之後，九中起六，凡一日計十二時，魂中魄進七十里；凡十五日，計一百八十時，魂中魄進八百四十里。周而復始，運行不已，而不失於道，所以堅固。大道長養萬物，萬物之中最靈、最貴者人也。人之心腎，上下相遠八寸四分，陰陽升降，與天地無二等。氣中生液，液中生氣，氣液相生，與日月可同途。①

天尊居上、地卑居下，天地有上下之分位。鍾離權設定，天地之間相去約八萬四千里。之所以這麽設定，可能跟人之心、腎上下相距八寸四分相關。因天人相合，故心腎之距與天地之距要相對

---

① 《道藏》，第4册，第662頁。

應。當然，若從現代科學的角度來看，這個説法可能并不準確。鍾離權此説，大概結合了中國古代天文、地理、氣候等理論的學説，建構了這個能“自恰”的理論模型，以之來説明天地間陰陽消長的過程。

這個理論模型設定，一年當中，陰陽消長從二十四節氣中的冬至開始。冬至之後，地中所藏的陽氣開始上升，每個節氣計十五日，一個節氣中，陽氣由地向天而升、上進七千里；經過十二個節氣計一百八十日，陽氣上升八萬四千里而至於天，這個時候的節氣是夏至，陽氣已經升到極至，升到極至則爲“太極”，陽極則陰生，故夏至之後，陰氣自天中而降，與上述之理相同，每個節氣爲十五日，一個節氣中，陰氣由天向地下降七千里；經過十二個節氣計一百八十日，陰氣下降八萬四千里而至於地，這個時候是冬至，陰氣已經降到極至，陰氣降到極至則爲“太極”，陰極則復生陽。天地間這個陰陽消長的過程周而復始、運行不已，天地運行因其不失於道，所以能得長久。

天地間有日月運行，日月之形周圍各得八百四十里。如上所述，這個數字從現代科學的角度來看，也是不準確的，因爲這衹是中國古人爲方便計算所作的一個設定。每月初旦之後，陰中生陽，以《易》卦之數而言，則是“六”中起“九”，因《易》以“九”稱陽爻、以“六”稱陰爻。一日當中共有十二個時辰，陰魄中進陽魂，十二時辰共進七十里；經十五日計一百八十時，魄中魂進八百四十里，月由晦而變望。月望之後，陽中陰生，“九”中起“六”，一日十二時魂中魄進七十里，經十五日計一百八十時，魂中魄進八百四十里，月由望變晦。月之陰陽消長、晦朔弦望，周而復始、運行不已，因其不失於道,所以也能得堅固。

大道生長、養育萬物,萬物當中最靈、最貴者爲人。人的氣血運行與天地日月陰陽消長之理相通。人之心腎,上下相距八寸四分,其氣血陰陽升降之理,與天地陰陽升降之理相一致。人真氣之中可生真液,真液之中可生真氣,真氣與真液相生,這與日、月運轉之理同途。從天地的角度而言,天地以乾坤相索而陰陽升降,一年一交合,不失於道;所以,一年之後復有一年,天長而地久。從日月運行的角度而言,日月以魂魄相生,其精華往來,一月一交合,不失於道;故一月之後復有一月,日月亦恒久不已。

人之真氣、真液交合,雖然也在一晝一夜之間進行,但是,人往往不知道真氣、真液交合之理,失却真氣、真液交合之時;同時,真氣、真液生長之時,不知道如何采取、收藏之;真氣、真液受損之時,不知其補充之法,在陰盛之時不知道如何養陽,陽盛之時不知道如何煉陰。既無視損益之道、又無行持之法,衹能虛度時光、端坐候死。

那麽,奉道之士當如何修持,方能避免出現這種情況?鍾離權説:"身中用年,年中用月,月中用日,日中用時。蓋以五藏之氣,月上有盛衰,日上有進退,時上有交合。運行五度而氣傳六候,金、木、水、火、土分列無差,東、西、南、北、中生成有數。煉精生真氣,煉氣合陽神,煉神合大道。"①奉道之士在修行過程中,要合於天地、日月、陰陽消長之理,於其自身中煉真氣、真液,使自身陰陽消長合於天機。人身五臟之氣一月之中有盛、有衰,一日之中有進、有退,

① 《道藏》,第4册,第662頁。

一個時辰中亦有交、有合，其運行合於五度、六候，修行人衹有當金、木、水、火、土五氣分列無差，東、西、南、北、中生成有數，纔能煉精而生真氣，煉氣而合陽神，煉神而合大道。應該說，除煉神還虛這個環節外，《鍾吕傳道集》中已具備後世丹家所説煉精化氣、煉氣化神、煉神合道這幾個最重要的環節。

（三）修丹之功

1. 配合五行

鍾吕内丹學對於修丹之理，有詳盡闡述。其將人身五臟之氣分爲金、木、水、火、土五行，五臟之氣於人身中各居一方，有所謂五行之位，即東、西、南、北、中。此五臟之氣如何配合、相生相成，從而交合有度、采取有時？鍾離權説：

> 惟人也，頭圓足方，有天地之象，陰降陽升，又有天地之機。而腎爲水，心爲火，肝爲木，肺爲金，脾爲土……心之見於内者爲脉，見於外者爲色，以寄舌爲門户，受腎之制伏，而驅用於肺，蓋以夫婦之理如此；得肝則盛，見脾則減，蓋以子母之理如此。腎之見於内者爲骨，見於外者爲髮，以兩耳爲門户，受脾之制伏，而驅用於心，蓋以夫婦之理如此；得肺則盛，見肝則減，蓋以子母之理如此。肝之見於内者爲筋，見於外者爲爪，以眼目爲門户，受肺之制伏，而驅用於脾，蓋以夫婦之理如此，見腎則盛，見心則減，蓋以子母之理如此。肺之見於内者爲膚，見於外者爲毛，以鼻穴爲門户，受心之制伏，而驅用於肝，

蓋以夫婦之理如此；得脾則盛，見腎則滅，蓋以子母之理如此。脾之見於内者爲藏，均養心、腎、肝、肺，見於外者爲肉，以唇、口爲門户，呼吸定往來，受肝之制伏，而驅用於腎，蓋以夫婦之理如此；得心則盛，見肺則減，蓋以子母之理如此。此是人之五行，相生相剋而爲夫婦、子母，傳氣衰旺見於此矣。①

人身當中，亦有天地、五行。人頭圓而足方，頭圓在上，有天之象；足方在下，有地之象，身中陰降而陽升，與天地之機相合。身中之腎爲水、心爲火、肝爲木、肺爲金、脾爲土。

若從五行相生的角度，則水生木、木生火、火生土、土生金、金生水；五行中，生者爲母、受生者爲子。若從五行相剋的角度，則水剋火、火剋金、金剋木、木剋土、土剋水；五行中，剋者爲夫，受剋者爲妻。

從子母的角度言之，水生木，故腎氣生肝氣；木生火，故肝氣生心氣；火生土，故心氣生脾氣；土生金，故脾氣生肺氣；金生水，故肺氣生腎氣。

從夫妻的角度而言，則水剋火，故腎氣剋心氣；火剋金，故心氣剋肺氣；金剋木，故肺氣剋肝氣；木剋土，故肝氣剋脾氣；土剋水，故脾氣剋腎氣。

五行中，以腎言之，因水剋火，故腎爲心之夫；水生木，故腎爲肝之母；水被土剋，故腎爲脾之妻；水被金生，故腎爲肺之子。

同理，肝爲脾之夫、爲心之母、爲肺之妻、爲腎之子；心爲肺之

① 《道藏》，第 4 册，第 663 頁。

夫、脾之母、腎之妻、肝之子；肺爲肝之夫、腎之母、心之妻、脾之子；脾爲腎之夫、肺之母、肝之妻、心之子，如此，等等。

以心氣言之，心之見於内者爲血脉，見於外者爲體色，心以寄舌爲其門户，心開竅於舌，故從舌尖可以反映心的情况，受腎水制伏，而能驅使肺氣，因心火可以剋肺金，此合於五行中的夫婦相剋之理；心火得肝木之氣則盛，見脾土則減，這合於五行中的母子相生之理。

以腎氣言之，腎之見於内者爲骨骼，見於外者爲頭髮，腎開竅於耳，以兩耳爲其門户，受脾土制伏，而能驅使心氣，因腎水能剋心火，此亦合於五行中的夫婦相剋之理；腎水得肺金相生則盛，見肝木則減，此合於五行的母子相生之理。

以肝氣言之，肝之見於内者爲筋，見於外者爲爪，即人的脚指甲或手指甲，肝開竅於目，以眼目爲其門户，受肺金之制伏，而能驅使脾土，此合於五行夫婦相剋之理；肝木見腎水則盛，見心火則減，此合於母子相生之理。

以肺氣言之，肺之見於内者爲膚，見於外者爲毛髮，肺開竅於鼻，以鼻孔爲門户，受心火之制伏，而能驅使肝木，此合於五行夫婦相剋之理；肺金得脾土則盛，見腎水則減，此合於五行母子相生之理。

以脾氣言之，脾之見於内者爲藏，均養心、腎、肝、肺，見於外者爲肉，開竅於唇與口，以唇、口爲門户，呼吸定往來，受肝木之制伏，而能驅使腎水，此合於五行中夫婦相剋之理；脾土得心火則盛，見肺金則減，此合於五行母子相生之理。

以上所説，是人體中之五行，五行之間相生相剋而爲夫婦、子母，彼此傳氣衰旺之理如此而已。但是，人體中的五行自相損剋，其相生者皆遞相間隔，相剋者却親近難移。以五行言之，心屬火，但火居人體之上，如何能使心火下行與腎水相交？腎屬水，居身體下部，如何得腎水上升，與心火相交？脾屬土，居人體之中，上承心火則盛，這難道不會導致其下剋腎水？肺屬金，肺金居人體之上，其下接心火，火剋金則金損，肺金怎麼能够生出居下的腎水？在人體五行中，相生者如肺金生腎水、肝木生心火，在人體内部却是遞相間隔的；相剋的五行，如心火與肺金、肝木與脾土，在人體内部却親近難移，這種五行自相損剋的情況，怎麼纔能妥善處置？對此，鍾離權説：

> 五行歸原，一氣接引，元陽升舉而生真水，真水造化而生真氣，真氣造化而生陽神。①

人體五臟之氣分屬五行，五行本於陰陽，陰陽本於一氣，欲得人體五行之氣歸原，須得元陽一氣接引，方能實現。對此元陽一氣，鍾離權説：

> 一氣者，昔父與母交，即以精血造化成形，腎生脾，脾生肝，肝生肺，肺生心，心生小腸，小腸生大腸，大腸生膽，膽生胃，胃生膀胱。是此陰以精血造化成形，其陽止在起首始生之處，一點元陽而在二腎。且腎，水也，水中有火，升之爲氣，因

① 《道藏》，第 4 册，第 663～664 頁。

氣上升以朝於心。心陽也,以陽合陽,太極生陰,乃積氣生液,液自心降,因液下降以還於腎。肝本心之母、腎之子,傳導其腎氣以至於心矣。肺本心之妻、腎之母,傳導其心液以至於腎矣。氣液升降,如天地之陰陽,肝肺傳導,若日月之往復。五行,名之數也。論其交合生成,乃元陽一氣爲本。①

鍾離權所謂的“一氣”,即人未生前,父精與母血相交合,以父精、母血造化而生成的一點元陽之氣。此元陽之氣乃人生之根本,乃由父、母精血之陰陽相合而成;即成之後,則衹是元陽之氣而無陰。由此元陽一氣造化生成人體之形,則有陰、有陽;在陰陽二氣的基礎之上再分五行之氣,故五行本於陰陽,陰陽本於一氣,即元陽之氣。人的形體即生之後,此元陽之氣居於人的二腎之中,由腎生脾、脾生肝、肝生肺、肺生心、心生小腸、小腸生大腸、大腸生膽、膽生胃、胃生膀胱,五臟六腑具備。

陰陽造化成人的過程中,陰以精、血造化成人體之形,一點元陽則衹在起首始生之時,落於人的二腎之中。腎五行屬水,因其中藏有一點元陽,故腎水中有火,此元陽之火升之則爲真氣,真氣上升以朝於心;心火屬陽,以腎水之陽合心火之陽,陽至於極,陽太極則陰生,於是,真氣積而生真液,真液自心降下,還於腎中。

肝五行屬木,本心火之母、腎水之子,肝的功能主要在於傳導腎水之氣以至於心;肺五行屬金,本心火之妻、腎水之母,肺的主要功能在於傳導心所生真液以至於腎。人體之中,真氣、真液上下升

---

① 《道藏》,第4册,第664頁。

降,這個過程如天地之陰陽升降;而肝、肺的傳導作用,猶如日、月在天地之間往復,土則居中以調停之。總體來説,則五行之間交合、生成,乃元陽一氣爲之本。

元陽一氣在人身之中,變而爲陰陽,化而爲五行,此爲順行;修行則要顛倒、逆之,將五行之氣化而爲陰陽,將陰陽煉而成元陽之純,也就是通過修煉,將人身的元陽一氣升舉而生真水,真水造化而生真氣,真氣造化而生陽神,方可望有成。

至於其修行的方法,鍾離權説:

> 始以五行定位,而有一夫一婦。腎,水也,水中有金,金本生水,下手時要識水中金。水本嫌土,采藥後須得土歸水。龍乃肝之象,虎本肺之神,陽龍出於離宫,陰虎生於坎位。五行逆行,氣傳子母,自子至午,乃曰陽時生陽。五行顛倒,液行夫婦,自午至子,乃曰陰中煉陽。陽不得陰不成,到底無陰而不死;陰不得陽不生,到底陰絶而壽長。①

如果以五行定位而言,則人體五臟之氣猶如夫婦,如腎屬水,金本生水,然修行要於水中返求其金,故下手之時,先要識取水中金;水之性本嫌土掩,然采藥之後,却須得土纔能使水歸位。

龍乃肝之象,虎本肺之神,肝屬木而肺屬金,肝木生火,肺金生水,以後天八卦方位言,火居南方離宫,水居北方坎位;修行人要逆用五行,從火中尋木、水中尋金,故説陽龍之木出於離宫之火、陰虎

① 《道藏》,第4册,第664頁。

之金生於坎位之水。通過五行逆行,使五行之氣由子傳至母。從五行相生而言,則自子至午,乃陽生之時,故説陽時生陽;自午至子,乃陰中煉陽,修行人通過五行顛倒,使腎水中所産真氣與心火中所生真液行五行夫婦相剋之實。總體上説,鍾吕内丹理論認爲,修行之初,陽不得陰不成,然修煉至於其終,則必須修到無陰方能長生不死;修行之初,陰不得陽不生,然修煉至於其終,則必須修到陰絶方能壽長而延年。

2. 交媾水火、龍虎與鉛汞

人想要長生久視,需要通過煉就金丹,方能得以實現;而欲煉金丹,先要於身體内煉就黄芽;欲煉就身中黄芽,須得真龍、真虎。那麽,真龍、真虎從何而得,鍾吕金丹道提出,“真龍”當出於離宫,“真虎”當生於坎位,即《太白真人歌》所説“龍從火裏出,虎向水邊生”,離、坎之中有真水、真火,此真水、真火爲内丹修煉之真藥物。

鍾吕内丹學中非常重要、關鍵的名詞,即所謂真水、真火。對於内丹術語所説的真水、真火,《鍾吕傳道集》謂:

> 腎,水也;水中生氣,名曰真火……心,火也;火中生液,名曰真水。①

腎五行屬水,爲坎,但煉内丹所需的真火即生於腎水之坎中;心五行屬火,爲離,但煉内丹所需之真水即生於心火之離中。其原

① 《道藏》,第4册,第665頁。

理如何？鍾離權説：

人之心腎相去八寸四分，乃天地定位之比也。氣液太極相生，乃陰陽交合之比也。一日十二時，乃一年十二月之比也。心生液，非自生也，因肺液降於心液行，液行夫婦，自上而下以還下田，乃曰婦還夫宫。腎生氣，非自生也，因膀胱氣升而腎氣行，氣行子母，自下而上以朝中元，乃曰夫返婦室。肝氣導引腎氣，自下而上以至於心。心，火也。二氣相交，薰蒸於肺，肺液下降，自心而來，皆曰心生液。以液生於心而不耗散，故曰真水也。肺液傳送心液，自上而下以至於腎。腎，水也。二水相交，浸潤於膀胱，膀胱氣上升自腎而起，皆曰腎生氣。以氣生於腎而不消磨，故曰真火也。真火出於水中，恍恍惚惚，其中有物，視之不可見，取之不可得也。真水出於火中，杳杳冥冥，其中有精，見之不能留，留之不能住也。①

如前所述，人身心腎相去八寸四分，猶如天地相距八萬四千里。人身中，腎水生真氣，真氣至於極則生真液；心火中降真液，真液至於極則生真氣；人體之真氣、真液一天循環十二時，好比一年之十二月，真氣、真液循環相生，此與天地陰陽交合可以相比擬。

奉道之士由腎水中生真氣，此真氣非腎水自生，實因膀胱津、液之氣得神火烹煉而上升至於腎。腎氣行則生肝氣，因肝氣屬木

① 《道藏》，第4册，第665頁。

而腎氣屬水。五行中,水可以生木,肝腎之氣相生,合於五行母子相生之理。此氣自下而上以朝中元、黄庭,中元、黄庭屬土,肝木剋中元之土,内丹稱之爲"夫返婦室"。

肝氣導引腎氣自下而上以至於心,二氣相交,薰蒸於肺,導致肺液下降;心火中生出真液,此真液非心火自生,實乃因肺液降於心而生成心液。據五行生剋原理,心火可以剋肺金,心火、肺金猶如夫婦,心火爲夫、肺金爲婦,火剋金而生液,此液自上而下以返還於下丹田,在内丹術語中稱之爲"婦還夫宫"。

肺液降至心,再自心而下,此液可以稱爲心生之液;此液生於心火,若不耗散,則稱其爲"真水";肺液傳送心液,自上而下以至於腎;二液相交,浸潤於膀胱,導致膀胱之氣上升,此氣自腎而起,故皆稱爲腎生之氣;此氣生於腎水,若不消耗,則稱其爲"真火"。

故"真火"出於坎之腎水,奉道之士衹要修習静定,於静定之中,感覺恍恍惚惚,於恍惚當中有物生成,此物視之不可見、取之不可得,是謂"真火"。"真水"出於離之心火,修道者於静定之中,杳杳冥冥,於杳冥中感覺其中有精,此精見之不能留、留之不能住,號稱"真水"。

對於人身之水,鍾離權作過系統梳理,他説:

凡身中以水言者,四海五湖,九江三島,華池瑶池,鳳池天池,玉池昆池,元潭閬苑,神水金波,瓊液玉泉,陽酥白雪,若此名號,不可備陳。凡身中以火言者,君火、臣火、民火而已,三火以元陽爲本,而生真氣,真氣聚而得安,真氣弱而成病,若以耗散真氣，而走失元陽，元陽盡，純陰成，元神離體，乃曰死矣。①

各種丹經對何者爲内丹的水、火，皆有不同論説。丹家將内丹修煉比喻成種地，種地時埋下種子，衹要澆灌有時，就會發芽、成長，這離不開水的作用。如對所謂身中真水，就有“四海五湖”②“九江三島”“元潭閬苑”③“華池瑶池”④“昆池玉京”“天池内院”

---

① 《道藏》，第4册，第664頁。

② 鍾離權説：“心爲血海，腎爲氣海，腦爲髓海，脾胃乃水穀之海。是此四海者如此。五藏各有液，所主之位東西南北中，是此五湖者如此。小腸二丈四尺，而上下九曲，乃曰九江，小腸之下，元潭之説如此。頂曰上島，心曰中島，腎曰下島，三島之内，根源閬苑之説如此。華池在黄庭之下，瑶池出丹闕之前，昆池上接玉京，天池正冲内院。鳳池乃心肺之間，玉池在唇齒之内。神水生於氣中，金波降於天上。赤龍住處，自有瓊液、玉泉；凡胎换後，方見白雪陽酥。澆灌有時，以沃炎盛，先曰玉液，次曰金液，皆可以還丹。抽添有度，以應沐浴，先曰中田，次曰下田，皆可以煉形。玉蕊、金花，變就黄白之體；醍醐、甘露，煉成奇异之香。若此水之功效。”（《道藏》，第4册，第664～665頁）人之心藏血，爲血之海；腎爲水，能生真氣，爲真氣之海；腦藏髓，爲髓之海；脾、胃容納、消化各種食物，乃水穀之海，這就是人身的四海，即血海、氣海、髓海、水穀之海。人身有五臟，五臟所主之位在人體中亦區分東、西、南、北、中，亦各藏有液，這就是内丹所説的“五湖”。

③ 人身當中的小腸，長約二丈四尺，於人體腹部上下叠成九曲之狀，故稱其爲“九江”。小腸之下的部位，内丹術語則稱“元潭”。我們認爲，此“元潭”原本可能作“玄潭”，因《鍾吕傳道集》載於《修真十書》，此書輯成於南宋，趙宋王朝避其祖趙玄郎之“玄”諱，故《修真十書》爲避諱而改“玄潭”爲“元潭”，亦未可知。人身頭頂部位，内丹稱其爲蓬萊三島的“上島”；人體心臟所在部位，則稱爲“中島”；人體腎臟所在部位，稱爲“下島”。此“三島”之内，乃人的真氣、真液産出之根源所在，故有“閬苑”之稱。

④ 又内丹所謂“華池”，位在人體中央“黄庭”之下，而“瑶池”則出於“丹闕”之前，丹闕可能是上丹田的另一種稱呼。

"鳳池玉池"①"神水金波"②"瓊液玉泉"③"陽酥白雪"④"玉蕊、金花"⑤"醍醐""甘露"⑥等名號。這些都是喻指身中煉内丹所用之真水。

對所謂身中真火,鍾吕内丹學大略有三種説法,即君火、臣火、民火。鍾離權説:

> 凡身中以火言者,君火、臣火、民火而已。三火以元陽爲本而生真氣;真氣聚而得安身,真氣弱而成病,若以耗散真氣而走失元陽,元陽盡、純陰成,元神離體,乃曰死矣。真氣在心,心是液之源;元陽在腎,腎是氣之海;膀胱爲民火。不止於民火不能爲用,而膀胱又爲津液之府。若以不達天機,罔測玄理,奉道之士難爲造化,不免於疾病死亡者矣。⑦

就人體而言,心乃真液之源,心神爲君,元陽真氣達於心而生"君火";腎乃真氣之海,氣爲臣,元陽居於腎而生腎火,故稱"臣

---

① "昆池"上接"玉京","玉京"大概相當於人體頭頂部位;"天池"正冲"内院","内院"所指大概爲上丹田内部。"鳳池"處於心、肺之間的部位,"玉池"則在嘴唇、牙齒之内。

② "神水"生於腎所産真氣之中,"金波"出於心火所生真液,真液降於心,猶如自天而降。

③ 修煉人的心火,自能降生真液,故稱其自有"瓊液";"玉泉"指腎水。

④ "凡胎"指未修煉之人的身體,如果勤修内丹,功成則身體换過,此時腎水中生起真氣,猶如"白雪""陽酥"。

⑤ 中丹田、下丹田皆可以煉形,所産之藥或稱"玉蕊"、或稱"金花"。煉就後,可以將凡夫之體轉變成如黄金、白銀那樣堅固而不朽。

⑥ 所謂"醍醐""甘露",也是對煉内丹所産之藥的稱呼。

⑦ 《道藏》,第 4 册,第 664 ~ 665 頁。

火”；膀胱是人體的津、液所藏之府，津、液爲民，膀胱則發“民火”，於其中發火，將津、液煉化，則可以相續生成民火、臣火、君火，從而煉形成氣、煉氣成神。鍾離權説：

及夫民火上升，助腎氣以生真水；腎火上升，交心液而生真氣，小則降魔除病，大則煉質燒丹。用周天則火起焚身，勒陽關則還元煉藥。别九州之勢以養陽神，燒三尸之累以除陰鬼，上行則一撞三關，下運則消魔七魄，煉形成氣而輕舉如飛，煉氣成神而脱胎如蜕。若此皆火之功效也。①

在内丹修煉中，君火、臣火、民火具有非常重要的作用。“民火”即修煉人最初所發的神火，此火燒煉膀胱所藏之津、液，使之升而上至於腎，於其中生起腎氣，并助腎氣以生成真水，此所生即爲腎火，也即“臣火”；腎火上升，交心液而生真氣，生成“君火”。

“三火”功效非凡，小可以降魔、除病，大可以煉質、燒丹。用之運轉周天，則起可以焚身、除去一身陰質；用之勒陽關，則可以還元而煉藥。“三火”還可以超越九州之勢、升仙以養陽神，燒除身中三尸蟲之累、除去身中的陰鬼；“三火”上行，則一撞三關，歷尾閭、夾脊、玉枕，上朝玉京；“三火”下運，則消去群魔、歷煉七魄，煉凡質之形體成輕盈之氣，從而能輕舉如飛；煉輕盈之氣成純陽之神，從而能脱胎如蟬、蛇等之蜕皮，等等這些，皆不離“火”的功效。

上述“三火”皆以人身所藏元陽之氣爲本，由元陽而生真氣，真氣聚則得身安，真氣弱則身病。如果人耗散自身真氣、走失身中元

① 《道藏》，第 4 册，第 665 頁。

陽,元陽耗盡則身體變爲純陰,如此則元神離體,人就會失去生命而死亡。內丹修命,最大的禍患在於人體中元陽耗散,火少水多,如此則陰多而身易衰敗。鍾離權認爲,修煉人不起雜念、邪欲,則"民火"止而不用,可以使本來就少的元陽增多、勝過群陰,由弱轉化爲强,如此則能爲修内丹埋下種子、奠定根基。通過修煉身中之水、火,則可以除去群陰之魔、返純陽之神。

鍾吕金丹道所説的"黄芽"是結成金丹的大藥,由"真龍""真虎"和合而成。此龍非謂肝,虎亦非謂肺,所謂:"龍非肝也,乃陽龍,陽龍出在離宫真水之中。虎非肺也,乃陰虎,陰虎出在坎位真火之中。"①據此説,則真龍乃陽龍,出於心火所産的真液,也即真水之中;所謂真虎乃陰虎,出於腎水所生元陽真火之中。

在中國古代文化中,龍屬陽性之物,喜升騰、飛躍在天,吟則雲興,得澤而致雨、能濟萬物,在四象之中取象爲青龍,於方位言則爲東方甲、乙,在物屬木,在時喻春季,於人道爲仁愛,在《易》卦中爲震,在人體五臟爲肝。虎屬陰性之物,喜奔走於地,其嘯則風生,居山林而威制百蟲,在四象之中取象爲白虎,於方位言則爲西方庚、辛,在物爲金,在時喻秋,於人道爲行義,在《易》卦中爲兑,在人體五臟爲肺。鍾吕内丹學認爲,龍可以喻肝之象,虎可以喻肺之神。但是,内丹所説的真龍又不在肝,其所指乃是心火之中所生之液,其液稱爲真水,於此真水之中,杳杳冥冥而隱藏有真龍,故説真龍不在肝,而是出自心火、離宫。内丹所説真虎亦不在肺,其所指乃是腎水之中所生之氣,其氣爲真火,於此真火之中,恍恍惚惚而藏有真虎,故真虎不在肺,而生於坎位、水鄉。鍾離權説:

---

① 《道藏》,第4册,第664頁。

且肝，陽也，而在陰位之中，所以腎氣傳肝氣，氣行子母，以水生木，腎氣足而肝氣生，肝氣既生，以絶腎之餘陰，而純陽之氣上升者也。且肺，陰也，而在陽位之中，所以心液傳肺液，液行夫婦，以火剋金，心液到而肺液生，肺液既生，以絶心之餘陽，而純陰之液下降者也。以其肝屬陽，以絶腎之餘陰，是以知氣過肝時，即爲純陽，純陽氣中包藏真一之水，恍惚無形，名曰陽龍。以其肺屬陰，以絶心之餘陽，是知液到肺時即爲純陰，純陰液中負載正陽之炁，杳冥不見，名曰陰虎也。氣升液降，本不能相交，奈何氣中真一之水，見液相合，液中正陽之氣，見氣自聚。若也傳行之時，以法制之，使腎氣不走失，氣中收取真一之水；心液不耗散，液中采取正陽之炁。子母相逢，互相顧戀，日得黍米之大，百日無差藥力全，二百日聖胞堅，三百日胎仙完，形若彈丸，色同朱橘，名曰丹藥，永鎮下田，留形住世，浩劫長生，以作陸地神仙。①

奉道之士存養腎氣，腎氣足而肝氣生；子生旺則母老，故肝氣既生而旺，則可以絶腎之餘陰，變而爲純陽之氣上升，此即鍾吕内丹學所説的“氣行子母”。人體中，肝氣屬木，爲龍、爲陽，入於腎水之陰位中，以腎水之氣傳養肝木之氣。因爲五行中，水可以生木，腎水爲母而肝木爲子。人體中，肝位於腎之上，腎水生肝木，肝木之陽氣生則腎水之陰絶，其氣由腎而傳至肝，故純陽之氣上升。

奉道之士存養肺液，肺液既生，則可以耗絶心之餘陽、變成純

① 《道藏》，第4册，第666頁。

陰之液而下降,此即爲鍾吕内丹學所説的"液行夫婦"。因爲五行中,火可以剋金,心液之火爲夫而肺液之金爲婦,心火剋肺金,化而成肺液;人體中,肺氣屬金,爲虎、爲陰,却入於心火、離宫而在陽位之中,以心液傳肺液,實現心火剋制肺金。人體中,肺居心之上,心火剋肺金,此純陰之液實由肺下降至心、得心火煅煉而成,故説純陰之液下降。

據上述原理,肝氣屬陽,能絶腎水之餘陰,故知氣過肝時,即變而爲純陽;此純陽氣中,又包藏有腎中真一之水,此純陽之氣恍惚而無形,故名之爲"陽龍"。肺氣屬陰,能絶心之餘陽,故知液到肺時,即變而爲純陰,此純陰液中,又負載有心中正陽之炁,此正陽之炁杳冥而難見,故名之爲"陰虎"。

純陽之氣升,純陰之液降,兩相交合。但氣與液本不能相交合,因純陽之氣中藏有真一之水,見純陰之液,二者相合;純陰之液中藏有正陽之氣,見純陽之氣,二者自相聚。修道之人若能於氣、液傳行之時,采取恰當方法,使腎氣不走失,於腎氣中收取真一之水;使心液不耗散,於心液中采取正陽之炁。如此,則氣與液如子母離散後之相逢、互相顧戀,得黍米般大小的一顆,是爲修道之丹基。經百日,火候無差而藥力全;二百日,身内聖胞堅固;三百日,胎仙完成,其形若彈丸、色同朱橘,名之爲"丹藥"。若能得丹藥永鎮下田,修行人便可以留形住世、浩劫長生,成爲陸地神仙。

所以,人的腎爲真氣之根,心爲真液之源。修行之人築固腎之靈根,其關鍵在於静定,於静定之中恍恍惚惚、杳杳冥冥,真水、真火自生。於真火中識取真龍,於真水中認取真虎,龍、虎相交而變爲黄芽,合就黄芽而結成大藥,乃稱金丹;金丹既就,乃稱神仙。

鍾吕内丹學用真龍、真虎相交合而成丹,真龍、真虎即修内丹所用的大藥。鍾離權認爲,藥是用來療病的;凡人所患之病,可以分爲三等也即三種,需要用不同的藥去治療:

> 所謂藥者,可以療病。凡病有三等:當風卧濕,冒暑涉寒,勞逸過度,饑飽失時,非次不安則曰患矣,患爲時病。及夫不肯修持,恣情縱意,散失元陽,耗損真炁,年高憔悴則曰老矣,袒老爲年病。及夫氣盡體空,魂消神散,長吁一聲,四大無主,體卧荒郊則曰死矣,死爲身病。且以時之有病,以春夏秋冬運行於寒暑温凉,陽大過而陰不足,當以凉治之也,陰大過而陽不足,當以温治之也。老者多冷而幼者多熱,肥者足涎而羸者多積,男子病生於氣,婦人患本於血,補其虛而取其實,保其弱而損其餘,小則針灸,甚則藥餌。雖有非次不安而時之有患,委於明士良醫,對病服食,悉得保愈。然而老病如何醫,死病如何治?洗腸補肉,古之善醫者也,面皺髮白以返童顏,無人得會;换頂續支,古之善醫者也,留形住世以得長生,無人得會。①

鍾離權將人身易得之病分爲三種。第一種是四時、饑渴、勞逸等不調所得之病。如一些人不注意養生,或當風而卧濕,或冒暑而涉寒,或勞逸過度,或饑飽失時,這種情況的出現,是由於不注意自然的法則、違背人體機體本有的功能,造成身體的不安、不適,這種情況的出現,原因在於"非次不安","非"在此做動詞用,有違背、不

① 《道藏》,第4册,第666~667頁。

遵循之意;“次”爲法則、秩序,“不安”則爲病患。上述這種病患的出現,主要是由不遵時養生所造成的,其病患的主要根源在於違背“時”的法則、規定,造成身體的疾病,故稱其爲“時病”。

第二種病是指人不肯修持,恣情縱意,散失元陽,耗損真炁,導致年高憔悴,這種年高、年老,鍾離權認爲也屬於一種病,叫“年病”,也即年老體衰之病。

第三種病指人年老之後,氣盡體空,魂消神散,四大無主,身死而爲鬼。鍾離權認爲,人死亦是一種病,叫“身病”。

對於上述三種病,第一種“時病”一般有其治療之法,因爲“時病”的造成,主要在於時不調、使身體不適而成病,如不能於春夏秋冬四季適時調節寒、暑、温、凉,造成身體或陽太過而陰不足,或陰太過而陽不足,若要對治,前者當以凉治之,後者當以温治之,這樣方能使陰陽平衡。

一般説來,老年人常常陰太過而陽不足,故身體多怕冷,因其陽氣不足導致體寒;而年幼者通常陽太過而陰不足,故身體多熱,因其陽氣太過導致體熱。體肥身胖者,一般容易患濕熱而多涎的毛病;體瘦身羸者,一般容易患多積而不消的毛病。男子患病,一般與“氣”不足有關;婦女患病,一般與“血”不足有關。療病之時,一般當補其虚而取其實,保其弱而損其餘,小病則以針灸治之,大病則以藥餌療之。儘管人有因時不調而患病者,但這都可以請良醫幫助調整,通過對病服食,皆能够保其痊愈。

古代良醫,可以洗腸、補肉,甚至换頂、續肢。但是,人所患老病如何醫,死病如何治?人若面皺、髮白,如何使之返於童顔,乃至留形住世、以得長生,則無人會得。鍾離權認爲:“凡病有三等:時病以草木之藥,療之自愈。身病、年病,所治之藥而有二等:一曰内丹,次曰外丹。"①人容易患的三等病各有其療法,前一種"時病",是醫生們所重點關注、對治的病,"時病"以草木之藥療之,衹要有良醫、名藥,皆可療治,自能痊愈。而對於"年病""身病",即所謂虚敗年老之病、氣盡命終之苦,所治之藥則要依靠"内丹""外丹"。

至於外丹與内丹的功效,相比較而言,内丹當更勝一籌。鍾離權説:

> 外藥非不可用也,奉道之人晚年覺悟,根源不甚堅固。腎者,氣之根,根不深則葉不茂矣。心者,液之源,源不清則流不長矣。必也假其五金八石,積日纍月,煉成三品,每品三等,乃曰九品龍虎大丹,助接其真氣,煉形住世,輕舉如飛。若以修持内事,識交合之時,知采取之法,胎仙既就,指日而得超脱。彼人不悟,執在外丹進火加日服之,欲得上升天界,誠可笑也。彼既不究外藥之源,當以詳陳内丹之理。内丹之藥材出於心腎,是人皆有也。内丹之藥材,本在天地,天地常日得見也。火候取日月往復之數,修合效夫婦交接之宜,聖胎就而真氣生,氣中有氣,如龍養珠;大藥成而陽神出,身外有身,似蟬脱蜕。是此藥内本於龍虎交而變黄芽,黄芽就而分鉛汞。②

外丹也稱外藥,外藥并非不能用。如果有奉道之人,直至晚年方纔覺悟,這個時候因身體精氣耗損嚴重,修丹的根源不堅固,心、腎功能皆有所不足;其中,腎爲"真氣"所藏之根,腎氣不足則人體

---

① 《道藏》,第4册,第667頁。

② 《道藏》,第4册,第667~668頁。

弱而衰，如此則根不深而葉不茂；心爲“真液”所藏之源，心神昏暗則智慧不足，如此則源不清而流不長。欲要解决這些問題，必須借用五金、八石等外丹。歲月既久，煉成三品外丹，每品又有三等，故稱九品龍虎大丹；用九品大丹助接人之真氣，如此則奉道之士能够煉形住世、輕舉如飛。但外丹還要配合修持内事，這就需要奉道之士能够識藥物交合之時、知采取之法，這可以成就胎仙；胎仙既有所成就，超脱指日可待。

一般人不悟此理，衹執著外丹之法，欲服此而望上升天界，則有所不備，故要於此詳陳内丹之理。内丹之藥材出於人體之心、腎，是人皆有之，此藥材之本則在於天地，爲天地常見之物；内丹火候則可以取日月往復之數；修合内丹之法則效夫婦交接之宜，由此就可以真氣生而結成聖胎。以天地之氣養身中之氣，氣中有氣，如龍養珠一般，就可以大藥成而陽神出、身外有身，似蟬脱蜕其外殼。内丹之藥本於陽龍、陰虎，兩者相交則結成黄芽，黄芽結就而大丹成。

鍾吕内丹學認爲，煉丹之藥分内藥與外藥。内藥由陽龍、陰虎和合而成，其中，陰虎出於坎宫，陽龍出於離宫。至於外藥，則以朱砂中所取之汞，稱之爲陽龍；以黑鉛中所采之銀，稱之爲陰虎。一般認爲，鉛、汞爲外藥，但是，内丹亦以鉛、汞爲藥之稱呼，那麼，内丹所謂的鉛、汞，其具體所指究爲何物？鍾離權説：

若以内事言之，見於人者，今古議論差别有殊，取其玄妙之説。本自父母交通之際，精血相合，包藏真氣，寄質於母之純陰之宫，藏神在陰陽未判之内。三百日胎完，五千日氣足。以五行言之，人身本是精與血，先有水也。以五藏言之，精血爲形像，先生腎也。腎水之中伏藏於受胎之初父母之真氣，真氣隱於人之内腎，所謂鉛者，此也。腎中正氣，氣中真一之水，名曰真虎，所謂鉛中銀者，此也。腎氣傳肝氣，肝氣傳心氣。心氣太極而生液，液中有正陽之氣，所謂朱砂者，心液也。所謂汞者，心液之中正陽之氣是也。以氣中真一之水顧戀和合於液中正陽之氣，積氣液爲胎胞，傳送在黄庭之内，進火無差，胎仙自化，乃比鉛銀合汞，煆煉成寶者也。①

人由父精、母血交通、相合而成，於此之時，真氣寄質於母體的子宫之内；藏神於陰陽未判之時。人身既由精、血相合而成，精、血五行屬水，故胎兒初成，最先的存在形式是水。以五臟言之，則腎臟最先生成，因爲腎藏精、血，乃精、血所化之最初形象。腎水之中伏藏有真氣，此真氣乃受胎之初，父母之真氣隱藏於内而成，藏於人之内腎，此即内丹所謂的"鉛"。腎氣中，藏真一之水，名之爲"真虎"，此即内丹所謂的"鉛中銀"。

五行中，水生木，木生火，人體中則腎氣傳肝氣，肝氣傳心氣。心氣爲陽，至於極致而生液，液爲陰，液中藏有正陽之氣，此即内丹所謂的"朱砂"，也即心生之液，實指心神静定至於極的狀態，因其爲静定，故屬陰，以"液"喻之，頗爲形象。内丹所謂的"汞"，即心液之中所藏正陽之氣。

修道者以腎氣中的真一之水顧戀、和合心液中的正陽之氣，積纍此真氣、真液，結爲胎胞，將之傳送至人體腹部黄庭之内，若進火、退符無差，則胎仙自化。如果以外丹術語明之，則是以腎氣中

① 《道藏》，第4册，第668頁。

的真一之水比鉛銀,以心液中的正陽之氣比砂汞,鉛與汞相合、煅煉成丹寶。

因此,奉道之人於清静之中,腎氣與心氣相交合。腎氣中藏真一之水,心氣中負載正陽之氣,以正陽之氣交合真一之水,水爲胞胎,内包正陽之氣,相合之後,其狀如同黍米,温養使之無虧。這個過程中,最開始是由"真一之水"生"正陽之氣",即去陰而留陽;其次則是以"正陽之氣"合"真一之水",即用陽以煉陰。正陽之氣得真一之水涵養,即内丹所説的"汞"用"鉛湯"煮;真一之水得正陽之氣而化,即内丹所説的"鉛"以"汞火"煎。正陽之氣與真一之水兩不相離,即内丹所謂"鉛"不得"汞",不能發舉"真一之水";"汞"不得"鉛",不能變化純陽之氣。汞鉛既合,修道者將其保送於自身黄庭、中宫之内。所謂"黄庭",其於人體内的位置,大概在人的脾、胃之下,膀胱之上,煉丹所得之藥晝夜處在其中。

3. 采藥與火候抽添

奉道之士修煉内丹,是從升華腎陽之氣開始的。如果煉藥時不進火,藥必耗散而不能住;如果進火時不煉藥,則衹能發舉腎氣、壯暖下元而已。如果煉藥有時,進火有數,必定要先於"鉛"中行"借氣""進火"的功夫,也即將腎中所藏父母真氣發動、升舉,使丹藥得以堅固,永鎮於下丹田,内丹的這步功夫名之爲"采補之法"。

鍾吕内丹學中,"采藥""進火"與"抽鉛""添汞"是緊密配合的。"采藥"主要是從腎氣中提取真一之水,此真一之水出於腎中所藏元陽之氣;"進火"亦是借父母所賦真氣,煉之使純,以此爲煉丹之大藥,此謂之"抽鉛";在煉丹的大藥中,需要添加"汞",即於心中生液,滋補丹田,使之可以延年、益壽。在這個過程中,"抽鉛"與"添汞"相須而行,抽鉛是去陰,添汞是補陽。若不添汞,則不能生發真氣;真氣不生,則陽神難得成就,即添汞須抽鉛,如果不抽鉛,徒以煉汞,則衹能補足丹田,而不能變砂,金丹難得成就。

對於内丹中的抽鉛、添汞之理如何,鍾離權説:

大之天地,明之日月,外之金石,内之氣液,既采須添,既添須抽,抽添之理,乃造化之本也。且冬至之後,陽升於地,地抽其陰,太陰抽而爲厥陰,少陽添而爲陽明,厥陰抽而爲少陰,陽明添而爲太陽,不然無寒而變温,温而變熱者也。夏至之後,陰降於天,天抽其陽,太陽抽而爲陽明,少陰添而爲厥陰,陽明抽而爲少陽,厥陰添而爲太陰,不然無熱而爲凉,凉而變寒也。是以天地陰陽升降而變六氣,其抽添之驗也。若以月受日魂、日變月魄,前十五日,月抽其魄而日添其魂,精華已滿,光照下土,不然無初生而變上弦,上弦而變月望者也。若以月還陰魄,日收陽精,後十五日,日抽其魂而月添其魄,光照已謝,陰魄已足,不然無月望而變下弦,下弦而變晦朔者也。是此日月往復而變九六,其抽添之驗也……無情之金石,火候無差,抽添有數,尚可延年益壽,以已身有情之正陽之氣、真一之水,知交合之時,明采取之法,積日纍月,氣中有氣,煉氣成神,以得超脱,莫不爲今古難得之事……且夫人之鉛也,乃天地之始,因太始而有太質;爲萬物之母,因太質而有太素。其體也爲水中之金,其用也爲火中之水(疑爲"木"),五行之祖而大道之本也。既以采藥爲添汞,添汞須抽鉛,所以抽鉛非在外也,自下田入上田,名曰肘後飛金晶,又曰起河車而走龍虎,又曰還精補腦而長生不死。鉛既後抽,汞自中降,以中田還下田,始以龍虎交媾而變黄芽,是五行顛倒,此以抽鉛添汞而養胎仙，是三田返覆。五行不顛倒，龍虎不交媾，三田不返覆，胎仙不氣足。抽鉛添汞，一百日藥力全，二百日聖胎堅，三百日胎仙完而真氣生。真氣既生，煉氣成神，功滿忘形而胎仙自化，乃曰神仙。①

鍾吕内丹學非常重視形上之“道”中所存的規律、法則之義，認爲規律、法則最顯者，莫過於天地、日月、四時、節候，於其規則性的變化中，體現出道的存在。因其有規律、法則，故能周而復始、天長而地久。

具體的抽添之理，從天地陰陽升降的角度而言，自冬至之後，陽氣從地底黄泉上升，上升過程中，地抽其陰，太陰抽而變爲厥陰，厥陰抽而爲少陰；抽陰的過程中，還要伴之以不斷地添陽，少陽添而爲陽明，陽明添而爲太陽。不如此，則不可能由寒而變温，由温而變熱。

自夏至之後，陰氣自天而降，降的過程中，天抽其陽，太陽抽而爲陽明，陽明抽而爲少陽，抽陽的過程中，也要伴之以不斷地添陰，少陰添而爲厥陰，厥陰添而爲太陰。不如此，則不可能由熱變爲凉，由凉變爲寒。因此，天地陰陽升降而變太陰、厥陽、少陰、少陽、陽明、太陽六氣，這就是天地陰陽抽添之理。

從日月魂魄變化的角度言，前十五日，月受日陽魂、日變月陰魄。月不斷抽其陰魄，日不斷添其陽魂，至十五日，月之精華已滿，一輪圓月、光照下土。不如此，則月無初生，亦無上弦、月望等月相之變。後十五日，月返還其陰魄、日收回其陽精。日不斷抽其魂，

① 《道藏》，第 4 册，第 669 ~ 670 頁。

月不斷添其魄,至三十日,月之光照已謝,陰魄已足。不如此,則無月望變下弦、晦朔等種種月相的出現。這就是日月往復,陽九、陰六之變,此爲日、月陽魂、陰魄抽添之理。

一般認爲,道教先有外丹之術,後有内丹之術。但鍾吕内丹學則顛而倒之,認爲外丹主要是上古高真、上聖爲了誘使世人修道所立的方便法門。因外丹煉製時所法則的抽添之理,合於天地、日月陰陽升降之理,人身陽氣、陰液升降之理亦同之。既然那些没有情感的金、石,在火候無差、抽添有數的情況下,尚可以煉成金丹,使人服之能延年益壽,那麽,以自己身中有情的正陽之氣、真一之水,如果能明其采取之法,并交合有時,通過積日纍月,則可能做到氣中有神、煉氣成神,以得超脱。

鍾吕内丹學所説的"抽鉛",其意并非外丹所説的抽鉛;若論其具體的方法,是將真氣自下丹田升入上丹田,其名稱爲"肘後飛金晶",又名起"河車"而走"龍虎",還可以名之爲"還精補腦"而長生不死。"抽鉛"是將真氣從身後督脉往上升,經尾閭、夾脊、玉枕而升至上丹田。抽鉛還需"添汞",所謂"添汞",即心神之"汞"自中下降,從中丹田還於下丹田。一般煉内丹之始,先使龍、虎交媾而變黄芽,此合於"五行顛倒"之理;進一步,通過"抽鉛""添汞"而"養胎仙",則屬"三田返覆"。"三田"指下丹田、中丹田、上丹田,"返覆"指腎氣所生真一之水由下丹田返至上丹田,心液所産正陽之氣經中丹田降至下丹田。修煉内丹,如果五行不顛倒,龍虎不交媾,三田不返覆,則身内胎仙不能氣足。通過上述所説抽鉛、添汞,奉道者歷一百日而藥力全,歷二百日而聖胎堅,歷三百日而胎仙完而真氣生;真氣既生,煉氣成神,功滿忘形而胎仙自化,這纔可以稱作"神仙"。

對於如何具體抽鉛,鍾離權説:

> 始也得汞須用鉛,用鉛終是錯,故以抽之而入上宫,元氣不傳,還精入腦,日得之汞,陰盡陽純,精變爲砂,而砂變爲金,乃曰真鉛。真鉛者,自身之真氣合而得之也。真鉛生真氣之中,炁中真一之水,五氣朝元而三陽聚頂。昔者金精下入丹田,升之煉形,而體骨金色,此者真鉛升之内府,而體出白光,自下而上,自上而下,還丹煉形,皆金精往復之功也。自前而後,自後而前,焚身合氣,皆真氣造化之功也。若以不抽不添,止於日用采藥進火,安有如此之功驗。①

剛開始,欲得内丹之"汞",須用"鉛"引,方能實現,也就是説,欲凝神聚氣,須要保惜自身腎中所得父母之真氣,以此真種來凝神、聚氣。但衹是一味用"鉛",也是不對的,故要抽之,使其由下丹田升而入於泥丸上宫,使元陽之氣不泄,還精以入腦,此所得者即謂之"汞"。鉛陰盡陽純之後,則其精變爲朱砂,而朱砂變爲黄金,這纔是鍾吕内丹學中所謂的"真鉛"。"真鉛"由自身真氣合而得之,實乃由自身真氣升華而來。此真氣之中又含"真一之水",煉之則能五炁朝元、三陽聚頂。第一步,先煉金精,使之存於下丹田;然後肘後飛金精,使之升至泥丸上丹田,煉形而得體骨金色,是其證驗之一;通過煉真鉛,使之升入内府,此時體出白光,是其另一證驗。故煉内丹,自下而上、自上而下,自前而後、自後而前,還丹、煉形,焚身、合氣,皆此金精往復之功,皆此真氣造化之力。如果不

① 《道藏》,第4册,第670頁。

抽、不添，衹是日用間采藥、進火，就不能够有如此之功驗。

當然，在這個過程中，抽鉛、添汞，必須上下有度、前後無差，可升之時不可降，可抽之時不可添。欲得上下往來無差毫厘，則須憑"河車"之力。

4. 運轉河車

抽鉛、添汞離不開"河車"，《周易參同契》中有"北方河車"之説。鍾吕内丹學對"河車"非常重視，鍾離權説：

> 今以河車者，亦有説矣。蓋人身之中，陽少陰多，言水之處甚衆，車則取意於般運，河乃主象於多陰，故此河車不行於地而行於水。自上而下，或後或前，駕在於八瓊之内，驅馳於四海之中，升天則上入昆侖，既濟則下奔鳳闕，運載元陽直入於離宫，般負真氣曲歸於壽府，往來九州而無暫停，巡歷三田何時休息。龍虎既交，令黄婆駕入黄庭；鉛汞纔分，委金男般入金闕。玉泉千派，運時止半日工夫；金液一壺，般過衹時間功迹。五行非此車般運也，難得生成；二氣非此車般運也，豈能交會。應節順時而下功，必假此車而般之方能有驗；養陽煉陰而立事，必假此車而般之始得無差。乾坤未純，其或陰陽而往來之，是此車之功也；宇宙未周，其或氣血而交通之，是此車之功也。自外而内，運天地純粹之氣，而接引本宫之元陽；自凡而聖，運陰陽真正之氣而補煉本體之元神。其功不可以備紀。①

① 《道藏》，第4册，第671頁。

首先解釋一下什麽是河車。之所以稱其爲“河車”,因爲人身之中,陽少而陰多,“河”乃主要取象人體之多陰,故丹經中言“水”之處甚多。至於“車”,則取意於搬運。然而,丹經所謂“河車”,雖名爲車,却不行於地而行於水。

其次,河車的主要功能在於運載元陽之氣直入於心神之火所居的離宫,搬運真氣曲折歸於丹田、壽府。人身之中,五行非此車搬運,難得生成;二氣非此車搬運,不能交會。不僅如此,河車還可以自外而内運天地純粹之氣,而接引奉道者本宫之元陽;自凡而聖,運天地陰陽真正之氣而補煉修道者本體之元神。如果結合前文所説外藥之鉛汞,則《鍾吕傳道集》已有後世丹家所謂天元、地元、人元三丹法的雛形。

再次,河車的運行路徑,或自上而下,或後或前,其升則上入於頭頂昆侖、泥丸,待水火既濟之後,則下奔於“鳳闕”、下丹田;其往來身内而無暫停,巡歷上、中、下三丹田而不休息。

鍾吕内丹學認爲,“河車”有非同一般的妙用,但此“河車”究竟由人身之中何物而爲之,“河車”如何得到運用,對此,鍾離權説:

> 河車者,起於北方正水之中。腎藏真氣,真氣之所生之正氣,乃曰河車。河車作用,今古罕聞,真仙秘而不説者也。如乾再索坤而生坎,坎本水也,水乃陰之精,陽既索於陰,陽返負陰而還位,所過者艮、震、巽,以陽索陰,因陰取陰,般運入離,承陽而生,是此河車般陰入於陽宫。及夫坤再索於乾而生離,離本火也,火乃陽之精,陰既索於陽,陰返抱陽而還位,所過者坤、兑、乾,以陰索陽,因陽取陽,般運入坎,承陰而生,是此河車運陽於陰宫。及夫采藥於九宫之上,得之而下入黄庭;抽鉛

於曲江之下，般之而上升内院。玉液、金液本還丹，般運可以煉形，而使水上行；君火、民火本煉形，般運可以燒丹，而使火下進。五氣朝元，般運各有時；三花聚頂，般運各有日。神聚多魔，般真火以焚身，則三尸絶迹；藥就海枯，運霞漿而沐浴，而入水無波。若此，河車之作用也。①

所謂"河車"，是修煉之人腎水中所化純正之真氣。鍾吕内丹學認爲，人身之中，腎藏真氣，煉此真氣，使之純正，此純正真氣即謂之"河車"。"河車"屬内丹學中的秘密，若勉强對其加以解説，如《周易·説卦》所説乾、坤相交而生六子，其中，乾再交坤，得中男坎卦，坎本爲水，水乃陰之精；人身中，乾陽交坤陰，陽既索取於陰，陽再負載陰返而還於其本位。在返還過程中，《鍾吕傳道集》取後天八卦之説，認爲經歷北方之坎、東北方之艮、東方之震、東南方之巽，至於南方離位。所以，陰精實乃承陽而生，通過以陽索陰，於陰中取其陰精，再將之搬運而入於心火離宫。此爲"河車"功能之一，即搬陰而入於心之陽火離宫。

乾可以交坤，反過來，坤亦可以交乾。坤再交乾，得中女離，離本爲火，火乃陽之精。人身中，坤陰交乾陽，陰既索於陽，陰再抱陽返還本位，在返還的過程中，經過西南坤位、西方兑位、西北乾位，至於北方坎位。陽精實承陰而生，通過以陰索陽，於陽中取其陽精，將之搬運返於北方腎水坎宫。此是"河車"的另一功效，即搬運陽而入於腎水陰宫。

因此，河車的主要功效，即將人身之中的精、炁與神相融。這

① 《道藏》，第4册，第671頁。

通常包括兩個路徑,精、炁之水自下而上,拘神火於九宫之上,精、炁與神相合於頭頂泥丸九宫,得之而下入於腹部黄庭;或者心神之火下注於腹部丹田,於曲江之下、腎水之中抽“鉛”,也即純正真氣,搬運上升於内院上丹田。

在這個過程中,於人身腎水中生成純正真氣,其可以分爲玉液和金液兩種形式。玉液、金液主要用於煉“還丹”;通過搬運,使之自下而上,再自上返下,就可以達到“煉形”的目的。這一步最關鍵之處在於使腎水所生之純正真氣能上行,與心火相合。同時,心神之火亦下注,火中的君火、民火亦主要可以用來“煉形”,通過搬運君火、民火,發揮其功效,則可以之“燒丹”。這一步最關鍵之處在於使心火下行,與腎水所生之純正真氣相合。

心神之火聚的同時,魔難也多,祇有通過河車搬運真火以焚身,方能三尸絶迹、去除各種魔難;同時,玉液、金液之丹藥就,則陰盡陽純,祇有通過河車搬運真鉛、霞漿而沐浴,方能入水而無波。這些皆内丹“河車”之作用。總之,若想達到人體五臟之氣能够“五氣朝元”,精、炁、神三者能够“三花聚頂”,離不開“河車”搬運,若能合於規矩,則煉丹成功可期。

因此,“河車”乃人身腎水中所提煉之純正真氣,因腎屬水,五行中水位居北方,故又稱“北方正氣”。“河車”運轉無窮,其功能主要在於承載陰陽之氣,使之交媾、融合。根據其具體功效的不同,可以區分爲不同層次、名稱的河車,鍾離權説:

五行巡還,周而復始。默契顛倒之術,以龍虎相交而變黄芽者,小河車也。肘後飛金精,還精入泥丸,抽鉛添汞而成大藥者,大河車也。若以龍虎交而變黄芽,鉛汞交而成大藥,真氣生而五氣朝中元，陽神就而三神超内院。紫金丹成，常如玄鶴對飛；白玉汞就，鎮似火龍踴起。金光萬道，罩俗骨以光輝；琪樹一株，現鮮葩而燦爛。或出或入，出入自如；或去或來，往來無礙。般神入體，且混時流，化聖離俗，以爲羽客，乃曰紫河車也。是此三車之名，而分上中下三成，故曰三成者，言其功之驗證，非比夫釋教之三乘車而曰羊車鹿車大牛車也。以道言之，河車之後，更有三車；凡聚火而心行意，使以攻疾病而曰使者車。凡既濟自上而下，陰陽正合，水火共處，静中聞雷霆之聲，而曰雷車。若以心爲境，役性以情牽，感物而散於真陽之氣，自内而外，不知休息，久而氣弱體虚，以成衰老；或而八邪五疫，返以般入，真氣元陽難爲抵當，既老且病而死者，曰破車。①

"河車"有小大之分。"河車"於人體五臟間流行，調和五行之氣，周而復始，使神與氣默契，神入氣中、氣入神中，行顛倒之術，使龍、虎相交，於身中變而結成所謂"黄芽"，也即煉丹所用之藥物，此謂"小河車"。

若修煉之人於其身之肘後，升自身腎水純正之氣入於泥丸頭頂，也即所謂"飛金精""還精入泥丸"，通過升腎之純正真氣的"抽鉛"，結合將腎之純正真氣與心神之火相媾的"添汞"，神與氣在上下丹田循環往來，結成煉丹之"大藥"，此即"大河車"。

如果能够完成運轉"小河車""大河車"的修煉之功，身中龍、虎相交而生成"黄芽"；身中鉛、汞相交而結成煉丹大藥，如此，則有真

① 《道藏》，第 4 册，第 671 ~ 672 頁。.

氣生而五氣朝中元,陽神就而三神超内院的功效。這時,就可以説修煉人已經煉就“紫金丹”“白玉汞”。其身中陰陽之氣常如玄鶴對飛,或如火龍踴起。體内常有金光萬道、罩俗骨以光輝;奉道者身似琪樹一株,現鮮葩而燦爛。陽神或出或入,出入自如;或去或來,往來無礙。既可以注陽神入體,和光同塵,以混時流;也可以化聖離俗,成爲羽客,此之謂“紫河車”。

故鍾吕所説的“河車”,主要是指“五行顛倒而龍虎相交”的小河車,上、中、下三丹田“三田返復而肘後飛金精”的大河車,以及出凡塵、入仙品的“紫河車”。鍾離權説:

> 修真之士,既聞大道,得遇明師,曉達天地升降之理,日月往來之數,始也匹配陰陽,次則聚散水火,然後采藥進火,添汞抽鉛,則小河車固當行矣。及夫肘後金精入頂,黄庭大藥漸成,一撞三關,直超内院,後起前收,上補下煉,則大河車固當行矣。及夫金液玉液還丹而後煉形,煉形而後煉氣,煉氣而後煉神,煉神合道,方曰道成,以出凡類入仙品,當時,乃曰紫河車也。①

小河車、大河車、紫河車其功驗各不相同。修真之士若能聽聞大道,得遇明師,通曉、暢達天地陰陽升降之理、日月往來之數,通過最開始的匹配陰陽,然後則聚散身中之水火,再煉藥而進火,添汞、抽鉛,則“小河車”之功可望達到。

更進一步,於肘後飛金精入於頭頂,再降之於黄庭中宫,則煉

① 《道藏》,第4册,第672頁。

丹之“大藥”漸成，通過一撞三關，直超内院，後起前收，上補下煉，則“大河車”之功可望得成。

在此基礎上，再通過金液、玉液還丹而煉形，煉形之後再煉氣，煉氣之後再煉神，煉神而合於大道，此時則道成，奉道者可以出凡類、入於仙品，此功畢方謂之“紫河車”。

從道門中言之，三“河車”之外，還有“三車”，即使者車、雷車、破車之説。其中，修煉之人聚心火而行意，使其攻身中之疾病，此謂之“使者車”。

修煉之人身中水火既濟，陰陽相和，自上而下、自下而上，陰陽正合，水火共處，修煉之人常於静定之中聽聞雷霆之聲，此則謂之“雷車”。

當然，如果以心爲境，常役性於外，性爲情所牽，如此則真氣與神感物而散，真陽之氣外泄，這種自内而外泄漏不止的情况持續不斷，不能止而使之息長，久而久之，人的身體就會氣弱、體虚，漸漸衰老；或者再感受八邪、五疫，反而將其搬入身體之内，體内真氣元陽難以抵當，如此則既老且病而死，此則爲“破車”。

所以，“河車”的主要功能是搬運，也即進行體内陰陽的交流，體内與體外的陰陽交流。若能合於法度，則可以延年甚至成爲神仙；若不合於法度，則身中元陽真氣也會被搬運至身外，而身外的邪疫也可能會被搬運至身内，造成體弱、衰老乃至疾病、身死的後果。

5. 還丹

“還丹”是大、小河車的基礎，也是包含煉形、煉氣、煉神、合道四個次第的紫河車的基礎。

鍾吕内丹道的修煉次第，“還丹”是其中的重要一環。“還丹”

包括“玉液還丹”與“金液還丹”等多種形式。一般說來,“玉液還丹”與小河車相應,“金液還丹”與大河車相應,紫河車則與在“煉形成氣”“煉氣成神”基礎上的“煉神合道”功夫相應。

對於如此重要的“還丹”,鍾離權說:

> 所謂丹者,非色也,紅黄不可以致之。所謂丹者,非味也,甘和不可以合之。丹乃丹田也,丹田有三:上田神舍,中田氣府,下田精區。精中生氣,氣在中丹;氣中生神,神在上丹;真水真氣合而成精,精在下丹。奉道之士,莫不有三丹。然而,氣生於腎,未朝於中元;神藏於心,未超於上院,所謂精華不能返合,雖三丹,終成無用。①

内丹所謂的“丹”,指的是什麽呢?鍾離權認爲,丹即指的“丹田”,内丹所説丹田,共有三種,居上的爲上丹田,乃藏神之舍;居中的稱中丹田,乃氣府所在;居下的稱下丹田,爲藏精之區。精、氣、神三者關係,由精中能生氣,氣升而居於中丹田;由氣中而生神,神升而居在上丹田;由腎中真水、真氣合而生成精,精居在下丹田。故鍾吕内丹學所謂“丹”,與世俗所説的丹有所不同,世俗所謂丹有時指顔色,但内丹學所説的“丹”,并不是指紅、黄等顔色;也不是指具有各種味道的外丹,更不是指和合不同藥材、形成不同滋味的藥丸,而是指三丹田。

奉道之士莫不有三丹田,若不加修煉,則雖然真氣生於腎,因其未能朝於中元;真神藏於心,未能超升於神府上院,如此則所謂

① 《道藏》,第4册,第672頁。

精華不能返合，雖有三丹田，終究不能有其用。鍾吕内丹學認爲，一切人的生命中，皆禀有父母之元陽、父母之元神，通過修煉，可以使元陽、元神變而成爲我所具有的精、炁、神，并能使作爲三丹田之寶的精、炁、神常駐於上、中、下三宫，鍾離權説：

> 腎中生氣，氣中有真一之水，使水復還於下丹，則精養靈根，氣自生矣。心中生液，液中有正陽之氣，使氣復還於中丹，則氣養靈源，神自生矣。集靈爲神，合神入道以還上丹，而後超脱。①

鍾吕内丹學認爲丹田分上、中、下，還丹就是將精、炁、神各歸其所，故稱"還丹"。"還"的意思是既往而又有所歸，其中，腎中生真氣，真氣中有真一之水，使此真一之水不外泄，復還於自身下丹田中，則生精而養生命之靈根，氣自能源源不斷地生成。心中生真液，真液中有正陽之氣，使此正陽之氣復還於中丹田，則此正陽之氣可以養固靈源，神自能不斷地生成。集靈明爲神，合神入道以還上丹田，而後可以超脱。

還丹可以分爲"小還丹""大還丹""七返還丹""九轉還丹""金液還丹""玉液還丹"，等等。鍾離權説：

> 有小還丹，有大還丹，有七返還丹，有九轉還丹，有金液還丹，有玉液還丹，有以下丹還上丹，有以上丹還中丹，有以中丹還下丹，有以陽還陰丹，有以陰還陽丹，不止於名號不同，亦以

① 《道藏》，第 4 册，第 672 頁。

時候差别而下手處各异也。①

這是因爲河車搬運有不同層次,導致"還丹"過程中有不同位置的變化。如有從下丹田還至上丹田,即自下而升於上;有以上丹田還至中丹田,有以中丹田還至下丹田,此爲自上而下。從陰陽性質變异看,有以陽還陰丹,還有以陰還陽丹,"名號"各不相同。因還丹之具體時候有差别,下手之處各异,故還丹的功效亦有所不同。

對於"小還丹",鍾離權説:

小還丹者,本自下元。下元者,五藏之主、三田之本,以水生木,木生火,火生土,土生金,金生水,既相生也,不差時候,當生而引未生,如子母之相愛也。以火剋金,金剋木,木剋土,土剋水,水剋火,既相剋也,不失分度,當剋而補未剋,如夫婦之相合也。氣液轉行,周而復始,自子至午陰陽當生,自卯至酉陰陽當停,凡一晝一夜,復還下丹。巡還一次,而曰小還丹也。奉道信士,於中采藥進火以成下丹,良由此矣。②

"小還丹"下手處自"下元"開始。"下元"即下丹田,腎居其中,爲五臟之主;下丹田也爲三田之本。之所以説腎爲五臟之主,因腎屬水,腎水能生肝木,肝木生心火,心火生脾土,脾土生肺金,肺金生腎水,五臟之炁既相生,如果能不差其時候,就可以"當生"

① 《道藏》,第4册,第672頁。
② 《道藏》,第4册,第672頁。

而引"未生",如子母之相愛。

反之,若以心火剋肺金,肺金剋肝木,肝木剋脾土,脾土剋腎水,腎水剋心火,此爲五行相剋,如果能不失其分度,以"當剋"而補"未剋",如夫婦之相合。這樣,真氣、真液就可以在五臟之間轉行、周而復始。

如前所述,鍾吕内丹學所説的"真龍"所指乃是心火之中所生之液,其液稱爲真水,於此真水之中,杳杳冥冥而隱藏有真龍,故説真龍出自心火、離宫。"真虎"乃是腎水之中所生之氣,其氣爲真火,於此真火之中,恍恍惚惚而藏有真虎,故説生於坎位、水鄉。真龍、真虎相交而變"黄芽"。《周易參同契》説"玄含黄芽",鍾吕内丹學與《周易參同契》直接相契。

自子至午,子爲陽生、午爲陰生,陰陽於子午當生;自卯至酉,卯爲陽止、酉爲陰停,子午卯酉,凡一晝一夜,氣、液復還於下丹田。真氣、真液循還一次,此謂之"小還丹"。奉道之士,在這個過程中,采藥、進火以成於下丹田,即由此"小還丹"而得。

所謂"大還丹",鍾離權説:

> 龍虎相交而變黄芽,抽鉛添汞而成大藥,玄武宫中而金精纔起,玉京山下而真氣方升,走河車於嶺上,灌玉液於中衢,自下田入上田,自上田復下田,後起前來,循環已滿,而曰大還丹也。奉道之士,於中起龍虎而飛金精,養胎仙而生真炁,以成中丹,良由此矣。①

① 《道藏》,第4册,第673頁。

鍾吕内丹學以“鉛”爲父母所禀真氣，藏於腎水之中，煉腎水使之升華爲元陽之氣，此爲“采藥”；“采藥”須憑心神之火，此爲“添汞”；“添汞”又須“抽鉛”，使腎氣不斷升華，去除陰質，變而爲純陽。鍾吕内丹學所説的“抽鉛”，其意是將真氣自下丹田升入上丹田，其名稱爲“肘後飛金晶”，又名起“河車”而走“龍虎”，還可以名之爲“還精補腦”而長生不死。“抽鉛”從身後督脉往上升，經尾閭、夾脊、玉枕而升至上丹田；此後，心神之“汞”自中下降，從中丹田還於下丹田。通過“抽鉛”“添汞”，生成“大藥”。

在這個過程中，奉道者於腎水玄武宫中煉元陽之氣，生起金精；金精生起的同時，“玉京山”即上丹田中所居神火下注，神火下注引發真氣上升，運轉河車，至於上丹田，如此，精、炁、神則能灌溉上、中、下三丹田。自下丹田入於上丹田，再自上丹田復還於下丹田，自身後起、自身前往下降，循環滿一個周期，此之謂“大還丹”。奉道之士於其身中交媾龍虎而飛金精，養胎仙而生真炁，以成就於中丹田，皆由此而成其功。

鍾吕内丹學承《周易參同契》之説，還有所謂“七返還丹”“九轉還丹”。其謂：

> 五行生成之數五十有五，天一地二，天三地四，天五地六，天七地八，天九地十。一三五七九，陽也，共二十五；二四六八十，陰也，共三十。自腎爲始，水一，火二，木三，金四，土五，此則五行生之數也，三陽而二陰。自腎爲始，水六，火七，木八，金九，土十，此則五行成之數也，三陰而二陽。人身之中，共有五行生成之道，水爲腎，而腎得一與六也；火爲心，而心得二與七矣；木爲肝，而肝得三與八矣；金爲肺，而肺得四與九矣；土

爲脾，而脾得五與十矣。每藏各有陰陽。陰以八極而二盛，所以氣到肝而腎之餘陰絶矣，氣到心太極而生陰，以二在心，而八在肝也。陽以九盡而一盛，所以液到肺而心之餘陽絶矣，液到腎太極而生陽，以一在腎，而九在肺也。奉道之士，始也交媾龍虎而采心之正陽之氣，正陽之氣乃心之七也，七返中元而入下田，養就胎仙，復還於心，乃曰七返還丹者也。二八陰消，真氣生而心無陰，以絶二也，大藥就而肝無陰，以絶八也。既二八陰消，而九三陽可長矣。肝以絶陽助於心，則三之肝氣盛矣；七既還心，以絶肺液，而肺之九轉而助心，則九三之陽長，九轉還丹也。①

此處直接提出“五行生成之數”五十有五，即《周易·繫辭》所謂：“天一地二，天三地四，天五地六，天七地八，天九地十。”宋代以來的圖書易學，或以此爲河圖數，或以此爲洛書數。《鍾吕傳道集》借鍾離權之口，直接稱之爲“五行生成之數”，此提法更接近於漢易將天地之數與五行相配合的傳統。五行生成數中，一、三、五、七、九爲陽，相加共得二十五；二、四、六、八、十爲陰，相加共得三十。

鍾離權對《繫辭》所説的天地之數五十有五，賦予其另一種意義，他以數爲根本，通過數的變化、配合，以之模擬人體精、氣與神運行的法則。人體精、氣、神的運行，自腎開始，五行配數，則水之生數爲一，火爲二，木爲三，金爲四，土爲五，此爲五行之生數。五行生數中，一、三、五爲三陽，二、四爲二陰。同樣自腎開始，水之成數爲六，火爲七，木爲八，金爲九，土爲十，此則爲五行之成數。五

① 《道藏》，第 4 册，第 673 頁。

行成數中，六、八、十爲三陰，七、九爲二陽。

鍾吕内丹學認爲，人身之中，也有五行生成之道，此五行生成之道與宇宙天地相似，水可以喻指爲腎，故腎得水之生數一、成數六；火可以喻指心，故心得火之生數二、成數七；木可以喻指肝，故肝得木之生數三、成數八；金可以喻指肺，故肺得金之生數四、成數九；土可以喻指脾，故脾得土之生數五、成數十。

五臟中，每個臟腑之氣皆各有陰陽。從内丹修煉的角度來説，於腎中煉元陽之氣，元陽之氣到肝，則腎之餘陰絶；元陽之氣到心，陽氣至於極致，如此則生陰。肝以五行木之成數八爲喻，心以五行火之生數二爲喻，故説“陰以八極而二盛”，指的即腎氣至於肝則腎之餘陰絶，腎氣至於心則陽氣達到極致。“陰以八極”指腎氣至於肝而腎之餘陰盡，“二盛”指腎氣至於心而陽氣至於極，火之生數爲“二”，故説“二盛”。

同理，鍾吕内丹學又提出“陽以九盡而一盛”。因肺屬金，金之成數爲九，“九”喻指心所生之液傳到肺，至此則心之餘陽絶，故説“陽以九盡”。所謂“一盛”，指的是心液下傳到腎，陰至於極，陰太極則生陽，因爲腎屬水，水之生數爲一，故説“一盛”。

奉道之士開始時，交媾自身中的龍虎，采心之正陽之氣，心屬火，火之成數爲七，故以“七”喻心所生正陽之氣。“七返”指心所産正陽之氣由中元而入於下丹田，養就胎仙後，復還於心，此即鍾吕内丹學所説的“七返還丹”。

“二八陰消”的意思，包括“絶二”“絶八”二層含義：“絶二”指腎之真氣生，至於肝則餘陰盡，至於心則變而爲純陽、無陰，陰絶於此，因心屬火，火之生數爲二，故説“絶二”。“絶八”指内丹大藥成就則肝無陰，肝屬木，木之成數爲八，故説“絶八”。

與“二八陰消”相伴，還可以使“九三陽長”。何謂“九三陽長”？肝屬木，其生數爲三、屬陽，其成數爲八、屬陰，肝絶其陰而助陽，則生數三所代表的肝之陽氣盛，可以助於心火，此爲三之陽長；又火之成數七既返還於心，以絶肺液之陰，肺之生數爲四、屬陰，成數爲九、屬陽，絶肺之陰而生肺之陽，因肺成數爲九、屬陽，生肺之陽後，再使之轉而助心，如此則有“九轉”之説，“九三陽長”，即稱之爲九轉還丹。

因此，鍾吕内丹學所説“七返”還丹，喻指修道者其心所生正陽之氣由中元而入於下丹田，再由下丹田復還於心，而居在中丹田内，因心之成數七屬陽，故謂之“七返”還丹。而修道者其肺之陽本自心生，轉而復還於心，亦居在中丹，肺之成數九屬陽，故謂之“九轉”，此即鍾吕内丹學所説的七返、九轉。

鍾吕内丹學還有金液還丹與玉液還丹之説。對於何謂“金液”“玉液”還丹，乃至陰陽上下、三田返復之理，鍾離權説：

> 前賢往聖，多以肺液入下田而曰金液還丹，心液入下田而曰玉液還丹。此論非不妙矣，然而未盡玄機。蓋夫肺生腎，以金生水，金入水中，何得謂之還丹？腎剋心，以水剋火，水入火中，何得謂之還丹？金液乃肺液也，肺液爲胎胞，含龍虎，保送在黄庭之中，大藥將成，抽之肘後飛起，其肺液以入上宫，而下還中丹，自中丹而還下田，故曰金液還丹也。玉液乃腎液也，腎液隨元氣以上升而朝於心，積之而爲金水，舉之而滿玉池，散而爲瓊花，煉而爲白雪。若以納之，自中田而入下田有藥，則沐浴胎仙；若以升之，自中田而入四支煉形，則更遷塵骨；不升不納，周而復還，故曰玉液還丹者也。陰極陽生，陽中有真

一之水，其水隨陽上升，是陰還陽丹者也。陽極生陰，陰中有正陽之氣，其氣隨陰下降，是陽還陰丹者也。補腦煉頂，以下還上；既濟澆灌，以上還中；燒丹進火，以中還下；煉質焚身，以下還中。五行顛倒，三田返復，互相交换，以至煉形化氣，煉氣成神，自下田遷而至中田，自中田遷而至上田，自上田遷而出天門，弃下凡軀以入聖流仙品，方爲三遷功成。自下而上，不復更有還矣。①

鍾離權認爲，以肺液入下丹田稱之爲"金液"還丹，以心液入下丹田而稱之爲"玉液"還丹，此論還未能盡得還丹之玄機。

從五行生剋的關係而論，則肺金可以生腎水，以金生水，金入水中，這并不能稱之爲"還丹"。同樣，腎水可以剋心火，以腎水剋心火，水入於火中，也不能謂之爲"還丹"。鍾離權認爲，肺屬金，金液乃肺液，以肺液爲胎胞，其中含有煉内丹之龍虎，將之保護好、送在中宫黄庭之内，大藥將成，抽之使其在肘後飛起，則肺液入於上宫泥丸，再下而還於中丹田，自中丹田而還於下丹田，故稱其爲"金液"還丹。

玉液所指乃爲腎液，腎液隨元氣上升而朝於心，積之而爲金水，舉之而滿玉池，散而爲瓊花，煉而爲白雪，若以其自中丹田而納於下丹田中，則其中有藥，此爲沐浴胎仙的階段；若以其自中丹田而升，使之散入人的四肢，則可以達到煉形的效果，可以遷塵骨而變仙質。若不升亦不納，衹是周而復始，即稱"玉液"還丹。

① 《道藏》，第 4 册，第 673 頁。

修丹之人身中陰極而陽生,陽中有真一之水,其水隨陽上升,即所謂陰還陽丹。若其身中陽極生陰,陰中有正陽之氣,其氣隨陰下降,即所謂陽還陰丹。又鍾吕内丹學中有“補腦、煉頂”之説,也就是將精、氣、神所混成之丹藥從下丹田還而至於上丹田;有“既濟、澆灌”之説,即將精、氣、神所混成之丹藥從上丹田而還於中丹田;有“燒丹、進火”之説,即將精、氣、神所混成之丹藥從中丹田還於下丹田;有“煉質、焚身”之説,即將精、氣、神所混成之丹藥從下丹田還於中丹田。如此,在自身之内達成五行顛倒,三田返復,互相交换。在此基礎上,進一步煉形化氣、煉氣成神,再自下丹田遷而至中丹田,自中丹田遷而至上丹田,自上丹田遷而出天門,弃下等凡軀以入聖流、仙品,方爲三遷功成。這一步的自下而上,不復更有返還。

6. 煉形

還丹可以煉形。關於形與神的關係,鍾離權認爲,人之生,其形與神相爲表裏,其中,神爲形之主宰,形爲神所栖居之舍。其云:

人之生也,形與神爲表裏,神者形之主,形者神之舍……若以陰陽失宜,則涕泪涎汗横出,而陰失其生矣。氣化爲精,精化爲珠,珠化爲汞,汞化爲砂,以陽得陰而成也。若以陰陽失宜,則病老死苦,而陽不得成矣。陰不得陽不生,陽不得陰不成。奉道之士,修陽而不修陰,煉己而不煉物,以己身受氣之初,乃父母真氣兩停而即精血爲胎胞,寄質在母純陰之宫,陰中生陰,因形造形,胎完氣足,而堂堂六尺之軀皆屬陰也,所有一點元陽而已,必欲長生不死以煉形住世,而劫劫長存;必欲超凡入聖以煉形化氣，而身外有身。①

鍾吕内丹學的重要法則是：陰不得陽不生，陽不得陰不成，故奉道之士不能衹是修陽而不修陰，煉己之神而不煉身形。因爲人體受氣之初，所受之氣實乃父母真氣，父母真氣兩停而即精血爲胎胞，寄質在母體純陰之子宫内，於陰中生陰，因形造形，胎完氣足，則堂堂六尺之軀皆屬陰，身中所藏一點元陽也即父母真氣所化寄托在腎。如果人們欲長生不死、煉形住世，乃至劫劫長存，就要煉形化氣，達到身外有身，從而超凡入聖。

既然人之身形屬陰，要使身形長久，使身形之陰有體、有爲，就要煉形化氣、超凡軀以入聖品，此乃修煉内丹之上法。修道者煉化腎水而可以生心液，心液化爲血，血化爲津，合於陰得陽而生的道理；若身中陰陽失其所宜，則人就會出現涕、泪、涎、汗横出的情况，如此則是陰失其生。同理，修道者真氣化而爲精，精化爲珠，珠化爲汞，汞化爲砂，合於陽得陰而成的道理。若身中陰陽失其所宜，則人就會出現病、老、死、苦的情况，如此則陽不得其成。

鍾吕内丹學認爲，通過形體以留氣，以氣來養形，其功效小則可以安樂延年，大則可以留形住世，既已老者可以返老還童，未老者可以定顔長壽，乃至與天地同其長久，此乃煉形之驗證。至於如何煉形，鍾離權説：

故元氣隨呼而出。既出也，榮衛皆通天地之正氣，應時順節，或交或離，丈尺無窮，隨吸而入。既入也，經絡皆闢，一呼

① 《道藏》，第 4 册，第 673 ~ 674 頁。

一吸，天、地、人三才之真氣，往來於十二樓前，一往一來，是日一息，晝夜之間，人有一萬三千五百息。分而言之，一萬三千五百呼，所呼者，自己之元氣，從中而出；一萬三千五百吸，所吸者，天地之正氣，自外而入。根源牢固，元氣不損，呼吸之間可以奪天地之正氣。以氣煉氣，散滿四大，清者榮而濁者衛，悉皆流通，縱者經而横者絡，盡得舒暢，寒暑不能爲害，勞苦不能爲虞，體輕骨健，氣爽神清，永保無疆之壽，長爲不老之人。苟或根源不固，精竭氣弱，上則元氣已泄，下則本宫無補，所吸天地之氣，浩浩而出，八十一丈元氣，九九而損，不爲己之所有，反爲天地所取，何能奪於天地之正氣。積而陰盛陽衰，氣弱而病，氣盡而死，復入輪迴。①

人身之理同於天地之理，人身與天地常進行物質與能量的交换。人身之元氣隨人的呼氣而出，元氣既出，化而爲榮衛之氣，此榮衛之氣與天地之正氣相通，故能應時順節，或交或離，丈尺無窮。天地之正氣隨人之吸氣而入，天地正氣既入，人身的經絡皆闢。通過一呼一吸，天、地、人三才之真氣，往來通過於人的呼吸道，也即有"十二重樓"之稱的氣管中。一往一來稱之爲一息，晝夜之間，人大約有一萬三千五百息。分而言之，則有一萬三千五百呼，所呼爲自身之元氣，從身體中出；又有一萬三千五百吸，所吸爲天地之正氣，自外而入。

如果人身根源牢固，則元氣不損，於呼吸之間則可以奪天地之正氣。以天地之正氣煉自身之元氣，使之散滿於四大色身之中，清

---

① 《道藏》，第4册，第674頁。

之榮氣與濁之衛氣悉皆流通於身,縱者行於經而橫者活於絡,使經絡盡得舒暢,則寒暑不能爲害,勞苦不能爲虞,從而體輕骨健,氣爽神清,可得長壽。如果人身根源不固,則精竭氣弱,上則元氣已泄,下則本宫無補,所吸天地之氣,浩浩而出,人身所禀八十一丈元氣,九九而損,不再復爲己之所有,反爲天地所取,如此則不能奪天地之正氣。積久而陰盛陽衰,氣弱而病,氣盡而死。

鍾吕内丹學的基礎是"元氣",人身禀有父母所賦之元陽真氣,其與天地之正氣同出一源,修内丹者奪天地之正氣,以固自身之元氣,則可以長生久視。對於如何使元氣不走失,煉身體、形質以長存,鍾離權説:

> 欲戰勝者在兵强,欲民安者在國富。所謂兵者,元氣也。其兵在内,消形質之陰;其兵在外,奪天地之氣。所謂國者,本身也。其身之有象者,豐足而常有餘;其身之無形者,堅固而無不足。①

鍾吕内丹學采《陰符經》之説,認爲修内丹與安邦定國乃至戰事之理,皆可以相通。從戰事的角度看,欲取得戰事的勝利,要兵力强盛,方有可能;從治國平天下的角度看,欲天下之民安,須得國富。内丹學所謂的"兵"即"元氣",元氣在體内,可以消去形質之陰;元氣在體外,可以奪天地之正氣。内丹學所謂的"國"即修煉者自己的身體,如果身體以形體形式存在的部分能够豐足而常有餘,身體無形的精神就能够堅固而無不足,如此則可以稱得上"國富",

① 《道藏》,第4册,第674頁。

“國富”即意味著“身强”。這樣，雖然萬户長開，却無一失之虞，真氣在身體内循環往復，或前或後，或上或下，達到煉質焚身、養陽消陰的效果。

鍾吕内丹學有玉液還丹、金液還丹之説，以之煉形，則有玉液煉形、金液煉形。鍾離權説：

> 金液煉形，則骨朝金色而體出金光，金花片片，而空中自現，乃五氣朝元，三陽聚頂，欲超凡體之時，而金丹大就之日。若以玉液煉形，則肌泛陽酥，而形如琪樹，瓊花玉蕊，更改凡體，而光彩射人，乘風而飛騰自如，形將爲氣者也。奉道之士，雖知還丹之法，而煉形之功亦不爲小矣。當玉液還丹以沐浴胎仙，而升之上行，以河車般於四大。始於肝也，肝受之，則光盈於目而目如點漆；次於心也，心受之，口生靈液而液爲白雪；次於脾也，脾受之，則肌若凝脂而瘢痕盡除；次於肺也，肺受之，則鼻聞天香而顔復少年；次於腎也，腎受之，則再還本府，耳中常聞弦管之音，鬢畔永絶班白之色。若此玉液之煉形也，及夫金液煉形，不得比此。始還丹而未還，與君火相見而曰既濟；既還丹而復起，與真陰相敵而曰煉質。土本剋水，若金液在土，使黄帝回光以合於太陰；火本剋金也，若金液在火，使赤子同爐而自生於紫氣，於水中起火，在陽裹消陰，變金丹於黄庭之内，煉陽神在五氣之中。於肝則青氣冲，於肺則白色出，於心則赤光現，於腎則黑氣升，於脾則黄色五氣朝於中元，從君火以超内院。①

① 《道藏》，第 4 册，第 675 頁。

所謂“金液煉形”有成,其證驗爲修内丹者骨骼呈金色、身體發出金光,金光如花,一片片在空中呈現,此爲其身中五臟之氣朝元,精、氣、神三陽聚頂,將可以超出凡體成就金丹之時的一種狀態。

所謂“玉液煉形”有成,其證驗爲:修内丹者肌色泛如陽酥,形體如琪樹的瓊花玉蕊,凡體更改、光彩射人,自我感覺好像能够乘風而飛騰自如,因這一階段,其形將化而爲氣。玉液煉形與玉液還丹相匹配,修内丹者煉腎水真氣,沐浴身中胎仙,以河車搬運,使之升而上行:第一站至於肝,肝受其氣,則修丹者有光盈於目、目如點漆之證驗;第二站至於心,心受其氣,口生靈液而液化爲白雪;第三站至於脾,脾受其氣,則肌若凝脂而瘢痕盡除;第四站至於肺,肺受其氣,則鼻聞天香而顔復少年;再復返於腎,腎受其氣,則再還本府,耳中常聞弦管之音,鬢畔永絶班白之色。此則爲玉液煉形之功效。

因此,“金液煉形”與“玉液煉形”之功效頗不相同。鍾離權説:

> 大藥將就,玉液還丹而沐浴胎仙,真氣既生,以冲玉液上升而更改塵骨,而曰玉液煉形。及夫肘後飛起金精,河車以入内院,自上而中,自中而下,金液還丹以煉金砂,而五氣朝元,三陽聚頂,乃煉氣成神,非止於煉形住世而已。①

内丹之大藥將要成就之時,通過煉“玉液”還丹而沐浴胎仙,修丹者體内真氣既生,以冲融玉液,使之上升,起到更改凡骨的功效,

① 《道藏》,第4册,第675頁。

此稱“玉液煉形”。此後，則肘後飛起金精，搬運河車以入於上丹田泥丸内院，再自上丹田而入中丹田，自中丹田而入下丹田，則金液還丹成，煉就金砂。此時，五臟之氣朝元，三陽聚於頂，此乃煉氣成神之功，與煉形住世相比，更進了一步。

7. 朝元

鍾吕内丹學認爲，“煉形”祇能有助於住世，而“煉氣”方可以升仙。鍾吕内丹學的丹功中，“煉氣”是其中的一個重要環節；“煉氣”必以“朝元”爲其功。關於朝元，鍾離權説：

> 所謂朝元，今古少知，苟或知之，聖賢不説，蓋以是真仙大成之法，默藏天地不測之機，誠爲三清隱秘之事，忘言忘象之玄旨，無問無應之妙理。①

在鍾離權看來，朝元是真仙大成之法，其中默藏天地不測之機，爲道教“三清”隱秘之事，其中含忘言、忘象之玄旨，無問、無應之妙理；奉道者欲脱凡而入聖、脱質而升仙，其本在於煉氣而朝元。

至於“朝元”之理爲何，鍾離權説：

> 冬至陽生於地，以朝氣於天也；夏至陰生於天，以朝氣於地也。奉道之士，當深究此理。而日月之間，一陽始生而五藏之氣朝於中元，一陰始生而五藏之液朝於下元。陰中之陽，陽中之陽，陰陽之中之陽，三陽上朝内院，心神以返天宫，是皆朝

① 《道藏》，第4册，第675頁。

元者也。①

冬至時節,陽生於地,以朝氣於天;夏至時節,陰生於天,以朝氣於地。天、人之理相通。人體之中,一陽始生而五氣朝於中元之中丹田,一陰始生而五液朝於下元之下丹田。

在此基礎上,鍾吕内丹學論"朝元",有所謂"三陽朝元"。所謂"三陽",指人體的陽中之陽,陰中之陽,陰陽之中之陽。奉道者於下丹田陰中煉陽,其陽無陰,升而聚在神宫也即上丹田;於中丹田煉陽中之陽,升而聚在神宫之上丹田;黄庭中宫之大藥陰盡純陽,陰陽中之陽升而聚在神宫上丹田。此"三陽"皆上朝於内院,心神返於天宫,這就是鍾吕内丹學所説的"朝元"。若依此修持,人就可以得超脱以出塵俗。鍾離權説:

> 若以元陽之氣,以一陽始生之時上朝中元,是人皆如此;若以積氣生液,以一陰始生之時下朝下元,是人皆如此。若此行持,故不能超脱。然而欲超凡入聖,脱質升仙,當先龍虎交媾而成大藥。大藥既成而生真氣,真氣既生,於年中用月,月上定興衰;月中用日,日上數直事;日中用時,時上定息數。以陽養陽,陽中不得留陰;以陽煉陰,陰中不得散陽。②

一般人大概是這樣:元陽之氣於一陽始生之時上朝中元,以積氣生液,一陰始生之時下朝下元。若順此而行持,不能得到超脱。

---

① 《道藏》,第4册,第676頁。

② 《道藏》,第4册,第676頁。

如果要超凡入聖、脱質升仙，當於自身中先交媾龍虎而成大藥；大藥既成，則生真氣；真氣既生，行止合於火候，以陽養陽，使陽中不得留陰；以陽煉陰，使陰中不得散陽，這就爲朝元奠定了基礎。

不過，欲煉陽而使陰不生、養陽而使陽不散，就要按時配合人體五臟的陰陽之氣。爲此，鍾離權對人體五臟之氣的旺衰之機作了探討，其謂：

> 凡以春則肝旺而脾弱，夏則心旺而肺弱，秋則肺旺而肝弱，冬則腎旺而心弱。人以腎爲根本，每時一季脾旺而腎弱，獨腎於四時有損，人之多疾病者，此也。凡以甲、乙在肝直事，防脾氣不行；丙、丁在心直事，防肺氣不行；戊、己在脾直事，防腎氣不行；庚、辛在肺直事，防肝氣不行；壬、癸在腎直事，防心氣不行。一氣盛而一氣弱，一藏旺而一藏衰，人之多疾病者，此也。
>
> 凡以心氣萌於亥而生於寅，旺於巳而弱於申；肝氣萌於申而生於亥，旺於寅而弱於巳；肺氣萌於寅而生於巳，旺於申（而）弱於亥；腎氣萌於巳而生於申，旺於亥而弱於寅；脾氣春隨肝而夏則隨心，秋隨肺而冬則隨腎。人之不知日用，莫曉生旺强弱之時，所以多疾病者，此也。①

因春季木氣旺，木旺則能剋土。五行中，木屬肝而土屬脾，故據五行生剋之理，凡是在春季，人容易肝旺而脾弱。修持之人欲使五臟之氣朝元，於春季甲、乙木旺而肝直事之時，當防五行屬土的

---

① 《道藏》，第4册，第676頁。

脾氣不得其行。

夏季火旺,火旺則剋金。火屬心而肺屬金,故凡是在夏季,人容易心旺而肺弱,故要於夏季丙丁火旺而心直事之時,當防五行屬金的肺氣不得其行。

季夏土旺,土旺則剋水。土屬脾而水屬腎,故凡是在季夏,人容易脾旺而腎弱,故要於季夏戊己土旺而脾直事之時,當防屬水的腎氣不得其行。

秋季金旺,金旺則剋木。金屬肺而木屬肝,故凡是在秋季,人容易肺旺而肝弱,故要於秋季庚辛金旺而肺直事之時,當防屬木的肝氣不行。

冬季水旺,水旺則剋火。水屬腎而火屬心,故凡是在冬季,人容易腎旺而心弱,故要於冬季壬癸水旺而腎直事之時,當防屬火的心氣不得其行。

人的五臟之氣在春、夏、秋、冬四時,一氣盛則一氣弱,一臟旺而一臟衰,人之所以多有疾病,這是一個重要原因。另外,由於人以腎爲根本,而土旺四季,其於春、夏、秋、冬每季皆有十八天處旺之時,土旺則脾氣盛而腎水弱,故五臟之中唯獨腎於四時皆有損。這也是人之所以多疾病的原因之一。

從人身五臟之氣於十二時中消長的情況來看,一般的法則是:心氣萌於亥時而生於寅時,旺於巳而弱於申;肝氣萌於申而生於亥,旺於寅而弱於巳;肺氣萌於寅而生於巳,旺於申而弱於亥;腎氣萌於巳而生於申,旺於亥而弱於寅;脾氣春隨肝而夏隨心,秋隨肺而冬隨腎。人們不知日用之間五臟之氣消長有時,莫曉五臟之氣生、旺、强、弱之時,所以多有疾病,這也是其中的原因之一。

所以,奉道者要配合年、月、日、時五行之氣的衰旺,煉陽使陰

不生,養陽使陽不散:

> 若此日月時三陽既聚,當煉陽而使陰不生;若此月日時三陰既聚,當養陽而使陽不散。又况真氣既生,以純陽之氣煉五藏之氣不息,而出本色,一舉而到天池。始以腎之無陰而九江無浪,次以肝之無陰而八關永閉,次以肺之無陰而金火同爐,次以脾之無陰而玉户不開,次以真氣上升,四炁聚而爲一。①

煉陽、養陽使陰不生,方能於體内生發出元陽真氣。元陽真氣既生,以此純陽之氣煉五臟之氣不息,使腎無陰而九江無浪,肝無陰而八關永閉,肺無陰而金火同爐,脾無陰而玉户不開,然後,真氣上升,四炁聚而爲一,達成五炁朝元,水火相包,入於神宫。

朝元既畢,修丹者功滿三千,則可以不爲塵世之人,而作蓬瀛之客,這纔是内丹學所説的"超凡入聖""脱質升仙"。當然,若修行人不達内丹修煉之玄機,身内無大藥而先行胎息之功,欲强留氣在腹,就可能積冷氣而成病,或發虚陽而作疾。修行本來是希望長生,但若如此執迷,則尚不免於疾病。因爲衹有胎仙成就,方能真氣發生,真氣發生而自然形成胎息;在胎息的基礎上再煉氣,通過煉氣以成神。

8. 存想、内觀

内丹修煉過程中,修煉者身中陰陽交合各有其時,進退、行持各有其法,於煉氣時必審年中之月,月中之日,日中之時,端居於静室之中,忘機絶迹;當此之時,心境未除者,悉以除之,如果這個時

① 《道藏》,第4册,第677頁。

候還是妄想不已、智識有漏、心神不定，這就要以“存想”“内觀”等作爲對治之法。

通過存想、内觀，就可以起到集中心念的作用。鍾離權説：

慮其心猿意馬，無所停留，恐因物而喪志，而無中立象，使耳不聞而目不見，心不狂而意不亂，存想事物而内觀坐忘，不可無矣。奈何少學無知之徒，不知交合之時，又不曉行持之法，必望存想而决要成功，意内成丹，想中取藥，鼻搐口咽，望有形之日月、無爲之天地，留止腹中，可謂兒戲。所以達士奇人而於坐忘存想一旦毁之，乃曰夢裏得財，安能濟用；畫地爲餅，豈可充饑。空中又空，如鏡花水月，終難成事。然而有可取者，蓋以易動者、片心難伏者，一意好日良時，可采可取也。雖知清静之地，奈何心爲事役，志以情移，時比電光，寸陰可惜，毫末有差而天地懸隔，積年纍月而不見功，其失在心亂而意狂者也。善視者，志在丹青之美而不見泰華；善聽者，志在絲竹之音而不聞雷霆。耳目之用小矣，尚以如此，况一心之縱横六合而無不該，得時用法之際，能不以存想内觀而致之乎？①

存想、内觀等法的功效在於，若修行之人心猿意馬，心與意無所停留，即物而喪其志，在這種情況下，就要於無中立象，使人注意力集中於此，則耳不聞而目不見，最後達到心不狂而意不亂的效果。

鍾吕内丹學中的存想、内觀等方法，修持人可以根據自己的情

① 《道藏》，第4册，第677頁。

况依時行法,即法求道,閉目冥心,以入希夷之域。當然,存想、内觀等法要與煉丹相結合,如果不知丹道藥物交合之時,不曉煉丹行持之法,祇是寄希望於存想而想取得成功,於意念中成丹,於想象中取藥,通過鼻搐、口咽,希望有形之日月、無爲之天地留止於自己腹中,這些妄想與兒戲無所區别。所以,達士、奇人對於存想、内觀所得,稱之爲夢裹得財,不能濟於實用,或如畫地爲餅,不可充饑。

關於存想、内觀的具體方法①,鍾離權認爲,如人體中陽氣升上之時,修行者多想爲男,爲龍,爲火,爲天,爲雲,爲鶴,爲日,爲馬,爲烟,爲霞,爲車,爲駕,爲花,爲氣,若此之類,皆内觀、存想,以此應身中陽升之象。如人體中陰氣下降之時,多想爲女,爲虎,爲水,爲地,爲雨,爲龜,爲月,爲牛,爲泉,爲泥,爲船,爲葉,若此之類,皆屬内觀、存想,以此應身中陰降之象。又如四象中的青龍、白虎、朱雀、玄武,既有此名,修煉時亦須想象有此象,這些皆於無中立象,其功能主要在於安定修煉者自己之神識。

有人質疑内觀、存想屬有爲之法,因其有形、有象,似乎與道家清静之旨不相吻合。鍾離權認爲:"未得魚則筌不可失矣,未獲兔則蹄不可無矣……内觀之法,行持不可闕矣;亦不可執之於悠久,絶之於斯須,皆不可也。"②修丹好比捕魚、捕兔,捕魚當用筌、捕兔當用蹄,如果没有捕得魚、兔,則筌、蹄不可失。當然,存想、内觀也

① 如陽升也,多想爲男,爲龍,爲火,爲天,爲雲,爲鶴,爲日,爲馬,爲烟,爲霞,爲車,爲駕,爲花,爲氣,若此之類,皆内觀、存想,如是以應陽升之象也。如陰降也,多想爲女,爲虎,爲水,爲地,爲雨,爲龜,爲月,爲牛,爲泉,爲泥,爲船,爲葉,若此之類,皆内觀、存想,如是以應陰降之象也。青龍、白虎、朱雀、玄武,既有此名,須有此象;五岳九州,四海三島,金男玉女,河車重樓,呼名比類,不可具述,皆以無中立象,以定神識。(《道藏》,第4册,第677,678頁)

② 《道藏》,第4册,第677~678頁。

不可執之於悠久,或絶之於斯須,這兩種態度皆不可取。修道者於煉丹的開基創始之初,指日而進功,則存想可用;爲道日損,損之又損,入於希夷之域,則法自減省,全在内觀,所謂:"若以絶念無想,是爲真念,真念是爲真空,真空一境,乃朝真遷化而出昏衢超脱之漸也。開基創始,指日進功,則存想可用,况當爲道日損,以入希夷之域,法自減省,全在内觀者矣。"①

内丹學要交媾龍虎、匹配陰陽,從存想、内觀的角度,當如何②?鍾離權認爲,煉丹之初,要交合藥物、配合陰陽而定坎離,其内觀、存想之法,想象"九皇真人"引一"朱衣小兒"上升,"九皇真母"引一"皂衣小女"下降,相見於黄屋之前。有一黄衣老婦人接引朱衣裳小兒與黑皂衣服的小女,如行人間夫婦之禮;盡時歡悦後,女子下降,小兒上升,如人間分離之事。既畢,黄衣老婦抱一物,形若朱橘,下抛入黄屋,以金器盛留。

此朱衣小兒,實是乾索於坤,其陽復還本位,以陽負陰而會本鄉。此皂衣小女,是坤索於乾,其陰復還本位,以陰抱陽而會本鄉,此即内丹學所謂坎離相交而匹配陰陽之功。如果以炎炎火中,見

---

① 《道藏》,第4册,第678頁。

② 初以交合配陰陽而定坎離,其想也九皇真人引一朱衣小兒上升,九皇真母引一皂衣小女下降,相見於黄屋之前。有一黄衣老嫗接引,如人間夫婦之禮,盡時歡悦,女子下降,小兒上升,如人間分離之事。既畢,黄嫗抱一物,形若朱橘,下抛入黄屋,以金器盛留。然此兒者,是乾索於坤,其陽復還本位、以陽負陰而會本鄉。是此女者,是坤索於乾,其陰復還本位、以陰抱陽而會本鄉,是曰坎離相交而匹配陰陽者也。若以炎炎火中,見一黑虎而上升,滔滔浪裏,見一赤龍而下降,二獸相逢,交戰在樓閣之前。朱門大啓,浡浡烟焰之中,有王者指顧於大火焚天,而上有萬丈波濤,火起復落,烟焰滿於天地,龍虎一盤一繞而入一金器之中,下入黄屋之間,似置在籠櫃之中,若此龍虎交媾而變黄芽之想也。(《道藏》,第4册,第678頁)

一黑虎而上升；滔滔浪裹，見一赤龍而下降，龍虎二獸相逢，交戰在樓閣之前。樓閣朱紅之門大開啓，浡浡烟焰之中，有王者模樣的人手指、觀看大火焚天，而上有萬丈波濤，火起復落，烟焰滿於天地，龍虎一盤一繞而入於一個金器之中，下入黄屋之間，似置在籠櫃之中。若此，則屬内丹學中的龍虎交媾，由龍虎交媾而體變黄芽之存想。

内丹學"匹配陰陽而龍虎交媾"，其内觀、存想之法即如上所述。而内丹所謂進火燒煉丹藥，亦有存想之法①。鍾離權認爲，進火燒煉丹藥的存想之法在於：要先存想一個器物如鼎如釜，其色或黄或黑，形如車輪，左青龍而右白虎，前朱雀而後玄武；鼎、釜之旁有兩個大臣模樣的人，衣紫色袍子，躬其身，執圭而立；然後有僕吏之類的人，執薪燃火於鼎、釜之器下；再有一穿朱紅衣服王者模樣的人，乘著赤色之馬、駕著火雲，自空而來，舉鞭指鼎、釜而呼喊，要求不斷增大火力，唯恐火小；僕吏不斷往鼎、釜中加薪，焰火發而炎炎亘空，撞天欲出，但因天關不開，所以火之烟焰袛能復下，周圍四匝，人物器釜，王者大臣，盡在此紅焰之中，互相指呼，争著要進火。但是，器中之水，無氣而似凝結；水中之珠，無暗而似光彩，此爲進火燒丹藥的存想之法。

鍾吕内丹學中，無論是采藥還是進火，皆有内觀存想。不僅如

① 其想也，一器如鼎如釜，或黄或黑，形如車輪，左青龍而右白虎，前朱雀而後玄武，傍有二臣，衣紫袍躬身執圭而立；次有僕吏之類，執薪然火於器；次有一朱衣王者，乘赤馬駕火雲，自空而來，舉鞭指呼，争恐火小，焰發炎炎亘空，撞天欲出，天關不開，烟焰復下，周圍四匝，人物器釜，王者大臣，盡在紅焰之中，互相指呼，争要進火。器中之水，無氣而似凝結；水中之珠，無暗而似光彩，若此進火燒丹藥之想也。(《道藏》，第4册，第678頁)

此，修行内丹中，其每一法、每一事，亦皆有存想之法。① 例如，欲得金液還丹而既濟，其存想之法爲：想象雲、雷自上而降下，鼎、釜之火烟焰上起；或者想象天雨、奇花，祥風、瑞氣，發起於殿庭之下；或者仙娥、玉女乘彩鳳祥鸞自青霄而來，金盤中捧著玉露、霞漿，冉冉而下，獻於王者模樣的人。

欲“肘後飛金精”而轉“大河車”，其存想之法爲：想象以龍虎曳車於火中，上冲三關；三關各有兵吏把守，其人不計其數，皆持器、仗、戈、兵，披甲胄，似乎恐懼於人；先以龍虎撞之不開，次以大火燒之，其關方啓；以至昆侖不住，及到天池方止。或者想象有三鶴飛冲三天，或者想象雙蝶入於三宫，或者想象五彩雲中捧朱衣小兒而過天門，或者想象金車、玉輅載王者而超三界。

欲得還丹，其存想之法爲：想象朱衣使者乘著車循環運行，自

① 雲雷下降，烟焰上起，或而天雨奇花，祥風瑞氣起於殿庭之下，或而仙娥玉女乘彩鳳祥鸞自青霄而來，金盤中捧玉露霞漿而下，獻於王者。若此，乃金液還丹而既濟之想也。若以龍虎曳車於火中，上冲三關，三關各有兵吏，不計幾何，器仗戈甲，恐懼於人，先以龍虎撞之不開，次以大火燒之方啓，以至昆侖不住，及到天池方止。或而三鶴冲三天，或而雙蝶入三宫，或而五彩雲中捧朱衣小兒而過天門，或而金車玉輅載王者而超三界。若此，肘後飛金精而大河車之想也。及夫朱衣使者乘車循行，自冀州入兖州，自兖州入青州，自青州入徐州，自徐州入楊州，自楊州入荆州，自荆州入梁州，自梁州入雍州，自雍州復還冀州，東西南北，畢於豫州，停留而後循行。所得之物，金玉；所幹之事，凝滯。一吏傳命而九州通和，周而復始，運行不已，或而泛五岳自恒山爲始，或而泛五湖自北沼爲始，或而天符敕五帝，或而王命詔五侯。若此，還丹之想也。及夫珠玉散擲於地，或而雨露濟澤於物，或而海潮而滿百川，或而陽生而發萬匯，或而火發以遍天地，或而烟霧而充宇宙。若此，煉形之想也。及夫或如鶴之辭巢，或如龍之出穴，或而五帝朝天，或而五色雲起，或而跨丹鳳而冲碧落，或如夢寐中而上天衢，或而天花亂墜，仙樂嘈雜，而金光繚繞以入宫殿繁華之處。若此，皆朝元之想也。朝元之後，不復存想，方號内觀。（《道藏》，第4册，第678～679頁）

冀州入於兗州，再自兗州入於青州，自青州入於徐州，自徐州入於楊（揚）州，自東南的楊（揚）州入於南方的荆州，再自荆州入於梁州，自梁州入於西南的雍州，自雍州復還冀州，東西南北，畢於豫州，停留而後循行。關於九州，不同時代有不同州名版本。《鍾吕傳道集》所謂“九州”與《尚書・禹貢》同。《尚書・禹貢》之九州爲：冀州、兗州、青州、徐州、揚州、荆州、豫州、梁州、雍州。① 九州的地理方位，“冀州”居中，“濟、河惟兗州”，“海、岱惟青州”，“海、岱及淮惟徐州”，“淮、海惟揚州”，“荆及衡陽惟荆州”，“荆、河爲豫州”，“華陽、黑水惟梁州”，②“黑水、西河惟雍州”。九州在鍾吕内

① 《周禮・夏官・職方氏》中的記載，没有梁、徐，而有幽、并，其謂：“東南曰揚州”“正南曰荆州”“河南曰豫州”“正東曰青州”“河東曰兗州”“正西曰雍州”“東北曰幽州”“河内曰冀州”“正北曰并州”。《逸周書・職方解》與《周禮》同。《吕氏春秋・有始覽・有始》九州中，没有梁州，而有幽州，其云：“何謂九州？河、漢之間爲豫州，周也。兩河之間爲冀州，晋也。河、濟之間爲兗州，衛也。東方爲青州，齊也。泗上爲徐州，魯也。東南爲揚州，越也。南方爲荆州，楚也。西方爲雍州，秦也。北方爲幽州，燕也。”

② 梁州爲古九州之一，據《尚書・禹貢》：“華陽、黑水惟梁州。”此處“華”大概指華山，“華陽”即爲華山之南；黑水説法不一，可能指漢江。故梁州即指陝西漢中這一帶；梁州正式成爲行政區域名，始於曹魏元帝景元四年（263）。是年，魏滅蜀漢，旋分蜀漢故地爲益、梁二州，各領八郡。梁州初治沔陽（今勉縣舊州）；晋太康中移治南鄭（今漢中市）。轄境相當於今陝西秦嶺以南，子午河、任河以西，四川青川、江油、中江、遂寧和重慶璧山、綦江等市、縣以東，大溪、分水河以西及貴州桐梓、正安等縣地。後經兩晋、南北朝，由於州越設越多，其轄境逐漸縮小。隋統一後，大規模撤州并郡。文帝開皇元年（581），將“梁州”和“漢中郡”一并撤銷；因避其父楊忠諱，改設“漢川郡”。唐初，復改爲“梁州”，成爲山南西道的一部分，其地縮至今城固以西的漢水流域，約相當於之前的漢中郡，治所仍在南鄭，轄南鄭、褒城、西（今勉縣）、城固四縣。唐德宗興元元年（784），避朱泚軍亂，天子幸梁州。還都後，詔改梁州爲“興元府”，位同京都長安。從此，“梁州”一詞正式淡出漢中的行政稱謂名。

丹學中,既可代表方位,也可表示循環往復之意,即通過運轉精氣,使之在體内循環流轉,如此則能去粗取精,所得之物猶如金玉;其功能在於去除凝滯,使精氣順暢。精氣於體内周而復始、運行不已,使和氣暢通,或而泛五岳、歷五臟而自北方恒山爲始,也即從升華北方腎氣開始;或者泛五湖而自北沼爲始,其意同於前;或而天符敕五帝,使精氣敷布於五臟;或者王命詔五侯,使五臟之氣朝元而於真。

欲得煉形之功,其存想之法爲:想象珠、玉散擲於地,或者雨露濟澤於物,或者海潮而滿於百川,或者陽生而發萬匯,或者火發以遍天地,或者烟霧而充宇宙。

欲得朝元之功,其存想之法爲:或如鶴之辭巢,或如龍之出穴,或者五帝朝天,或者五色雲起,或者跨丹鳳而冲碧落,或者夢寐中而上天衢,或者天花亂墜、仙樂嘈雜,而金光繚繞以入宫殿繁華之處。

鍾吕内丹學認爲,“朝元”之後,於修行中就不用存想之功,此時方可以稱内觀。關於“内觀”之玄理,鍾離權説:

古今修道之士不達天機,始也不解依法行持,欲以速求超脱,多入少出而爲胎息,冥心閉目以行内觀,止於定中以出陰神,乃作清靈之鬼,非爲純陽之仙。真仙上聖所以采藥進火,抽鉛添汞,還丹煉形,朝元合炁,苦語詳言而深説,惟恐世人不悟,而於内觀未甚留意。殊不知内觀之法,乃陰陽變换之法,仙凡改易之時,奉道之士勿得輕示而小用之矣。且以前項之事,交會有時日,行持有法則,凡所謹節信心,依時行法,不差毫末,而指日見功。若此内觀,一無時日,二無法則,所居深静之室,晝夜端拱,識認陽神,趕逐陰鬼。達磨面壁九年方超內院,世尊冥心六載始出凡籠,故於内觀,誠爲難事。始也自上而下,紫河車搬入天宫,天宫富貴孰不欽羡,或往或來,繁華奢侈,人所不得見者,悉皆有之。奉道之士平日清净而守於瀟灑,寂寞既已久矣,功到數足,輒受快樂。樓臺珠翠,女樂笙簧,珍羞异饌,异草奇花,景物風光,觸目如畫。彼人不悟,將謂實到天宫,不知自身内院,認作真境,因循而不出入。乃曰因在昏衢而留形住世,不得脱質以爲神仙,未到天宫方在内觀。陰鬼外魔因意生像,因像生境以爲魔軍。奉道之人因而狂蕩而入於邪中,或而失身於外道,終不能成仙。蓋以三尸七魄,唯願人死而自身快樂;九蟲六賊,苦以人安則存留無處。①

真仙、上聖煉内丹要經歷采藥、進火,抽鉛、添汞,還丹、煉形,朝元、合炁,胎息、内觀,出陽神、超内院等過程。内觀之前的各項修丹活動,衹要藥物交會有其時日,進火、退符行持有其法則,再加上謹節、信心,依時行法,不差毫末,則能指日見功。但是,内觀與上述丹功不同,内觀一無時日,二無法則,衹是居深静之室,晝夜端拱,識認陽神,而趕逐陰鬼。鍾離權認爲,古今修道之士因爲不達天機,不能依法行持,衹想速求超脱,以爲多入少出即稱胎息,冥心閉目即爲内觀,止於定中以出陰神,其結果衹能作清靈之鬼,而非能爲純陽之仙。故内觀實乃陰陽變换之法、仙凡改易之時,奉道之士勿得輕視之。

① 《道藏》,第4册,第679頁。

就内觀而言,當運紫河車搬入頭頂泥丸天宫,此時易出現種種幻像,如樓臺珠翠,异草奇花,景物風光,觸目如畫,平時所不得見者,悉皆有之。奉道之士因平日清净而守於瀟灑,寂寞既久,將謂自己已達天宫,其實衹是處在内觀之初,還在自身内院之中;若認此當作真境、因循而不出,就衹能困在昏衢而留形住世,不得脱質以爲神仙。而且,陰鬼、外魔還可能因意生像,因像生境,成爲修道之魔軍,奉道之人因而狂蕩而入於邪魔之境,終不能成仙。通過内觀,清净養陽,不受陰鬼、魔軍之困擾,久之便可以陽神成就而得超脱。

9. 出陽神、超“内院”

修持之人通過定息内觀,一意不散,就能達成神、識俱妙,從而出陽神、直超“内院”。

> 定息内觀,一意不散,神識俱妙,静中常聞樂聲,如夢非夢,若在虚無之境。風光景物,不比塵俗;繁華美麗,勝及人世。樓臺宫闕,碧瓦凝烟,珠翠綺羅,馨香成陣,當此之時,乃曰超内院,而陽神方得聚會而還上丹,煉神成仙以合大道,一撞天門,金光影裏以現法身,閙花深處而坐凡體,乘空如履平川,萬里若同展臂。若也復回,再入本軀,神與形合天地齊其長久。若也厭居塵世,寄下凡胎而返十洲,於紫府太微真君處契勘鄉原,對會名姓,校量功行之高下,得居於三島而遨游,永在於風塵之外,名曰超塵脱凡。①

① 《道藏》,第4册,第677頁。

鍾呂内丹學所謂的“超内院”，指修丹者通過“煉神成仙”“以合大道”，其時，陽神得聚會而返還於上丹田，修行人於此會有一些證驗，如於静中常聞樂聲，如夢非夢，若在虛無之境，其感受不同於塵俗；然後，修行人煉就的陽神一撞天門，於金光影裏現法身、鬧花深處坐凡體；陽神出殼之後，乘空如履平川，萬里若同展臂；陽神出而復回，再入自身本軀，神與形合就可以壽比天地、與天地齊其長久。當然，如果厭居塵世，則可以寄下凡胎，而返於十洲，通過校量功行之高下，得居於三島而遨游，此則謂“超塵、脱凡”。

内丹通過“内觀”以聚“陽神”，再“煉神”以超“内院”，“陽神”向頭頂之上踴出，以出天門，直超凡俗而入於仙聖之品。達到這步境界後，“陽神”既出、既入，往來無差，或來或往，而遠近不錯；修煉者可得充分之自由，欲住世則神與形合，欲升仙則遠游蓬島。所有這些成就的取得，皆通過積功累德、功滿三千而得超脱。

（四）五品之仙

道教要探求人生而不死，安而不病的原因所在，不僅從理論上對此做出説明，更要在實踐上尋求能達到這種目的的方法。

人之生，由父精、母血陰陽二氣交會、相合結而爲胞胎。這個過程陰氣承受陽氣，生生不已，猶如宇宙天地開闢時，由太初之後而有太質，隨胎之變化，氣與質亦在增長，經三百日的生長期，胎兒形體已初步具備，這時，靈光透入形體之中，一靈真性與胎兒形體相合，性命雙全，這個時候，胎兒便與母體分離，呱呱墜地。宇宙天地自太素這個發展階段之後，陰陽之氣已經開始有升降往來。人體内也開始生長“黄芽”,經五千日、大約十五歲時,人體之氣足,數量約爲八十一丈,可以稱爲“童男”。這個時候人體内陰陽各半,猶如東升之太陽。十五歲以後,情欲開發,人體開始走失元陽、耗散真炁。真炁是鍾離權内丹理論的一個重要概念,真炁弱,人體就開始有病、老、死、絶等現象。欲使人身無病、老、死、苦,鍾吕内丹學强調通過“修仙”,方有可能。

人可以修成仙,但隨其修行功夫的深淺以及悟道程度的高低,仙亦有品階的區分。鍾離權提出“仙有五等,法有三成”之説,其謂:

> 仙非一也。純陰而無陽者,鬼也。純陽而無陰者,仙也。陰陽相雜者,人也。惟人可以爲鬼,可以爲仙。少年不修,恣情縱意,病死而爲鬼也。知之修煉,超凡入聖,而脱質爲仙也。仙有五等,法有三成,修持在人,而功成隨分者也。①

鬼、人、仙三者的區分,也在於陰陽,“鬼”指的是純陰而無陽者;仙則與之相反,爲純陽而無陰者;至於人,則屬陰陽相雜者。因其陰陽相雜,故人既可以變而爲鬼,亦可以修而成仙。人若於少年氣旺之時,不事修煉,且恣情縱意,則其病、死之後,即變而爲鬼。若人能知修煉之理,則可以脱去陰質、成爲純陽之仙,超凡而入聖。於仙之中,又有五等之分;成仙之法,則有三成,即所謂“法有三成、仙有五等”,這主要是根據每個人修持功夫的高低而做的區分。鍾

① 《道藏》,第 4 册,第 657 頁。

離權説：

法有三成者，小成、中成、大成之不同也。仙有五等者，鬼仙、人仙、地仙、神仙、天仙之不等，皆是仙也。鬼仙不離於鬼，人仙不離於人，地仙不離於地，神仙不離於神，天仙不離於天。①

“法之三成”即前文所説的小河車、大河車、紫河車之法。對於“仙有五等”，及五等之仙修何法能致，鍾離權有詳細説明。

“五仙”最下一等的是“鬼仙”。其謂：

鬼仙者，五仙之下一也。陰中超脱，神像不明，鬼關無姓，三山無名。雖不入輪迴，又難返蓬瀛，終無所歸，止於投胎就舍而已。②

之所以有“鬼仙”之稱，是因其衹於陰中超脱，而不及於陽；陽不得修則其神、其像皆有所不明；然其於陰中超脱，故能鬼關無姓，但又不能像神仙那様三山有名；雖能超脱不入輪迴，但又難返蓬瀛。因此，鬼仙終無所歸，若想修有所成，衹能投胎就舍，再入輪迴。修持有成，方能真正超脱。當然，欲修得“鬼仙”品位，也要行術、用功，方能致之。鍾離權説：

---

① 《道藏》，第4册，第657頁。
② 《道藏》，第4册，第657頁。

修持之人，始也不悟大道，而欲於速成，形如槁木，心若死灰，神識内守，一志不散，定中以出陰神，乃清靈之鬼，非純陽之仙。以其一志，陰靈不散，故曰鬼仙。雖曰仙，其實鬼也。①

修持之人不悟大道，衹想在修持方面走捷徑，通過强行壓抑自己，做到形體如枯槁之木，心若死灰之無生氣，將神識内守而不外觀，一志不散，久之，則能於静定之中出"陰神"。嚴格來講，此所修持之果乃是清靈之鬼，而非純陽之仙。但因其能持一志而不移，故而陰靈不散，得稱爲"鬼仙"；雖説是"仙"，其實爲鬼。

何謂"人仙"？鍾離權説：

人仙者，五仙之下二也。修真之士不悟大道，道中得一法，法中得一術，信心若志，終世不移。五行之氣悮交悮合，形質且固，八邪之疫不能爲害，多安少病，乃曰人仙。②

"人仙"屬五品仙中下面的第二類仙，其不能體悟大道，衹執一法、一術苦心修煉，持恒守志，信心不改，終世不移。在這個過程中，其身體之内的金、木、水、火、土五行之氣偶然交合，從而形體堅固，八邪之疫不能爲害其身，多安而少病。雖有如此之效，修行人實屬誤打誤撞而得此果，他并不明白其中的道理，這種情況下所得之果位，乃稱之爲"人仙"。對於"人仙"修何術、何功而致，鍾離權

① 《道藏》，第4册，第657頁。
② 《道藏》，第4册，第657頁。

認爲：

修持之人，始也或聞大道，業重福薄，一切魔難而改初心，止於小成法有功，終身不能改移，四時不能變換。如絶五味者，豈知有六氣；忘七情者，豈知有十戒；行漱咽者，哈吐納之爲錯；著采補者，笑清净以爲愚，好即物以奪天地之氣者，不肯休糧；好存想而采日月之精者，不肯導引；孤坐閉息，安知有自然；屈體勞形，不識於無爲。采陰取婦人之氣，與縮金龜者不同；養陽食女子之乳，與煉丹者不同。以類推究，不可勝數，然而皆是道也。不能全於大道，止於大道中一法一術功成，安樂延年而已，故曰人仙。①

一些修"小成"之法的人，執著一法而不知變通，心量不廣闊，雖修行不輟，故衹能得"人仙"之仙品；雖有所成，但其所成衹限於"小成"，於法不能變通。究其原因，在於這些修持之人雖獲聞大道，但因自身業重、福薄，經歷魔難之後，將自己所發修道之初心改變，衹於小成法上終身用功而不改移、止步不前。

這種偏執的修持，表現形式多樣，種類繁多，推究起來不可勝數。如有些修行人執著於絶五味，却不知還有六氣要絶；有些修行人執著於忘七情，却不知還有"十戒"須守；一些修行人專注於行漱咽，反以他人行吐納爲錯；一些修行人執著於陰陽"采補"，却嘲笑他人專守清净爲愚；一些修行人愛好盗奪天地之氣，却斥休糧、辟

① 《道藏》，第4册，第657頁。

穀爲非；一些修行人好存想而采日月之精華，却不肯導引；一些修行人孤坐、閉息，却不知修煉須遵循自然的原則；也有的修行人屈體、勞形，却不識“無爲”之功，等等。當然，這些方術也不能説完全就無效，僅其不能得大道之全，僅於大道之中，執著一法、一術，以偏蓋全；即使功成，也祇能起安樂延年之效而已，這就是所謂的“人仙”。

關於“地仙”，鍾離權認爲：

> 地仙者，天地之半，神仙之才，不悟大道，止於小成之法。不可見功，唯以長生住世，而不死於人間者也。①

地仙本屬神仙之才，就其個人修道的身體條件而言，是非常不錯的！然其不能進一步領悟大道，祇停留在小成之法上而止步不前，於大道之功則有所缺乏，故祇能得長生、住世之仙品。對於如何修成“地仙”，鍾離權説：

> 始也法天地升降之理，取日月生成之數，身中用年月，日中用時刻，先要識龍虎，次要配坎離，辨水源清濁，分氣候早晚。收真一，察二儀，列三才，分四象，别五運，定六氣，聚七寶，序八卦，行九州。五行顛倒，氣傳子母，而液行夫婦也。三田反復，燒成丹藥，永鎮下田。煉形住世，而得長生不死，以作

① 《道藏》，第4册，第657頁。

陸地神仙，故曰地仙。①

修地仙之法，需要法天地升降之理，取日月生成之數。因人身之理與天地日月造化生物之理同，故修行人於其自身中法年月歲時遷移之理，於修功日用中遵時循刻，辨識自身中何者爲龍虎，在身中配合修丹所用坎離藥物，分辨藥物水源之清濁，辨識煉丹火候的早與晚。於一身中聚收真一之氣，察陰陽藥物之二儀，列天、地、人三才，分青龍、白虎、朱雀、玄武四象，別金、木、水、火、土五運，定寒、暑、燥、熱、風、燠六氣，聚精、炁、神等七寶②，序乾、坤、震、巽、坎、離、艮、兑八卦之序，使神與炁運行於身體中的九州之島。通過氣傳子母而液行夫婦，達成身中五行顛倒，三丹田反復，燒成丹藥，永鎮下田；煉形住世，而得長生不死，以作陸地神仙，故稱之爲"地仙"。

何謂"神仙"？鍾離權認爲：

神仙者，以地仙厭居塵世，用功不已，關節相連。抽鉛添汞，而金精煉頂，玉液還丹。煉形成氣，而五氣朝元，三陽聚頂，功滿忘形，胎仙自化，陰盡陽純，身外有身，脱質升仙，超凡入聖，謝絶塵俗，以返三山，乃曰神仙。③

---

① 《道藏》，第4册，第657～658頁。

② 《太上老君内日用妙經》謂："人身之精、血、炁、髓、腦、腎、心，是七寶，歸身不散，煉就大藥。"《道樞・血脉篇》謂："身有七寶，亦知之乎？或曰何也？曰津也、水也、唾也、血也、神也、氣也、精也。"由於不同道經對"七寶"有相類似而又各不相同的説法，故於此籠統説"精、炁、神等七寶"。

③ 《道藏》，第4册，第658頁。

神仙是由地仙進一步修煉而成。地仙因厭居塵世,通過用功不已,每個用功的關節相連通;不斷抽鉛而添汞,則可以達到金精煉而升於頂,玉液成而還於丹;煉形化而成氣,身中金、木、水、火、土五氣朝元,精、炁、神三陽聚頂,功德圓滿而忘形。在這個過程中,身中胎仙自化,陰盡而陽純,則身外有身,脱凡質而升仙,超凡俗而入於聖域。如此,則可以謝絶塵俗,以返三山,乃成神仙。

對於五品仙中最高一級的"天仙",鍾離權説:

> 天(當爲"地")仙厭居塵境,用功不已,而得超脱,乃曰神仙。神仙厭居三島而傳道人間,道上有功而人間有行,功行滿足,受天書以返洞天,是曰天仙。既爲天仙,若以厭居洞天,效職以爲仙官,下曰水官,中曰地官,上曰天官。於天地有大功,於今古有大行,官官升遷。歷任三十六洞天,而返八十一陽天;歷任八十一陽天,而返三清虚無自然之界。①

天仙是由地仙、神仙修煉而來。如前所述,地仙如果厭居塵境,通過用功不已而得超脱,乃稱爲"神仙";若神仙厭居三島,而熱心傳道人間,於道上有功而人間有行,功行圓滿、俱足之後,則可以受天書之召以返洞天,成爲"天仙"。既爲"天仙"後,若厭居洞天,則可以就仙職以爲仙官,如道教所説的"水官""地官""天官"。仙官中,若於天地間立有大功,於人世今古有惠民之大行,則可以官

① 《道藏》,第4册,第658頁。

官升遷，通過歷任三十六洞天，而返八十一陽天；歷任八十一陽天，而返三清虛無自然之界。

至於修人仙、地仙、神仙之法，鍾離權認爲：

> (凡)人仙不出小成法，凡地仙不出中成法，凡神仙不出大成法。此是三成之數，其實一也。用法求道，道固不難，以道求仙，仙亦甚易。①

他區分了修仙中的三成法，即小成、中成和大成之法。其中，人仙出於小成法，地仙出於中成法，神仙出於大成法。若能融會貫通，則三成法究其實質乃爲一貫。

鍾吕内丹學體現了人的一種對更高生活境界的追求。人皆不免患病，但好道之士欲求無病而長安；人生下來便向死亡邁進，而好道之人欲不死而長生；舉世之人皆活在世俗社會之中，而好道之人欲升仙、游於物外；舉世之人皆活動於地，而好道之人欲超凡而入於洞天。正因爲有此理想、追求，所以，好道之士甘於勞苦、貧賤，游心在清淡、瀟灑之中，潛迹於曠野、荒僻之地。但是，雖然修道之士對於自己的理想、追求矢志不移，然其行持是否有功，修持方法如何變换、什麽時候改易，包括下功之後，其證驗、次序如何，皆爲非常重要的問題，直接關係到修道成功與否。對此，鍾離權説：

① 《道藏》，第4册，第658頁。

苦志行持,終不見功者,非道負人,蓋奉道之人不從明師,而所受非法。依法行持,終不見功者,非道負人,蓋奉道之人不知時候,而以不成。若已遇明師而得法,行大法以依時,何患驗證而不有也。①

修道之人苦志行持,如果終不能見其成功,此非道負於人,主要原因在於奉道之人不能尋得明師,其所授受不合於法。如果能依法行持而終不見成功者,也非道負人,而主要原因在於奉道之士修持過程中,不知進火、退符之時候,所以不能成功。如果能遇明師而得法,行大法以依時,則不患修持之驗證不出現。

《鍾吕傳道集》將其内丹修持之法分爲十二科,此十二科分别爲:匹配陰陽第一,聚散水火第二,交媾龍虎第三,燒煉丹藥第四,肘後飛金精第五,玉液還丹第六,玉液煉形第七,金液還丹第八,金液煉形第九,朝元煉炁第十,内觀交换第十一,超脱分形第十二。所謂:

法有十二科:匹配陰陽第一,聚散水火第二,交媾龍虎第三,燒煉丹藥第四,肘後飛金精第五,玉液還丹第六,玉液煉形第七,金液還丹第八,金液煉形第九,朝元煉炁第十,内觀交换第十一,超脱分形第十二。其時,則年中法天地陰陽升降之宜,月中法日月往來之數,日中有四正、八卦、十千(当作"干")、十二支、一百刻、六十分,依法區分,自一日之後,證驗

① 《道藏》,第4册,第681頁。

次序以至脱質升仙,無差毫末。①

《鍾吕傳道集》所説的内丹修持首先從盡罷淫邪開始,同時兼修外行,多多積功纍德。其次,内丹修持不離"采藥","采藥"是内丹修煉的重要基礎,通過不斷采藥,可以使丹田之中金精充滿,如此則修道者心境安和,自能除去各種邪煞、陰鬼。此後,丹功每進一步,便有一步之驗證。如其所説:

始也淫邪盡罷,而外行兼修,凡采藥之次而金精充滿,心境自除以煞陰鬼;次心經上涌,口有甘液;次陰陽擊摶,時時腹中聞風雷之聲;次魂魄不定,夢寐多有恐悸之境;次六府、四肢或生微疾,小病不療自愈;次丹田夜則自暖,形容晝則清秀;次居暗室,而目有神光自現;次夢中雄勇,物不能害,而人不能欺,或若抱得嬰兒歸;次金關玉鎖封固,以絶夢泄遺漏;次鳴雷一聲,關節通連而驚汗四溢;次玉液烹漱,以成凝酥;次靈液成膏,漸畏腥羶以充口腹;次塵骨將輕而變神室,步趁奔馬,行止如飛;次對境無心,而絶嗜欲;次真氣入物,可以療人疾病;次内觀明朗而不暗昧;次雙目童人如點漆,皺臉重舒而紺髮再生,已少者永駐童顔;次真氣漸足而似常飽,所食不多而飲酒無量,終不見醉;次身體光澤,神氣秀媚,聖丹生味,靈液透香,真香异味,常在口鼻之間,人或知而聞之;次以目視百步,而見秋毫;次身體之間舊痕殘靨,自然消除,涕泪涎汗,亦不見有;

① 《道藏》,第4册,第681頁。

次胎完氣足以絶飲食;次内志清高以合太虚,凡情凡愛,心境自絶,下盡九蟲,上死三尸;次魂魄不游以絶夢寐,神彩清爽更無晝夜;次陽精成體,神府堅固,四體不畏寒暑;次生死不能相干,而坐忘内觀以游華胥神仙之國,女樂樓臺,繁華美麗,殆非人世所有也;次功滿行足,陰功報應,密授三清真籙,陰陽變化,可能預知,人事舉止,先見灾福;次觸目塵冗,以厭往還,潔身静處,胎仙可現,身外有身,是爲神聖;次真氣純陽,吁呵可乾外汞;次胎仙常欲騰飛,祥光生於卧室;次静中時聞樂聲;次常人對面,雖彼富貴之徒,亦聞腥穢,蓋凡骨俗體也;次神彩自可變移,容儀成而仙姿可比玉樹,异骨透出金色;次行止去處,常有神祇自來朝現,驅用指呼,一如己意;次静中外觀,紫霞滿目,頂外下視,金光罩體;次身中忽化火龍飛,或而玄鶴起,便是神靈以脱凡骨,而超出俗流,乃曰超脱;次超脱之後,彩雲繚繞,瑞氣紛紜,天雨奇花,玄鶴對飛,异香散而玉女下降,授天書紫詔,既畢而仙冠仙衣之屬具備,節制威儀,前後左右不可勝紀,相迎相引以返蓬萊,而於紫府朝見太微真君,契勘鄉原名姓,校量功行等殊,而於三島安居,乃曰真人仙子。①

以上所説修丹之證驗,皆以"次"字加於句首,意在説明此證驗會在功夫中依次出現。一般説來,修丹證驗之出現,會因人而异,具有或然性。但《鍾吕傳道集》則認爲,人們在修丹過程中,衹要方法路徑如法如儀,則一般皆可能會有這些證驗歷歷呈現。

① 《道藏》,第4册,第681~682頁。

例如,修丹者在修煉過程中,因心經之液上涌,於自己口中生出甘甜之液;或體内陰陽之氣相擊、相搏,時時能聽聞腹中有風雷之聲。

然後,魂魄不定、夢寐之中多有恐悸之境;六腑、四肢生微小之疾,雖有小病,却能不療自愈。

然後,丹田夜則自己生暖,晝則修道者之形貌、容顔清秀;修道者居於暗室,却目有神光自現;夢中雄勇,物不能害,而人不能欺,若抱得嬰兒歸於丹田。

然後,金關、玉鎖封固,夢泄、遺漏絶盡。

然後,身内若覺鳴雷一聲,關節通連而驚汗四溢;玉液烹漱,以成凝酥;靈液成膏,漸畏腥羶以充口腹。

然後,塵骨將輕,神室、丹田在體;步伐能趁奔馬,行止如飛;修丹之人此時能够對境無心,而絶嗜欲;所發真炁入物,可以療人疾病。

然後,内觀明朗而不暗昧;雙目之瞳如點漆之黑,皺臉重舒,白髮再生、變黑,永駐童顔;真炁漸足而常似飽,所食不多而飲酒無量,終不見醉。

然後,身體光澤,神氣秀媚,聖丹生味,靈液透香,真香异味,常在口鼻之間,人或知而聞之;以目視百步,而見秋毫;身體之間舊痕殘靨,自然消除,涕、泪、涎、汗,亦不見有;胎完氣足,以絶飲食。

然後,内志清高以合太虚,凡情凡愛,心境自絶,下盡九蟲,上死三尸;魂魄不游以絶夢寐,神彩清爽更無晝夜;陽精成體,神府堅固,四體不畏寒暑。

然後,生死不能相干,而坐忘内觀,以游華胥神仙之國,女樂樓臺,繁華美麗,殆非人世所有;若功滿行足,陰功報應,密授三清真籙,陰陽變化可以預知,人事舉止,先見灾福;如果觸目塵冗,以厭往還,潔身静處,胎仙可現,身外有身,是爲神聖。

然後,真炁純陽,吁呵可乾外汞;胎仙常欲騰飛,祥光生於卧室;静中時聞樂聲;常人對面,雖彼富貴之徒,亦聞腥穢,因其爲凡骨、俗體之故。

然後,神彩自可變移,容儀成而仙姿可比玉樹,异骨透出金色;行止去處,常有神祇自來朝現,驅用指呼,一如己意。

然後,静中外觀,紫霞滿目,頂外下視,金光罩體;身中忽化火龍飛,或而玄鶴起,便是神靈以脱凡骨,而超出俗流,此之謂超脱。

超脱之後,彩雲繚繞,瑞氣紛紜,天雨奇花,玄鶴對飛,异香散而玉女下降,授天書紫詔,既畢而仙冠仙衣之屬具備,節制威儀,前後左右不可勝紀,相迎相引以返蓬萊,而於紫府朝見太微真君,契勘鄉原名姓,校量功行等殊,而於三島安居,此乃稱真人、仙子。

如前文所説,内丹修持過程中,每個過程的交替,皆有其時。從理論上講,修丹之理合於天地陰陽造化生成之妙,修煉者要於一年中,取法天地陰陽升降之宜;於一月中,取法日月往來之數;於一日中,依其所修之法,區分四正、八卦、十干、十二支、一百刻、六十分。如果按此修行,絲毫不差,則自開始修持起,每一步皆有證驗,合於次序,以至脱質升仙,不差毫末。

(五)修丹之魔難

鍾吕内丹學認爲,在修煉内丹的過程中,也存在很多魔難,即有所謂陰鬼邪魔破壞鉗制。若奉道之人對境生心、玩物喪志,就可能遭遇所謂十魔、九難。

所謂"九難"①,包括衣食逼迫、無暇修道、恩愛牽纏、名利縈絆、灾禍横生、盲師約束、入於旁門左道、志意懈怠、歲月蹉跎等。修煉者免此九難,方可能奉道。此九難之中,或有一二做不到,修

① 大藥未成而難當寒暑,於一年之内,四季要衣;真氣未生而尚有饑渴,於一日之間,三餐要食。奉道之士所患者,衣食逼迫,一難也。及夫宿緣業重,流於今世填還,忙裏偷閑,猶爲尊長約束,於尊親曰不忍逃離,一向清閑,而難爲得暇。奉道之士所患者,尊長邀攔,此二難也。及夫愛者妻兒,惜者父母,恩枷情杻,每日增添,火院愁車,無時休歇,縱有清净之心,難敵愁煩之境。奉道之士所患者,恩愛牽纏,三難也。及夫富兼萬户,貴極三公,妄心不肯暫休,貪者惟憂不足。奉道之士所患者,名利縈絆,四難也。及夫少年不肯修持,一以氣弱成病,頑心絶無省悟,一以陰報成灾,見世一身受苦,而與後人爲誡。奉道之士所患者,灾禍横生,五難也。及夫人以生死事大,急於求師之人不擇真僞,或師於辨辭利口,或師於道貌古顔,始也自謂得遇神仙,終久方知好利之輩。奉道之士所患者,盲師約束,六難也。及夫盲師狂友妄指傍門,尋枝摘葉而終無契合,小法异端而互相指訣,殊不知日月不出,出則大明,使有目者皆見,雷霆不震,震則大驚,使有耳者皆聞,彼以爝火之光、井蛙之語,焚焚唧唧,而豈有合同。奉道之士所患者,議論差别,七難也。及夫朝爲而夕改,坐作而立忘,悦於須臾而厭爲持久,始於憂勤而終於懈怠。奉道之士所患者,志意懈怠,八難也。及夫身中失年,年中失月,月中失日,日中失時,少將名利不忘於心,老而兒孫嘗在於意,年光有限,勿謂今年已過,以待明年,人事無涯,勿謂今日已過,以待明日,今日尚不保明日,老年争却得少年。奉道之士所患者,歲月蹉跎,九難也。免此九難方可奉道,九難之中或有一二不可行持,但以徒勞而不能成功者也。(《道藏》,第4册,第679~680頁)

煉就可能陷於徒勞而不能成功。

除“九難”之外,修煉還有“十魔”①。此“十魔”又可以分爲三等:第一等爲身外見在之魔,第二等爲夢寐之魔,第三等爲内觀之魔。具體説來,有如下魔境,即六賊之魔、富魔、貴魔、六情魔、恩愛魔、患難魔、聖賢魔、刀兵魔、女樂魔、女色魔。鍾吕内丹學認爲,如果在修煉過程中,出現這些魔境,皆要弃之不顧,不得認其爲真實。

對於“十魔”的具體表現,鍾吕内丹學有詳細描述,旨在提醒修

① 所謂十魔者,凡有三等:一曰身外見在,二曰夢寐,三曰内觀。如滿目花芳,滿耳笙簧,舌於甘味,鼻好异香,情思舒蕩,意氣洋洋,如見不得認,是六賊魔也。如瓊樓寶閣,畫棟雕梁,珠簾綉幕,蕙帳蘭房,珊瑚遍地,金玉滿堂,如見不得認,是富魔也。如金鞍寶馬,重蓋昂昂,侯封萬户,使節旌幢,滿門青紫,靴笏盈床,如見不得認,是貴魔也。如輕烟蕩漾,暖日舒長,暴風大雨,雷震電光,笙簧嘹亮,哭泣悲傷,如見不得認,是六情魔也。如親戚患難,眷屬灾傷,兒女疾病,父母喪亡,兄弟離散,妻妾分張,如見不得認,是恩愛魔也。如失身火鑊,墮落高岡,惡蟲爲害,毒藥所傷,路逢凶黨,犯法身亡,如見不得認,是患難魔也。如十地當陽,三清玉皇,四神七曜,五岳八王,威儀節制,往復翱翔,如見不得認,是聖賢魔也。如雲屯士馬,兵刃如霜,戈矛鬥舉,弓箭齊張,争來殺害,驍捷難當,如見不得認,是刀兵魔也。如仙娥玉女,羅列成行,笙簧嘹亮,齊舉霓裳,雙雙紅袖,争獻金觴,如見不得認,是女樂魔也。如幾多姝麗,艷質濃妝,蘭臺夜飲,玉體輕裳,殢人驕態,争要成雙,如見不得認,是女色魔也。是此十魔難,有不認者是也,既認則著,既著則執,所以不成道者,良以此也。若以奉道之人,身外見在而不認不執,則心不退而志不移;夢寐之間不認不著,則神不迷而魂不散;内觀之時若見如是,當審其虚實,辨其真僞,不可隨波逐浪,認賊爲子,急起三昧真火以焚身,一揮群魔自散,用紫河車搬運自己之陽神,超内院而返天宫,然後以求超脱。今古好道之流,有清净之心,對境改志,往往難逃於十魔九難,空有好道之虚名,終不見得道之實迹。或而出離塵勞,幽居絶迹而志在玄門,於九難不能盡除,在十魔或著一二,非不得道也,而於道中或得中成,或得小成,而於仙中或爲人仙,或爲地仙。若以盡除魔難,序證驗而節節升遷,以内觀合就陽神,指日而歸三島。(《道藏》,第 4 册,第 680 頁)

丹者千萬不能對之執以爲真實,以免誤入歧途。例如,在修行過程中,如果覺見滿目花芳,滿耳笙簧,舌之甘味,鼻之异香,情思舒蕩,意氣洋洋等,不得認爲真實,此是六賊之魔。

若見瓊樓寶閣,畫棟雕梁,珠簾綉幕,蕙帳蘭房,珊瑚遍地,金玉滿堂,不得認爲真實,此是富魔。

若見金鞍寶馬,重蓋昂昂,侯封萬户,使節旌幢,滿門青紫,靴笏盈床,不得認爲真實,此是貴魔。

若見輕烟蕩漾,暖日舒長,暴風大雨,雷震電光,笙簧嘹亮,哭泣悲傷,不得認爲真實,此是六情魔。

若見親戚患難,眷屬灾傷,兒女疾病,父母喪亡,兄弟離散,妻妾分張,不得認爲真實,此是恩愛魔。

若見失身火鑊,墮落高岡,惡蟲爲害,毒藥所傷,路逢凶黨,犯法身亡,不得認爲真實,此是患難魔。

若見十地當陽,三清玉皇,四神七曜,五岳八王,威儀節制,往復翱翔,不得認爲真實,此是聖賢魔。

若見雲屯士馬,兵刃如霜,戈矛鬥舉,弓箭齊張,争來殺害,驍捷難當,不得認爲真實,此是刀兵魔。

若見仙娥玉女,羅列成行,笙簧嘹亮,齊舉霓裳,雙雙紅袖,争獻金觴,不得認爲真實,此是女樂魔。

若見諸多姝麗,艷質濃妝,蘭臺夜飲,玉體輕裳,殢人驕態,争要成雙,不得認爲真實,此是女色魔。

以上所述即修煉内丹過程中的十魔難。鍾吕内丹學認爲,若不認其爲真則是,如果認其爲真,則著於其中,既著則執,所以不能成道,以此原因而造成。如果奉道之人於身外見在此等魔境而不認、不執,則道心不退而志向不移;若於夢寐之間見得此等魔境而不認、不著,則神不迷而魂不散;若於内觀之時,見得如是魔境,則當審其虚實,辨其真僞,不可隨波逐浪,認賊爲子,當急起三昧真火以焚身,如此則群魔自散;然後,再駕起紫河車,搬運自己之陽神,超内院而返天宫,以求超脱。

鍾吕内丹學認爲,今古好道之流雖有清净之心,但對境改志,往往難逃十魔、九難,空有好道之虚名,終不見得道之實迹。或者出離塵勞,幽居絶迹而志在玄門,因於九難不能盡除,在十魔或著一二,不能得大道,而祇能於道中得中成、小成之境界;而於仙中或爲人仙,或爲地仙。如果能盡除魔難,序證驗而節節升遷,以内觀合就陽神,則指日可以歸於三島。

二、《靈寶畢法》及其思想

《秘傳正陽真人靈寶畢法》三卷,題正陽真人鍾離權雲房著,純陽真人吕岩洞賓傳,乃道教鍾吕金丹派的重要經典,下文我們簡稱其爲《靈寶畢法》。

(一)《鍾吕傳道集》與《靈寶畢法》之關係

《鍾吕傳道集》與《靈寶畢法》兩部經典是何關係? 據《鍾吕傳道集》:

吕曰:"今日特蒙尊師開説希夷大理、天地玄機,不止於耳目清明,而精神秀媚,殘軀有托,終不與糞壤同類。然而知之者未必能行,行之者未必能得,念以生死事大,而時光迅速,雖知妙理,未得行持終,不成功,與不知無异。敢告指教以交會之時,行持之法,如何下手,如何用功?"

鍾曰:"僕有《靈寶畢法》……包羅大道,引喻三清,指天地陰陽之升降爲範模,將日月精華之往來爲法則,實五仙之指趣,乃三成之規式,當擇日而授於足下。"①

若依此説,則《鍾吕傳道集》主要開説修煉内丹的希夷妙理、天地陰陽造化妙合之玄機。但知此理者未必能行;若知妙理,不能行持,終不能取得成功,此與不知其理無异。爲方便人們行持,《靈寶畢法》則將修丹的下手之功、藥物交會之時、火候行持之法一一披露出來。故兩部書相輔相成,共同構成鍾吕内丹學完整的修學理論與實踐體系。

正因爲鍾吕内丹學將内丹修持下手之功、藥物交會之時、火候行持之法,皆於《靈寶畢法》中有所披露;故有志之士若欲修持金丹、得道超脱,具體用功當參考《靈寶畢法》。據《鍾吕傳道集》所云,此書"凡十卷一十二科,中有六儀:一曰金誥,二曰玉書,三曰真元,四曰比喻,五曰真訣,六曰道要"②。如上所説,全書的宗旨、内容可以包羅大道之精神,其特點在於通過將天地陰陽升降之機與

① 《道藏》,第4册,第682頁。

② 《道藏》,第4册,第682頁。

内丹修養相比擬，引之以爲丹道修煉之範模；將日月精華之往來作爲丹道修煉重要之法則。故可以説，此書乃藴鍾吕金丹派修仙之指趣和規式於其中，爲修煉金丹不可或缺之參考書籍。

（二）《靈寶畢法》的時代、篇章結構及作者

關於《靈寶畢法》出世之年代，我們認爲其大概出於唐末、五代，理由如下：

第一，《宋史·隱逸》之《陳摶傳》語及陳摶與關西逸人吕洞賓等之交往：

> 華陰隱士李琪，自言唐開元中郎官，已數百歲，人罕見者；關西逸人吕洞賓有劍術，百餘歲而童顔，步履輕疾，頃刻數百里，世以爲神仙，皆數來摶齋中，人咸异之。大中祥符四年，真宗幸華陰，至雲臺觀，閲摶畫像，除其觀田租。①

陳摶爲五代、北宋時人。據《陳摶傳》所言，吕洞賓彼時已百餘歲，故其年應長於陳摶。《靈寶畢法》的傳者既然托爲鍾離權、吕洞賓，則此書之出世相較於陳摶所處的時代應該更早。而歷史上的鍾吕金丹派，一般也認爲主要是興起於唐、五代。

第二，歷史上的安史之亂發生於唐開元盛世之後，以此爲轉折

① 〔元〕脱脱等撰：《宋史·隱逸·陳摶傳》，中華書局 1977 年版，第 13420 頁。

點，唐代社會由盛而趨於衰、由治而轉於亂，《靈寶畢法》大概於此時出世。此判斷據《靈寶畢法序》做出，《序》云：

道不可以言傳，不可以名紀。歷古以來，升仙達道者，不爲少矣。僕志慕前賢，心懷大道。不意運起刀兵，時危世亂，始以逃生，寄迹江湖岩谷，退而識性留心，唯在清净希夷，歷看丹經，纍參道友，止言養命之小端，不説真仙之大道。因於終南山石壁間，獲收《靈寶經》三十卷。上部《金誥書》，元始所著；中部《玉録》，元皇所述；下部《真源義》，太上所傳，共數千言。予宵衣旰食，遠慮深省，乃悟陰中有陽，陽中有陰，本天地升降之宜，日月交合之理。氣中生水，水中生氣，亦心腎交合之理。比物之象，道不遠人。配合甲庚，方驗金丹之有準。抽添卯酉，自然火候之無差。紅鉛黑鉛，徹底不成大藥。金液玉液，到頭方是還丹。從無入有，常懷征戰之心。自下升高，漸入希夷之域。抽鉛添汞，致二八之陰消。换骨煉形，使九三之陽長。水源清濁，辨於既濟之時。内景真虚，識於坐忘之日。玄機奥旨，難以盡形方册。靈寶妙理，可用入聖超凡。總而爲三乘之法，名《靈寶畢法》。大道聖言，不敢私入一己用，傳洞賓足下，道成勿秘，當詒後來之士。正陽真人鍾離權雲房序。①

此《序》托爲"正陽真人鍾離權雲房"著。《序》云："僕志慕前

① 《道藏》，第28册，第349～350頁。

賢,心懷大道。不意運起刀兵,時危世亂,始以逃生,寄迹江湖岩谷,退而識性留心,唯在清净希夷。”①所謂“不意運起刀兵”“時危世亂”,意味作者所處之世當爲兵亂之時;在此,我們要特别關注《序》所説的“不意”二字,一般説來,“不意”就是没想到、實然的意思。縱觀中國歷史,自南北朝至於隋、唐之際,社會基本處於分裂、動蕩之中。既然社會原本就處於分裂、動亂的狀態,應該不至於讓《序》作者産生“不意”之感,故書、序不作於此段時期。若社會由承平日久而突然生亂,這恰可能使作《序》者産生“不意”之感嘆!由此,我們推測,安史之亂至於唐末、五代,正合於《序》作者所説的“不意運起刀兵”“時危世亂”之時,故此書之出世亦大概在這一時期。

至於鍾離權正式得“正陽”真人之封號最早在什麽時間,還有待考證。不過,據《金蓮正宗記》等全真道史的記載,至遲在元代,鍾離權已有“正陽”之封號;而《靈寶畢法》見載於《修真十書》,《修真十書》之編輯亦在元代,因其書編成於元代,故有可能混入一些元代的因素。但《修真十書》由不同内容的道經組成,這些道經各自的出世年代肯定要比編成此書的元代更早。故以《靈寶畢法》出於唐、五代,從邏輯上看,應該不會有什麽問題。

第三,《靈寶畢法》卷上《道要》説:“花殘葉落深秋,楊妃懶上危樓。”②歷史上最爲有名的“楊妃”就是唐玄宗之寵妃楊玉環,亦稱“楊貴妃”;楊貴妃因爲身肥,故《道要》以“懶上危樓”之用詞形

---

① 《道藏》,第 28 册,第 349 頁。

② 《道藏》,第 28 册,第 352 頁。

容、描述她,亦頗貼切。應該説,唐代被稱“楊妃”者有多人,如唐太宗有兩個妃子被稱“楊妃”,一是其三子吴王恪和六子蜀王愔的生母“楊妃”,乃隋煬帝之女;另一“楊妃”則爲其十三子趙王福之母。① 而唐中宗節滑太子李重俊正妃亦姓楊,史稱“節滑太子妃”。不過,除楊玉環之外,其他幾位“楊妃”在歷史上都不是太有名。楊玉環在“安史之亂”中喪生,與《序》“不意運起刀兵,時危世亂”甚合。故結合上述之説,我們猜測《道要》提及所謂“楊妃”,其字意來源可能即出於唐玄宗之寵妃楊玉環。若是,則此書之問世,基本可以斷在中唐晚期,尤其是唐末、五代。另外,《序中》提及的“識性留心”之説,與盛行於中晚唐的佛教禪宗之旨亦頗相近。

關於本書的篇章結構和作者,據《靈寶畢法序》,此書屬《靈寶經》,共三十卷,内容有上、中、下三部,即元始所説《金誥書》,元皇所説《玉録》,太上所傳《真源義》。元始當爲元始天尊,太上當爲太上老子,至於元皇,《周易參同契》有“稽古當元皇”句,《尚書》稱“稽古”,以《堯典》爲治道之宗,“元皇”可能指上古最初的統治者。又,經文中采用古《靈寶五符序》關於“五方”配“五數”之説,其上部《金誥書》托爲元始天尊所著,《序》提出此書於終南山石壁間得,與古《靈寶經》托名吴王闔閭得之於石壁的傳説相近,作者大概因這些緣故,將此經歸於靈寶系。

① 《舊唐書·列傳第二十六》謂:“太宗十四子:文德皇后生高宗大帝、恒山王承乾、濮王泰,楊妃生吴王恪、蜀王愔,陰妃生庶人祐,燕妃生越王貞、江王囂,韋妃生紀王慎,楊妃生趙王福,楊氏生曹王明,王氏生莊王惲,後宫生楚王寬、代王簡。”《新唐書·列傳第五》亦云:“太宗十四子:文德皇后生承乾,又生第四子泰、高宗皇帝,後宫生寬,楊妃生恪,又生第六子愔,陰妃生祐,王氏生惲,燕妃生貞,又生第十一子囂,韋妃生慎,後宫生簡,楊妃生福,楊氏生明。”

《靈寶畢法序》説此書"三十卷""數千言",現《道藏》所收共三卷,卷數與《序》説不符,然字數大抵數千言,則與《序》説同,故此書可能較多地保持了其原本之貌。在正文中,除有《金誥》、《玉書》(《玉書》當即《序》所説《玉録》,也作《玉籙書》)、《真原》(《真原》當即《序》所説《真源義》)外,還有《序》未提及的《比喻》《真訣》《道要》及《解》等内容。因此書題"正陽真人鍾離權雲房著,純陽真人吕岩洞賓傳",故鍾、吕有可能爲此書的共同作者,其中,鍾離權傳經,吕洞賓解説此經。根據此書撰寫、叙述之體例,我們推測《金誥書》《玉録》《真源義》或爲鍾離權所傳,而《比喻》《真訣》《道要》及《解》等可能爲吕洞賓所解。

此書認爲鍾吕内丹派的特點,一方面强調"識性留心""清净希夷",認爲修丹不止於言養命之小端,而要探討如何修得真仙之大道;另一方面,又强調修仙要交媾陰陽,做到"陰中有陽,陽中有陰",此陰陽相交之法,本之於天地升降之宜、日月交合之理,認爲人體陰陽消長與天地陰陽升降、日月往來之理相似。此乃一種特殊的天人合一理論模式,即認爲不僅人的心性可以合於天道,其身體氣機運行之法則亦與天地之道相同。

鍾吕内丹學論修行,其法以人之腎中生氣,腎氣上騰與心液相交,於氣中生水;又,心中生液,心液下與腎氣相交,液亦生氣,故陰可以生陽、陽亦可以生陰,此即心、腎交合之理。其内丹理論通過比物之象,要於人體中配合甲、庚,抽添卯、酉。其中,甲與卯五行屬木,以之喻性;庚與酉五行屬金,以之喻命,故其所説實爲内丹學中的性命雙修之理。性命雙修有其功夫、火候,剛開始時,要從無入有,於陰中取陽、陽中生陰,抽鉛添汞,换骨煉形,故要常懷征戰之心;此後,自下升高,内景真虚,漸入希夷之域,此中有玄機奥旨、靈寶妙理,可用之以入聖超凡。至於火候,此書强調要辨水源之清濁、尊自然之則,方能保煉丹無有差錯;又根據用功次第不同,修煉所得有紅鉛、黑鉛,金液、玉液之异,然皆稱爲還丹,《靈寶畢法》將之總結爲大、中、小三乘修煉之法。

(三)《靈寶畢法》丹法之理論根基

從《靈寶畢法》的丹法理論基礎來看,其基本堅持了漢代以來宇宙元氣生成論的道化思想,認爲大道是萬化之本,道生天地;天地間有"太元",即元始之生氣;此氣在運化過程中,分而爲陰陽、演而爲三材,化而爲五行萬物。在此基礎上,其對於漢代的天人感應思想亦有所繼承,認爲人身之理與天地造化之理可以相通,人取法天地之道,便可以與天地同其長久。

鍾吕内丹學的形上哲學根據爲"大道"。大道雖無形、無名,然從宇宙生成論的角度看,則天地皆資道而生形,因形而立名。《靈寶畢法》認爲,道生天地約經歷有六個階段,其以太元爲宇宙之初的階段;太元初判而有太始,太始之中而有太無,太無之中而有太虚,太虚之中而有太空,太空之中而有太質,認爲宇宙發生經歷了元、始、無、虚、空、質六個階段,"太質"即天地。《金誥》謂:

> 太元初判而有太始,太始之中而有太無,太無之中而有太虚,太虚之中而有太空,太空之中而有太質。太質者,天地也。天地清濁,其質如卵而玄黄之色,乃太空之中一物而已。陽升到天太極而生陰,以窈冥抱陽而下降。陰降到地太極而生陽,

> 以恍惚負陰而上升。一升一降，陰降陽升，與天地行道而萬物生成也。①

鍾吕内丹學的宇宙論提出"六太"，可能受到漢代《易緯·乾鑿度》的五太②之説的啓發，并在其基礎上，結合老學的虚、無和佛學空的概念而有所發展。中國古代所提出的宇宙模式，約有三家之學，即蓋天説、渾天説、宣夜説。其中，"蓋天説"認爲天像蓋笠、地法覆盆，天空如斗笠，大地像翻扣的盆，天覆地載之間，上下相去八萬四千里，天之氣與地之質不能相交；渾天説認爲天清地濁，其質如卵而玄黄之色，乃太空之中一物。《靈寶畢法》將宇宙論中的蓋天説與渾天説相結合，提出陽升到天，陽太極而生陰，陰以窈冥而抱陽下降；陰降到地，陰太極而生陽，陽以恍惚而負陰上升。一升一降，陰降陽升，此即天地行道，萬物得以生成。

《靈寶畢法》中有《玉書》，此《玉書》可能即爲《序》中所説《玉録》。《玉書》説：

> 大道無形，視聽不可以見聞。大道無名，度數不可以籌筭。資道生形，因形立名。名之大者，天地也。天得乾道而積氣，以覆於下。地得坤道而托質，以載於上。覆載之間，上下相去八萬四千里，氣質不能相交。天以乾索於坤而還於地中，其陽負陰而上升。地以坤索於乾而還於天中，其陰抱陽而下

---

① 《道藏》，第28册，第353頁。

② 《易緯·乾鑿度》指出："夫有形生於無形，乾坤安從生？故曰有太易、有太初、有太始、有太素也。""易始於太極，太極分而爲二，故生天地。"

降。一升一降運於道，所以天地長久。①

天地所以能長久，皆因於道。其中，天得乾道而積氣，自上以覆於下；地得坤道而托質，處下而載於上。故天以乾索於坤而還於地中，則天之陽得以交地之陰，天之陽再負地之陰而上升，則陽中有陰。地以坤索於乾而還於天中，則地之陰得以上交天之陽，地之陰再抱陽而下降，則陰中有陽。天之陽與地之陰於一升一降之間，使得陰陽不相間隔而能相融。這個過程皆因道之運而能周流不息，《真原》説：

天如覆盆，陽到難升。地如磐石，陰到難入。冬至而地中陽升，夏至到天，其陽太極而生陰。所以陰生者，以陽自陰中來而起於地，恍恍惚惚，氣中有水，其水無形，夏至到天成水，是曰陽太極而陰生也。夏至而天中陰降，冬至到地，其陰太極而陽生。所以陽生者，以陰自陽中來而出於天，杳杳冥冥，水中有氣，其氣無形，冬至到地，積水生氣，是曰陰太極而陽生也。②

此大概取法蓋天之説，不過反其道而行之，認爲天如覆盆，而不是地如覆盆：因天如覆盆，故陽氣至此難升；地如磐石，陰氣至此難入。冬至節氣，一陽來復，地中陽氣上升，於夏至節氣時，陽氣升到天；陽氣太極則生陰，之所以陰生，乃在於陽氣本自地陰中來。

① 《道藏》，第28册，第350頁。
② 《道藏》，第28册，第353頁。

陽氣起於地，恍恍惚惚，此陽氣中有水，其水無形；夏至陽氣到天，則氣中之水成，故夏至陽氣太極而陰生。夏至節氣而天中陰降，冬至陰氣到地，其陰氣太極而生陽；之所以陽生，乃在於陰氣本自天陽中來，其出於天，於杳杳冥冥之中，水中有氣，其氣無形，冬至陰氣到地，積水生氣，此謂之陰太極而陽生。

大道無形、無名，故無籌筭、度數；然天、地既有形名，則難逃度數。天地間陰陽循環相生，有其形名、度數。《真原》對天地陰陽交合之度數做了詳細説明，此説與《鍾吕傳道集》相似。其謂：

> 天地之間，親乎上者爲陽，自上而下四萬二千里，乃曰陽位。親乎下者爲陰，自下而上四萬二千里，乃曰陰位。既有形名，難逃度數。且一歲者，四時、八節、二十四氣、七十二候、三百六十日、四千三百二十辰。十二辰爲一日，五日爲一候，三候爲一氣，三氣爲一節，二節爲一時，四時爲一歲。一歲以冬至節爲始，是時也，地中陽升。凡一氣十五日，上升七千里。三氣爲一節，一節四十五日，陽升共二萬一千里。二節爲一時，一時九十日，陽升共四萬二千里，正到天地之中，而陽合陰位，陰中陽半，其氣爲温，而時當春分之節也。過此陽升而入陽位，方曰得氣而升，亦如前四十五日立夏。立夏之後，四十五日夏至。夏至之節，陽升通前計八萬四千里以到天，乃陽中有陽，其氣熱，積陽生陰，一陰生於二陽之中，自夏至之節爲始，是時天中陰降。凡一氣十五日，下降七千里。三氣爲一節，一節四十五日，陰降共二萬一千里。二節爲一時，一時九十日，陰降共四萬二千里，以到天地之中，而陰交陽位。是時陽中陰半，其氣爲凉，而時當秋分之節也。過此陰降而入陰

位,方曰得氣,而降亦如前四十五日立冬。立冬之後,四十五日冬至。冬至之節,陰降通前計八萬四千里以到地,乃陰中有陰,其氣寒。積陰生陽,一陽生於二陰之中。自冬至之後,一陽復升,如前運行不已,周而復始,不失於道。冬至陽生,上升而還天。夏至陰生,下降而還地。夏至陽升到天,而一陰來至。冬至陰降到地,而一陽來至,故曰冬至。陽升於上,過春分而入陽位,以離陰位。陰降於下,過秋分而入陰位,以離陽位,故曰春分、秋分。凡冬至陽升之後,自上而下,非無陰降也,所降之陰乃陽中之餘陰,止於陽位中消散而已,縱使下降得位,與陽升相遇,其氣絶矣。凡夏至陰降之後,自下而上,非無陽升也,所升之陽乃陰中之餘陽,止於陰位中消散而已,縱使上升得位,與陰降相遇,其氣絶矣。陰陽升降,上下不出於八萬四千里,往來難逃於三百六十日,即温、凉、寒、熱之四氣而識陰陽,即陽升陰降之八節而知天地。以天機測之,庶達大道之緒餘。若以口耳之學,較量於天地之道,安得籌筭而知之乎。①

《真原》提出天地之間,接近於天、親乎上者屬陽,因其以天地之間相距爲八萬四千里,則自天上而往下的四萬二千里,爲天地之間的陽位;接近於地、親乎下者屬陰,自地面往上四萬二千里,爲天地之間的陰位。

一年當中,可以分爲四時、八節、二十四氣、七十二候、三百六十日、四千三百二十辰。其中,十二辰爲一日,五日爲一候,三候

① 《道藏》,第28册,第350~351頁。

爲一氣，三氣爲一節，二節爲一時，四時爲一歲。此處所提“四時八節”之説，其四時爲春、夏、秋、冬，八節[1]指立春、春分、立夏、夏至、立秋、秋分、立冬、冬至，實爲泛指，代表一年中的各個節氣。

一年以冬至作爲開始，此時地中陽氣往上升起。二十四節氣，一個氣管十五日；十五日中，陽氣上升七千里；三氣爲一節，一節四十五日，陽氣上升共二萬一千里；二節爲一時，一時九十日，陽氣上升共四萬二千里，正到天地之中，因陽氣此時尚運行於自地面往上的四萬二千里之内，故處於陰位之中，故説陽合陰位。陽氣携陰往返於上、至於天地之中，此時陰中陽半，氣候變而爲温，而時當春分之節。

過春分之節，則陽氣升而入於陽位，即前文所説自天往下的四萬二千里之間的區域，此屬天地之間的陽位。此時，陽方可以説是得氣而升，其升之理亦如前所述，經四十五日，爲立夏節氣，陽氣上升二萬一千里；立夏之後，四十五日後爲夏至，加上前面所計，陽升八萬四千里至於天。此時爲陽中有陽，其氣熱，時當夏至之節。

陽氣至於極則生陰。自夏至之節爲始，一陰生於二陽之中，

---

① “八節”之説見於《周髀算經》。《周髀算經》約成書於公元前一世紀，原名《周髀》，是中國最古老的天文學、數學著作，主要闡明當時的蓋天説和四分曆法。唐初規定它爲國子監明算科的教材之一，故又稱《周髀算經》。其卷下謂：“凡爲八節二十四氣。”漢末、三國的學者趙爽注稱：“二至者，寒暑之極；二分者，陰陽之和；四立者，生長收藏之始；是爲八節。”“八節”之説在唐代頗爲流行，如寒山《詩》有：“四時周變易，八節急如流。”杜甫《短歌行贈四兄》詩云：“四時八節還拘禮，女拜弟妻男拜弟。”白居易有《策林·立制度》：“故作四時八節，所以時寒燠、節風雨，不使之過差爲沴也。”等等。由此亦提供了《靈寶畢法》大約爲唐中晚期之作的一則證據。

這可以《周易》離卦表示之,此時天中陰降。因一氣爲十五日,陰氣十五日下降七千里;三氣爲一節,一節四十五日,陰降共二萬一千里;二節爲一時,一時九十日,陰降共四萬二千里,氣降到天地之中,乃陰交於陽位。此時,陽中陰半,其氣爲凉,而時當秋分之節。

過秋分之節,陰繼續往下降,此時陰已入於陰位,此時陰方可以稱爲得氣,而陰降之理亦如前。四十五日,到立冬;立冬之後,四十五日爲冬至。冬至之節,陰自天而降於地,加上前面所計,通計爲八萬四千里,此時乃陰中有陰,其氣寒。寒屬陰,積陰而又生陽,這可以《周易》坎卦表示之。故冬至之後,一陽復升,如前運行不已,周而復始,不失於道。

天地間陰陽之氣循環升降之理,先是冬至陽生,陽自地上升而還於天。夏至陰生,陰自天下降而還於地。夏至時節,陽升到天,而一陰來至;冬至時節,陰降到地,而一陽來復。之所以稱冬至,其意乃指冬季而一陽來至之義。

冬至時節,陽升於上,過春分而入陽位,以離陰位。夏至之節,陰降於下,過秋分而入陰位,以離陽位,此即二十四節氣中的春分、秋分之理。凡冬至陽升之後,自上而下,非無陰降,所降之陰乃陽中之餘陰,止於陽位中消散而已,縱使下降得位,與陽升相遇,其氣漸絶。凡夏至陰降之後,自下而上,非無陽升,所升之陽乃陰中之餘陽,止於陰位中消散而已,縱使上升得位,與陰降相遇,其氣漸絶。天地陰陽升降,上下不出於八萬四千里,往來難逃於一年三百六十日。即温、凉、寒、熱之四氣而識陰陽,即陽升陰降之八節而知天地,達此天機,方能通達大道。

因此,通過天地間陰陽二氣消長終始變化之期,而知天道變化之法則。若從數理講,天地運行之道不離於數,數終於一歲;陰陽二氣消長不失其宜,分於八節:冬至節氣,一陽生起;春分陰中陽半,過此純陽而陰盡;夏至陽太極而一陰生;秋分陽中陰半,過此則純陰而陽盡,至於冬至陰太極而一陽生,陰陽升降循環往復如前。天地陰陽上下終始,雖不能全盡大道,却也不失大道之體。故欲識大道,當取法於天地而審於陰陽之宜。通過天地陰陽二氣的消長,天道變化的情况可以通過數、時進行籌筭,由此而得知。

故鍾吕内丹學的一個重要理論基礎,乃以大道爲形上本體。道作爲本體,其高無上,其卑無下,引而仰觀其上無上,莫見其首;俛而俯察其下無下,莫見其基。雖始生天地萬物却無先,莫見其前;雖貫穿天地萬物之終而無盡,莫見其後。但是,由大道而生天地,天地則有高下之儀;天地之中有陰陽二氣,陰陽二氣運轉,有其始終之數。天地陰陽一上一下,人通過仰觀俯察其理,可以將其機制表象出來,從而能知其始而了其終。通過度數、籌筭,可以得其理,故《靈寶畢法》所謂大道可知,是説人可以知天地陰陽造化之機而制其迹,這是從修道的方式、路徑而言的;其以謂道不可言,則更多是從其作爲形上本體,不拘於某一境、某一界,落於言則有限,不能成其爲本、成其爲大全而論。

鍾吕内丹學認爲,天地間陰陽不交,則萬物不生,天之陽與地之陰、天之氣與地之質相匹配,方可以化生萬物;人身之理同於天地,人身之陰陽相匹配,方可以變化生成金丹,得安樂延年。故天人可以合一,人身陰陽匹配,實效法天地陰陽相交之理。修道之人欲探知人身陰陽匹配之理,當明天地陰陽相交、造化生物之則。那麽,天地陰陽造化生物的原則究竟如何呢?《金誥》説:

> 天地者，大道之形；陰陽者，天地之道。寒、熱、温、凉，形中有氣也；雲、霧、雨、露，氣中有象也……積真陽以成神，而麗乎天者星辰。積真陰以成形，而壯乎地者土石。星辰之大者日月，土石之貴者金玉。陰陽見於有形，上之日月、下之金玉也。①

《金誥》所説大道生物之法則，其以天地爲大道之形，陰陽消長爲天地之道。天地作爲大道之形，其間陰陽相互作用，産生寒、熱、温、凉，此乃形中有氣，稱之爲四時，也即春、夏、秋、冬；而四時中的雲、霧、雨、露現象，乃氣中之象。探討其生成之因，實乃因地氣上升，騰而爲雲，散而爲雨；天氣下降，散而爲霧，凝而爲露。具體説來，天氣下降過程中則陰積，陰積太過則凝露爲霜而爲雷；地氣上騰則陽積，陽積太過則陽中所携之陰化而爲霧、爲烟、爲雲、爲霞。天氣下降過程中，陰中伏陽，陽氣不降、與下降之陰相擊搏，而生雷霆；地氣上升過程中，陽中伏陰，陰氣抗陽、堅固而生雹霰。此外，陰陽不合、相對而生閃電；陰陽不匹配、亂交而生虹蜺。天積真陽以成神，其麗乎天者爲星辰；地積真陰以成形，而壯乎地者爲土石。星辰之大者爲日月，土石之貴者爲金玉。故陰陽二氣見於有形者，上有日月、下有金玉。

就日月而言，日月運轉東升西降，其東西出没以分晝夜，南北往來以定寒暑。日月運轉晝夜不息，積日爲月，積月爲歲，於一月中，陽律中起陰吕，陰吕中起陽律。日月運行，合於天地之

① 《道藏》，第28册，第354頁。

機，不離乾坤之數。萬物生成雖在於陰陽，而造化則資於日月。《真原》説：

天地之形，其狀如卵。六合於中，其圓如毬。日月出没，運行一天之上，一地之下。上下東西，周行如飛輪。東生西没，日行陽道。西生東没，月行陰道。一日之間而分晝夜。冬至之後，日出自南而北。夏至之後，日出自北而南。冬之夜乃夏之日，夏之夜乃冬之日。一年之間而定寒暑。日月之狀，方圓八百四十里。四尺爲一步，三百六十步爲一里。凡八刻二十分爲一時，十二時爲一日。一月者，三十日，共三百六十時，計三千刻、一十八萬分也。且以陽行乾，其數用九。陰行坤，其數用六。魄中魂生，本自旦日。蓋其九不對六，故三日後月魄生魂。凡一晝夜、一百刻、六千分，魂於魄中一進七十里。六晝夜共進四百二十里，魄中魂半，乃曰上弦。又六晝夜進四百二十里，通前共八百四十里，魄中魂全而陽滿陰位，乃曰月望。自十六日爲始，魂中生魄，凡六晝夜共進四百二十里，而魂中魄半，乃曰下弦。又六晝夜進四百二十里，通前共進八百四十里，而魂中魄全，月中尚有餘光者，蓋六不盡九，故三日後月魄滿宫，乃曰月晦。月旦之後，六中起九。月晦之前，九中起六。數有未盡，而生後有期。積日爲月，積月爲歲。一歲以月言之，六律、六吕，以六起數，數盡六位，六六三十六，陰之成數也。以日言之，五日一候，七十二候，八九之數，至重九，以九起數，數盡六位，六九五十四者，陽之成數也。一六一九，合而十五。十五，氣之數。二十四氣當八節之用，而見陰陽升降之宜。一六、一九，以四爲用，變爲陽數二百一十六，陰之數一百四十四，計三百六十之數而足滿周天。①

《靈寶畢法》於此又取渾天之説，認爲天地之形其狀如卵，東西南北上下六合於其中，其圓如球之形。日月出没，則運行於天之上、地之下。日月於天地之外，上下東西，周行如飛輪；其中，日行陽道，東生西没；月行陰道，西生東没，一日之間而分晝夜。冬至之後，日出自南而北；夏至之後，日出自北而南。冬之夜與夏之日等長，夏之夜與冬之日等長，故一年之内，有寒暑之别。對於日月之狀，鍾吕金丹派皆假設其方圓爲八百四十里。按中國古代計算法，四尺爲一步，三百六十步爲一里；凡八刻二十分爲一時，十二時爲一日；一月三十日，共三百六十時，計三千刻、一十八萬分。

據《易》卦之理，陽爻稱九，陰爻稱六。乾爲天屬陽，故其數爲九；坤爲地屬陰，其數爲六。以陽行乾，故其數用九；以陰行坤，其數用六。就月亮運轉之周期、法則來説，月之陰魄得日之陽魂生起，本應該在每月初的旦日，也即初一，但因九不對六，故初一日月亮不生明，至初三日後，月魄方生魂而始明。就其運行之機而言，凡一晝夜、一百刻、六千分，陽魂於月魄中進七十里，六晝夜共進四百二十里，此時月魄中陽魂半，乃稱其爲月之上弦。又六晝夜進四百二十里，通前共八百四十里，月魄中陽魂全而陽滿陰位，乃曰月之望，即十五月圓。自十六日爲始，魂中生魄，凡六晝夜共進四百二十里，而魂中魄半，乃爲月之下弦；又六晝夜進四百二十里，通前共進八百四十里，而魂中魄全，在這個過程中，月中尚有餘光，蓋因

① 《道藏》，第28册，第355頁。

六不盡九，故三日後月魄滿宫，乃稱月晦。此段與《周易參同契》①所説意同，可能是對《周易參同契》的進一步解釋。

月之盈虧，若概括其理，大致如下：即月旦之後，陰六之中起陽九；月晦之前，陽九之中起陰六。一歲共十二月，若與律曆相配，可以分爲六律、六吕。以六起數，是因爲此數可以合於《周易》别卦的六爻之位。卦之六位乘以陰爻數六，爲三十六，乃陰之成數。以日言之，五日爲一候，一月共三候，一年十二月共七十二候，相當於以八乘九之數；陽爻以九起數，數盡卦爻六位，六乘九爲五十四，爲陽之成數。六與九相加，合而十五，十五乃節氣之數；一月各有一節、一氣，一年共二十四節氣，當八節之用，而見陰陽升降之宜。陰爻六數、陽爻九數，以四季之四爲用，則陽爻之策數爲四乘九，得三十六；陰爻之策數爲四乘六，得二十四，乾有六個陽爻，故乾之陽策數爲三十六乘六，得二百一十六；坤有六個陰爻，故坤之陰策數爲二十四乘六，得一百四十四，合乾坤兩卦之策數而計之，共三百六十之數，而足滿周天三百六十度。《靈寶畢法》此説與《周易・繫辭》所載蓍法之理相通，旨在説明天地陰陽消長、日月運行、四時變化，皆有其度數、理法，可以爲人所探知；人若能知其數理而制其用，就可以法天地造化生物之機，於人身煉就金丹大藥、結陽神而超脱成仙。

---

① 《周易參同契》謂："三日出爲爽，震庚受西方。八日兑受丁，上弦平如繩。十五乾體就，盛滿甲東方。蟾蜍與兔魄，日月氣雙明。蟾蜍視卦節，兔者吐生光。七八道已訖，屈折低下降。十六轉受統，巽辛見平明。艮直於丙南，下弦二十三。坤乙三十日，東北喪其朋。節盡相禪與，繼體復生龍。壬癸配甲乙，乾坤括始終。七八數十五，九六亦相應；四者合三十，陽氣索滅藏。八卦布列曜，運移不失中。"

欲在人身配合陰陽，結成大丹，當法宇宙天地陰陽之氣相交合之道。宇宙天地間，其真陰、真陽皆相生相成，故陰不離陽，陽不離陰，陽生需有陰之輔，陰生需有陽之助。《玉書》説：

> 真陰、真陽，相生相成。見於上者，積陽成神，神中有形，而麗乎天者，日月也。見於下者，積陰成形，形中有神，而麗乎地者，金玉也。金玉之質，隱於山川，秀媚之氣浮於上，而日月交光。草木受之，以爲禎祥；鳥獸得之，以爲异類耳。①

天地之真陽見於天之上者，積陽而成神，神中有形，其形麗於天，即我們所看到的日月；天地之真陰見於地之下者，積陰而成形，形中有神，其神麗乎地，即我們所見之金玉。金玉乃地之神，其質隱於山川，其秀媚之氣浮於上，而與日月交光，草木受之以爲禎祥，鳥獸得之以爲异類。對《金誥》《玉書》所説天地之間的真陽、真陰相互作用，造化形成天之日月，地之金玉，《真原》説：

> 陽升到天，太極生陰，陰不足而陽有餘，所以積陽生神。陰降到地，太極生陽，陽不足而陰有餘，所以積陰生形。上之日月，下之金玉，真陽有神，真陰有形。其氣相交而上下相射，光盈天地，則金玉可貴者，良以此也。是知金玉之氣凝於空，則爲瑞氣祥烟；入於地，則變醴泉、芝草；人民受之而爲英杰；鳥獸得之而生奇异。蓋金玉之質雖産於積陰之形，而中抱真

① 《道藏》，第28册，第357頁。

陽之氣，又感積陽成神之日月，真陰、真陽之下射而寶凝矣。①

居天之上的日月，即真陽之神，藏地之下的金玉，即真陰之形。真陽升到天，陽至於太極則生陰，此時，陰不足而陽有餘，所以積陽生神。真陰降到地，陰至於太極而生陽，此時，陽不足而陰有餘，所以積陰生形。真陽爲神，真陰爲形；真陽與真陰其氣相交，而上下相射，其光盈於天地間，故金玉之所以可貴，皆因其爲天地真陽、真陰造化而成。因此，金玉之氣凝於空，則爲瑞氣、祥烟；入於地，則變醴泉、芝草；人民受之而爲英杰，鳥獸得之而生奇异。故金玉之質雖産於積陰之形，而其中實抱有真陽之氣，若又感積陽成神之日月中的真陰、真陽下射，如此則寶凝而成。

鍾吕内丹學之所以對天地之真陽、真陰詳加討論，意在説明人身中之真陰、真陽凝結之理，同於天地造化之理，天人是同構的。天地真陽、真陰有其精華，這就是“神”。如何得此“神”？需要將真陽、真陰混而爲一。就天而言，積陽氣而生神，神之中則變而有形，由混淪“一”之數，生日之光，由日之光生月之光。就地而言，積陰氣而成形，形之中亦藏有神，由混淪“一”之數，生金之氣，由金之氣生玉之氣。《金誥》説：

積陽成神，神中有形，一生於日，日生於月。積陰成形，形中有神，一生於金，金生於玉。隨陰陽而生没者，日月之光也。因數生光，數本於乾坤。隨陰陽而升降者，金玉之氣也。因時

① 《道藏》，第28册，第357頁。

起氣，時本於天地。①

鍾吕内丹學中，有交媾坎離龍虎、玉液還丹、金液還丹等法，此皆合於天地真陽、真陰相交合之理。天地之間，隨陰陽之氣消長，而有日月之光生没、金玉之氣成形，在此過程中，皆有數與度的規定性，其生成皆合於數的法則。此數的規定性非來自於外，而是本之於乾坤、天地運化本身的法則。

大道生一氣，由一氣化成天地、運行日月，天地之氣相交，成真陽、真陰，陰陽二氣混融而生五行之氣，五行之氣分布五方，其主宰爲五帝。《金誥》説：

一氣初判，大道有形而列二儀。二儀定位，大道有名而分五帝。五帝异地而各守一方，五方异氣而各守一子。青帝之子甲、乙受之天真木德之九氣，赤帝之子丙、丁受之天真火德之三氣，白帝之子庚、辛受之天真金德之七氣，黑帝之子壬、癸受之天真水德之五氣，黄帝之子戊、己受之天真土德之一氣。自一生真一，真一因土出，故萬物生成在土，五行生成在一，真元之道，皆一氣生也。②

鍾吕内丹學的宇宙論認爲，道本無形、無名，然一氣初判，而有陰陽；故大道有形而列爲二儀；由陰陽二儀之定位，則大道有名而分五方、五帝。五帝各主一方，有東、西、南、北、中之异，五帝所主

① 《道藏》，第 28 册，第 359 頁。
② 《道藏》，第 28 册，第 360 頁。

之地各异，且各守一方；因所主之地不同，五方之氣亦各异，五氣各守一子，如東方青帝，其子爲甲乙，所受之氣乃天真木德之九氣；南方赤帝，其子爲丙丁，所受之氣乃天真火德之三氣；西方白帝，其子庚辛，所受之氣乃天真金德之七氣；北方黑帝，其子爲壬癸，所受之氣乃天真水德之五氣；中央黄帝，其子爲戊己，所受之氣乃天真土德之一氣。自一生真一，真一因土出，故萬物生成在土，五行生成在一，真元之道，皆一氣所生。

《靈寶畢法》之所以於此特别提出五方之氣與五帝之説，大概是因爲人體有五臟，因五臟皆有其主氣，如肝氣、心氣、脾氣、肺氣、腎氣。鍾吕内丹學認爲，修行人要將此五氣歸位、朝元，方能修成陽神、真仙。若探討此説的理論來源，其與六朝時期上清派之臟腑、身神觀，靈寶派的五方、五帝之説有關。至於其所説五方之氣各有其數，如東方木德之九氣，南方火德之三氣，西方金德之七氣，北方水德之五氣，中央土德之一氣，則與古《靈寶五符序》之説相同，而與五代、宋所流行的黑白點《河圖》《洛書》之數位相异。按朱熹、蔡元定所謂黑白點《河圖》，其以木之生數爲三、成數爲八，火之生數爲二、成數爲七，金之生數爲四、成數爲九，水之生數爲一、成數爲六，土之生數爲五、成數爲十；《靈寶畢法》之説，不分五行生成之數，且五方所對應的數，也全然與黑白點《河圖》不同。又朱熹、蔡元定黑白點《洛書》數爲：火數九，水數一，木數三，金數七，土數五居中；《靈寶畢法》除西方金德七氣與之偶同外，餘皆不同。因其取古《靈寶經》之説法，故與黑白點河洛數理有相异之處。不過，雖五方、五帝配數未取黑白點河洛之説，但在丹道用語，如謂二八陰消、九三陽長等，則《鍾吕傳道集》《靈寶畢法》又皆有取於黑白點河洛數理之説。故古《靈寶經》五方、五氣配數之説與黑白點河洛圖書之數是何關係？還有待進一步考察。①

鍾吕内丹學以道爲根本，由道生數、生象、生位、生質；其中，數、象、位皆《易》之概念，可見鍾吕内丹學受《周易參同契》學風的影響，也有援易入道的特點。《玉書籙》説：

> 一、三、五、七、九，道之分而有數。金、木、水、火、土，道之變而有象。東、西、南、北、中，道之列而有位。青、白、赤、黄、黑，道之散而有質。數歸於無數，象反於無象，位至於無位，質還於無質。欲道之無數，不分之則無數矣。欲道之無象，不變之則無象矣。欲道之無位，不列之則無位矣。欲道之無質，不能之則無質矣。無數則道之源也，無象則道之本也，無位則道之真也，無質則道之妙也。②

《玉書籙》認爲，《金誥》所説土德之一氣，火德之三氣，水德之五氣，金德之七氣，木德之九氣，此一、三、五、七、九之數，皆由道之分而有，故道分則生數。五行金、木、水、火、土之氣，皆由道之變而有象。五氣所居之位各不相同，木氣居東、金氣居西、火氣居南、水氣居北、土氣居中，皆由道之排列而有其不同之位。五行之氣亦有其質，木青、金白、火赤、土黄、水黑，此乃道之散而有質。所以，道有順逆，順則道生數、生象、列位、有質，人修道則取其逆，由數而歸於無數，由象而反於無象，由位而至於無位，由質而還於無質。

---

① 案宋代以來，黑白點《河圖》《洛書》影響漸大，其是否受到《靈寶五符序》《靈寶畢法》的影響；或者黑白點河圖、洛書是否受漢代禮制明堂九宫説、五行生成圖的影響，等等，這些皆有待進一步考證。

② 《道藏》，第28册，第360～361頁。

對於如何纔能做到無數、無象、無位、無質？鍾吕内丹學認爲，欲得道之無數，不分之則無數；欲得道之無象，不變之則無象；欲得道之無位，不列之則無位；欲得道之無質，不能之則無質。若能達於無數，則能返於道之源；若能達於無象，則能返於道之本；若能達於無位，則能返於道之真；若能達於無質，則能返於道之妙。《真原》説：

> 道原既判，降本流末，悟其真者，因真修真，内真而外真自應矣。識其妙者，因妙得妙，内妙而外妙自應矣。天地得道之真，其真未應，故未免乎有位。天地得道之妙，其妙未應，故未免乎有質。有質則有象可求，有位則有數可推。天地之間、萬物之内，最貴惟人。即天地之有象可求，故知其質、氣與水也。即天地之有數可推，故知其位遠與近也。審乎如是，而道亦不遠於人也。①

道有其本、有其原，由道之原判而爲陰陽二儀，由此則降本以流末。修道者若能悟其真，則因道之真而修其真，天人相合，人於内修其真，自能與外之真相應。修道者若能識道之妙，則因道之妙而能得自身之妙，自身内妙既得，而外之妙自能與之相應。於此，我們發現，《靈寶畢法》展示了道教中有深遠影響的天人合發思想，②即認爲修煉内丹時，人們既要在人體之内積精、聚氣以存神，還要通過人體與宇宙天地間能量的相融、互通，獲得洋溢在宇宙天

① 《道藏》，第28册，第361頁。

② 後世道教提"天元""地元""人元"三元丹法，大概受《靈寶畢法》此説影響。

地間不息之生氣的支持,與此相偕,從而與天地宇宙同其長久。

從本體的角度言,大道無形、無名;若從宇宙生成的角度言,則大道降本流形,生成宇宙、天地萬物和人。在這個過程中,宇宙天地得道之真,然其真未能全與道之真相應,故天地尚不能免乎其有位;天地得道之妙,然其妙未能全與道之妙相應,故天地尚不能免乎其有質。因天地有質,則有象可求;因天地有位,則有數可推。由此反映出來的哲學觀與《易》相合:《易傳》提出"易與天地準",易之所以能與天地準,因天地有質,故有象;因天地有位,故有數。象與數乃易之基本要素,象與數能承載、反映天地之理。天地之間、萬物之内,最貴者惟人,因天地之有象可求,天地之有數可推,故人能掌握天地運化之象數,從而探得道之理。若從這個角度而言,則人通過法天地造化之理,而可以與道相合。因此,道不遠於人,人可以通過修行而合於道。

那麽,人如何具體通過修行與道相合?對此,《靈寶畢法》給出了詳盡的解答。其修習共分爲小乘、中乘、大乘三個不同層次的功法,其中"小乘安樂延年法四門"包括:匹配陰陽,聚散水火,交媾龍虎,燒煉丹藥;"中乘長生不死法三門"包括:肘後飛金晶,玉液還丹,金液還丹;"大乘超凡入聖法三門"包括:朝元,内觀,超脱。此與《鍾吕傳道集》所説修煉内丹之次第、内容一脉相承。下面,我們分述之:

(四)"小乘安樂延年法"之内容

1. 匹配陰陽

小乘安樂延年法四門中,匹配陰陽爲第一法。鍾吕内丹學認爲,天地萬物皆由道而生。其中,天地乃萬物中之最大者,而人則爲萬物中之最靈者,人身之理與天地陰陽消長法則相同。《靈寶畢法》有《比喻》,此《比喻》之意,將天地陰陽消長法與人身陰陽消長相比擬。其謂:

> 道生萬物,天地乃物中之大者,人爲物中之靈者,別求於道,人同天地。以心比天,以腎比地,肝爲陽位,肺爲陰位。心腎相去八寸四分,其天地覆載之間比也。氣比陽,而液比陰。子午之時,比夏至、冬至之節。卯酉之時,比春分、秋分之節。以一日比一年,以一日用八卦時比八節。子時腎中氣生,卯時氣到肝,肝爲陽,其氣旺,陽升以入陽位,其春分之比也。午時氣到心,積氣生液,夏至陽升到天,而陰生之比也。午時心中液生,酉時液到肺,肺爲陰,其液盛,陰降以入陰位,其秋分之比也。子時液到腎,積液生氣,冬至陰降到地,而陽生之比也。周而復始,日月循環,無損無虧,自可延年。①

天地間陰陽相交感之道,即人體陰陽相和而結丹之道。在此基礎上,鍾吕金丹學建構起一個天人合一的修丹理論模型:人之心可以比天,人之腎可以比地,人五臟中的肝可比天地之間的陽位,人五臟中的肺可比天地之間的陰位。而人之心、腎相去約八寸四分,其與天地覆載之間八萬四千里可以相比擬。

腎之氣可比冬至後地所産之陽,而心之液可比夏至後天所産之陰。人身氣血運行中的子午之時,可以與天地四時八節中的夏

① 《道藏》,第28册,第351頁。

至、冬至相比擬。人身氣血運行中的卯酉之時,可以與天地四時八節的春分、秋分之節相比擬。

故修行之人可以其氣血運行的一日,與天地陰陽消長的一年相比;以一日用八卦之時,與一年中的八節相比。具體如下:子時人身腎中陽氣生,卯時陽氣到肝,肝爲陽,其氣旺,陽升以入陽位,此可以比於一年中之春分時節。午時氣到心,陽盛極,陽盛則積氣生液,此可比於一年中之夏至時節陽升到天而陰生。午時心中液生,酉時液到肺,肺爲陰,其液盛,陰降以入於陰位,此可比於一年中之秋分時節。子時液到腎,積液生氣,此可比一年中之冬至時節,陰降到地、陰盛而陽生。人身陰陽消長的過程,與天地陰陽消長的過程相似,皆周而復始,循環往復不已,於此過程中,若能無損無虧,就可與天地一般延年無窮。

天地與道相合,故能得之於道。人受形於父母,因爲經歷形中生形,故與天地相比,去道愈遠。同時,人自胎完氣足之後,因六欲七情耗散其元陽,真氣不斷走失,故人身雖然有自然之氣、液相生,却難能與天地陰陽消長之升降相比。人如何纔能合於道、合於天地陰陽消長之法?《真訣》對之有所説明,其謂:

> 天地於道一得之,惟人也,受形於父母,形中生形,去道愈遠。自胎完氣足之後,六欲七情耗散元陽,走失真氣,雖有自然之氣液相生,亦不得天地之升降。且一呼元氣出,一吸元氣入,接天地之氣,既入不能留之,隨呼而復出,本宫之氣反而爲天地奪之,是以氣散難生液,液之少難生氣。當其氣旺之時,日用卯卦,而於氣也多入少出,强留在腹,當時自下而升者,不出自外,而入者暫住,二氣相合,積而生五臟之液,還元愈多,

積日纍功，見驗方止。①

此《真訣》應該是鍾呂内丹學中師徒口耳相授受的口訣。它提出，人一呼則元氣出，一吸則元氣入，如此則能與天地之氣相接，但元氣既入之後，人身不能留之，又隨呼而復出，反而使本宫丹田之氣爲天地所奪，以此之故，腎氣散而難生心液，心液少則難生腎氣。故修煉内丹之人當於其身陽氣旺盛之時，采用卯卦所喻之法，使元氣多入而少出，留之在腹中；對於自身當中從下而升上之陽氣，也不令其出自於外，如此，則能使自外入於身之元氣暫住於身，内外二氣相合，積而生五臟之液，積日纍功，還元愈來愈多，久而久之，方能見其效驗。

《靈寶畢法》又有《道要》，《道要》之後一般皆有對《道要》之解釋，稱之爲《解》。《道要》所説可能爲修道之緊要處，有時用秘語，故要有所解釋，方能比較明白、易懂。此節《道要》説：

欲見陽公長子，須是多入少出。從他兒女相争，過時求取真的。乃積氣生液，積液生氣，匹配氣液相生之法也。行持不過一年，奪功以一并三。百日爲期，旬日之見驗。進得飲食而疾病消除，頭目清利而心腹空快，多力少倦，腹中時聞風雷之聲，餘驗不可勝紀。②

按《周易·説卦》乾坤父母六子之説，震爲乾之長子，乾爲純

① 《道藏》，第28册，第351頁。
② 《道藏》，第28册，第351頁。

陽,故以震爲“陽公長子”,代表修持之人身中一陽來復之時。奉道者欲於其身内見“陽公長子”也即身中一陽來復,其要點在於“多入少出”。然後,任從他“兒女相争”,也即身中陰陽相融、氣與液相匹配,待其時機成熟,自可求取真的。因爲身中積腎氣之陽可以生心液之陰,積心液之陰可以生腎氣之陽,此乃匹配腎氣、心液相生之法。若能依法行持,修煉者不過一年就可以見效,且百日可以奪一年之功,旬日也即十數日能得百日之驗;進得飲食而疾病消除,頭目清利而心腹空快,多力少倦,腹中時聞風雷之聲,等等,尚有各種餘驗,不可勝記。

其《解》曰:“陽公長子者,乾索須坤,如氣升而上也。兒是氣,自腎中升。女是液,自心中降。相争而上下之故,閉氣而生液,匹配兩停,過時自得真水也。”①所謂陽公長子,通過乾陽索於坤陰,生陽長子震,如天地間冬至一陽之氣升而往上。《道要》所説“兒”指的是腎中真氣,真氣自腎中升。《道要》所説“女”指的是心中所産真液,真液自心中降。真氣與真液相争,往復上下,故閉腎氣能生心液,氣與液匹配兩停、陰陽相交,自得煉丹之“真水”。

2. 聚散水火第二

小乘第二法爲聚散水火。因人身之理與天地陰陽消長之機相似,故以人身的心、腎與天、地相比,以人身之腎氣、心液與天地陰陽二氣相比,以人身氣血一日的運轉與天地陰陽二氣一年的消長相比。《比喻》説:

以心腎比天地,以氣液比陰陽,以一日比一年。日用艮卦

① 《道藏》,第28册,第351頁。

比一年用立春之節，乾卦比一年用立冬之節……一年之中立春比一日之時，艮卦也，腎氣下傳膀胱，在液中微弱難升也。一年之中立冬比一日之時，乾卦也，乾卦心液下入，將欲還元，復入腎中，乃陰盛陽絶之時也。人之致病者，陰陽不和，陽微陰多，故病多。①

就卦氣與卦之方位而言，艮卦可以代表一年中的立春之節，如《周易・説卦》認爲“艮，東北之卦也，萬物之所成終，而所成始也”；乾卦可以代表一年中的立冬之節，因《周易・説卦》認爲陰陽二氣“戰乎乾，乾，西北之卦也，言陰陽相薄也”。《周易・説卦》上述之説實開漢代以來卦氣説的先聲，唐宋以後，易學中的先、後天八卦之説也與之相關。

鍾吕内丹學以一年之中的立春時節，比喻一天中人的腎陽之氣下傳膀胱、在液中微弱難升之時，此以《周易》艮卦來代表，取其成終、成始之意。一年之中的立冬時節，比喻一天中人心液下降、復入於腎中，將欲還元的陰盛陽絶之時，以《周易》乾卦代表，取其陰陽相薄、陰將轉盛之意。人若當艮卦陽氣尚微之時，不知養陽氣之端；或於乾卦陽氣耗散之時，不知聚陽氣之理，一天從早到晚以六欲七情耗散元陽，使真氣不旺；或走失真氣，使真液不生，就不能如天地一般長久。

從天地陰陽消長之機看，立春時節，陽氣自下而升上，先是微於丑寅，時日不久則陰中陽半，此由艮卦來代表。立冬時節，陰氣自上而下，陽氣則散於戌亥，時日不久則陽中陰半，此由乾卦來代

① 《道藏》，第28册，第352頁。

表。天地陰陽消長之道如是，正如《真訣》所說：

陽升立春，自下而上，不日而陰中陽半矣（艮卦氣微丑、寅）。陰降立冬，自上而下，不日而陽中陰半矣（乾卦氣散戌、亥）。天地之道如是。惟人也，當艮卦氣微，不知養氣之端。乾卦氣散，不知聚氣之理。日夕以六欲七情耗散元陽，使真氣不旺；走失真氣，使真液不生，所以不得如天地之長久者，蓋以此矣。故古人朝屯、暮蒙，日用二卦，乃得長生在世。朝屯者，蓋取一陽爲屈而未伸之義，其在我者，養而伸之，勿以耗散。暮蒙者，蓋取童蒙求我以就明弃暗，乃陰間求陽之義，其在我者，昧而明之，勿以走失。是以日出當用艮卦之時，以養元氣，勿以利名動其心，勿以好惡介其意；當披衣静坐，以養其氣，絶念忘情，微作導引，手脚遞互伸縮三五下，使四體之氣齊生，内保元氣上升以朝於心府；或咽津一兩口，搓摩頭面三二十次，呵出終夜壅聚惡濁之氣，久而色澤充美，肌膚光潤（艮卦養元氣）。又於日入用乾卦之時，以聚元氣；當入室静坐咽氣，搐外腎；咽氣者，是納心火於下；搐外腎者，是收膀胱之氣於内（乾卦聚元氣）。上下相合腎氣之火，三火聚而爲一，以補暖下田。無液則聚氣生液，有液則煉液生氣，名曰聚火，又曰太一含真氣也。早朝咽津摩面，手足遞互伸縮，名曰散火，又名曰小煉形也。①

人之所以致病的重要原因即在於身中陰陽不和，陽微而陰多，

① 《道藏》，第 28 册，第 352 頁。

故疾病多有。《靈寶畢法》解《周易參同契》“朔旦屯直事，至暮蒙當受”之義，認爲朝“屯”的意思，就是取屯卦初九一陽在下、陽屈而未伸之義，修内丹者當於此時養陽而伸之，勿以耗散其陽。暮“蒙”的意思，就是取“童蒙求我”，以就明弃暗，乃陰中求陽之義；修内丹者當明身體中元陽的重要性，勿使其走失，通過取法朝屯、暮蒙二卦之理，方能得長生久視。

故於日出之時，修内丹者當行艮卦所代表的“止之”之功。止即止陽，使之不散而能生長。艮卦之功可以立春爲代表，此時陽氣雖長，但尚不盛旺，故當養元氣，勿以利名動其心，勿以好惡介其意，行艮止之功。具體説來，修内丹者當披衣静坐，絶念忘情，以養其陽氣；同時，微作導引之術，手與脚遞互伸縮三五下，使四體之氣齊生，内保元氣上升以朝於心府；或者咽津一兩口，搓摩頭面三二十次，呵出終夜壅聚惡濁之氣。因艮卦所代表的“止之”之功可以保養元氣，故久行此功，可以使人色澤充美，肌膚光潤。

於日入之時，修内丹者則當行乾卦所代表的聚元氣之功。《周易・説卦》以乾爲西北之卦，此時陰侵陽，陰陽相搏擊。修内丹者於此時當入室静坐，咽氣，搐外腎；咽氣的功用，主要在於納心火於下；搐外腎的功用，主要是收膀胱之氣於内。乾卦所代表的功法主要在於聚合身中元陽之氣，使處上之心火往下，處下的膀胱之氣往上，上下二氣與腎氣之火相合，三火聚而爲一，以補暖下丹田。

心無液，則聚腎氣以生液；心有液，則煉心液以生發腎氣，此步功夫名爲“聚火”，所聚之“火”又稱“太一含真氣”。而早上朝陽方升之時，修煉者咽津摩面，手足遞互伸縮，此步功夫名之爲“散火”，又名爲“小煉形”。《道要》説：

花殘葉落深秋，楊妃懶上危樓；欲得君民和會，當時宴罷頻收。此納心氣而收膀胱氣，不令耗散而相合腎氣，以接坎卦氣，海中新生之氣也。必以交立冬爲首，見驗方止。行持不過一年，奪功以一并三，百日爲期，旬日見驗。容顏光澤而肌膚充悦，下田温暖，小便減省，四體輕健而精神清爽，痼疾、宿病盡皆消除。如惜歲月，不倦行持，祇於匹配陰陽功内稍似見驗，叙入此功，日用添入艮卦，略行此法。乾卦三元用事，應驗方止（三元乾、艮、震也）。①

對《道要》此説，其《解》認爲："花殘葉落深秋者，如人氣弱日暮之時，陽氣散而不升，故曰懶上危樓。樓者，重樓也。心爲君火，膀胱民火，咽氣搐外腎，故心與外腎氣聚而爲一，故曰和會。宴乃咽也，收乃搐也。早辰功不絶者，此法爲主本也。"②所謂"花殘葉落深秋"，喻指人身氣弱或日暮之時；"楊妃"喻陽氣之精華，因楊與陽諧音，陽氣散而不升，陽氣之精華亦不能聚而升華，故説"楊妃懶上危樓"，此處之"樓"喻指重樓，乃河車之道，即不能運轉河車之喻。心爲"君火"，"膀胱"爲民火，咽氣、搐外腎，使心與外腎之氣聚而爲一，故説"和會"。"宴"乃咽之意，"收"乃搐之意。

因此，修煉者通過納心氣，使之往下；收膀胱氣，使之往上，不令耗散；心氣與膀胱氣、腎氣相合，以接引坎卦氣。所謂坎卦氣，即下丹田氣海中所新生之氣。行此功至見驗方止，其證驗表現爲：修煉者容顏光澤而肌膚充悦，下丹田温暖，小便少，四體輕健，精神清

① 《道藏》，第28册，第352頁。

② 《道藏》，第28册，第352～353頁。

爽，以前所患痼疾、宿病盡皆消除。

修煉者當於“匹配陰陽”功夫稍似見驗之後，即行此“聚散水火”之功。此功於修煉之初，用艮卦之法，止養陽氣；加之以乾卦之法，聚合身中元陽之氣。具體說來，乾卦之法又包括三元用事，其所謂“三元”，主要指乾、艮、震三元。其中，乾卦所代表的功法主要在於使居上之心火往下；艮卦所代表的功法主要在於使處下的膀胱之氣止而往上，上下二氣與腎氣之火相合，三火聚而爲一，使陽氣震發，以補暖下丹田，此爲震卦修煉之法。修煉者修行此三卦之法，當至應驗方止。應該説，此法頗受漢代《易緯》卦氣説的影響，衹不過《易緯》於乾、艮、震之間，通常還加入坎，其序爲乾、坎、艮、震。另外，《易緯》講卦氣，通過究天人之際，主要闡明天道變化對人事尤其是政事的影響；《靈寶畢法》此説，則主要以卦氣闡明人修丹之時體内陽氣升發的不同階段，二者雖有不同，然思路有相似之處。

3. 交媾龍虎第三

在鍾吕内丹學中，匹配陰陽、聚散水火爲初步的築基功夫。築基功夫主要就是將人體内分散的氣、液聚而盛之；此後，使居下之氣上升，居上之液下降，方能於體内交媾氣、液而産丹藥。氣之上升而生液，此以龍喻之；液之下降而産氣，此以虎喻之，其上升與下降皆有其機理。若以人的身外比太空，則身内之心腎好比天地；以氣液比天地間之陰陽，以身中氣血運行的子午比一年中的冬至、夏至。《比喻》説：

以身外比太空，以心腎比天地，以氣液比陰陽，以子午比冬夏。子時乃曰坎卦，腎中氣生；午時乃曰離卦，氣到心。腎氣與心氣相合而太極生液,所以生液者,以氣自腎中來,氣中有真水,其水無形。離卦到心,接著心氣,則太極而生液者如此。離卦心中液生,坎卦液到腎,液與腎水相合而太極,復生於氣。所以生氣者,以液自心中來,液中有真氣,其氣無形。坎卦到腎,接著腎水,則太極而生氣者如此。可以比陽升陰降,至太極而相生。所生之陰陽,陽中藏水,陰中藏氣也。①

子時以《周易》坎卦代表,坎卦陰中有陽,喻腎中氣生;午時以《周易》離卦代表,離卦陽中有陰,喻腎氣到心,腎氣與心氣相合。腎氣到心,接著心氣,則陽太極而生陰液,之所以生液者,因爲氣本自腎而來,腎氣中有無形之真水,故午時離卦喻心中液生。坎卦子時心液到腎,心液與腎水相合而陰太極,復生陽氣。之所以生陽氣,因液本自心陽中來,液中有無形之真氣。身體當中的陽氣與陰液交互運行,可以比擬天地間的陽升陰降,其理爲:陰至於太極則生陽,陽至於太極則生陰,陰陽相生;所生陰陽之中,陽中又藏有陰,陰中又藏有陽。此説與易學中的陰陽魚太極圖的原理頗爲類似,疑其爲陰陽魚太極圖之理論先聲。

人身中的陰中陽、陽中陰,也即修煉内丹的真龍、真虎。對此真龍、真虎,《真訣》説:

腎中生氣,氣中有真水。心中生液,液中有真氣。真水、真氣乃真龍、真虎也。陽到天而難升,太極生陰。陰到地而難入,太極生陽。天地之理如此。惟人也,不得比天地者,六欲

① 《道藏》,第28册,第353頁。

七情感物喪志，而耗散元陽，走失真氣。當離卦腎氣到心，神識内定，鼻息少入遲出，綿綿若存，而津滿口勿吐勿咽，自然腎氣與心氣相合，太極生液。以液與真水相合，真氣戀液，真水戀氣。本不相合，蓋液中有真氣，氣中有真水，互相交合相戀而下，名曰交姤龍虎。若以火候無差，而抽添合宜，三百日養就真胎而成大藥，煉質焚身，朝元超脱之本也。①

人身之中，腎能生氣，此氣中有真水；心中生液，液中有真氣，此即鍾吕内丹學之真龍、真虎。如前所述，陽到天而難升，陽氣太極而生陰；陰到地而難入，陰氣太極而生陽。天地之理如此。人身氣液之行與天地準，但人不能與天地相似，原因在於人有六欲七情，從而感物喪志而耗散元陽、走失真氣。

離卦所代表的午時，人體的腎氣已升到心。此時，人當神識内定，鼻息少入遲出，綿綿若存，則能津液滿口，若能勿吐、勿咽，則自然腎氣與心氣相合。陽氣太極而生陰液，因心之陰液與腎之真氣相合，腎之真氣戀心之液，心之真水戀腎之真氣。氣與液本不相合，但因心之陰液中有心火真氣之陽，腎之陽氣中有腎水真液之陰，真陽與真陰互相交合、相戀，名之爲交媾龍虎。如果火候無差，而抽添合宜，則三百日養就真胎而成大藥，此乃煉質焚身、朝元超脱之本。

修煉内丹時，當令身中元氣留置於内。《道要》説：

一氣初回元運，真陽欲到離宫，捉取真龍、真虎，玉池春水

① 《道藏》，第28册，第353頁。

溶溶。此恐泄元氣而走真水於身外也。氣散難生液，液少而無真氣。氣、水不交，安成大藥。當此年中用月，以冬至爲始；日中用時，以離卦爲期。或以晚年奉道，根源不固，自度虛損而氣不足之後，十年之損，一年用功補之，名曰采補還丹。補之過數，止行此法，名曰水火既濟，可以延年益壽，乃曰人仙。功驗不可備紀：若補數足而口生甘津，心境自除，情欲不動；百骸無病而神光暗中自見，雙目時若驚電。以冬至日爲始節，用法三百日胎仙具。①

真陽升至離宫，則可以使腎水中所産真氣與心火中所産真液二相結合，此乃鍾吕内丹學所説的真龍、真虎；真龍、真虎交媾，則玉池春水溶溶。在這個過程中，最怕元陽真氣泄漏而走失於身外。腎中真氣散則難生心液，心液少反過來又使真氣難起。心液與腎氣不交，就不能成就金丹大藥。

爲此，修煉者當於年中用月，以冬至陰極陽生爲煉丹之始；亦當於日中用時，以離卦所代表的午時爲期，以此陽極陰生之時爲煉丹之基。一些人因晚年奉道，身中氣、液根源不固，虛損而氣不足，若十年之損，可以一年行功補完之，此名爲“采補還丹”。補之過於其數則止，此法名爲“水火既濟”，行之可以延年益壽，乃稱“人仙”。

至於其功驗，大致有如下方面：若元陽之氣補足，修煉者口内生起甘津，心地清净，塵境自除，情欲不動，百骸無病，神光出現，暗中自見，雙目之光猶若驚電。修煉者以冬至日爲始節，法此而用功三百日，則可以得胎仙具。

---

① 《道藏》，第28册，第353頁。

其《解》認爲:"一氣初回元運,真陽欲到離宫。"在外而言,則一天中的午時爲離宫;在人身而言,則人心爲離宫;所謂"真陽",即夏至的陽之極,也即陽中之陽,或稱太陽。"捉取真龍、真虎,玉池春水溶溶",心液中所産元陽真氣爲"真龍","真虎"乃腎氣中所産之真水,人之口喻爲玉池,口中所産之津爲"春水",真龍、真虎交媾,則口中生津,如春水之溶溶。

4. 燒煉丹藥

交媾龍虎之後,便可以産煉丹之藥而燒煉之。此丹藥猶如天之日月、地之金玉,實即所謂的真陰、真陽。匹配陰陽的過程中,陰不得陽不生,陽不得陰不成。天地之間,積陽而神、麗乎天而大者爲日月;日月乃真陽得真陰相成。積陰而形壯於地而貴者爲金玉,金玉乃真陰得真陽以相生而成。天地陰陽相匹配而成日月、金玉,修煉内丹與此理相同,也要配合自身之真陰、真陽。《真原》説:

> 陰不得陽不生,陽不得陰不成。積陽而神、麗乎天而大者,日月也;日月乃真陽而得真陰相成也。積陰而形壯於地而貴者,金玉也,金玉乃真陰而得真陽以相生也(戌亥行持,離卦采藥,乾卦進火)。①

其所説"戌亥行持",喻指行功之時,戌爲晚七至九時,亥爲晚九至十一時,兩個時辰爲現在的四個小時,修内丹者於此四個小時内行功,效果明顯。離卦則喻指身中氣血運行陽極而生陰之時,即所謂午時,此時身中陽氣至於極而生陰,故於此時可以采藥,稱"離

① 《道藏》,第28册,第354頁。

卦采藥”；乾卦在《周易·説卦》中爲西北之卦，代表冬季，可喻冬至陰極而陽生，身中一陽生起，於内丹而言，即要進火。

以人身言之，真陽可比於修内丹者心液中所産之“真氣”，真陰可比於腎氣中所生之“真水”，也即前文所説之龍虎。《比喻》説：

> 真陽比心液中真氣，真陰比腎氣中真水。真水不得真氣不生，真氣不得真水不成。真水、真氣既於離卦和合於心上肺下，如子母之相戀，夫婦之相愛。自離至兑，兑卦陰旺陽弱之時，比日月之下弦，金玉之在晦，至旦數足生明。金玉以陽生陰，氣足生寶，金玉成寶者，蓋以氣足而進之以陽。日月生明者，蓋以數足而受之以魂。比於乾卦進火，煉陽無衰火，以加數而陽長生也。①

人身之中，真水即真陰，不得真氣不生；真氣即真陽，不得真水不成。真水、真氣於修行人行離卦之功時（也即午時身中陽極陰生之際），二者和合於心上肺下。心上肺下不是具體指修行人身中五臟之部位，而指的是煉内丹的重要時刻，即陽升至於極而生陰、陰往下降的時候；於一年中，它可以喻指夏至後至於立秋、秋分之時，此時天氣開始下降，於内丹中稱之爲退陰符，真水與真氣如子母之相戀、夫婦之相愛。另外，自離之午至於兑之酉，也是對心上肺下的另一種比喻，兑卦代表天氣下降、由陽位而至於陰位之時，此時爲陰旺、陽弱之時，好比月之下弦；又好比地中金玉之在晦，不能生明；至於朔旦，則月數足而生明。此段論述，與《周易參同契》頗相

① 《道藏》，第28册，第354頁。

類似①。地中之金玉,乃以陽生於陰中,陽氣聚足則生金玉之寶,金玉成寶,乃以氣足而進之以陽。天上日月生明,乃以數足而受之以魂。若以人身比於天地,則乾卦所代表的冬至一陽生,煉内丹需於此時而進火,煉此陽而火無停息,加其數則陽可以不斷得到長生。

修内丹者,於"離卦"所代表的陽極陰生之時,則可以交媾龍虎,使心液所産之真氣與腎氣中所産之真水二者和合,此在内丹學中,名之爲"采藥"。又,在煉丹過程中,要不斷去粗取精,故一些環節看似循環、重復出現,却代表著不同的用功階段。例如,前文提及"乾卦"可喻指修煉者身中一陽初動之時,於此時要進火;更進一步,"乾卦"還可以代表"采藥"之後,修行人身中真氣、真液將欲還元,而生於黄庭之中的時候。黄庭處膀胱之上、脾胃之下、腎之前、臍之後、肝之左、肺之右、小腸之右、大腸之左,爲人之命府所在。當此之時,修行人脾氣旺而肺氣盛,心氣絶而肝氣弱。《真訣》説:

> 離卦龍虎交姤,名曰采藥。時到乾卦,氣液將欲還元,而生膀胱之上、脾胃之下、腎之前、臍之後、肝之左、肺之右、小腸之右、大腸之左,當時脾氣旺而肺氣盛,心氣絶而肝氣弱。真氣本以陽氣相合而來,既以陽氣弱而真氣無所戀,徒勞用工,而采合必於此時。神識内守,鼻息綿綿,以肚腹微脅臍腎,覺熱太甚,微放、輕勒腹臍。未熱緊勒,漸熱即守常,任意放志,以滿乾坤,乃曰勒陽關而煉丹藥。使氣不上行,以同真水經脾宫,隨呼吸而搬運於命府黄庭之中。氣液造化,時變而爲精,

① 《周易參同契》謂:"晦至朔旦,震來受符。當斯之際,天地媾其精,日月相撢持。雄陽播玄施,雌陰化黄包。"(十章)"晦朔之間,合符行中。混沌鴻濛,牝牡相從。"(四十六章)

精變而爲珠，珠變而爲汞，汞變而爲砂，砂變而爲金，乃曰金丹。①

修行人身中之真氣本以真陽聚合而得，静極而陽復生，而采藥、合藥必於此時。修行人此時當神識内守，鼻息綿綿，以肚腹微脅臍腎，覺熱太甚，則微放、輕勒腹臍；若未熱則緊勒，漸熱後即守常，任意放志，使之滿於乾坤，此步功夫稱之爲"勒陽關"而"煉丹藥"。使心液所産真氣不再上行，使之同腎氣中所産真水相合，經脾宫，隨呼吸而搬運於命府、黄庭之中。真氣、真液造化、相交配之時，變而爲精，此精變而爲珠，珠變而爲汞，汞變而爲砂，砂變而爲金，乃稱"金丹"。

關於修煉内丹的采藥，《道要》説：

采藥須憑玉兔(采藥心氣，玉兔腎水)，成親必藉黄婆，等到雍州相見(雍州乾卦)，奏傳一曲陽歌。此乃與采藥日用對行。凡以晚年補完，十損一補之，此法名曰煉汞補丹田。補之數足，止於日用。離卦采藥，乾卦燒煉，勒陽關。春冬多采少煉，乾一而離二，倍用功也。秋夏少采多煉，離一而乾二，倍用功也。隨年月氣旺采煉之，功驗在前，可延年住世而爲人仙。若以補數既足見驗，進功謹節。用功采藥一百日，藥力全；二百日，聖胎堅；三百日，真氣生而胎仙完。凡藥力全而後進火加數，乃曰火候。凡聖胎堅後，火候加至小周天數。凡胎圓真氣生，火候加至，乃曰周天火候。是采藥而交姤龍虎，煉藥而

① 《道藏》，第28册，第354頁。

進火,方爲入道。當絶迹幽居,心在内觀,内境不出而外境不入,如婦養孕,龍之養珠。雖飲食寤寐之間,語默如嬰兒,舉止如室女,猶恐有失有損,心不可暫離於道也。①

修内丹者"采藥"須憑"玉兔",據文中注稱,"采藥"之藥指心中真氣,"玉兔"則指腎中真水,采藥也即心腎交媾。但心腎交媾、成親又必憑藉"黄婆"之功,其《解》認爲:"黄婆"指的是脾中之液,它能和合真氣、真水而使其入於黄庭之中,也就是説,在"黄婆"的調停之下,心與腎方能相交媾。而心腎相媾,又可以九州之一的"雍州"相喻。據文中注稱,雍州又指乾卦,大概因其地理位置在西北方,故配後天八卦方位的乾卦。此乾卦即如前文所説,代表的是修行人身中真氣、真液將欲還元,而生於黄庭之中的時候,修煉者於此時要勒陽、脅腹,又稱之爲"勒陽關"。如此,方可以"奏傳一曲陽歌"。

所以,修煉者當於離卦所代表的陽極陰生之時采藥,至於乾卦所代表的真氣、真液將欲還元的時候燒煉,燒煉的過程中,要勒緊陽關,不使其泄漏。至於其火候,則應於春冬之季陽氣發生、生長之時,要多采少煉,其中乾卦代表燒煉、勒陽關,離卦代表采藥,火爲金之二倍,即表示多采少煉,當以此法而用功。於秋夏之季陰氣發生、生長之時,要少采多煉,金爲火之二倍,即表示多煉少采,當以此法用功。

故修丹者要隨年月氣之旺衰而采煉之,功畢可驗,修煉者可延年住世而爲人仙。此還丹乃是與采藥對行的一步功夫。若修行之

① 《道藏》,第28册,第354頁。

人於晚年欲修還丹，首先當補完自己身體的缺漏，十年所損，至少要以一年的時間纔能將之補全，補全身體的方法名之爲“煉汞補丹田”法。如法補之，數足之後可止。修丹者若補全自身之缺漏，行功中不斷見驗，於進功中仍然當謹節。大致用功後的證驗，照例爲：用功采藥一百日，則藥力全；二百日，則聖胎堅；三百日，則真氣生而胎仙完。凡藥力全而後進火加數，在鍾吕内丹學中方稱之爲火候。凡聖胎堅後，火候加至小周天數。凡胎圓真氣生，火候加至大周天數，乃可以稱之爲周天火候。因此，通過采藥而交媾龍虎，即將心液中所産真氣與腎氣中所産真水相合，通過煉藥而進火，方可以稱爲入道。此時，修煉者當絶迹幽居，使自己的心意時時内觀己身，内境不出、外境不入，如婦養孕，如龍養珠。雖飲食寤寐之間，語默如嬰兒，舉止如室女，猶恐有失有損，心不可暫離於道。

總之，鍾吕内丹學以“匹配陰陽”“聚散水火”“交媾龍虎”“燒煉還丹”爲修道的小乘法四門，認爲此四門功夫成就，可以成爲“人仙”。

（四）“中乘長生不死法三門”

前文所述小乘法四門，主要是闡明人體之心與腎、氣與液的交媾之法，這是鍾吕金丹道中最初步的築基之法。此四步功夫皆取法天地之間陰陽二氣之升降、交媾，因此，匹配陰陽、聚散水火、交媾龍虎、燒煉丹藥，屬心腎交媾之法，其法與陰陽二氣升降於天地之内、陰陽之間相互交合、循環往復的過程相似，鍾吕内丹學以之爲“小河車”搬運。

在此基礎上更進一步，則有中乘長生不死法三門。其中的肘後飛金晶,就不再取法於天地之間陰陽二氣的升降、交媾,而是取法於日月運轉在天地之外,此日魂月魄往來、互攝,屬天地交媾之法;於人體言,則是三田返覆,由下丹田坤地飛金晶入腦至於乾頂泥丸的還精補腦功夫,鍾吕内丹學以之爲"大河車"搬運。

因龍虎交而變黄芽,鉛汞交繞成大藥,煉大藥方能得朝元、超升。因此,五行顛倒,龍虎交而變黄芽,屬小河車之功,爲小乘法四門所主;三田返復,肘後飛金晶,還精入泥丸,抽鉛增汞而成大藥,此乃大河車之功,爲中乘長生不死法三門所主。

1. 肘後飛金晶

《靈寶畢法》認爲,天地陰陽升降之宜、日月魂魄往來之理,可以數推之,其交合有序,運轉無差;人之心腎氣液、肝肺魂魄之交合,亦各有其度,如天地陰陽、日月之進退消長一般,皆有其數度,且與《易》之數理變化相合。《比喻》説:

> 陰陽升降在天地之内,比心腎氣液交合之法。日月運轉在天地之外,比肘後飛金精之事也。日月交合,比進火之法加減。陽升陰降,無异於日月之魂魄。日往月來,無异於心腎之氣液……歲之夏至,月之十六日,乃日用離卦之法,乃人之午時也。歲之冬至,月之旦,乃日用坎卦之法,乃人之子時也。天地陰陽升降之宜、日月魂魄往來之理,尚以數推之,交合有序,運轉無差,人之心腎氣液、肝肺魂魄,日用雖有節次,年月豈無加減乎。①

① 《道藏》,第28册,第355頁。

天地間陽升而陰降,與日月之魂魄往來無异。日往月來,與人身心腎之氣液相交無异。陰陽二氣升降在天地之内,可以比喻人之心腎氣液交合之法。日月運轉在天地之外,可以比喻修丹者肘後飛金精之事。而日月交合,可用來表徵修丹者進火之法的加與減。《靈寶畢法》持“易與天地準”的道理,《易》之數理變化所體現者,即天地陰陽與日月消長之道。如歲之夏至、月之十六日,乃日用離卦之法,爲人之午時。歲之冬至、月之旦,乃日用坎卦之法,爲人之子時。《真訣》説:

坎卦陽生,當正子時,非始非終,艮卦腎氣交肝氣。未交之前,静室中披衣握固,正坐盤膝,蹲下腹肚,須臾升身前出胸,而微偃頭於後,後閉夾脊雙關,肘後微扇一二,伸腰,自尾閭穴如火相似,自腰而起,擁在夾脊,慎勿開關,即時甚熱氣壯,漸次開夾脊關,而放氣過關。仍仰面,腦後緊偃,以閉上關,慎勿開之,即覺熱極氣壯,漸次入頂,以補泥丸髓海。須身耐寒暑,方爲長生之基。次用還丹之法如是,前件出胸伸腰,閉夾脊,蹲而升之腰間。火不起,當静坐内觀,如法再作,以至火起爲度。自丑行之,至寅終而可止。乃曰肘後飛金晶,又曰抽鉛,使腎氣生肝氣也。且人身脊骨二十四節,自下而上三節,爲内腎相對;自上而下三節,名曰天柱;天柱之上,名曰玉京;玉京之下,内腎相對、尾閭穴之上,共十八節,其中曰雙關,上九、下九。當定一百日,遍通十八節而入泥丸,必於正一陽時坎卦行持,乃曰肘後飛金晶。離卦采藥,乾卦進火燒藥,勒陽關。始一百日,飛金晶入腦(一百日藥力全),三關一撞,直入上宫泥丸。自坎卦爲始,至艮卦方止。自離卦采藥,更無腎氣相合,而肝氣自生心氣,二氣純陽,二八陰消,薰蒸於肺,而得肺液下降,包含真氣,日得黍米之大而入黄庭,方曰内丹之材,百日無差藥力全。凡離卦采藥,用法依時,内觀轉加精細。若乾卦進火、勒陽關,自兑卦爲始,終在乾卦。如此又一百日之後,肘後飛金晶,自坎坐至震卦方止。離卦采藥之時,法如舊,以配自坤至乾卦行持,即是三百日無差,聖胎自堅(三百日聖胎自堅)。勒陽關法自坤卦爲始,而坐至乾卦方止。如此又一百日足,泥丸充實,返老還童,不類常人。采藥就"胎仙完"而真氣生,形若彈圓,色同朱橘,永鎮丹田,而作陸地神仙。三百日後,行持至離卦罷采藥,坤卦罷勒陽關,即行玉液還丹之道。故自冬至後方曰行功,三百日胎完氣足,而内丹就、真氣生。凡行此法,方爲五行顛倒,三田返覆。未行功以前,先要匹配陰陽,使氣液相生,見驗方止。次要聚散水火,使根源牢固而氣行液注,見驗方止。次交姤龍虎、燒煉丹藥,使采補還丹而鍛煉鉛汞,見驗方止。十損一補之數足,而氣液相生,見驗方止。上項行持乃小乘之法,自可延年益壽。若以補完堅固,見驗方止,方可年中擇月,冬至之節。月中擇日,甲子之日。日中擇時,坎離乾卦三時爲始。一百日自坎至艮,自兑至乾。二百日後,自坎至震,自坤至乾。凡此下功,必於幽室静宅之中,以遠婦人女子,使鶏犬不聞聲,臭穢不入鼻,五味不入口,以絶七情六欲。飲食多少,寒熱有度。雖寤寐之間,而意恐損失。行功不勤,難成於道。如是三百日,看應驗如何。①

① 《道藏》,第28册,第356頁。

《靈寶畢法》以《周易》八卦來比喻修煉内丹不同階段的方法。例如，坎爲水，對應人體五臟屬腎；坎卦陽生，可以比喻腎水之陽開始聚而生起。若以十二地支配卦，坎卦配子時，代表天地間和人身中陽氣發生之時，故修煉者體内一陽生之時，也可以坎卦的正子時來代表。坎卦陽生，既非煉丹之始亦非煉丹之終；而艮卦則喻指人身中腎氣升與肝氣交這個過程，腎五行屬水，肝五行屬木，合於五行水生木而陽長的道理。

腎氣與肝氣未交之前，修煉者當處於静室之中，披衣握固，正坐盤膝，蹲下腹肚；待其時至，則升身前出胸，而微偃頭於後，後閉夾脊雙關，肘後微扇一至二下；伸腰，自覺陽氣至身後尾閭穴，如火之熱；此後，陽氣自腰而起，擁在夾脊，此時慎勿開關，覺熱氣甚壯之時，方可以漸次開夾脊關，而放陽氣過關。然後，應仰面使腦後緊偃，以閉上關，慎勿開之，即覺熱極氣壯之後，漸次引之入頂，以補泥丸髓海。

依此還丹之術如法修習，即出胸、伸腰，閉夾脊，蹲而升之腰間，等等。若身中之火不起，修道者當保持静坐、内觀，以至身中火起爲度；然後，如其法再作。自凌晨丑時也即一點至三點行之，至寅之終而可止，也即要行持到三點至五點方止。此法即稱爲肘後飛金晶，又稱抽鉛，功效在於使腎氣生肝氣。修習此步功夫，修丹者要達到身體能够耐寒暑的程度，方可以爲長生奠定基礎。

行肘後飛金晶之法要使陽氣從人身後脊背通過，人身後脊骨一共有二十四節：自下之尾閭穴而上三節，與内腎相對；自上而下三節，名爲天柱；天柱之上部，即名爲玉京；玉京、天柱三節之下，至於内腎相對之處，共十八節，其中，上九節與下九節又稱雙關。修丹者當静定久之(大約一百日),使陽氣遍通十八節,再入於泥丸。要注意的是,修煉者當於以《周易》坎卦所代表的正一陽生起之時行持其功,乃稱爲肘後飛金晶①。

《靈寶畢法》以《周易》離卦所代表的陽極生陰之時,行采藥之功;以《周易》乾卦所代表的腎氣心液兩旺之時,進火燒藥,勒陽關。自行功開始,之所以要静定大約一百日之後,纔行飛金晶入腦之功,是因爲一百日方能藥力全。在此基礎上,陽氣纔能順利地經歷人身背後的尾閭、夾脊、玉枕,三關一撞,直冲入上宫泥丸。

如前所述,這一階段的行功,自坎卦所代表的腎中陽生爲開始,至於艮卦所代表的蓄陽、止陽爲止。自離卦所代表的陽極陰生而采藥,此時更無腎氣相合,而由肝氣自生心氣。其中,二之數配火,屬心,八之數配木,屬肝,二氣皆純陽,故説二八陰消,薰蒸於肺,而得肺液下降,包含真氣,日得黍米之大而入於黄庭,此方可以稱爲内丹之材,經百日無差,纔能得藥力整全。

凡離卦所代表的陽極陰生之時采藥,若依時而用其法,修持之人其内觀當轉加精細。而乾卦進火、勒陽關,實自兑卦所代表的心之生液爲始(因兑卦五行屬金,金能生水),終在乾卦所代表的心之液盛而止。如此又一百日之後,再行肘後飛金晶之功。這一階段的行功,自坎卦代表的一陽生爲始,坐至震卦所代表的陽長方止。離卦采藥之功,其法如前所述,還要配上自坤至乾的行功之法,也即使陽氣自坤腹至於乾首,循環往復。在這個過程中,其所謂"勒陽關"之法,自坤卦所代表的腹部開始,其法以静爲主,因坤像大

① 《靈寶畢法》於此當是戒人必身中實有陽氣生發,方可以行肘後飛金晶之功;若身中無陽氣發生,衹是空以意念想象有陽氣在身後脊骨轉之,此則不能稱爲肘後飛金晶。

地,有静之義,静坐至陽氣升而至於乾卦所代表的頭頂方止,修丹者泥丸充實,可以達返老還童之效,其貌不類常人;經百日無差,則采藥就,胎仙完,身内真氣生,聖胎形若彈圓,色同朱橘,永鎮於丹田,如此則修丹者可以作陸地神仙。

經三百日,行持完離卦所代表的陽極陰生之功,則可以罷去采藥,罷去坤卦所代表的腹部勒陽關之法,轉而行玉液還丹之道。故自冬至所代表的身内一陽生之後,修丹者方可以稱得上正式行功;三百日胎完氣足,而内丹就、真氣生。凡行此法功畢,方可以稱爲"五行顛倒、三田返覆"。

當然,未行功以前,修丹者先要匹配自身陰陽,使腎氣與心液相生,必當見驗方止。其次,要聚散身中水火,使自身根源牢固而氣行液住,此亦當見驗方止。再次,要交媾身中龍虎、燒煉丹藥,經采補還丹而鍛煉鉛汞,亦要見驗方止。修丹者身中氣液若有十年之損,則至少要花一年之功,方能補之數足,而使氣液能够相生,這步功夫必使之於身中見驗方止。以上所説行持之法,祇是鍾吕内丹學中的小乘之法,其功效可以延年益壽;在此基礎上補完堅固其身,見驗方止。然後,再於年中擇月,選取冬至陽生之時;月中擇日,乃甲子之日一陽來復之機;日中擇時,以坎之子時陽生,離之午時陽極陰生,乾之氣液兩旺,以此三卦所代表的三時爲始,變化其功。

凡用此法修持,一百日之中,行功要達到自坎之一陽生至艮之止陽、蓄陽,自兑之心液長至乾之氣液兩旺的效果。二百日之中,行功要達到自坎之陽生至震之陽長,陽氣自坤之腹周轉至乾之頂的效果。得藥之後,行第三個百日之功,修丹者必使自己處於幽室静宅之中,遠離婦人女子,甚至使鷄犬之聲音不聞於耳,臭穢之味不入於鼻,五味不入於口,以絶去自己的七情六欲。在這個過程中,飲食多少,寒熱有度,皆要安排妥當;若修丹者行功不勤,則難成於道,雖於寤寐之間,仍要倍加小心,唯恐損失其至寶。如是經歷三百日後,根據其功效應驗,確定是否有所成就。

應該説,《靈寶畢法》對《周易》卦之運用,皆是譬喻,以之借指修持者身中陽氣陰液之生發運轉之機。《道要》云:

> 日月并行復卦(子時),蹲升,數日開關,貪向楊州聚會(離卦交姤),六宫火滿金田(乾宫)。①

所謂“日月并行復卦”,其《解》認爲喻指修丹者身中一陽生起,此在一日中爲夜半子時,在一年中爲冬至之節,在《周易》則爲地雷復卦。修丹者要擇月、擇日時進行修煉,得其時則行其法,其法所要求的“蹲升”之説已在前法中解釋過了。其説“數日”,一般定爲一百日,指身體産生質的變化所需要的時間;“開關”,指先開“中關”,次開“上關”。楊州在九州中的南方,喻指人心,在日爲午時,在卦爲離;所謂“貪向楊州聚會”,聚會指身中的真陰、真陽交媾,即腎氣中所産真水與心液中所産真氣兩相交媾,故稱此步功夫爲“采藥”。“六宫”指乾宫也稱金田,之所以這麽説,因爲《靈寶畢法》基本按《周易》八卦之喻義來描繪功夫的階次,如坎爲一陽生,艮爲陽生後的蓄止,離爲陽極陰生,巽爲一陰生,兑爲陰陽相半,至於乾則氣液兩旺,故乾稱“六宫”,即功夫的第六步。“火”指陽氣,修丹者“勒陽關”而聚陽氣,使心液所産真氣之火薰蒸於肺,再使之降於腎

① 《道藏》,第28册,第356頁。

之下丹田中；以五行論之，肺爲金，故稱“火滿金田”。此喻指以乾卦爲代表的氣液兩旺之功，此時亦要行勒陽關之法，如此則能聚火於下丹田。

又説：

> 終南路上逢山，升身頻過三關，貪向楊州聚會，争如少女燒天。①

所謂“終南”，其《解》認爲仙聖之隱意指的是“中男”，坎卦即爲中男，坎代表一陽生起。艮卦取象爲山，故《道要》所説“山”指的是艮卦，艮卦代表蓄止所生之陽，使其發生、壯大。“升身”指鍾吕内丹學所説的“飛金晶”，如前所説，此步功夫要求將精炁與神合而爲藥，使之經尾閭沿身後往上升，“三關”即尾閭、夾脊、玉枕三關。“貪向楊州聚會”，楊州在南方、屬火，喻指修丹者之心，此句義指腎氣中所産真水至於心，與心液中所生真氣二者相聚，結成大藥。此後，功夫轉入至巽卦所代表的退陰符，巽卦二陽下一陰，可以形象地形容此步功夫，實即腎氣升至於心，因陽至於極而陰生，此陽中之陰由心轉肺，復返於下丹田之腎，故謂之爲退陰符。此步功夫也需要一百日左右，故功夫進入第二百日。“争如少女燒天”，“少女”指的是兑卦，兑卦表示退陰符過程中，陰陽各半，此時亦要留陽，故仍然需要“勒陽關”的功夫，一直至乾卦所代表的氣液兩旺方可停止。

又説：

① 《道藏》，第28册，第357頁。

兗州行到徐州，起來走損車牛，爲戀九州歡會，西南火入雍州。①

九州之中，“兗州”位在東偏北，若以《周易》後天八卦方位論，則以其喻《周易》中的艮卦；“徐州”位在東偏南，可以其喻《周易》中的巽卦。自艮卦蓄止壯大陽氣，方能“飛金晶”；“飛金晶”至於巽卦所代表的陽極而一陰生起方止。所謂“起來走損車牛”，以“車”之震動喻陽，以“牛”之性柔順喻陰，走車、損牛即息陽而消陰，指的是陽氣經夾脊升入泥丸，在這個過程中，陽氣長而陰氣消。此處“九州”在人喻爲心，在一天當中爲午時。腎氣至於心，腎氣中真水與心液中真氣相合爲藥，即前所説“采藥”。“西南”指坤卦，“雍州”指乾卦，此時退陰符，仍然要留陽，故要勒陽關，自坤之全陰至乾之全陽方止，此爲修丹者第三百日下功之時。

上述内丹修煉法，是鍾吕派内丹學裏的中乘之法，也稱之爲“三元”用事之法。所謂“三元”即三步功法：由下丹田返於上丹田的飛金晶入腦；或采藥下丹田，返於中丹田燒藥；或進火中丹田，再返於下丹田，是其最爲日用、常行之功夫，久之可以成就地仙之功。此步功夫之驗，如開始時，修丹者覺得夢寐中多有驚悸的情況，四肢、六腑有疾，但不需治療，自可痊愈；此後，雖閉目於暗室中，但覺有圓光如蓋，周匝罩於其身；全身猶如金關玉鎖，封固堅牢，夢泄遺漏皆杜絶無有。若聽聞身中雷鳴一聲，則關節氣通，修煉者覺得自己若在夢寐之中，於恍恍惚惚之時，神氣相抱；神氣結成嬰兒，返歸

① 《道藏》，第28册，第357頁。

丹田,即所謂"歸家";於此時,修丹者好像身能飛騰,心得自在,八邪之氣不能侵入,心境自除塵垢,絶去種種欲心;内觀其身,則覺朗而不昧,晝日則神采清秀,夜晚則覺丹田自暖。以上所説,皆是得藥之驗。修丹者如果所得證驗既正,還當謹節用功,以前述之法加添,經歷三百日胎仙圓之後,方用後面所説功法用功。

2. 玉液還丹

肘後飛金晶之後,接著便是玉液還丹與金液還丹。那麽,玉液還丹與金液還丹有什麽區别呢?《靈寶畢法》認爲,如果以天上的日月比喻人身中之氣,則人身中的腎水之氣可以與月相比,而人身中的心火之氣可以與日相比。如果以地中的金玉比喻人身中之液,則人身中的腎液可與金相比,而人身中的心液可與玉相比。《比喻》説:

> 日月比氣也,腎氣比月,而心氣比日。金玉比液也,腎液比金,而心液比玉。所謂玉液者,本自腎氣上升而到於心,以合心氣,二氣相交而過重樓,閉口不出而津滿玉池,咽之而曰玉液還丹,升之而曰玉液煉形。是液本自腎中來,而生於心。亦比土中生石,石中生玉之説也。所謂金液者,腎氣合心氣而不上升,薰蒸於肺,肺爲華蓋,下罩二氣,即日而取肺液,在下田自尾閭穴升之,乃曰飛金晶入腦中,以補泥丸;補足,自上復下降而入下田,乃曰金液還丹。既還下田,復升,遍滿四體,前後上升,乃曰金液煉形。①

① 《道藏》,第28册,第359頁。

相比較而言,鍾吕内丹學所謂的“玉液”,本來自於腎氣,腎氣上升而至於心,與心氣相合而生心液,穿過重樓降下,在這個過程中,修丹者閉口,使心液之氣不漏出,如此則津液滿於玉池也即口中;將津液咽下,稱之爲“玉液還丹”;將之升上,而稱之爲“玉液煉形”。此液雖自腎中來,但生於心火之中;這就好比土中能生石但石中又能生玉的道理一樣。

鍾吕内丹學所謂的“金液”,是指人之心液下降與腎氣相合,二氣薰蒸於肺,肺屬金、其狀若華蓋,下罩二氣,即日而取肺液,在下丹田中自尾閭穴升之,稱之爲“飛金晶”,入於腦中,以補泥丸。補足後,再自上復下降,而入於下丹田,此稱“金液還丹”。既還下丹田後,復升之,使之遍滿四體,前後上升,乃稱“金液煉形”。

關於玉液還丹,《比喻》説:

> 積陰成形而内抱真陽以爲金玉,比於積藥而抱真氣以爲胎仙也。金玉之氣入於地而爲醴泉芝草者,比於玉液還丹田也。金玉之氣凝於空而爲瑞氣祥烟者,比於氣煉形也。凡金玉之氣冲於天,隨陽升而起。凡金玉之氣入於地,隨陰降而還。既隨陰陽升降,自有四時可以液還丹田。氣煉形質,而於四時加減一日改移也。①

此説認爲,天地之間積陰成形而内抱真陽以成金玉,這可以比喻煉丹者於丹田中積藥而抱真氣以爲胎仙;金玉之氣入於地而爲

① 《道藏》,第28册,第357頁。

醴泉芝草，可以用來比喻修丹者返玉液而還丹田。天地之間，金玉之氣冲於天，實乃隨陽氣升而起；金玉之氣入於地，實乃隨陰氣降而還。金玉之氣凝於空而爲瑞氣祥烟，可以用來比喻修丹者聚氣以煉形；身中氣、液既隨天地陰陽升降，則其中自有四時，行之久久，自然液還丹田。

修丹者聚氣以煉形質，在這個過程中，要合於四時加減，則一日中可以改移其形質，此稱玉液還丹。《真訣》説：

> 采補見驗，年中擇月，月中擇日，日中擇時。三時用事，一百日藥力全，二百日聖胎堅，三百日真氣生、胎仙圓。謹節用功，加添依時，三百日數足之後，方行還丹煉形之法。凡用艮卦飛金晶入腦，止於巽卦而已，此言畢金晶三百日後也（離罷采）。離卦罷采藥，坤卦罷勒陽關。衹此兑卦下手勒陽關，至乾方止。既罷離卦，添入咽法煉形。咽法者，以舌攪上顎兩頰之間，先咽了惡濁之津，次退舌尖，以滿玉池，津生不漱而咽。凡春三月，肝氣旺而脾氣弱，咽法日用離卦。凡夏三月，心氣旺而肺氣弱，咽法日用巽卦，以舌滿上下，而玉池雙收兩頰虚咽爲法。凡秋三月，肺氣旺而肝氣弱，咽法日用艮卦。凡冬三月，腎氣旺而心氣弱，咽法日用震卦（飛金晶法，咽亦不妨）。凡四季之月，脾氣旺而腎氣弱，人以腎氣爲根源，四時皆有衰弱。每四時季月之後十八日，咽法日用兑卦，仍與前咽法者并用之。獨於秋季，止用兑卦咽法，而罷艮卦之功。凡以咽法，先依前法而咽之。如牙齒、玉池之間而津不生，但以舌滿上下而閉玉池、收兩頰，以虚咽而爲法，止咽氣，氣中自有水也。咽氣如一年（三十六次至四十九次）爲數，又次一年（八十一次又

一百八十一次)爲見驗,乃玉液還丹之法。行持不過三年,灌溉丹田,沐浴胎仙,而真氣愈盛。①

修丹者希望在采補過程中見效,即要於年中擇月、月中擇日、日中擇時,天人合發,三時并行其事,則經過一百日修煉,可以達到藥力全的功效;經過二百日修煉,可以達到聖胎堅的功效;經過三百日修煉,可以達到真氣生、胎仙圓的功效。如此謹用時節,加緊用功,進火、加添能够依時而行,三百日修煉之功數足之後,就可以行玉液還丹煉形之法。

如前所述,修丹者用《周易》艮卦之法修煉,其主要功效在於積陽、蓄陽,如此方能爲飛金晶入腦奠定基礎。巽卦一陰生起,表示陽至於太極而生陰,飛金晶止於《周易》巽卦所代表的陽極陰長功夫。若金晶飛至頭頂,當用《周易》離卦所代表的功夫行持;離爲火,喻陽至於極,此時修丹將完成采取之功。罷去"采藥"後,則於下丹田修習坤卦所代表的罷勒陽關之法,因坤有静之意,喻指清静、虚無的無爲功夫。此後,功夫自兑卦所代表的陰陽兩停之時,要下手勒陽關,至乾卦所代表的氣液兩盛之時方可以停止。

修丹者行持完離卦所代表之功法後,則相應又要添入"咽法"以煉形。鍾吕内丹學所説的"咽法",是以舌頭攪動上顎兩頰之間,先將惡濁之津咽下;然後,使舌尖退而抵於下顎,不久,口中自然生津,津滿口中也即玉池之後,可以不漱而咽。如果值春季三月,因人體肝氣旺而脾氣弱,其咽法當用離卦所代表的方法,使陽氣至於

① 《道藏》,第28册,第357、358頁。

極盛,因陽氣屬火,火能燃木、生土,疏肝益脾。

如果值夏季三月,因人體心氣旺而肺氣弱,其咽法當用巽卦所代表的方法,退其火而生起陰,以陰津滋潤肺氣,其法即以舌滿於上下顎,舌下玉池閉、雙收兩頰,虚咽其津爲法。

如果值秋季三月,因人體肺氣旺而肝氣弱,其咽法當用艮卦所代表的方法,即止陽、蓄陽的方法,以陽火之氣剋制肺金。

如果值冬季三月,因人體腎氣旺而心氣弱,其咽法當用震卦所代表的方法,震爲陽生,生陽則能剋制腎氣、補充心火之氣,故行飛金晶之法,咽亦不妨。

五行中,土於四季各旺十八天,所以《周易參同契》有"土王四季"的説法。鍾吕内丹學取法之,認爲如果值四季之月,人體脾氣旺而腎氣弱,因人皆以腎氣爲根源,故人於春、夏、秋、冬四季後十八天,其腎氣皆遭削弱。故修丹者於春、夏、秋、冬四時季月之後的十八日中,其咽法均采用兑卦所代表的功夫,即退陰留陽,此法要與前所説各種咽法并用之。當然,獨於秋季季月的十八天中,修丹者止用兑卦咽法,而罷艮卦之功。

如果修丹者牙齒、玉池之間津液不生,也可以通過將舌滿上下而閉玉池、收兩頰的方法來行咽法;也可以虚咽,即衹是咽氣,因氣中自有水。修丹者若行咽氣之法,可以行三十六次至四十九次爲數,如此則可以奪一年之數;在此基礎上,又行八十一次至一百八十一次,則又可以奪一年之數,如果能够見驗,此乃鍾吕内丹學所説玉液還丹之法。如此行持,不過三年,修丹者可以灌溉丹田,沐浴胎仙,其氣愈盛。《道要》説:

識取五行根蒂,方知春夏秋冬,時飲瓊漿數盞,醉歸月殿遨游。①

“識取五行根蒂”,其意指修丹時,不同階段所行功法當有所不同。此因人身五臟之氣與四時、五行之氣皆存在著五行相生、相剋的關係,修丹時,所處的階段不同,則所用功法亦有所不同。鍾吕内丹學以《周易》不同卦象代表不同功法,尤其是玉液還丹之功,涉及很多咽津之法。咽法不同,皆以修丹階段的不同而有所改變,故下文説“方知春夏秋冬”,指其功夫變化有其時候。至於“瓊漿”指的就是玉液還丹所説“玉液”,即各種咽法中所咽之津液;“月殿”則指的是丹田;“醉”則指咽津量多,譬如人飲酒,多則醉,修丹者咽津液多,亦以醉來喻之。《道要》説:

東望扶桑未曉,後升前偃無休,驟馬數游宇宙,長男祇到楊州。②

“東望扶桑未曉”,其意指的是修丹過程中行艮卦所代表的止陽、蓄陽之功,好比日將出未出之時,當積蓄力量,太陽方能出於東方。“後升”指鍾吕丹法中的“飛金晶”之功;“前偃”則指玉液還丹,咽津於黄庭、入之於下丹田;“驟馬”,指丹法中的起火、玉液煉形之功夫;“遨游宇宙”,指陽氣遍滿四肢、百骸;“長男”指震卦所代表的一陽動出;“祇到楊州”,指離卦所代表的陽至於極。“玉液煉形”功夫,自“震卦”陽生爲始至離卦陽至於極方止。

① 《道藏》,第28册,第358頁。

② 《道藏》,第28册,第358頁。

鍾吕内丹學認爲,修丹者通過采藥、歷三百日數足,則可以得聖胎圓滿、飛金晶。在這個過程中,如果功夫有反復,就要在行功時退減一卦,比如由離卦所代表的陽之極退回到震卦所代表的陽之動,如此則要運用以前所用的勒陽關的功夫,蓄積陽氣。如果三百日采藥數足之後,方可以罷去采藥。此時,要添入各種咽津之法,之所以説各種咽津之法,是因爲咽法要隨四時遷移、修丹階段的不同而變化。咽津之法在鍾吕内丹學中屬煉形法,其采用《周易》卦氣之説,將八卦所象徵的陰陽消長之理運用於"煉形",如煉内丹一般皆自震卦所代表的一陽生起作爲煉功的正式開始,離卦所代表的陽極爲煉形之期,這個過程中,不限年月日,必須於身體中見其驗,方可以停止某步功夫。

玉液還丹的驗證主要有:修丹者身體容光焕發、肌膚潤澤,神清氣秀,漸漸畏腥穢之物,不以之充腹。心境自除各種凡情、凡愛,真氣將足而腹以常飽,所食不多而飲酒可以無量。這時,修丹者神識也發生變化,基本上可以説達到了塵骨更换,其行如走馬若飛,目如點漆,體若凝脂,華髮再生,皺臉重舒,衰老却去,永駐童顔,仰視百步而見秋毫之末,身體之間舊痕殘靨自然消除,涕泪涎汗亦不見有。聖丹生味,靈液透香,口鼻之間常有真香、奇味,漱成凝酥,可以療人疾病,遍體血液皆化成白膏。以上所説,皆玉液還丹煉形之驗證。修丹者驗既正,當謹節用功,依法隨時而行後面所涉及的功夫。

3. 金液還丹

《靈寶畢法》認爲,在真氣生起、三百日修煉養就内丹的基礎上,也可以行金液還丹之法。其謂:

若不行此玉液還丹之法，而於三百日養就内丹，真氣纔生，艮卦飛金晶，一撞三關，上至泥丸，當行金液還丹之法。自頂中前下金水一注，下還黄庭，變金成丹，名曰金丹。行金液還丹，當於深密幽房，風、日、凡人不到之處，燒香叠掌，盤膝坐，以體蹲而後升，纔覺火起，正坐絶念忘情，内觀的確，艮卦飛金晶入頂，但略昂頭偃項，放令頸下如火，方點頭向前，低頭曲項，退舌尖進後，以抵上顎，上有清冷之水，味若甘香，上徹頂門，下通百脉。鼻中自聞一種真香，舌上亦有奇味，不漱而咽下，還黄庭，名曰金液還丹。春、夏、秋、冬不拘時候，但於肘後飛金晶入腦之後，節次行此法，自艮至巽而已。晚間勒陽關法，自兑至乾而已。尺行此法謹節，勝及前方，可得成志意，止於煉形住世、長生不死而已，不能超脱也。①

修丹者於肘後飛金晶、三百日養就内丹後，若不行玉液還丹之功，也可以直接行金液還丹之法。其法要求修丹者處深密幽房，於風、日、凡人不到之處，燒香叠掌，盤膝端坐，纔覺身中陽氣生而火起，則正坐、絶念、忘情，内觀其驗的的確確，則行艮卦飛金晶入頂之功。此時，修丹者但略昂頭、偃項，待頸下産生如火的感覺，則點頭、向前，再低頭、曲項，退舌尖進後，以抵於自己上顎。此時，覺頭頂上有清冷之水，味若甘香，上徹頂門，下通百脉；修丹者鼻中自能聞到一種真香，舌上亦有奇味，不漱而咽下，還於黄庭，此名爲金液還丹。於春、夏、秋、冬四時，不拘時候，但於肘後飛金晶入腦之後，自頂中前下金水一注，下還於黄庭，變金成丹，即名之爲金丹。《真

① 《道藏》，第28册，第358頁。

訣》說：

背後尾閭穴曰下關，夾脊曰中關，腦下曰上關。始飛金晶以通三關，腎比地，心比天，上到頂以比九天。玉液煉形，自心至頂，以通九天。三百日咽，大藥就，胎仙圓而真氣生。前起則行玉液煉形之舊道，後起則行飛金晶之舊道。金晶玉液，行功見驗，自坎卦爲始，後起一升入頂，以雙手微閉雙耳内觀，如法微咽於津。乃以舌抵定牙關，下閉玉池，以待上顎之津下而方咽，咽畢復起，至艮卦爲期。春冬兩起一咽，秋夏五起一咽。凡一咽數，秋夏不過五十數，春冬不過百數。自後咽罷升身前起，以滿頭面、四肢、手指氣盛方止。再起再升，至離卦爲期。凡此後起咽津，乃曰金液還丹。還丹之後而復前起，乃曰金液煉形。自艮卦之後煉形，至離卦方止。兑卦勒陽關，至乾卦方止。以後起到頂，自上而下，號曰金液還丹。金丹之氣，前起自下而上，曰金液煉形。形顯琪樹金花，若以金液還丹未到下元，而前後俱起，乃曰火起焚身，此是金液還丹煉形。①

人身體背後有尾閭穴，稱爲“下關”；夾脊這個部位，稱爲“中關”；腦下玉枕部位，稱爲“上關”。修丹者開始飛金晶，首先要通此三關。人身之腎可比地，人心可比天，心往上到頂以比九天。前文所述玉液煉形的過程中，氣自心至於頭頂，則可以通九天；歷三百日，咽津不已，則可以成就煉丹之大藥，可以得胎仙圓、真氣生的效果。行此功，若前起，則行玉液煉形之舊道，若後起，則行飛金晶之

① 《道藏》，第28册，第359頁。

舊道。

當然，欲得飛金晶、玉液還丹行功見驗，修丹者當自坎卦一陽生爲煉功之始，使此一陽生起而升至入頭頂，然後以雙手微閉雙耳，内觀，微咽所生津液。此時，要以舌抵定牙關，下閉玉池、口唇，以待上顎之津下而方咽；咽畢復起，至艮卦陽漸蓄止不漏爲期。春冬季節，當兩起一咽，秋夏季節，當五起一咽。凡一咽之數，秋夏季節延續不過五十數，春冬季節延續不過百數。自後咽罷，則升身前起，使其氣滿於頭面、四肢、手指，直至氣盛方止。再起再升，至離卦陽氣至於極爲期。

此步功夫之後，如果再用咽津之法，則稱“金液還丹”；還丹之後而復前起，乃稱“金液煉形”。具體説來，自艮卦蓄陽之功後開始煉形，至離卦陽氣至於極方止；兑卦陰陽氣停、陰中留陽的勒陽關功夫起，至於乾卦全陽之功方止。陽氣由後起，直到頂，再自上而下，此號稱“金液還丹”；金丹之氣前起，自下而上，稱之爲“金液煉形”。煉丹人身形顯現若琪樹、金花，如果金液還丹的過程中，氣未達下元，此時若前後俱起，乃稱“火起焚身”，此是金液還丹之煉形。

凡行此等功夫，修丹者切須謹節苦志而無懈怠，以見驗爲度。《道要》説：

> 起後終宵閉耳，隨時對飲金波，宴到青州方住，日西又聽陽歌。①

其《解》説認爲，所謂“起後終宵閉耳”，指的是修丹者爲行金液

① 《道藏》，第28册，第359頁。

還丹，須通過“肘後飛金晶”之功夫，使真氣於身後一撞三關；其氣燒起後，修丹者急須雙手閉耳，因爲耳是腎波之門，恐泄腎氣於外而不入於腦中。“隨時對飲金波”，指的是修丹者既覺氣入腦中，即便依前所介紹之方法，點頭、曲項，退舌尖也即舌頭後卷，使舌頭近抵自己上顎，此時，清甘之水滿口，其甘若蜜，修丹者當有如此奇异之驗，方是有功。修丹者行艮卦蓄陽氣、飛金晶、咽津，至於震卦一陽震動方止。其所説“青州”，指的就是震卦所代表的一陽震動。“日西”，指的是兑卦陰陽各半之時於陰中留陽的功夫。“又聽陽歌”，指自兑卦陰中留陽、勒陽關，一直至乾卦所代表的全陽爲止。修丹日用之中，若至於離卦陽極陰生，則停止采藥。

> 飲罷終宵火起，前升後舉焚身，雖是不拘年月，日中自有乾坤。①

其《解》説認爲，此所説煉内丹訣，在鍾吕内丹學中屬金液煉形之法。所謂“飲罷終宵火起”，指的是依前法行金液還丹之功，而艮卦所代表的蓄陽、止陽之法，可以煉形起火。“前升後舉”，指的是鍾吕内丹學中的飛金晶起火。鍾吕内丹學中的玉液煉形，先是於身後起金晶入於頭頂，次則還丹，還丹後再復前升之以煉形。此與金液煉形之法不同，當修丹者飛金晶而起火入於頭頂之後，便馬上前起真氣以煉形，真氣於身前身後俱起，名之爲“焚身”。行此火候而還丹，須依春、夏、秋、冬四時加減之數；行此法，也不用拘年、月、日、時，祇要謹節專一、幽居絶迹即可。人體以前後言之，則肚、腹

① 《道藏》，第28册，第360頁。

爲坤,而背後爲乾。所謂“午前燒乾”,指的是“肘後飛金晶”,於陽氣升起之時煉形;所謂“午後燒坤”,指的是行兑卦陰中留陽的勒陽關之功,一直要到乾卦所代表的全陽時,功夫方可以停止。於一日中,修持午前燒乾、午後燒坤,自能合於乾天坤地陰陽交媾之法則。

鍾吕内丹學所説的金液還丹之功,其功夫相次而行,通過煉形、勒陽關,功夫完全,猶如陰陽二氣於一年中循行完成,方可以行“焚身”之功。“焚身”包括午前燒乾、午後燒坤、勒陽關。凡燒乾,真氣自下而上,前後俱起;冬夏二季三日成就,五日而行水火既濟之法,以防太過,而使金丹之有潤,其實指的是於“焚身”功夫中,火起而咽津,見驗方止。修丹者此時有如下功夫之證驗:内志清高以合太虚,魂神不游以絶夢寐;陽精成體,神府堅固,四時不畏寒暑,神采自可變移容儀。常人對面,雖其爲富貴之徒,亦能聞腥穢之味,蓋因其爲凡骨俗體。功行滿足之後,則可以密授三清真籙,因修丹者神清而靈,故對陰陽變化、人事灾福皆能預知;雖觸目皆塵冗,而心絶萬境;真氣充滿,以絶飲食,全身透出金色,仙肌玉膚可比玉藥。修丹者去留之處,當有神祇自來相見,對之驅用、招呼,一如己意。真氣純陽,其功效甚至可以烘乾外水。如上所説爲鍾吕内丹學中的金液還丹之功,還丹之後則有金液煉形之驗,乃長生不死之訣。肘後飛金晶、玉液還丹、金液還丹三乘之法,在鍾吕内丹學中,屬地仙修養之法門。

對於中乘法門中的玉液還丹、金液還丹,或者以肺之液入於下丹田,謂之金液還丹;心之液入於中丹田,謂之玉液還丹。這種説法并不是説不好,但還可以進一步完善之。所謂“金液”,指的是肺之液,因肺五行屬金。修行人築基完成之後,以真氣、真液合而爲胞胎,交而爲龍虎,將之傳送至中宫黄庭之中,候其大藥將成,抽之肘後飛起，輸送其液以入上宫，下還中丹田，復自中丹田而還下丹田，此之謂金液還丹。而“玉液”，指的是腎之液，其隨元氣上升而朝於心，積之爲金水，舉之盈玉池，散而爲瓊華，煉而爲白雪，納之自中丹田而入於下丹田，沐浴胎仙；升之自中丹田入於四肢、百骸而煉形，則能更遷塵骨；若不升、不納，任其於體内周而復始，則陰極生陽，陽中有真一之水，其水隨陽上升，是以陰還陽；陽極生陰，陰中有正陽之氣，其氣隨陰下降，是以陽還陰；若從下丹田還於上丹田，這就能够達到補泥丸、煉九天的功效；若從上丹田還於中丹田，則有既濟溉灌之效；若從中丹田還於下丹田，則爲煉丹進火；若從下丹田還於中丹田，則爲煉質焚形。在這個過程中，五行顛倒，三田返復，從而煉形化氣，煉氣成神；然後，自下丹田遷於中丹田，自中丹田遷至於上丹田，自上丹田遷出於天門；若此三遷功成，則修行人可以入於聖流，不復還於塵世矣。當然，這有待修行大乘超凡入聖之法。

(五)“大乘超凡入聖法三門”

通過小乘、中乘法門的修煉，修行之人體内真氣生起、充盈，心、肝、脾、肺、腎五氣朝於中元，在此基礎上，氣足而神旺，於是生成元陽之神胎；養之不已則成陽神，陽神成熟則可以出入、升降自如。在此基礎上，積功纍德，就可以超脱，即其所謂的“超内院”，此在鍾吕内丹學謂之爲“紫金丹”成。陽神或出或入而自如，或往或來而無立礙，猶如玄鶴之飛、火龍之起，得大自在而朝“三清”，所用修行之法包括朝元、内觀、超脱三法門，此之謂大乘超凡入聖法門。

大乘超凡入聖法三門中，朝元是其中的重要一環。人體内有五臟,修丹者五臟之氣各歸其所,即爲朝元。

1. 朝元

《比喻》説:

> 天地有五帝,而比人之有五臟也。青帝甲乙木,甲爲陽,乙爲陰,比肝之氣與液也。黑帝壬癸水,壬爲陽,癸爲陰,比腎之氣與液也。黄帝戊己土,戊爲陽,己爲陰,比脾之氣與液也。赤帝丙丁火,丙爲陽,丁爲陰,比心之氣與液也。白帝庚辛金,庚爲陽,辛爲陰。比肺之氣與液也。凡春夏秋冬之時不同,而心肺肝腎之旺有月。①

天地有五方、五帝,人體則有五臟。以五行配之,則五帝之青帝爲甲乙木,其中,甲爲陽木,乙爲陰木,這可以與人體五臟的肝相比,肝亦有氣與液。五帝之黑帝爲壬癸水,壬爲陽水,癸爲陰水,這可以與人體五臟的腎相比,腎亦有氣與液。五帝之黄帝爲戊己土,戊爲陽土,己爲陰土,這可以與人體五臟的脾相比,脾亦有氣與液。五帝之赤帝爲丙丁火,丙爲陽火,丁爲陰火,這可以與人體五臟的心相比,心亦有氣與液。五帝之白帝爲庚辛金,庚爲陽金,辛爲陰金,這可以與人體五臟的肺相比,肺亦有氣與液。天地間一年四季,其春夏秋冬之時各不同,而人體五臟心、肺、肝、腎之旺也各有其月。如何使人體五臟之氣朝元,《真訣》説:

> 凡春三月,肝氣旺。肝旺者,父母真氣隨天度運而在肝。

① 《道藏》,第 28 册,第 361 頁。

若遇木日甲乙，救土於辰、戌、丑、未之時，依時起火煉脾氣。餘日，兑卦時損金以耗肺氣，是時不可下功也；坎卦時依法起火煉腎氣；震卦時入室，多入少出，息住爲上，久閉次之，數至一千息爲度，當時内觀如法，一意冥心閉目，青色自見，漸漸升身，以入泥丸，自寅至辰，以滿震卦千息以上尤佳，如息急漸微，出息而息住，不須連成。①

就人體而言，於春之三月，肝木之氣旺盛。之所以説春季肝氣旺，是因爲人身中所得父母賦予之真氣與天地運轉之度相合而聚在肝。春季木氣旺，如果遇到天干爲甲乙木的日子，因木能剋土，故要於此時救土於辰、戌、丑、未之時，因辰、戌、丑、未屬土，於此時依法起火，可以煉養脾臟之土氣。其他日子，功夫至於兑卦所代表的金氣盛時，損金以耗肺氣，此時不可下功；功夫至於坎卦所代表的水旺之時，要依法起火煉腎氣；功夫至於震卦所代表的陽生之時，修丹者則要入室静坐，使自己的呼吸自然達到多入少出、息住爲上，如果不能自然達到息住，也可以盡量地久閉，數至一千息爲其度，這個方法相較於前，則等而次之。於此時，修丹者内觀要如法，使自己一意冥心閉目，則自見青色之氣，漸漸升身，入於泥丸頭頂，自寅時即早上的三點至五點至於辰時即早上的七點至九點，使其氣盛滿，此爲行震卦之功。當然，於静坐之時，須達到千息以上爲尤佳。如果息急，則使之轉爲漸微，乃至於出息而息住，這個過程中，不須勉强之，要使功夫連成一片，不能間斷。

① 《道藏》，第 28 册，第 361 頁。

凡夏三月,心氣旺。心旺者,以父母之真氣隨天度運而在心。若遇火日丙、丁,救金,於兑卦時,依法起火煉肺氣。餘日,坎卦時損水以耗腎氣,是時不可下功也;震卦時依法起火煉肝氣;離卦時入室依前行持定息,赤色自見,漸漸升身,以入泥丸,自巳至未,以滿離卦一千息以上尤佳,其説如前。①

人體之中,於夏季三月,心火之氣旺盛。之所以心氣旺盛,乃在於其身所禀父母之真氣與天地運化之度相應而聚在心。因此,在夏季若是遇到天干屬丙丁的火日,則要救金,因五行中,火能剋金,故於行持兑卦所代表的陰中留陽的功夫時,要依法起火,煉自身之肺氣。其他日子,若行坎卦所代表的求取水中金的功夫時,因損水以耗腎氣,此時不可下功;若行震卦所代表的一陽初動的功夫時,要依法起火煉肝氣;若行離卦所代表的陽極生陰的功夫時,修丹者要入静室静坐,依前法行持定息,則赤氣自現,漸漸升身,以入泥丸頭頂,自上午巳時也即上午九點至十一點至於下午未時也即下午一點至三點,以滿離卦所代表的陽極陰生之功。此步功夫亦當滿一千息以上爲尤佳。

凡秋三月,肺氣旺。肺旺者,以父母真氣隨天度運而在肺。若遇金日庚、辛,救木,於震卦時依法起火煉肝氣。餘日,離卦損火以耗心氣,是時不可下功也;巽卦時依法起火煉脾氣;兑卦時入室依前行持,白色自見,漸漸升身,以入泥丸,自

---

① 《道藏》,第 28 册,第 361 頁。

申至戌以滿兑卦。①

於秋季三月,人體五臟之肺氣旺。之所以秋季肺氣旺盛,乃在於人身所禀父母真氣與天地運化之度數相應而聚在肺。如果於秋季遇金日也即天干爲庚辛的日子,則要救木,因五行金能剋木。故要於行持震卦所代表的一陽來復功夫之時,依法起火,煉自身肝氣。其他日子,若行離卦所代表的陽極陰生之功時,則要損火以耗心氣,是時不可下功;行持巽卦所代表的一陰生起的功夫時,要依法起火,以煉脾氣;行持兑卦所代表的陰陽兩停、陰生留陽的功夫時,要入室静坐,依前法行持,使白色之光自現於身,然後漸漸升身,使之入於泥丸,此步功夫自下午申時三點至五點至於晚上戌時即七點至九點爲止,使兑卦之功滿。

凡冬三月,腎氣旺。腎旺者,父母之真氣隨天度運而在腎。若遇水日壬、癸,救火,於離卦時依法起火煉心氣。餘日,辰、戌、丑、未時損土以耗脾氣,是時不可下功也;兑卦時依法起火煉肺氣;坎卦時入室依前行持,黑色自見,漸漸升身,以入泥丸,自亥至丑以滿坎卦。②

冬季三月,人體五臟中的腎氣旺。之所以腎氣旺,是因爲人身所禀父母之真氣與天地運轉之度相合而聚在腎。若是逢水日,也即天干爲壬癸的日子,則要救火,因五行水能剋火。故要於離卦所

① 《道藏》,第 28 册,第 361 頁。
② 《道藏》,第 28 册,第 361 頁。

代表的陽極陰生之功夫時,依法起火,以煉心氣。其他的日子,如逢辰、戌、丑、未之時,則要損土以耗脾氣,因爲五行土能剋水,此時不可下功;若逢兑卦所代表的陰陽兩停、陰生留陽之時,要依法起火,以煉肺氣;至於坎卦求取水中金的功夫時,要入室静坐,依前法行持,待黑色之氣自現,則漸漸升身,使之入於泥丸、頭頂,這步功夫自亥時也即晚上九點至十一點至次日丑時也即凌晨一點至三點爲止,使坎卦功夫滿。

修丹者於春季煉自身之肝氣,静坐數自己的呼吸,至於千息,待身體青氣呈現,此功夫可止。春季末十八日,五行屬辰土,土氣勝,則不須依前法行持,衹是以定息爲法,而終日静坐,以養脾而煉己之真氣。此時,可行坎卦爲代表的提取水中金的功法,起火以煉腎,因五行土能剋水,恐脾之土氣耗散腎水之真氣。

於夏季煉自身之心氣,静坐數自己的呼吸,至於千息,待身體有赤氣呈現方止。同理,夏末十八日,五行屬未土,土氣勝,則不須依前法行持,衹是以定息爲法,而終日静坐,養煉脾土之氣如前法。此時,亦可行坎卦爲代表的提取腎之真氣的功夫,起火煉腎氣如前。

於秋季煉自身之肺氣,静坐數自己的呼吸,至於千息,待身體有白氣呈現爲止。秋末十八日,五行屬戌土,土氣勝,則不須依前法行持,衹是以定息爲法,而終日静坐,養煉脾土之氣如前法。

於冬季煉自身之腎氣,静坐數自己的呼吸,至於千息,待身體有黑氣呈現爲止。冬末十八日,五行屬丑土,土氣勝,則不須依前法行持,衹是以定息爲法,而終日静坐,養煉脾土之氣如前法。

春夏秋冬四季中,季末十八天皆煉自身脾土之氣。在這個過程中:

以至黄氣成光,默觀萬道周匝圍身。凡定息之法,不在强留而緊閉,使綿綿若存,用之不勤,從無入有,使之自住。采藥法,含津握固,以壓心之真氣不散也。凡入室須閉户孤幽静館,以遠鷄犬、女子一切厭觸之物,微開小竅使明辨物,勿令風日透氣、左右有聲。當潜心息慮,事累俱遣,内外凝寂,不以一物介其意。蓋以陽神初聚,真氣方凝,看待如嬰兒,尚未及半,日夕焚香默祝天。隱於山林,功行將半者地仙。跪拜稽首默祝天,寄於海隅洞府,與天下立大功,與黎首除大害,潜迹者天仙。跪拜稽首,三禮既畢,静坐忘機,以行此法。仍須前法節節見驗,若以便爲此道,但恐徒勞終不見成,止於陰魄出殻而爲鬼仙。①

土氣色黄,煉功至於黄氣成光,修丹者則默觀萬道黄光周匝圍於身體。修煉之時,所用定息之法不是强留息而緊閉之,其訣竅在於使呼吸自然由粗漸細,如《道德經》所説“綿綿若存,用之不勤”。此功久之,則能從無入有,使呼吸自住。鍾吕内丹學所説的“采藥法”,主要内容就是含津、握固,使心之真氣不散。

朝元之功究竟有何意義? 答案是:它可以養就鍾吕内丹學所説的“陽神”。習此法,修丹者要入室,閉户於孤幽静館中,户室中微開小竅,使人能够明辨物件,有風之日勿令透氣、左右有聲。入静室後,修丹者當潜心息慮,事累俱遣,内外凝寂,不以一物介其意。因爲此時人之陽神初聚、真氣方凝,要看待陽神如同嬰兒,其

① 《道藏》,第28册,第362頁。

功行尚未及半,故要日夕焚香默祝於天。

修丹者若隱於山林之中行此功,功夫將半者,其功效當爲地仙。更進一步,跪拜、稽首、默祝於天,寄凡軀殼於海隅洞府,與天下立大功,與黎首百姓除大害,潛迹於人間,行功德之事,其功行完,則可以成天仙。在這個過程中,三禮既畢,静坐忘機,以行此法,必使之節節有驗證。若不能節節有驗,恐徒勞無益、終不見成,衹能止於陰魄出殼而爲鬼仙。

《道要》説:

> 凡行此法,不限年月日。隨月一依前法,以至見驗方止,其氣自見。須是謹節不倦,弃絶外事,止於室中用志。測其時候,用二個純陽小子,或結交門生,交翻反復,供過千日,可了一氣。一以奪十,一百日可見功。五百日氣全,可行内觀。烝後聚陽神以入天神,煉之而合道,入聖超凡。煉氣之驗,但覺身體極暢,常仰升騰,丹光透骨,异香滿室。次以静中外觀,紫霞滿目。頂中下視,金光罩體之可怪證驗不可備紀。①

於此,《道要》提出,凡是踐行此修煉方法,并不限定年、月、日的時間,衹以修丹者於其身是否能够見驗爲止;若有其驗,則五臟之氣自能於修丹者身中出現。修丹者所要做的就是謹節不倦,弃絶各種外事,止於静室中用功。在這個過程中,還要根據其時,或以二個純陽小子,或結交門生,作爲外護,功夫交替、反復。行

① 《道藏》,第28册,第362頁。

功過於千日,可了一氣。修丹者以此一氣,可以奪十日之氣,經一百日可見功;五百日氣全,可行内觀之功,則能聚陽神而變天神,入聖超凡以合道。此步功夫的煉氣之驗:修丹者但覺自己身體極暢快,常仰升騰,丹光透骨,异香滿室;次以静中外觀、紫霞滿目,頂中下視、金光罩體,等等。當然,也還有各種其他的神奇證驗。

2. 内觀

朝元之後,尚須内觀。此時,修丹者觀乎内而不觀乎外,可以達到外無不究而内得清明的境界;觀乎神而不觀乎形,可以得形無不備而神得見的境界。《金誥》説:

> 大道本乎無體,寓於氣也。其大無外,無物可容。大道本乎無用,運於物也。其深莫測,無理可究。以體言道,道之始有内外之辨。以用言道,道之始有觀見之基。觀乎内而不觀乎外,外無不究而内得明。觀乎神而不觀乎形,形無不備而神得見矣。①

鍾吕内丹學所謂的大道本無體,寓於氣中。道其大無外,無物可容。大道以無爲用,運於物中。其深莫測,無理可究。若以體言道,則大道始有内外之辨;若以用言道,則大道始有觀見之基。以修煉者之一心觀萬物,萬物不謂之有餘。《真原》説:

> 以一心觀萬物,萬物不謂之有餘。以萬物撓一氣,一氣不

---

① 《道藏》,第28册,第362頁。

謂之不足。一氣歸諸心,心不可爲物之所奪。一心運一氣,氣不可爲法之所役。心源清澈,一照萬破,亦不知有物也。氣戰剛强,萬感一息,亦不知有法也。物物無物,以還本來之象。法法無法,乃全自得之真矣。①

天地間一氣吹於萬物,雖衹一氣,而不謂之不足。此一氣可以歸諸於人之心,這樣,人心亦不爲物所奪。人心不爲物奪,則謂之一心;一心運一氣而行,故氣也不爲萬法所役。修煉者心源清澈,心神注於一而照於萬物,心神不爲物所破,心亦不知有物;身之氣可戰剛强,萬感衹憑一息代之,亦不知有法的存在。如此,則可以體會到造物者非物,還其本來之象;制法者無法,全其自得之真。《比喻》説:

以象生形,以形立名。有名則推其數,有數則得其理。比者之論。蓋高上虛無,無物可喻。所可比者,如人之修煉,節序無差,成就有次。冲和之氣凝而不散,至虛真性恬淡無爲,神合乎道,歸於自然。當此之際,以無心爲心。如何謂之應物,以無物爲物。如何謂之用法,真樂熙熙不知己之有身。漸入無爲之道,以入希夷之域,斯爲入聖超凡之客。②

一氣既判,則有象而生形,因形以立名,有名則可以推其數,有數則可以得其理。這衹是比喻的用法。大道則高上而虛無,無物

① 《道藏》,第 28 册,第 362 頁。
② 《道藏》,第 28 册,第 362 頁。

可以比喻。所可比喻者,如人之修煉,若其節序無差,成就有次,則能使自己冲和之氣凝而不散,至虛真性恬淡無爲,從而神合乎道,歸於自然。當此之際,修煉者以無心爲心,以無物爲物,如此則能應物,其法在於:修煉者真樂熙熙,不知己之有身,漸入無爲之道,以入希夷之域。此方謂之爲入聖超凡之客。《真訣》説:

此法合道,有如常説存想之理,又如禪僧入定之時。當擇福地置室,跪禮焚香,正坐盤膝,散髮披衣,握固存神,冥心閉目。午時前微以升身起火煉氣,午後微以斂身聚火燒丹。不拘晝夜,神清氣和,自然喜坐。坐中或聞聲莫聽,見境勿認,物境自散。若認物境,轉加魔軍不退,急急前以身微斂,斂而伸腰,後以胸微偃,偃不伸腰,少待前後火起高升,其身勿動,名曰焚身。火起魔軍自散於軀外,陰邪不入於殼中,如此三兩次已。當想遍天地之間皆是炎炎之火畢,清凉了無一物。但見車馬歌舞、軒蓋綺羅、富貴繁華、人物歡娱,成隊成行,五色雲升,如登天界。及到彼中,又見樓臺聳翠,院宇徘徊,珠珍金玉滿地不收,花果池亭莫知其數。須臾异香四起,妓樂之音嘈嘈雜雜,賓朋滿坐,水陸俱陳,且笑且語,共賀太平,珍玩之物互相獻受。當此之際,雖然不是陰鬼、魔軍,亦不得認爲好事。蓋修真之人弃絶外事,甘受寂寞,或潛迹江湖之地,或遁身隱僻之隅,絶念忘情,舉動自戒,久受劬勞而歷瀟灑。一旦功成法立,遍見如此繁華,又不謂是陰魔,將謂實到天宫。殊不知脱凡胎在頂中自己天宫之内,因而貪戀,認爲實境,不用超脱之法,止於身中陽神不出,而胎仙不化,乃曰出昏衢之上,爲陸地神仙而可長生不死而已,不能脱質升仙而歸三島以作人仙子也。當此可惜,學人自當慮超脱雖難,不可不行也。①

修煉者行内觀之法,可以與道合真。此法有如常説的存想之理,又如禪僧入定之時,於此亦可見鍾吕内丹學與禪法之關聯。

行内觀之法,修煉者當擇福地、置静室;入室,跪禮、焚香,正坐盤膝,散髮披衣,握固存神,冥心閉目,此爲行功前的準備。於午時陽生之前,微以升身,起火以煉陽氣;於午後陰生之時,微以斂身,聚火以燒丹。行此法不拘晝夜,修煉者若神清氣和,在這個過程中,自然喜坐而不生厭倦。

修煉者於静坐過程中,要警惕不爲邪魔所困擾:或聽聞聲音,當弃而莫聽;或見種種境界,當弃而勿認,其物、境當自散。如果執著認物、境爲真,此爲魔軍,當急退此魔,前以身微斂,斂而伸腰,後以胸微偃,偃的過程中不伸腰,稍待前後火起、高升,身體勿動,此名之爲“焚身”。火起則魔軍自散於軀外,陰邪不入於身殼之中,如此三兩次即可。此時,可以想遍天地之間皆是炎炎之火,火畢之後,一片清凉,了無一物。

至於修煉過程中的種種歧途,要一一識破,不爲其所動,例如,若見車馬歌舞、軒蓋綺羅、富貴繁華、人物歡娱,成隊成行,五色雲升,如登天界。及到天界之中,又見樓臺聳翠,院宇徘徊,珠珍金玉滿地不收,花果池亭莫知其數。一會兒,則奇异之香四起,妓樂之音嘈嘈雜雜,賓朋滿坐,水陸俱陳,且笑且語,共賀太平,珍玩之物互相獻受。當此之際,雖然不是陰鬼、魔軍,但修煉者亦不得認之爲好事。一般説來,修真之人因弃絶外事,甘受寂寞,或潛迹江湖

① 《道藏》,第28册,第362、363頁。

之地，或遁身隱僻之隅，絶念忘情，舉動自戒，久受劬勞而歷瀟灑。一旦功成法立，遍見如此繁華，不知此境屬陰，反謂自己實到天宫。殊不知修煉者此時衹是脱凡胎於自己頭頂中的天宫之内，若貪戀於此，認其爲實境，而不用超脱之法，則陽神止於身中而不能出，如此則胎仙不化，此即爲“出昏衢”之上，而爲陸地神仙，僅可長生不死、做人間之仙，而不能脱質升仙、歸於三島。

3. 超脱

鍾吕内丹學所説的“超脱”，就是要體道之無爲，與道合一。其所謂“超”，是指超出凡軀而入聖品，所説的“脱”，是指脱去俗胎而爲仙子。鍾吕内丹學將超脱列爲修行的最高法門，是因爲道本爲無，以有言道，此有非道；道本爲虚，以道言實，此實非道。《金誥》説：

> 道本無也，以言有者，非道也。道本虚也，以言實者，非道也。既爲無體，則問應俱不能矣。既爲無相，則視聽俱不能矣。以玄微爲道，玄微亦不離問答之累。以希夷爲道，亦未免爲視聽之累。希夷玄微尚未爲道，則道亦不知其所以然也。①

道本無體，則問應俱不能得；道本無相，則視聽俱不能得。有以玄微爲道者，然玄微亦不離問答之累；有以希夷爲道者，希夷亦未免爲視聽之累。因希夷、玄微尚未爲道，故道不可以常知之、明之。故事物其來皆有始，其去皆有盡，然大道不知其始，不知其終；事物或高高在上，或深深在下，然大道之上下無有窮盡、無有極限。

---

① 《道藏》，第28册，第363頁。

《玉書》説：

> 其來有始而不知大道之始，何也。其去有盡而不知大道之終，何也。高高之上雖有上，不知大道之上無有窮也。深深之下雖有下，不知大道之下無有極也。杳冥莫測名曰道，隨物所得而列等殊。無爲之道，莫能窮究也。①

杳冥莫測，名之曰道；道隨物所得而列出等殊，此之謂德。德爲道之顯現，道則無爲，莫能窮究。《真訣》説：

> 超者，是超出凡軀而入聖品。脱者，是脱去俗胎而爲仙子。是其神入氣胎，氣全真訣。須是前功節節見驗正當，方居清静之室，以入希夷之境，内觀認陽神，次起火降魔，焚身聚氣。真氣升在天宫，殼中清净，了無一物，當擇幽居，一依内觀。三禮既畢，平身不須高升正坐，不須斂伸，閉目冥心。静極朝元之後，身軀如在空中，神氣飄然，難爲制御，默然内觀，明朗不昧，山川秀麗，樓閣依稀，紫氣紅光紛紜爲陣，祥鸞彩鳳音語如簧。异景繁華，可謂壺中真趣，而洞天别景，逍遥自在，冥然不知有塵世之累。是真空之際，其氣自轉，不須用法依時。若見青氣出東方，笙簧嘹亮，旌節車馬，左右前後不知多少。須臾南方赤氣出，西方白氣出，北方黑氣出，中央黄氣出。五氣結聚而爲彩雲，樂聲嘈雜，喜氣熙熙，金童、玉女扶擁自身，或跨火龍，或乘玄鶴，或跨彩鸞，或騎猛虎。升騰空中，自

① 《道藏》，第28册，第363頁。

下而上，所遇之處，樓臺觀宇不能盡陳，神祇官吏不可備説。又到一處，女樂萬行，官僚班列，如人間帝王之儀，聖賢畢至。當此之時，見之傍若無人，乘駕上升，以至一門，兵衛嚴肅而不可犯，左右前後官僚、女樂留戀不已，終是過門不得軒蓋覆面，自上而下，復入舊居之地。如此上下不厭其數，是謂出殼之法也。積日純熟，一升而到天宫，一降而還舊處，上下絶無礙滯。乃自下而上，如登七級寶塔，或如上三層紅樓。始也一級而一級，七級上盡，以至頂中，輒不得下視，神驚而戀軀不出。既至七級之上，則閉目便好跳，如寐如寤，身外有身，形若嬰兒，肌膚鮮潔，神采瑩然，回觀故軀，亦不見有所見之者，乃如糞堆。又如枯木，憎愧萬端，輒不可頓弃而遠游。蓋其神出未熟，聖氣結而未成，須是再入本軀，往來出入純熟，一任遨游，始乎一步、二步，次二里、三里，積日純熟，乃如壯士，展臂可千里、萬里，而形神壯大，勇氣堅固，然後寄凡骸於名山大川之中，從往來應世之外，不與俗類寺倫。是此而或行滿而受天書，驂鸞乘鳳，跨虎騎龍，自東自西，以入紫府。先見太微真君，次居下島。欲要升洞天，當傳道、積行於人間。受天書而升洞天，以爲天仙。凡行此法，古今少有成者。蓋以功不備而欲行之速，便爲此道。或乃功驗未證，止事静坐，欲求超脱。或乃陰靈不散，出而爲鬼仙，人不見形，往來去住，終無所歸，止於投胎就舍，而奪人軀殼，復得爲人仙。或出入不熟，往來無法，一去一來，無由再入本軀，神魂不知所在，乃釋子坐化，道流之尸解也。故行此道，乃在前功見驗正當，仍是擇地築室，以遠一切腥穢之物、臭惡之氣、往來之聲、女子之色，不止於觸其真氣，而神亦厭之。既出而復入，入而不出，則形神俱妙，與天地齊年而浩劫不死。既入而復出，出而不入，如蟬脱蜕，遷神入聖。是以超凡脱俗，以爲真人仙子，而在風塵之外、寄居三島之洲者也。已上超凡入聖之訣。①

修丹者神入氣而成胎，氣全則胎真，可行超脱之功。此步功夫，須是在前功節節見驗的前提下，方可進行。修煉者行此功時，當居於清静之室，静坐使自己進入希夷、恍惚之境；然後，内觀其自身陽神，通過以息相吹，發起真火，以降伏身魔和外魔。通過"焚身""聚氣"，則真氣升在頭頂（或以天宫爲喻）之中，軀殼也即身體中得清净之效，感覺了無一物，如此則修煉者當擇幽居，一依此内觀之法行持。

於幽居静室之中，修煉者行三禮。禮既畢，平身，不須高升正坐，不須斂伸，衹是閉目冥心。待静極、朝元之後，修煉者感覺自己的身軀如在空中一般，神氣飄然，難爲制御，此時默然内觀，覺自己心地明朗不昧；或感覺紫氣紅光，紛紜爲陣，或聽見若祥鸞彩鳳之音，其語如簧；或睹見山川秀麗，樓閣依稀，异景繁華，這些皆可謂洞天别景、壺中真趣，修煉者感覺自己逍遥自在，冥然不知有塵世之累。因此時達於真空之際，故其氣自轉，不須用法依時。

此時，身體中五氣朝元、歸真：東方青氣出，南方赤氣出，西方白氣出，北方黑氣出，中央黄氣出，五氣結聚而爲彩雲；覺自身或跨火龍，或乘玄鶴，或跨彩鸞，或騎猛虎，升騰空中，自下而上，所遇之處，樓臺觀宇不能盡陳，神祇官吏不可備説。再自上而下，復入舊居之地。如此上下不厭其數，這就是鍾吕内丹學所謂的調陽神出

① 《道藏》，第28册，第363～364頁。

殼之法。

行此法久之,積日純熟,一升而到天宫,一降而還舊處,上下絶無凝滯。在行此法純熟的基礎之上,乃可以調動自己的陽神,使之自下而上,感覺如登七級寶塔,或上三層紅樓。開始時,一級復一級,七級上盡,則陽神上以至於頂中,此時,不得下視,否則可能造成陽神驚而戀軀不出。既至七級之上,則閉目,以便跳出;陽神出後,感覺如寐、如寤,身外有身,陽神形若嬰兒,肌膚鮮潔,神采瑩然;再回觀自己之故軀,亦無所見,或覺之好像糞堆,又如枯木,心中憎愧萬端。此時,陽神不可頓弃其故軀而遠游,因爲此陽神出入身軀尚未熟悉,陽神雖由聖氣結成,但此時還未成熟,須是調陽神再還入自己本軀,使之往來出入純熟,則可以一任遨游,從開始的一步、二步,到二里、三里,經過積日純熟,乃可以如壯士展臂,可千里、萬里,而形神壯大,勇氣堅固。

此後,修煉者可以寄凡骸於名山大川之中,而從容往來於俗世之外,不與俗類同。當然,此時修煉者如果想要升入洞天,還當傳道、積功德之行於人間,方可受天書而升洞天,以爲天仙。

修煉者行陽神超脱之法,古今少有,成功者不多,這主要是因爲修煉者其功行不備,却欲速成;或者,前述各階段功夫之驗未證,衹是静坐,欲求得超脱,以至於陰靈不散,出而爲鬼仙,人不見其形,雖往來去住,但終無所歸,衹能投胎、就舍,而奪别人軀殼,方復得爲人仙。

或者,因爲調陽神出入不熟,往來無法,一去一來,無由得再入本軀,神魂不知所在,如所謂坐化、尸解之類,也不能説即得陽神功夫成就。故行此超脱之道,乃應該在前功見驗正當之時,方擇地築室,以遠離一切腥穢之物、臭惡之氣、往來之聲、女色等。

陽神既出而復入，入而不出，則形神俱妙，與天地齊年而浩劫不死。既入而復出，出而不入，如蟬脱蜕，遷神入聖。是以超凡脱俗，方可以成爲真人仙子，而在風塵之外，寄居三島之洲。

以上所述乃修煉之人超凡入聖之訣。鍾吕内丹學認爲前面所説三門爲大乘天仙之法門：朝元之法，主要通過變金丹於黄庭之内，煉陽神於五氣之中，於是，修行人體内肝之青氣出，肺之白色出，心之赤光見，腎之黑祥升，脾之黄彩應。其下元爲五液所朝，於陰中取陽，其陽無陰；中元爲五氣所朝，於陽中煉陽，其陽無陰；上元爲三陽所朝，黄庭大藥，陰盡陽純。此三者皆升而聚於神宫，則朝元之功畢矣！朝元之後則有内觀，所謂内觀，常與坐忘相關聯，内觀的功效在於聚陽神。通過煉神以超内院，則能上踴而出天門，直超凡塵而入聖品。

總之，《靈寶畢法》强調道生萬物，人爲萬物之靈，天地爲萬物之尊，人之理與天地之理相似。人身一日陰陽升降之理，可與一年陰陽之氣升降之理相合。天人合一是其内丹學理論的基石。

就修煉内丹初入門的功夫而言，因爲古人一般日落則息，息至夜半子時，此時腎中陽氣生起。積至卯時，陽氣旺，運行至於肝，因地支卯在時則爲五點至七點，於方位爲東，於五行之性則爲木，對應五臟則屬肝。肝陽之氣旺而升，陽氣不斷升、長，故卯時之陽氣，有如一年節氣之春分。春分乃晝夜平分之時，喻陽氣消陰，至於陰陽平衡之時。此後，陽氣繼續增長，午時陽氣到心，積氣生液，液爲陰，這時，陽氣極而走向自己的反面，開始産生一陰。此理有如一年之夏至，此節氣中，陽氣升到天，返而一陰生起。午時心中液生，陰氣增長，至於酉時，其液至於肺。因酉時爲下午五點至七點，五行屬金，對應人體臟器爲肺，陰氣增長，至於陰陽相平，有如一年之秋分,晝夜平分之時。秋分過後,陰漸長而陽漸消,至於子時,液之陰到腎,積液生陽氣。如此周而復始,循環不已。人之陰陽雖消長循環,但無損無虧,自可延年益壽。

然而,人受形於父母之後,因形中生形,陰陽之氣耗散,去道愈來愈遠。一般人自胎完氣足之後,因六欲七情發作而耗散元陽,走失真氣。雖如《比喻》所説,其身體中自然之氣液自能相生,但已不能與天地升降之理相契;呼吸之間,一呼元氣出,一吸元氣入,接天地之氣,却不能留之,天地之氣又隨呼而復出,身體本有之元氣反而爲天地所奪。如此則難能延年,因其氣散,不能生液;而液少,又不能生氣,日見枯萎,不得盡其天年。

如何解決此問題?《靈寶畢法》提出,當人體氣旺之時,於一日之時爲卯,人法天地之道,於天地之氣多入少出,强留氣於腹,使之積氣增多,其氣自能自下而上升;使身中元氣不出,人身元氣與天地之氣二氣相合,積而生五臟之液,滋潤五臟六腑,通過養氣還元,積日纍功,見驗方止。身中元陽積纍,其修養方法之要點在於"多入少出",多積纍元陽之氣,減少七情六欲,以防元陽走失。如此,則可以積氣生液,積液生氣,匹配氣液,使之相生相長。

《靈寶畢法》在論及内丹法訣之時,對於《周易》卦象的運用比較多,這可能受到《周易參同契》的影響。與之相同,《靈寶畢法》也主要結合卦氣,來對人體内真氣生長、運行進行説明。例如,其以艮卦代表一年的立春之節,乾卦代表一年的立冬之節;冬至陽生而上升,至於立春,陽升於陰位中,此時,陽難勝於陰,以艮卦來表示,艮一陽而二陰。夏至陰生而下降,至於立冬,陰得位而陽絶,以乾卦表示。乾本純陽之卦,何以表示陽絶之時?因其意在以《周易》後天八卦方位作解,後天八卦方位中,乾位西北陰盛之方,故言陽絶。

天地陰陽之氣消長，其理同於人身。故一年之中，立春以《周易》之艮卦來代表，表陽氣難能勝陰，於人身言，則腎陽之氣下傳膀胱，在陰液中微弱難升；一年之中，立冬以《周易》之乾卦來代表，乾卦處西北陰盛之地，表心液下入腎，將欲還元之時。心液入腎，乃陰盛陽絶之時。人之致病，皆因自身陰陽不和，陽微而陰多，故病多。若人當艮卦陽氣微弱之時，不知養氣之端；於乾卦陽氣消散之時，不知聚氣之理，日夕以六欲七情耗散元陽，使真氣不旺；而真氣走失，又使真液不生，如此，則不能使人身如天地那般長久。

《靈寶畢法》還特别對《周易參同契》"朔旦屯值事，至暮蒙當受"作出解釋。認爲古人朝屯暮蒙，用此二卦之理以養生，乃得長生在世，其理在於，朝屯即取一陽爲屈而未伸之義，於此時，我養而伸之，勿以耗散；暮蒙即取"童蒙求我"之義，就明弃暗，乃陰求陽之義，當修養心性，昧而明之，勿走失元陽真氣。在修煉過程中，當早晨日出之時，要以艮卦之理養生，養自身之元氣，勿以利名動其心，勿以好惡介其意；通過披衣静坐，以養其氣；并絶念忘情，微作導引，導引主要是活動手脚，手脚各伸縮三五下，使四體之氣齊生，内保元氣上升，使之朝於心府。在這個過程中，或咽津一兩口，搓摩頭面三二十次，呵出終夜壅聚於身内的惡濁之氣。久而行之，可以達到色澤充美，肌膚光潤的效驗。到了夜晚，以乾卦之理養生，以聚元氣。此時，要入室静坐，咽氣、搐外腎。咽氣是爲了納心火於下，搐外腎是爲了收膀胱之氣於内。通過聚集元氣，使之上下相合，心火之氣、膀胱之氣、腎氣之火，三火聚而爲一，可以補暖人之下丹田。其中，無液則聚氣生液，有液則煉液生氣，這在丹功中有一名，稱之爲"聚火"，又稱之爲"太一含真氣"。而早晨，咽津摩面，手足遞互伸縮，則稱爲“散火”，又稱“小煉形”。

天地夜半子時，以《周易》之坎卦來代表，於人身之子時，表示此時腎中一陽之氣生起。午時，以《周易》之離卦來代表，表示陽氣至於心之位。腎氣與心氣相合，成一太極，而生一陰之液。離卦之心氣生液之陰，之所以生液，因其氣自腎中來，氣中帶有腎之真水，其水無形，接離卦之心氣，則陰陽混融成太極而生液。同理，離卦心中之液生，至於坎卦，則液到腎，心液與腎水相合而混融成太極，復生腎氣。故腎中生氣，氣中有真水；心中生液，液中有真氣，此真水、真氣乃内丹修煉的真龍、真虎。人因六欲七情，感物喪志而耗散元陽，走失真氣，故當修性養命，當離卦所代表的腎氣到心之時，要神識内定，鼻息少入遲出，綿綿若存，至津液滿口，要勿吐勿咽，自然腎氣與心氣相合，太極生液。以此液與真水相合，真氣戀液，真水戀氣。本來兩者不相合，但因液中有真氣，氣中有真水，互相交合，相戀而下，稱之爲“交媾龍虎”。如果這個過程火候無差，抽添合宜，三百日就可以養就真胎而成大藥。此時最要緊者，恐泄漏元氣而走失真水於身外。因爲氣散難生液，液少而無真氣。氣、水不交，不能成就大藥。此法對那些“晚年奉道”“根源不固”“虚損而氣不足”者，尤爲有效。此法可稱爲“水火既濟”，行之可以延年益壽，成就“人仙”。

鍾吕内丹學中，真陽指心液中所産之真氣，真陰指腎氣中所産之真水。其中，真水不得真氣不生，真氣不得真水不成。離卦代表真水、真氣和合於心上、肺下，有如子母之相戀，夫婦之相愛，此之謂“采藥”。至於乾卦則謂之“進火”，乾卦之時，氣、液處於膀胱之上、脾胃之下、腎之前、臍之後、肝之左、肺之右、小腸之右、大腸之左，將欲還元。當此之時，脾氣旺而肺氣盛，心氣絶而肝氣弱，此時要"采合","采合"之法在於神識内守,鼻息綿綿,以肚腹微協於臍腎,如果覺得丹田熱甚,則意微微放輕,勒腹臍。如果丹田未熱,則意要緊勒,丹田漸熱後,即守常,任意放志,使氣液滿於乾坤,此之謂"勒陽關""煉丹藥"。要使真氣不上行,合於真水;氣液經脾宫,隨呼吸而搬運於中宫黄庭之中。由氣液造化作用,歷時而變爲精,精變而爲珠,珠變而爲汞,汞變而爲砂,砂變而爲金,"金丹"由此而成,此法稱爲"煉汞補丹田"。其中,離卦代表采藥,乾卦代表燒煉、勒陽關,藥力全而後進火加數,稱爲"火候"。因此,采藥而交媾龍虎,煉藥而進火,方爲入道之徑。於此之時,修行人要絶迹於幽居,心行内觀,内境不出而外境不入,有如婦女養孕,龍之養珠。雖飲食寤寐之間,語默如嬰兒,舉止如室女,唯恐有失有損,心不可暫離於道。

鍾吕内丹學認爲,陰陽升降在天地之内,可以喻人身心腎氣液交合之法;日月運轉在天地之外,則其"肘後飛金精"之事可與之相比擬。修行人於静室中披衣握固,正坐盤膝,蹲下腹肚,須臾之後,伸展身體向前出胸,而微把頭偃而向後,後閉夾脊雙關,肘後微扇二一,伸腰,自尾閭穴如火相似,自腰而起,擁在夾脊,此時慎勿開關,等到熱氣壯甚之後,漸次開夾脊關,而放氣過關。然後,仰面,使腦後緊偃,目的在於閉上關,亦慎勿開之,覺熱極氣壯,方開關,使之漸次入頭頂,以補泥丸髓海。行此功之效驗,在於身能耐寒暑,如此則可以爲長生奠定基礎。出胸、伸腰,閉夾脊、蹲而升之腰間。如果火不起、不熱,就當静坐内觀,如法再作,以至火起熱甚爲度。這個過程,就是鍾吕内丹學所謂的"肘後飛金晶",也叫"抽鉛"。

人身後之督脉被稱爲陽脉之海,沿人身脊骨而上,脊骨共二十四節,自下而上三節近於尾閭,與人之内腎相對。自上而下三節名爲“天柱”,“天柱”之上名爲“玉京”。玉京之下,内腎相對之尾閭穴之上,共有十八節,其中間部分稱爲“雙關”,“雙關”之上有九節,“雙關”之下亦有九節。静定一百日,使真火遍通十八節而入於泥丸。此通有真通,亦有假通,真通者,必須是於正一陽初動後,有如《周易》之坎卦,如法行持,纔能稱之爲“肘後飛金晶”。離卦喻“采藥”,乾卦喻“進火”燒藥、勒陽關,尾閭、夾脊、腦後玉枕三關一撞,金晶、丹藥方能直入上宫泥丸。若以《易》理言之,則是自坎卦陽生爲始,至艮卦飛金晶入腦方止。其中,《坎》爲北方,代表一陽初動,於人身亦代表腎氣發動;艮卦代表腎氣上交肝氣,艮卦取象山,於人身代表背部,喻金晶經過背部以入腦。此後,丹藥由督脉轉而至於任脉,由身後轉爲身前,行此法,方可稱爲“五行顛倒,三田返覆”,因爲飛金晶入腦,乃由下田返上田;采藥於下丹田,返中丹田燒藥;進火於中丹田,返歸於下丹田,此稱爲“三元用事”。此爲中乘修行之法,功成可得“地仙”。

如果以日月喻氣,則腎氣喻月而心氣喻日。如果以金玉喻液,則腎液喻金而心液喻玉。鍾吕内丹學所謂的“玉液”,乃指腎氣上升而到於心,以合心氣,二氣相交而過重樓,閉口不出而津滿玉池,咽之而稱“玉液還丹”,升之而稱“玉液煉形”;因爲此液本自腎中來,合於心氣而生,亦好比土中生石,石中生玉之説。鍾吕内丹學所謂的“金液”,指心氣下降與腎氣合後,薰蒸於肺,肺其狀有如華蓋,下罩二氣;在此基礎上,取肺液從下丹田起,自尾閭穴升之,此乃飛金晶入腦中,可補泥丸;補足之後,自上復下降而入於下丹田,乃稱“金液還丹”。既還下丹田,又復升之,使之遍滿四體,前後上升,乃稱“金液煉形”。

關於“朝元”,鍾吕内丹學指的是修行人於一年四季中煉自身五臟、五行之氣,所用之方法爲定息,行功以終日静坐爲主。凡定息之法,不在强留而緊閉,要在使之綿綿若存,用之不勤,從無入有,使之自住。而“采藥”之法,則在含津握固,令心之真氣不散。當潛心息慮,事累俱遣,内外凝寂,不以一物介其意。達至陽神初聚,真氣方凝,看待如嬰兒。關於“内觀”,鍾吕内丹學認爲,修丹者心源清澈,一照萬破,不知有物;氣戰剛强,萬感一息,不知有法;物物無物,以還本來之象,法法無法,乃全自得之真。人之修煉,冲和之氣凝而不散,至虚真性恬淡無爲,神合乎道,歸於自然。當此之際,以無心爲心,以無物爲物,真樂熙熙,不知己之有身,漸入無爲之道,入於希夷之域,此爲入聖超凡之功。修此法,當擇一福地置室,跪禮焚香,正坐盤膝,散髮披衣,握固存神,冥心閉目,坐中聞聲莫聽,見境勿認,物、境當自散;若貪戀之以爲實境,則不能得超脱,身中陽神不出,胎仙不化,祇爲陸地神仙,而不能升爲天仙。關於“超脱”,鍾吕内丹學認爲,“超”是超出凡軀而入聖品,“脱”是脱去俗胎而爲仙子。因爲道本虚無,無體無相,玄微希夷皆不是道,道無始無終,修行人法道之清静,以入希夷之境,進而與天地齊年,超凡而可以入於聖境。

應該説,以上諸法從低到高,層次非常清楚、分明,對於唐宋内丹道教來説,《靈寶畢法》建構起了一個理論化、系統性的内修功法體系,奠定了内丹道教發展的基礎。若將其與《鍾吕傳道集》相比,此書除理論系統完備之外,還保存、披露了更多具體的修真之功法,學人循之而行,可得其實效,具有更高、更好的可操作性! 曾慥《道樞》等道教文獻,對《靈寶畢法》多有引用;《修真十書》對之收録,等等這些,皆表明其在道教内丹發展史上具有非常重要的地位。

三、《破迷正道歌》及其思想

《破迷正道歌》一卷，原題正陽真人鍾離權述，大概出於唐後期至五代時期。其原文不長，我們引之如下：

若非符契天緣事，故把天機訣與君。片言半句無多字，萬卷仙經一語通。一訣便知天外事，掃盡旁門不見踪。若言此理神仙道，天地虛無上下空。説破木金無間隔，真鉛真汞豈有形。誰知這個天機理，便會日月得高奔。也無坎離并龍虎，也無烏兔各西東。非肝非肺非心腎，不干脾胃膽和精。非思非想非爲作，不在三田上下中。豈干夾脊至昆侖，不是精津炁血液，不是膀胱五臟神，此物在人身中出。四時春夏及秋冬。先天先地誰人識？二物相和重一斤，弦望晦朔合本數，循環晝夜不曾空。依時采取知老嫩，片餉之間并甲庚，祇在西南産本位，慢慢調和入艮宫。試把天機輕撥動，真炁時時聚太空。謀得乾坤爲鼎器，顛倒宇宙任縱横。南辰移入北辰位，金烏飛入玉蟾宫。太陽裏面藏玉兔，太陰加減自和同。前弦之後尋藥物，後弦之前炁停匀，兩弦之間爲采取，先後存定祖和宗。他是主時賓是我，我若浮時你却沉，調得浮沉歸一處，沐浴潛藏總是空。離坎本來無南北，震兑豈則在西東，若遇神仙親指訣，捉住北斗周天輪，撮得陰陽歸掌内，頃刻之間萬物生。這些金液還丹訣，不遇仙師莫强攻。果然采得先天炁，日月擒來兩手中,晝夜打交成一塊,自有龍吟虎笑聲。初時上下風聲吼,漸凝漸結紫雲生,雲滿山中遮日月,此時一陣似朦朧。默默自然雲霧動,定里時聞霹靂聲,紫鳳烏兔交一處,金烏玉兔自相争,虎繞龍蟠尋至寶,金公姹女結婚姻。這番子母里相會,神炁歸根合本真。一點最初真種子,入得丹田萬古春,先天先地歸一處,混沌未分豈有痕。生發自然合聖理,緣來紅花一色新,上下水火自澆灌,二炁交結産胎嬰。自然白日生神象,自有超凡出死生。果然百日防危險,血化爲膏體似銀。果然百日無虧失,玉膏流潤生光明。真炁薰蒸無寒暑,可爲無上道高人。炎炎鍛煉三百日,驟雨顛風滿太空,電光晃耀無窮數,雷震天關鬼神驚,掀翻宇宙飛白雪,倒捉乾坤不夜春。換骨回陽身不朽,九還七返化真形。辛苦都來十個月,内外虚明表裏真。聚則成形散則炁,返本還元太虚同。變化往來人莫測,祖祖相傳古到今,一理便合天地理,神仙口訣不爲虚。更若保守一二載,百千萬億劫無窮,會得金液種形法,乘鸞跨鶴自飛騰,出有入無無阻礙,蓬萊三島任縱横,若更萬年百千劫,海變桑田貌亦同。堪嗟無限學仙者,總是天仙道不同,俱被野狐涎昧定,鬼言妖語怎生聽。雲游四海參玄妙,盡是邪門小法功,愚迷執强難教化,依然一盲引衆盲。有如餐松并服餌,如何脱免死生根;有如忘形習定息,如何百脉盡歸宗;有如呼吸想丹田,到底胎仙學未成;有如息氣爲先天,至老無成也是空;有如口鼻爲玄牝,恰似滿網去包風;有如思心爲方寸,怎得歸元見祖宗;更有積精爲鉛汞,轉與金丹事不同;有執氣神爲子母,亦隔天仙萬里程;有如開頂爲煉養,枉施功力謾勞神。更有縮龜并煉乳,正是邪門小法功;更有行炁爲火候,九載三年誤了人。鼻頭閉息服元炁，引得邪風肚裏鳴。假若識心并見性，到頭終久做陰靈。知他多少閑門户，勞漉空動骷髏形。止念降心爲清净，下梢終久是頑空。晝夜專行子午法，天地豈有惡時辰。孤修閉息行存想，執定舌根做赤龍；更有周天行卦象，更有種頂作黄庭，更有指腎爲造化，執定尾閭爲命根，更有還元服水火，更有采補吸淫精，更有仰天吸日月，便道地魄是天魂，更有咂津爲造化，斷除五味是修真，晝夜一餐爲日用，身體尩羸似鬼形。曲身偃仰叩玉户，抱元守一運雙睛，竦肩縮項思脊骨，搬運流珠想太陰。更有書符并念咒，破券分環學隱形，按摩吁呵六字訣，瞻星禮斗受辛勤。入清吐濁爲丹本，陽關緊勒火飛騰，炎炎遍身通透熱，呼作天真大道根。看讀念贊持科籙，設壇拜醮望飛騰。三千六百傍門法，不識隨形晝夜人。有緣遭遇明師指，頃刻之間造化生，一炁循環無阻礙，散在萬物與人身。達人采得先天炁，一夜雷聲不暫停，電光閃閃無窮數，二炁相交豈有形。摧塌天關無可比，雷電風雨一齊生。顛倒顛時交换位，無量火炁亂峥嵘，虎繞藥爐争造化，龍蟠金鼎要飛騰，四象五行歸戊巳，烹煉金液混元晶，萬朵紫雲籠北海，千條百脉撞昆侖，真炁輝輝星斗暗，紅光赫赫太陽昏，加減自然分進退，前弦後弦定其真。丹頭老嫩須亦認，抽添運用片時中。結胎火候有時刻，真火炎炎燒宇宙，乾坤上下盡通紅，一水一火分爻象，一升一降自浮沉，一來一去分賓主，一前一後有君臣，一陰一陽爲天地，一剛一柔自均匀。冬夏二至爲節候，春秋二分定寒温，往來上下無形象，循環晝夜有時辰。若非土祖相傳訣，豈知大道片時功。驅回斗柄玄關理，斡轉天關萬象通，片餉龍虎頻頻鬥，二物交合頃刻中，擒得猩猩俱鶻突,混混沌沌未分明,此時木金交并法,真鉛真汞天地晶。衹此火候金丹訣,全憑交結在黄庭。混元一炁千年藥,萬劫常存不夜春,三千刻内嬰兒象,百日功夫造化靈。十月煉成純陽體,自然寒暑不來侵,瑞氣彩雲遮五體,鸞鶴對舞面前迎,玉女雙雙持紫詔,名曰方號唤真人。金光罩體人難視,節制儀威左右行,仙鶴接引朝元去,白日飛升謁上京。①

關於《破迷正道歌》的丹道理論,我們將之概括如下:

(一)丹道與天機相符、相契

與前所述鍾吕金丹派的著述思想一脉相承,《破迷正道歌》也持天人合一的觀點,認爲煉丹之理與天道、天機相符相契,所謂:

若非符契天緣事,故把天機訣與君。片言半句無多字,萬卷仙經一語通。②

因煉丹合於天機,有其訣竅,故可以爲人所知。修煉人若能得其理,則雖萬卷仙經,而可以一語通其理。若有誰能知丹道修煉的天機造化之理,便可以和會自身中的日月,得以向上高奔而成天仙。

① 《道藏》,第4册,第916~918頁。
② 《道藏》,第4册,第916頁。

(二)丹道貴清静、無爲

丹道有其訣,知之、行之便能合於大道,超出天地之外。知其正理,則不爲旁門所誤。那麽,丹道之理究若何?《破迷正道歌》提出,神仙之道,重在清静無爲,所謂:

> 若言此理神仙道,天地虚無上下空。説破木金無間隔,真鉛真汞豈有形。①

丹道之理合於天機。天道運轉有其法則,人法天地之機修煉金丹,就要清静無爲。鍾吕金丹道以五行之木喻性,以五行之金喻命;一般人常常性、命互相戕害,情欲之命常礙清静之性,猶如五行之金剋木。修行人則要調和性、命,如此,則要使五行東方之木與西方之金相和,也就是其所説木、金之間没有間隔。如何纔能做到這一點?《破迷正道歌》提出,人之身猶若天地。天地之間,一氣流通,空虚無礙,上下皆空;人若能了知此理,則其心清静無爲,如此,則性與命自然調和,東方之木與西方之金自然無其間隔。

因丹道貴清静無爲,不執有象。在此基礎上,若論煉丹之藥物,也可以説實無所謂坎離與龍虎,也無烏兔與東西,所謂真鉛、真汞亦無其形。其云:

> 也無坎離并龍虎,也無烏兔各西東。非肝非肺非心腎,不

① 《道藏》,第4册,第916頁。

干脾胃膽和精。非思非想非爲作，不在三田上下中。豈干夾脊至昆侖，不是精津炁血液，不是膀胱五臟神，此物在人身中出。①

因爲煉丹衹是於無心中作爲，故非思、非想、非爲作。丹道修煉常說“五氣朝元”，這是修丹達於高層次境界的一種方法，在其看來，此“五氣”亦非肝非肺非心非腎，也不干脾、胃、膽、精之事；乃至於道教的丹田之説，在修煉過程中，對其也不執著，故亦無所謂上、下、中三丹田之分。於此，《破迷正道歌》强調清净無爲，否定各種有爲之偏執，包括對丹法的種種偏執。故其對丹經一般所説的夾脊、昆侖，精、津、炁、血、液、膀胱、五臟神等説，一概不執。

在這個過程中，或沐浴、或潛藏，皆不能執而不變，因其爲煉丹的一個環節、過程，過程轉瞬即空，故總要將其看成爲空。看空之後，則所謂離坎，本無所謂南北；震兑也不一定指的是東與西。同樣，修行之人若能以虛無空寂爲本，心地自然清静無爲，如此，則全身氣血就能有序運轉。

（三）論藥物、火候

那麽，其所説煉丹藥物，究爲何物？《破迷正道歌》認爲，此物在人身中出，但又先天、先地而有，經歷身中的四時，即春、夏、秋、冬，由二物和合於一斤之數，實即陰陽相融。其謂：

① 《道藏》，第4册，第916頁。

紫鳳烏兔交一處，金烏玉兔自相争，虎繞龍蟠尋至寶，金公姹女結婚姻。這番子母裏相會，神炁歸根合本真。一點最初真種子，入得丹田萬古春，先天先地歸一處，混沌未分豈有痕。生發自然合聖理，緣來紅花一色新，上下水火自澆灌，二炁交結産胎嬰。①

因此，其所云内丹藥物不過就是修丹者自身所具有的神與炁。所謂紫鳳烏兔、金烏玉兔、虎繞龍蟠、金公姹女、子母、水火、日月等，雖名號各有不同，皆不離神與炁、精，此即爲内丹修煉之藥物。

修煉的過程中，當先謀得身中之乾天坤地，以之爲煉丹的鼎器；於鼎器中，交媾藥物，任藥物陰陽自然相交，也即顛倒宇宙任縱横。藥物陰陽相合，於丹經中，其以“南辰移入北辰位”“金烏飛入玉蟾宫”等來比喻，因爲南辰爲火、北辰爲水，火入水中，也即神入氣中。金烏乃傳説中居於太陽裹的鳥，比喻陽中之陰，玉蟾乃傳説中居於月亮中的蟾蜍，比喻陰中之陽，以陽中之陰合陰中之陽，亦是鍾吕内丹學修煉的重要方法；“太陽裹面藏玉兔”“太陰加減自和同”，也是陽中有陰，陰中有陽的意思，於内丹言，其所指實即身中之神與炁。

精、炁與神因有相生的關係，故丹經有時亦用子母相會來喻之。通過子母相會，則神、炁可以復歸本根，修煉者則可以合於大道，發現自己的本真道性。神與炁合，結成丹頭，雖量不多，衹有一點，但是生天、生地、生人、生物的最初真種子，若能將此真種子種入丹田，則修煉者可以長生成仙，萬古長春，進入先天狀態，由後天

① 《道藏》，第4册，第916頁。

返於先天,歸於大道,此時陰陽混沌而未分,了無痕迹,却能够生發自然,合於天機。

前文言及鍾吕内丹學持“天人合一”之説,若就天地陰陽消長而言,天氣爲陽而地氣爲陰,天之氣至大至剛而地之氣至陰至柔;天地陰陽之氣的升降轉换,其契機在於冬至、夏至、春分、秋分;陰陽之氣的運轉雖然上下往來、無形無象,但其節候變化、循環有其確定的時機。若以日月爲丹道藥物之喻,則日光作用於月,月因而有弦、望、晦、朔之分,各階段循環不已,有其數理,此數理并不爲空。對修丹藥物的神與炁,修煉者要根據功夫所至的階段,依其時而采取;采取的前提,是要知藥物之老嫩,如此則於藥物之外,内丹修煉又有火候之説。

因爲修煉内丹無非是煉人體的精、炁、神。精、炁、神分而爲陰、陽,人體的陰陽消長猶如天地的陰陽消長,有君有臣、有主有賓、有升有降、有進有退、有浮有沉,度數明確。在修丹過程中,修煉者試把身中氣機輕輕撥動,使之合於天機,使身中真炁時時聚集;若火候無差,則片餉之間,就可以交媾龍虎,并甲木金庚,在下丹田腹部即所謂西南坤鄉本位立下丹基;然後,再慢慢調和,使其飛金晶而入於頭頂艮宫。鍾吕内丹學采《周易參同契》之説,其謂:

> 前弦之後尋藥物,後弦之前炁停勾,兩弦之間爲采取,先後存定祖和宗。……離坎本來無南北,震兑豈則在西東……撮得陰陽歸掌内,頃刻之間萬物生。①

①《道藏》,第4册,第916頁。

《周易參同契》對於煉丹過程中的“一陽初動”，常以初三震卦喻之；陽升而至與陰相持，其以初八兑卦喻之，即所謂“前弦”；前弦之後，陽繼續升長，在陽長而未滿之前，於此時可以尋煉丹之“藥物”。十五月圓之後，陰開始消陽，至於二十三日，陰消陽至於與陽相持，此即爲“後弦”或者“下弦”；下弦之前，即陽盛而陰生這一段，此時爲“退火”或“退陰符”，修煉者於此階段要使體內真炁停勻，使神與氣充分交媾，故説“兩弦”之間爲“采取”。“采取”之功，實即神炁相交，或以神交炁，神先而炁後，或以炁交神，炁先而神後，在這個過程中，神與炁之間存在先後、祖宗、賓主、浮沉之分：神爲主時賓是炁，炁爲主時神爲賓。若要炁浮神必沉，修持人神不外弛，神光下注，則能發火生氣，神沉炁浮，神炁交媾，則結成丹基。

修煉内丹，其結胎的火候是有時刻之分的。故在這個過程中，鍾吕内丹學强調要注意煉丹的火候，對於所結丹頭之老嫩要辨識清楚，進火退符的火候抽添運用也要合理掌控，片時之中，就要有所判定；稍有不慎，則有可能前功盡弃。

(四)結丹的功夫、過程及證驗

如果在修持過程中，修行人體内産生了先天之炁，則表明身中陰陽得到交媾，神與炁、精打成一片。神與炁相合，其生發自然合於天機、聖理；有時丹經也用日月相互作用來比喻身中神炁、陰陽相媾的情景。果能如此，則修煉者對於自身陰陽之交媾，就有了切實的體會、把握。在此基礎上，更進一步，通過晝夜不息之功、精進不已，修煉者的精、炁與神凝而成丹，結爲聖胎，出而爲陽神，聚則成形、散則爲炁，則可以達到所謂“我命由我不由天”的境界。

就《破迷正道歌》具體功夫演進的過程和證驗而論，修行人於静定之中，感覺混混沌沌、杳杳冥冥，此爲得炁之兆，如此久之，則能定心、静氣，神炁相抱。修煉者身中陰陽相凝結，會有一些證驗出現，其體内自然會生發所謂龍吟虎嘯之聲。其謂：

果然采得先天炁，日月擒來兩手中，晝夜打交成一塊，自有龍吟虎笑聲。初時上下風聲吼，漸凝漸結紫雲生；雲滿山中遮日月，此時一陣似朦朧。默默自然雲霧動，定裏時聞霹靂聲。①

一般説來，體内精、炁、神相媾之初，陰陽初凝，身體上下反應較爲强烈，感覺猶如風之聲吼；此後，精、炁與神漸凝漸結，又如紫雲生起，或如雲滿山中，遮閉日月，此時，修煉者感覺恍恍惚惚，一陣朦朧；默默中，自然雲霧動起，修煉者於静定之中，時時能聞見體内發出霹靂之聲，這是精、炁與神打成一片時的身體反應，丹經有時用紫鳳、烏兔交一處，金烏、玉兔相争，虎繞龍蟠，金公姹女結婚姻等語來形容之。

對於修丹不同階段所得證驗，其有如下描述：

果然百日防危險，血化爲膏體似銀。果然百日無虧失，玉膏流潤生光明。真炁薰蒸無寒暑，可爲無上道高人。炎炎鍛煉三百日……换骨回陽身不朽，九還七返化真形。辛苦都來十個月，内外虚明表裏真。聚則成形散則炁，返本還元太虚

① 《道藏》，第4册，第916頁。

同……更若保守一二載，百千萬億劫無窮……出有入無無阻礙，蓬萊三島任縱横，若更萬年百千劫，海變桑田貌亦同。①

修丹人若能於百日用功中，防微杜漸，則其血化爲白膏，修煉者通身遍體皆呈銀白、潔凈之像，如玉樹之臨風。在此基礎上，又過百日，若能無所虧失，則身體内玉膏流潤，生發光明，真炁在修煉者體内外薰蒸，感覺無寒無暑，可爲無上得道之高人。或者能持續不斷用功，神不外馳，與炁、精相合，尤如用炎炎之火，鍛煉精、炁三百日，則體内精、炁如驟雨、顛風滿太空，充盈於身體内外。修煉者感覺有電光在體内不斷晃耀，其數無窮；亦好像聽聞雷聲震響天闕，使鬼神皆驚；又如掀翻宇宙，翻天覆地，而空中飄飛白雪，倒捉乾坤，得不夜之春。功夫即至，則可以换骨回陽，得身不朽，精、炁與神九還七返，變化而成真形。“九還七返”出於《周易參同契》。三百天合計十個月，通過辛苦用功十個月，則修煉者内外虚明、表裏皆真，可以達到聚則成形、散則爲炁的境界，如此則可以返本還元與太虚同體，得長生久視；變化往來，人莫能測知。

因此，内丹修煉過程中，修煉者持久用功，於鼎爐之中不斷添入精、炁與神；精、炁與神猶如水火，水火一上一下，自能澆灌丹田之真種，化作陰陽二炁，交結而産胎嬰。當然，精、炁、神相交結成丹，實有賴“真心”“真意”在其中相綴合。其謂：

捉住北斗周天輪，撮得陰陽歸掌内，頃刻之間萬物生。②

① 《道藏》，第4册，第916～917頁。
② 《道藏》，第4册，第916頁。

若非土祖相傳訣，豈知大道片時功。驅回斗柄玄關理，斡轉天關萬象通。①

修丹過程中，自始至終皆全憑心意運功。鍾離權以所謂“斗柄”來喻指修丹者之心；北斗七星組成斗柄之狀，中國古天文學認爲，北斗七星具有斡轉群星運轉之功能。與此相應，心也可以運轉全身之精、炁、神，這個過程玄妙莫測，然得真心呈現這個關鍵，則玄妙者不玄，萬象皆通達而合於其理。鍾離權所説的“真意”，即以經所云“土祖”爲其代表，脾五行屬土，脾中藏有真意，故以“土祖”喻指煉丹人的“真意”。在“真心”“真意”的撮合之下，精、炁、神片餉交合，頃刻而成丹，其交合猶龍虎相争，内丹亦以木金交并、真鉛真汞交結表象之，木喻性而金喻命，鉛汞之喻亦若似，猶若天地結晶。知修煉法的達人采得此先天之炁，身中猶若一夜雷聲，神馭炁而行，運不暫停，直上昆侖頭頂，體内電光閃閃無窮數，陰陽二炁相交無有形狀。炁行之處，摧塌天關無可比，雷電風雨一齊生於身中。神與炁於顛倒中再顛倒，時時交换其位置，則身中生起無量火炁，白虎與青龍在藥爐、金鼎中飛騰、造化，好比“萬朵紫雲籠北海，千條百脉撞昆侖”，體内真炁輝輝，紅光赫赫，有加減，分進退，皆道法自然而成。

以上所説，鍾離權認爲即修煉金丹的火候之訣，合於此訣，則精、炁與神就能交結在中宫黄庭之内。人體的混元一炁，即丹道的千年之藥，若得金丹修成，則身可以得萬劫常存。經過三千刻的修行，體内嬰兒現象；而百日功夫，則可以築基，體現出造化的神奇。

① 《道藏》，第4册，第917頁。

經歷十月，可以煉成純陽之體，自然寒暑不侵，有瑞氣、彩雲遮覆五體，有鸞鶴對舞面前迎進，玉女雙雙持紫詔，此時方可以號稱“真人”。有金光罩體，常人難視，節制儀威左右引行，仙鶴接引朝元而去，白日飛升謁於上京。

(五)真師傳訣、破除旁門

《破迷正道歌》强調修丹要得明師指點，所謂：

> 若遇神仙親指訣，捉住北斗周天輪；撮得陰陽歸掌内，頃刻之間萬物生。這些金液還丹訣，不遇仙師莫强攻。①

認爲修行人若能有緣遭遇明師指點金丹之術，則能於頃刻之間於身内陰陽和合、造化生物，得先天一炁於身中循環，無有阻礙。此先天炁是本真的存在，散在萬物與人身之中，若能聚而生之，則可以得仙道之長生。

於此，《破迷正道歌》也嗟嘆無限學仙之人，總是不能修持天仙之法，性喜旁門左道，與金丹大道不同，俱被一些“野狐涎”迷惑，聽從那些鬼言妖語。雖然其雲游四海，參玄訪妙，但所得盡是邪門小法，而且愚迷執强，難以真理教化之，并以自己之盲，引領衆盲；不爲有功，反而有咎。其謂：

---

① 《道藏》，第4册，第916頁。

堪嗟無限學仙者，總是天仙道不同；俱被野狐涎昧定，鬼言妖語怎生聽。①

對於流行的一些旁門小法，《破迷正道歌》皆有所批評：如一些人餐松并服餌，或者忘形而習定息；或者關注呼吸而存想丹田，以之爲胎仙之法；或者以息氣爲先天之功，以口鼻爲修習内丹之玄牝；或者以存思自己的心爲方寸，不得歸元而見自己本來面目、祖宗；或者積精爲煉丹之鉛汞，執氣神爲子母；有以開頂爲煉養，以縮龜煉乳爲功法；或者以行氣爲火候，鼻頭閉息，呼服元炁，却引得邪風在肚中鳴響；還有强調所謂識心見性，却到頭終久做陰靈；也有一些閑人勞勞碌碌以修身，却祇能煉得形體，終爲骷髏而成空；或者以止念、降心爲清净，其末下一等，終究得個"頑空"；或者晝夜專行子午之法，但天地之間豈有惡的、不好的時辰；或者通過閉息、行存想之法，執定舌根，以之爲赤龍；更有以頭頂作爲黄庭，指腎爲造化之源，以尾閭爲命根，周天行各種卦象所代表的功法，實不能知丹道之秘；還有行還元、服水火，執采補、吸淫精，或仰天吸日月，便以爲地魄即天魂；還有以咂津爲造化，斷除五味爲修真，晝夜一餐爲日用，却使得自己的身體尫羸而似鬼形。等等這些，《破迷正道歌》認爲皆屬"三千六百傍門"之法。

應該説，上述所批評的所謂"三千六百傍門"之法中，除極少數外，絕大部分是在道門中流傳已久、其功效得到肯定的身與心修習的佳法，何以皆成爲"傍門"而要對之進行拒斥呢？對此，我們的分析是：鍾吕内丹學特别强調性、命雙修，認爲二者合則相得益彰，離

① 《道藏》，第4册，第917頁。

則相傷。而相當一部分修行人在修習上述功法時，可能存在著一些誤區，即大多自覺、不自覺地將性與命相割裂，身與心相分離；或者衹是强調修性而不至於命，或者衹是强調修命而不見性，這在鍾吕内丹學看來，皆與金丹之事不同，畢竟學難成就、轉頭成空，故鍾吕内丹學要對之進行批評。

當然，若有人能得到高人指點内丹口訣，并親身證得此理，就可以得丹道之本。所謂：

> 一訣便知天外事，掃盡旁門不見踪。①

《破迷正道歌》認爲，内丹法訣之要點，在於取法道之清静無爲，如此就能撮得陰陽相和，結成金丹，修煉的各種情景亦會依次出現，其功成易如反掌，皆能由己掌握。若違背清静無爲之宗旨，則盡入旁門。丹道修煉之口訣，皆祖祖相傳，從古到今，此雖爲一理，却能與天地之理相合，便可知神仙口訣不是虛説。修此功，若能保之、守之，持續用功一年二載，則可以得百千萬億劫、無窮之壽，會得此金液種形之法，則可以乘鸞、跨鶴自由飛騰，出有入無而無任何阻礙，仙人所居蓬萊三島任其縱横，甚至經歷萬年、百千之劫，滄海變成桑田，其貌不變。當然，這些金液還丹之訣，需有實際修持經驗的老師指導，方能有所瞭解，而不能主觀猜測，或者衹是紙上談兵、無親身實際的體驗。

① 《道藏》，第4册，第916頁。

(六)《破迷正道歌》與《太上洞真凝神修行經訣》之對斟

《太上洞真凝神修行經訣》①一卷,大概相當於托名鍾離權所著《破迷正道歌》之後半部分,約出於唐代後期。關於兩書之成書先後,容易形成兩種觀點:一是認爲《破迷正道歌》相較於《太上洞真凝神修行經訣》更爲古樸,也更加完整,故《太上洞真凝神修行經訣》可能是在《破迷正道歌》的基礎上,截取其中的一部分,單獨加工、完善而成。二是認爲《太上洞真凝神修行經訣》相較於《破迷正道歌》更爲古樸,《破迷正道歌》是在其基礎上,進行加工、補充、完善而成。二者孰是孰非尚難確定。

下面,我們以《太上洞真凝神修行經訣》爲基礎,將其與《破迷正道歌》對斟,以見二者之同异:

一訣便知天地理,掃蕩邪門不見踪,
混沌凝神神仙道,天地虚無上下空。②
此訣不在口持念,心開悟解出凡籠。③
説破木金無間隔,真鉛真汞天地精,

① 《道藏》,第2册,第895~896頁。

② “一訣便知天地理,掃蕩邪門不見踪,混沌凝神神仙道,天地虚無上下空”。《破迷正道歌》作:“一訣便知天外事,掃盡旁門不見踪。若言此理神仙道,天地虚無上下空。”

③ “此訣不在口持念,心開悟解出凡籠。”此句《破迷正道歌》無。

誰知這個神仙理,悟得此訣便成功。①
也無坎離并龍虎,也無烏兔各西東,
非肝非肺非心腎,豈干脾胃膽和精?②
非想非爲作無爲,③不凝真炁謾勞神,④
不在三田上下出,豈干夾脊至昆侖?
不是精津炁血液,不是勝光五臟神。⑤
此物不在人身出,不在春夏及秋冬,
先天先地誰人識?二炁交合各一斤。⑥
弦望晦朔合本數,環晝巡夜不曾停,
依時采取壹嫩片,采向中間并甲庚。⑦
出在西南爲産藥,⑧慢慢調和入艮宫,
試把天機輕撥動,真炁時時聚太空。

---

① “説破木金無間隔,真鉛真汞天地精,誰知這個神仙理,悟得此訣便成功。”《破迷正道歌》作:“説破木金無間隔,真鉛真汞豈有形。誰知這個天機理,便會日月得高奔。”

② “豈干脾胃膽和精?”《破迷正道歌》作:“不干脾胃膽和精。”

③ “非想非爲作無爲”,《破迷正道歌》作:“非思非想非爲作。”

④ “不凝真炁謾勞神”,此句《破迷正道歌》無。

⑤ “不在三田上下出,豈干夾脊至昆侖?不是精津炁血液,不是勝光五臟神。”《破迷正道歌》作:“不在三田上下中,豈干夾脊至昆侖?不是精津炁血液,不是膀胱五臟神。”

⑥ “此物不在人身出,不在春夏及秋冬,先天先地誰人識?二炁交合各一斤。”《破迷正道歌》作:“此物在人身中出。四時春夏及秋冬。先天先地誰人識?二物相和重一斤。”

⑦ “弦望晦朔合本數,環晝巡夜不曾停,依時采取壹嫩片,采向中間并甲庚。”《破迷正道歌》作:“弦望晦朔合本數,循環晝夜不曾空。依時采取知老嫩,片餉之間并甲庚。”

⑧ “出在西南爲産藥”,《破迷正道歌》作:“祇在西南産本位。”

悟得乾坤爲鼎器，顛倒宇宙任根踪，①
南辰移入北辰位，金烏飛入玉蟾宫。
太陽裏面藏玉兔，太陰加減自和同，
前弦之後尋藥物，後弦之前炁停匀，
兩弦之間爲采取，先後存亡定祖宗。②
他是主人誰是我，我若浮時你却沉，
調和浮沉爲一處，沐浴潛藏總是空。③
坎離本來無南北，震兑豈則有西東？
嫩片入盆無間隔，④捉住北斗周天輪。
撥得陰陽歸掌内，頃刻中間造化生。⑤
這些金液還丹法，⑥不遇仙師莫强攻，
果然采得先天炁，日月擒來兩手中。
晝夜打交成一塊，自有龍吟虎嘯聲。⑦
初時上下風聲吼，風漸凝時結紫雲，

---

① “悟得乾坤爲鼎器，顛倒宇宙任根踪。”《破迷正道歌》作：“謀得乾坤爲鼎器，顛倒宇宙任縱横。”

② “先後存亡定祖宗”，《破迷正道歌》作：“先後存定祖和宗。”

③ “他是主人誰是我，我若浮時你却沉，調和浮沉爲一處，沐浴潛藏總是空。”《破迷正道歌》作：“他是主時賓是我，我若浮時你却沉，調得浮沉歸一處，沐浴潛藏總是空。”

④ “嫩片入盆無間隔”，《破迷正道歌》作：“若遇神仙親指訣。”

⑤ “撥得陰陽歸掌内，頃刻中間造化生。”《破迷正道歌》作：“撮得陰陽歸掌内，頃刻中間萬物生。”

⑥ “這些金液還丹法”，《破迷正道歌》作：“這些金液還丹訣。”

⑦ “自有龍吟虎嘯聲”，《破迷正道歌》作：“自有龍吟虎笑聲。”

生雲滿出遮日月，此時一陣似洪濛。①
默默自然雲霧動，定裏時聞霹靂聲，
鸞鳳龜蛇交一處，金烏玉兔自相争。②
虎繞龍蟠尋至寶，金公姹女結婚姻，
這番子母重相會，③神炁歸根合本真。
一點最初真種子，煉入丹田萬古春。④
先天先地歸一處，混沌未分豈有根？⑤
生發自然合聖理，緑葉紅花一色新，⑥
水火上下頻澆灌，二炁凝結産胎嬰。
白日自然生神祖，超凡入聖出死生。⑦
修煉百日無虧欠，血化凝膏體似銀，⑧
真炁薰蒸無寒暑，世上方爲道高人。⑨

---

① “初時上下風聲吼，風漸凝時結紫雲，生雲滿出遮日月，此時一陣似洪濛。”《破迷正道歌》作：“初時上下風聲吼，漸凝漸結紫雲生，雲滿山中遮日月，此時一陣似朦朧。”

② “鸞鳳龜蛇交一處，金烏玉兔自相争。”《破迷正道歌》作：“紫鳳烏兔交一處，金烏玉兔自相争。”

③ “這番子母重相會”，《破迷正道歌》作：“這番子母裹相會。”

④ “煉入丹田萬古春”，《破迷正道歌》作：“入得丹田萬古春。”

⑤ “混沌未分豈有根”，《破迷正道歌》作：“混沌未分豈有痕。”

⑥ “緑葉紅花一色新”，《破迷正道歌》作：“緣來紅花一色新。”

⑦ “水火上下頻澆灌，二炁凝結産胎嬰。白日自然生神祖，超凡入聖出死生。”《破迷正道歌》作：“上下水火自澆灌，二炁交結産胎嬰。自然白日生神象，自有超凡出死生。”

⑧ “修煉百日無虧欠，血化凝膏體似銀。”《破迷正道歌》作：“果然百日防危險，血化爲膏體似銀。”其後，《破迷正道歌》還有“果然百日無虧失，玉膏流潤生光明”句，此本無。

⑨ “世上方爲道高人”，《破迷正道歌》作：“可爲無上道高人。”

乾陽煆煉三百日，①驟雨顛風滿太空，
電光晃耀無窮數，雷震天關鬼神驚。
掀翻宇宙飛白雪，顛倒陰陽無夜春，②
换骨回陽身不朽，九還七返結真形。
慧火煆煉三百日，内外明靈表裏真，③
聚則成形散爲炁，返本還元太虚同。
變化往來人莫測，口口相傳古到今。④
其中便合天地理，神仙口訣不虚論。⑤
更要保守三五載，⑥百千萬億劫無窮。
會得金液還丹法，乘鸞跨鳳自飛騰，⑦
奥妙煉之無阻礙，⑧蓬萊三島任縱横。
若更百萬千千劫，海竭山崩貌常真。⑨
堪嘆世上修真者，總與天仙道不同，⑩

---

① “乾陽煆煉三百日”，《破迷正道歌》作：“炎炎鍛煉三百日。”

② “顛倒陰陽無夜春”，《破迷正道歌》作：“倒捉乾坤不夜春。”

③ “慧火煆煉三百日，内外明靈表裏真。”《破迷正道歌》作：“辛苦都來十個月，内外虚明表裏真。”

④ “口口相傳古到今”，《破迷正道歌》作：“祖祖相傳古到今。”

⑤ “其中便合天地理，神仙口訣不虚論。”《破迷正道歌》作：“一理便合天地理，神仙口訣不爲虚。”

⑥ “更要保守三五載”，《破迷正道歌》作：“更若保守一二載。”

⑦ “會得金液還丹法，乘鸞跨鳳自飛騰。”《破迷正道歌》作：“會得金液種形法，乘鸞跨鶴自飛騰。”

⑧ “奥妙煉之無阻礙”，《破迷正道歌》作：“出有入無無阻礙。”

⑨ “若更百萬千千劫，海竭山崩貌常真。”《破迷正道歌》作：“若更萬年百千劫，海變桑田貌亦同。”

⑩ “堪嘆世上修真者，總與天仙道不同。”《破迷正道歌》作：“堪嗟無限學仙者，總是天仙道不同。”

三千六百傍門法，不能逐一細分陳。①
大道目前人不識，分散萬物與人身，②
達人采取先天炁，③一夜雷聲不暫停。
電光晃耀無窮數，④二炁相交豈有形？
摧塌天關無可比，風雨雷電一齊生，
顛倒陰陽交換位，無量天炁亂争榮。⑤

① “三千六百傍門法，不能逐一細分陳。”《破迷正道歌》作：“三千六百傍門法，不識隨形晝夜人。”另外，在此句前，《破迷正道歌》對所謂“三千六百傍門法”有如下説明：“俱被野狐涎昧定，鬼言妖語怎生聽。雲游四海參玄妙，盡是邪門小法功，愚迷執强難教化，依然一盲引衆盲。有如餐松并服餌，如何脱免死生根；有如忘形習定息，如何百脉盡歸宗；有如呼吸想丹田，到底胎仙學未成；有如息氣爲先天，至老無成也是空；有如口鼻爲玄牝，恰似滿網去包風；有如思心爲方寸，怎得歸元見祖宗。更有積精爲鉛汞，轉與金丹事不同；有執氣神爲子母，亦隔天仙萬里程；有如開頂爲煉養，枉施功力謾勞神。更有縮龜并煉乳，正是邪門小法功；更有行炁爲火候，九載三年誤了人。鼻頭閉息服元炁，引得邪風肚裏鳴。假若識心并見性，到頭終久做陰靈；知他多少閑門户，勞漉空動骷髏形。止念降心爲清净，下梢終久是頑空。晝夜專行子午法，天地豈有恶時辰。孤修閉息行存想，執定舌根做赤龍；更有周天行卦象，更有種頂作黄庭；更有指腎爲造化，執定尾閭爲命根；更有還元服水火，更有采補吸淫精，更有仰天吸日月，便道地魄是天魂；更有咂津爲造化，斷除五味是修真；晝夜一餐爲日用，身體尫羸似鬼形。曲身偃仰叩玉户，抱元守一運雙睛；竦肩縮項思脊骨，搬運流珠想太陰。更有書符并念咒，破券分環學隱形；按摩吁呵六字訣，瞻星禮斗受辛勤。入清吐濁爲丹本，陽關緊勒火飛騰；炎炎遍身通透熱，呼作天真大道根。看讀念贊持科籙，設壇拜醮望飛騰。”此本無。

② “大道目前人不識，分散萬物與人身。”《破迷正道歌》作：“有緣遭遇明師指，頃刻之間造化生，一炁循環無阻礙，散在萬物與人身。”

③ “達人采取先天炁”，《破迷正道歌》作：“達人采得先天炁。”

④ “電光晃耀無窮數”，《破迷正道歌》作：“電光閃閃無窮數。”

⑤ “顛倒陰陽交換位，無量天炁亂争榮。”《破迷正道歌》作：“顛倒顛時交换位，無量火炁亂峥嶸。”

虎繞藥爐争造化，龍蟠金鼎要張騰，①

四象五行歸戊己，烹煎煆煉混元精。②

瑞炁煌煌星斗暗，紅光赫赫太陽昏，③

加減自然分進退，弦前弦後定其真。

金丹老嫩須認識，抽添運用片時功，④

結胎火候知時刻，時時刻刻自然升。⑤

真火炎焰燒宇宙，乾坤上下自通紅，⑥

一水一火分爻象，一升一降定浮沉，

一來一往分賓主，一前一後有君臣。⑦

一陰一陽爲天地，一剛一柔自停匀。⑧

冬夏二炁爲節候，春秋二炁定寒温，

---

① “龍蟠金鼎要張騰”，《破迷正道歌》作：“龍蟠金鼎要飛騰。”

② “烹煎煆煉混元精”，《破迷正道歌》作：“烹煉金液混元晶。”

③ “瑞炁煌煌星斗暗，紅光赫赫太陽昏。”《破迷正道歌》作：“真炁輝輝星斗暗，紅光赫赫太陽昏。”另外，此句前，《破迷正道歌》尚有：“萬朵紫雲籠北海，千條百脉撞昆侖。”此本無此二句。

④ “金丹老嫩須認識，抽添運用片時功。”《破迷正道歌》作：“丹頭老嫩須亦認，抽添運用片時中。”

⑤ “結胎火候知時刻，時時刻刻自然升。”《破迷正道歌》作：“結胎火候有時刻。”無“時時刻刻自然升”句。

⑥ “真火炎焰燒宇宙，乾坤上下自通紅。”《破迷正道歌》作：“真火炎炎燒宇宙，乾坤上下盡通紅。”

⑦ “一水一火分爻象，一升一降定浮沉，一來一往分賓主，一前一後有君臣。”《破迷正道歌》作：“一水一火分爻象，一升一降自浮沉，一來一去分賓主，一前一後有君臣。”

⑧ “一剛一柔自停匀”，《破迷正道歌》作：“一剛一柔自均匀。”

來往上下無形象，巡環晝夜有時辰。①

驅回斗柄玄關理，斡轉天關萬象通。

片餉龍虎頻頻鬥，二物相交頃刻中，②

帶得惺惺歸谷竅，混混沌沌自分明。③

此是木金交并法，真鉛真汞天地精。④

祇此火候金丹訣，全憑交結在朱靈，⑤

混沌一炁千年藥，⑥萬劫常存不夜春。

三千日内凝生象，百日功分造化靈，

十月煉就純陽體，自然寒暑不相侵。⑦

功成行滿神胎就，抽胎换骨返長生。⑧

瑞氣彩雲遮玉體，青鸞白鶴引前行，

---

① “冬夏二炁爲節候，春秋二炁定寒温，來往上下無形象，巡環晝夜有時辰。”《破迷正道歌》作：“冬夏二至爲節候，春秋二分定寒温，往來上下無形象，循環晝夜有時辰。”另外，此句後，《破迷正道歌》尚有：“若非土祖相傳訣，豈知大道片時功。”此本無此二句。

② “二物相交頃刻中”，《破迷正道歌》作：“二物相合頃刻中。”

③ “帶得惺惺歸谷竅，混混沌沌自分明。”《破迷正道歌》作：“擒得猩猩俱鶻突，混混沌沌未分明。”

④ “此是木金交并法，真鉛真汞天地精。”《破迷正道歌》作：“此時木金交并法，真鉛真汞天地晶。”

⑤ “全憑交結在朱靈”，《破迷正道歌》作：“全憑交結在黄庭。”

⑥ “混沌一炁千年藥”，《破迷正道歌》作：“混元一炁千年藥。”

⑦ “三千日内凝生象，百日功分造化靈，十月煉就純陽體，自然寒暑不相侵。”《破迷正道歌》作：“三千刻内嬰兒象，百日功夫造化靈，十月煉成純陽體，自然寒暑不來侵。”

⑧ “功成行滿神胎就，抽胎换骨返長生”二句，《破迷正道歌》無。

玉女金童持紫詔，諸天天仙左右迎。①
金光罩體人難視，九天仙樂一齊鳴，
騰雲駕霧朝元去，飛升直上九霄京。②

通過對比，我們可以發現，《太上洞真凝神修行經訣》相較於《破迷正道歌》，有其特點，例如：

其一，明確修丹要通過"混沌"以"凝神""凝炁"。如其篇首即言："混沌凝神神仙道，天地虛無上下空。"《破迷正道歌》於此作："若言此理神仙道，天地虛無上下空。"前者特别提出"混沌凝神"乃神仙之道，循此則能得"天地虛無上下空"的境界；後者强調所謂神仙道之理在於"天地虛無上下空"。在後面的行文中，前者還有"不凝真炁謾勞神"句，後者則無此句。

其二，前者更强調修行過程中要明心見性，其法則在"悟"。如其提出"此訣不在口持念，心開悟解出凡籠"，此與唐五代禪宗心法有相合之處，後者無此句。又如前者提"悟得乾坤爲鼎器，顛倒宇宙任根踪"，後者則改之爲"謀得乾坤爲鼎器，顛倒宇宙任縱横"；前者説"誰知這個神仙理，悟得此訣便成功"，後者作"誰知這個天機理，便會日月得高奔"。"悟"與"謀""會"雖一字之差，其功夫則可能完全不同。故從行文内容看，相較於前者，後者基本持守了鍾吕

① "瑞氣彩雲遮玉體，青鸞白鶴引前行，玉女金童持紫詔，諸天天仙左右迎。"《破迷正道歌》作："瑞氣彩雲遮五體，鸞鶴對舞面前迎，玉女雙雙持紫詔，名曰方號唤真人。"

② "金光罩體人難視，九天仙樂一齊鳴，騰雲駕霧朝元去，飛升直上九霄京。"《破迷正道歌》作："金光罩體人難視，節制儀威左右行，仙鶴接引朝元去，白日飛升謁上京。"

内丹學性命雙修的宗旨。

其三，前者用語更爲古樸，後者在前者基礎上有所增飾。如前者説“非想非爲作無爲”，後者完善爲“非思非想非爲作”；前者“不在三田上下出”，後者作“不在三田上下中”；前者“不是勝光五臟神”，後者作“不是膀胱五臟神”；前者提“環晝巡夜不曾停，依時采取壹嫩片，采向中間并甲庚”，後者作“循環晝夜不曾空，依時采取知老嫩，片餉之間并甲庚”，等等，後者皆對前者有進一步的修正、補充、説明。

其四，前者强調了人事之外自然天道的客觀存在，後者則更强調即人事而合天道。如前者説“此物不在人身出，不在春夏及秋冬，先天先地誰人識？二炁交合各一斤”，後者則説“此物在人身中出，四時春夏及秋冬。先天先地誰人識？二物相和重一斤”。

其五，前者對於修丹的“三千六百傍門法”没有做出詳細説明，而後者則對之有較詳的分梳。等等。

上述這些不同究竟由什麽原因所造成，還有待考察。然究二經之大旨，則應該説是大同小异。

四、《黄帝陰符經集解》中所載鍾離權之《解》及其思想

《黄帝陰符經集解》三卷，原題赤松子、子房真人張良、太極左仙翁葛玄、西山真人許遜、正陽真人鍾離權、純陽真人吕岩、華陽真人施肩吾、至一真人崔明公、海蟾真人劉玄英、清虚真人曹道冲十真人撰，出於明《正統道藏》洞真部、玉訣類。

此《黄帝陰符經集解》首列鍾離權對《經》題的解釋，由此推測，此集解有可能爲推崇鍾吕内丹學一系的道徒所集。一般道史仙傳皆以鍾離權爲漢人，故此書首列鍾離權之解題及張良之《頌》，但因及於北宋女道士曹道冲（曹文逸）之注，故此《集解》最後編成，或當於南宋金元時期。另外，此《集解》中所收鍾離權注，皆謂"鍾離真人曰"，而不稱"帝君曰"，這表明最晚於元代中期册封全真五祖爲帝君之前，此《集解》已編成。《道藏提要》認爲，此《集解》應爲南宋道士的假托之作。①

關於此《集解》所收"鍾離真人"注之藴意，我們試作如下闡發：

（一）釋"黄帝陰符"之義

此《注》先托名鍾離權解釋《黄帝陰符經》書題之意。其謂：

> 鍾離真人曰："黄者中央之色，帝者君主之名。中以統於五行，帝以治於萬物。陰者性之宗，符者命之本，此《陰符》之

① 任繼愈主編之《道藏提要》謂："《黄帝陰符經集解》三卷，《道藏》作一卷。原題'赤松子、子房真人張良、太極左仙翁葛玄、西山真人許遜、正陽真人鍾離權、純陽真人吕岩、華陽真人施肩吾、至一真人崔明公、海蟾真人劉玄英、清虚真人曹道冲'，共十人，故又稱'十真集解'。然而是書實際爲南宋道流所爲。篇中屢次引用葛玄、張良、赤松子、許遜、施肩吾等人七言頌語以及《滿庭芳》《玉堂春》之類詞牌，其爲依托甚明。所引張良注文皆不見於七家注本。引'淑真曰'一條，不見於袁淑真《集解》。其注主於内丹，言性命兼修、煉精化炁之旨，蓋出於全真道士之手。考《道藏》餘字號唐淳《陰符經注》已引用'吕真人''施真人''袁淑真人'注語，該書亦主内丹，卷前有金哀宗正大己丑（1229）孟綽然序。則此本成書年代亦當在南宋。是書經文用三百字，分三章，亦與唐淳注同。"詳見該書第86～87頁，中國社會科學出版社1991年版。

旨。内以修身，外治家國，包羅天地，總御群方，古今得道仙真，皆因此義以至於無爲矣。”①

此以中國傳統的五行配五方的理論來解釋“黄”，認爲“黄”爲中央之色，而“帝”爲君王之名號。五行中，土居中央，土旺於春夏秋冬四季，故中黄之土可以統四時五行。人間世之“帝”則法天地五行相生相剋之理以治人事、理萬物。關於“陰符”之義，其以“陰”喻人之性，因道家觀點趨向於認爲人性本静，陽動而陰静，情欲擾動而本性清静，故“陰”之静乃可以爲人性之宗本；“符”者，契合也，修命之功，當取法身體自然生理的法則，與之相契合，而不能違背其中所具有的生命自然之則，故“符”即契之義，“符”契生命自然之法則，乃是養命之本。

鍾離權此注重在以人之性、命安頓來解《陰符》之旨，在此基礎上更進一步，認爲《黄帝陰符經》内可以修身，外可以治國、平天下，其理包羅天地，總御群方；自古至今之得道仙真，皆因《陰符》之義而得修身、治國之功效。從理論上説，因爲陰静則能歸根復本，符契於理則能無爲，無爲便可以通向無不爲。如此説來，則《陰符》之旨實與老子《道德》五千言相通。

從托名鍾離權此注的特點可以看出，鍾吕内丹學對先秦道家老子的思想有所繼承發展，其一方面强調《道德經》清静符契自然之理，另一方面又强調積極作爲的修持，以即身成道，修身治世。這可以視爲其所追求的理想目標，於其中，其歷史的價值便得到落實、呈現。

---

① 《道藏》，第2册，第746頁。

(二)“神仙抱一演道章”解題

對於《黄帝陰符經》之“神仙抱一演道章”之主旨,托名鍾離權之注認爲其要點在於:人當法天法道而行,則可與天道合一;人通過觀天之道、執天道之法則而行,就可以無妄心妄行,一循天道而無爲。當然,天道通過陰陽五行而顯現出來,五行有順有逆,彼此之間有生有剋,故謂之五賊;不過,其生剋皆是道的體現,人得其生剋之機,則可以息心去慮,一任於天機而行。

在解《黄帝陰符經》上章《神仙抱一演道章》首句“觀天之道,執天之行,盡矣”時,其謂:

> 鍾離曰:“大道無形,視聽不可以見聞;大道無名,度數不可以籌算。資道生形,因形立名。名之大者,天地也。即天地上下之位而知大道之高卑,即陰陽終始之期而知大道之前後。冬至則地中陽升,五日一候,三候一炁。經六炁而至春分。是時陽升入陽位,又六炁而之夏至,乃陽升到天,太極而生陰,陰以杳冥,抱陽而下降。夏至則天中陰降,經六炁而至秋分,是時陰降入陰位,又六炁而之冬至,乃陰降到地,太極而生陽,陽以恍惚負陰而上升。升降不失其道,是以天地長久。惟人也集靈以生,資道而立,體天法道,調運陰陽以心腎,方合天地上下之位。用炁液比陰陽升降之儀,將一日效一年,使一時象一月,養命按法,下功依時,陰陽交合,不失其道,亦當與天地齊其堅固而同得長久矣。執者,持也。觀天持法,依令而行,萬

事皆畢。故曰:觀天之道,執天之行,盡矣。”①

於此,托名鍾離權之注沿襲了《鍾吕傳道集》《靈寶畢法》對於自然天道運轉之機的一般看法,堅持天人相合、天人合發,强調人應該法天體道,依令而行,方能得萬事皆合於其理的理想狀態。

此注繼承老子《道德經》關於形上道體不可視聽言説的思想,認爲作爲萬化之根本的形上大道本無其形,人通過視聽皆不可以見聞大道;大道亦無可名其狀、無其度數,不可以籌算之。通過强調大道的無形、無名,鍾離權之注於此確定大道是涵攝一切的大全,肯定了大道的無限包容性和可能性,故任何有限的形下之形與名,皆無以對之進行全面的描述、籌劃。

道既然是涵攝一切的大全,故道爲萬化之基,萬物之本。萬物皆憑資於道而得生,生則有形,因形而立其名;於億千萬計的形名之物中,其體最大者則爲天地。道與物雖有形上、形下之分,然道不離物,物不離道,形上之大道即因形下之物而得以顯現。故大道本無高卑前後,但因形下存在便顯現出高卑前後,人可以通過即天地上下之位,而知大道之高卑;即陰陽終始之期,而知大道之前後。

大道之行雖神妙莫測,然亦可以通過天地間陰陽二氣的消長以説明之。如冬至則地中一陽升起,陽氣上升,有其度數,如五日則爲一候,三候則爲一炁,經六炁而至春分。春分之時,陽氣升入陽位;又經歷六炁,而至於夏至,此時,陽氣升到天,達到極盛。陽氣達到極盛,則轉而生陰,故陽氣太極則生陰,陰以杳冥而抱陽氣而下降。夏至則天中陰降,經六炁而至於秋分,此時,陰氣降入陰

① 《道藏》,第 2 册,第 746 ~ 747 頁。

位，又六炁而至於冬至，此時陰氣降而到地，陰氣太極而生陽，陽以恍惚，負陰氣而上升。故天地間陰陽之氣的消長有升降，然皆不失其道，是以天地能够長久。

人爲萬物之靈，集靈以生，資道而立，通過體天法道，調運自身陰陽，以心爲陽天，以腎爲陰地，乃能與天地上下之位相合。故在修煉時，人以自身的腎氣、心液比喻天地間陰陽二氣之升降交接；以一日、一時之中身體氣液的循環，效法天地間陰陽二氣一年、一月之運轉。在這過程中，按天地自然之法養命，依天地變化之時下功，使自身的炁液陰陽交合，不失其道，則亦可以與天地齊其堅固而同得長久之壽。

托名鍾離權之注認爲，經文所謂"執"，就是持的意思；觀天而持法，依天時之令而行，則可以萬事皆得其所，故天下本無事，庸人自擾之。於此，人心可以休矣、歇矣！其解"天人合發，萬變定基；性有巧拙，可以伏藏"句說：

> 鍾離真人頌曰：天人合發定心基，復命歸根盡性時。隱遁韜光修道德，伏藏元火守柔雌。①

托名鍾離權之注認爲，人心合於天道之機，則可以與道相契，而息心遣慮，故說"定心基"。以道爲根基，天與道合一，即所謂天得一以清；人與道合一，即所謂人得一以生，天人皆合於道，即所謂天人皆得一，是之謂"天人合發"。從人之角度而言，人與道相合，就可以"得一"而清心息慮，此時正可以復天命之所賦，而可以歸根

① 《道藏》，第2册，第748頁。

盡性；故人之心游於道德之鄉，無妄發而隱遁韜光，則可以修道德而使之張顯，伏藏身中元陽之火使之不外泄，守柔雌而與世俗混，和光同塵。

(三)“富國安民演法章”解題

《黄帝陰符經》卷中爲“富國安民演法章”，托名鍾離權之注解釋此題意，認爲“富”有足備之稱；“安”有康寧之義，并將人身與家國相比，所謂：

> 鍾離真人曰：富者，足備之稱；安者，康寧之義。身如家國，心比父君。君正則天下普安，心静則萬神皆裕。一身之中，靈備萬物，精炁血脉，臟腑魂魄，皮膚毛髮，比同兆民。君主無事則民庶均安，知足忘貪，則是名真富。故《道德經》云：知足者富。又云：愛民治國，能無爲乎？又曰：爲無爲，則無不治矣。又曰：我無爲而民自化，我好静而民自正，我無欲而民自樸，我無事而民自富。此乃安民富國之法旨也。①

於此注中，鍾離權提出，人爲萬物之靈，人的一身之中，即靈備萬物。人身如同家國，人之心好比父君，精炁血脉，臟腑魂魄，皮膚毛髮，好比是兆民。就國家而言，君正則天下普安；就人身而言，心静則精、炁不擾而充盈，從而萬神皆裕。一個國家中，若君主無事，則民庶均安，知足忘貪，此則名真富。其引《道德經》中的觀點闡發

① 《道藏》，第2册，第749頁。

何爲真正的安民富國：若一個國家君主知足、民衆不貪，即所謂"知足者富"；君主"愛民治國"，應當做到"無爲"，因爲君主無爲、無欲、無事，則民自正、自化、自樸，合於"爲無爲"則"無不治"的效果，這些即爲安民富國之法。此法既可以安邦定國，亦可以之修身養性。鍾離權注認爲，人心静安，則精、炁充盈不攏，就能生發"不神"而"神"之效。其解"人知其神而神，不知不神而所以神"句説：

鍾離曰："神者，妙而無方，陰陽不測之謂也。但知萬物從陰陽而生長，殊不知陰陽自不神而生焉。不神者，至道也。虚寂者，無爲也。故曰不神。此不神之中能生陰陽、日月、三才、萬物，是不神而所以神也。"①

此注取《周易・繫辭》"神妙萬物而爲言""陰陽不測之謂神"之義，認爲神妙而無方，陰陽不測即所謂神。所謂"不神"指大道，大道虚寂無爲，故曰不神；然此不神之中能生陰陽、日月、三才、萬物，此乃不神之所以神。所以，雖然萬物從陰陽而生、而長，但陰陽自不神而生、而有。

大道清静無爲，此謂之不神；造化生成萬有，陰陽不測，此謂之神。對此陰陽不測之神，《黄帝陰符經》力圖揭示其之所以神妙的根本原因，即在於"三盗既宜，三才既安"。如《經》云：

天生天殺，道之理也。天地，萬物之盗；萬物，人之盗；人，萬物之盗。三盗既宜，三才既安。故曰：食其時，百骸理。動

① 《道藏》，第2册，第750～751頁。

其機，萬化安。①

對此，托名鍾離權之注解曰：

鍾離真人《滿路花》云："人人皆有道，迷者不知源。天生天殺理，妙中玄，樞星斗晷，運逐時遷。澄心忘愛欲，順序調神慧，通覺性靈圓。既三才三盜宜安，富國豈爲難。食時骸固理，煉丹田無妨，市井不礙作朝官。綿綿胎息，炁養嬰兒，任從烏兔往然。"②

又其解《經》文"日月有數，大小有定。聖功生焉，神明出焉"句説：

鍾離曰："日月，陰陽之精華，六合之中，爲至尊也。積日爲月，積爲歲，行歷周天，各有度數；盈仄進退，亦有大小。此則日月有數，大小有定也。"③

《周易·繫辭》提出"天有陰陽，地有柔剛，人有仁義"；《周易·説卦》提出"立天之道曰陰與陽，立地之道曰柔與剛，立人之道曰仁與義"；《陰符經》承繼《易傳》天、地、人三才相并的思想，在此基礎上，進一步提出天地、萬物、人三盜的思想，認爲天地之道有生、有殺：萬物盜天地之機而生，人盜萬物而得養；同時，萬物也盜

① 《道藏》，第2册，第750頁。
② 《道藏》，第2册，第750頁。
③ 《道藏》，第2册，第751頁。

人,天地也盜萬物,三者之間相盜各有其機理,合於此機理,則萬化皆安。

托名鍾離權之注提出,天有生殺之理,奇妙而玄,北極樞星、北斗、日晷,其運皆逐時而遷。日月爲陰陽之精華,東西南北上下六合之中,日月爲至尊的存在。一日一日的積聚則形成爲月,積每一月則爲歲,日月行歷周天,各有其度數;日月盈仄,各有其進退,亦有其大小。此則日月有數,大小有定的意思。

天人之理相合,人身陰陽之氣的運轉亦如天地,有其進退之度數。修煉者綿綿胎息,炁養嬰兒,任縱烏兔即身中陰陽之往來、交集,就可以修其身命,强其筋骨;加之澄心忘却愛欲,則其心能順序以調神,其智慧就可以覺悟本性之靈圓。

天地人三才相盜而宜,則三才皆安。人們因其時而食,則骸固而理;因其時而修行,則丹田充盈。又因修身之理與治國之道相通,故每個市井之人,若能修身合於正理,綜而統之,則可有益於富國安邦。若以此言之,則確實是"市井"亦不礙作"朝官"。所以,欲得富國豈有難處,但知修身合於天機正理,則身國皆安。因爲人人皆稟承普遍之道性,衹是迷者不知其源罷了。

但是,正如經文所説:"其盜機也,天下莫能見,莫能知。君子得之固躬,小人得之輕命。"對待此天機聖理,君子持守而順受之,無爲而無不爲;小人則執持之以謀其私,汲汲爲之而輕命,二者所行似同,其心實异!

(四)"强兵戰勝演術章"解題

《陰符經》下篇稱"强兵戰勝演術章",托名鍾離權之注對其進行解題：

> 鍾離真人曰：强者，康健之稱；兵者，禦戎之器。《德經》曰：益生曰祥，心使炁曰强。《易》曰：天行健，君子以自强不息。言體天德純陽之道，統御群生，以心爲主，以炁爲兵，君主無爲，無不治矣，此乃清静無爲之道。以道降魔，罔有不克。故曰：强兵戰勝。①

於此解題中，其詳言修道者要體天德"純陽之道"統御群生之功，以自己的心爲主，以自身的精、炁爲兵，以心御炁，神炁相抱、相合。此説源出於《乾·彖》解卦辭"元"，所謂："大哉乾元！萬物資始，乃統天。"乾之元乃爲萬物之資始。就人的身心而言，心爲身之君，亦乃乾之元，身爲心之臣民，君主無爲，則臣民得安，天下無不大治，此乃清静無爲的"亨通""利貞"之道。此道既可以之修身，亦可以之治國，降魔伏怪，無有不剋，故稱此篇爲"强兵戰勝"。當然，就其側重點來説，它仍然偏重於治身修心，故其所謂"强"，乃是康健之稱；而所謂"兵"雖爲御戎之器，但人身所具充盈之精、炁，亦是人抗擊各種病患的有力武器，稱精炁爲兵，實亦未嘗不可。

托名鍾離權之注將《陰符經》此"强兵戰勝"之主旨歸源於《老》與《易》，認爲《德經》所説："益生曰祥，心使炁曰强。"《易》所謂"天行健，君子以自强不息"等，皆是《陰符經》"强兵戰勝"之説的根據。

如何以心馭炁？托名鍾離權之注解《經》"天之至私，用之至

① 《道藏》，第2册，第752頁。

公”句云：

鍾離真人頌曰：“天地氤氳象至私，生而不有至公時。用之至公用南北，使之神聖使東西。”①

天地陰陽二氣氤氳交結，陰求陽、陽戀陰，似有至私之象；然而，在此過程中，天地生長萬物不據爲己有，此乃“至公”。於此注中，南北喻指修煉者的精與神，因五行之方位，南屬火而北屬水，南方之火配神而北方之水配精；東西喻指修煉者的魂與魄，因五行中東方屬木而西方屬金，五臟中肝屬木而肺屬金，按中醫理論，肝藏魂而肺藏魄。所謂東西南北，其意實指修煉者要交媾精神，使其魂魄相拘不離；而無論是交媾精與神，還是合其魂與魄，皆要做到清静無爲，即所謂“用之至公”，如此則使北方水之精與南方火之神相濟，使東方木之魂與西方金之魄相即不離。

故五行相生相剋，三才相盜相宜過程中，有生有殺，有害有恩。修道之人要洞曉恩與害相互轉化之機，見幾而作，方能立於不敗之地。其解《經》文：“生者，死之根；死者，生之根。恩生於害，害生於恩”句，有云：

鍾離真人曰：“恩者害之源，害者恩之流。”②

所謂恩與害，并不絶對。恩可以成爲害之源，害亦可以成爲恩

① 《道藏》，第2冊，第754頁。

② 《道藏》，第2冊，第754頁。

之流。無論是生是殺，是害是恩，於其中，皆有天地之大愛、大道之真善。故其解《經》文“愚人以天地文理聖，我以時物文理哲”句說：

> 鍾離真人頌曰：“玄象高明示吉凶，愚迷悛理亦成功。但隨時物行真善，日月無窮道自通。”①

大道生天生地，生人生物，於此過程中，有生有殺，有恩有害，如春生夏長，秋收冬藏，若無秋之肅殺，無冬之收藏，萬物便不能成熟，不能貞下起元、生生不息，此則爲大道玄象高明之處！即使是愚頑昧理之人，若能去其私，循天機、物理而動，隨時隨機而變，宜生則生、宜剋則剋，就能與大道相通。如此，則無論是生、是剋，皆可謂其所行乃爲“真善”。法此而行，則天地可得長久，日月可得長明，大道自然通達無礙，無有窮期。

綜觀托名鍾離權注《陰符經》之義，大致堅持了唐宋以來鍾吕内丹學的基本特徵：第一，天人合一，無爲自然。强調人修煉内丹要因循天地之道，於人身中演天地陰陽運化之大旨，做到天人合發，無爲自然。第二，身國同構，性命雙修。認爲修身與治國同理，修性與修命要配合起來，身與心并重，精、炁與神凝聚，如此則能貫通性與命、身與心、内與外、天與人。第三，精、炁與神乃人修煉内丹之至寶，人們當寶精惜炁、聚炁凝神，方是消除、抗拒病魔之利器；如同一國，若君正、國富、民强，則可以强兵戰勝，自立自强。第四，精、炁與神的配合有其機，五臟與五行相比擬，五行之間有生有剋，有害有恩，五臟之炁也有消有長，有升有降。既然身體氣機運

① 《道藏》，第2册，第755頁。

行、陰陽升降消長有其規律、法則，修内丹者就要明其消長之規律，法其生剋之理，抽添有度，進退有時，宜生則生，宜殺則殺，如此則害裏可生恩，恩可出於害，等等。這些思想繼承了道家無爲自然、虚静恬淡、儉嗇保精的精神，於理上能够做到通達無礙；在具體的修行實踐中，其强調了人當法則天地自然之機，運用陰陽轉化、五行生剋之理，達成害與恩的轉化，從生死之"限"中超脱出來，修仙得道、長生久視。不僅如此，也可以將之運用於治理天下、國家，達成富國强兵，安民定邦。故在托名鍾離權之注看來，《陰符經》實乃修身治國的一部奇書，於其中便藴含了宇宙天地間的至大、至深、至廣之理。

第四章　學術界關於鍾離權研究狀况綜述

一、中國道教史研究過程中所涉及對“鍾離權”的相關學術探索

(一)卿希泰先生主編《中國道教史》(全四卷)(四川人民出版社1996年版)

卿希泰先生主編的《中國道教史》,是目前學術界關於中國道教歷史發展的扛鼎之作。此書第三卷第八章“道教在金與南宋的發展、改革及道派分化”中的第三節“王重陽與全真道的創立。全真道在金代的發展”,對金代全真道派創始人王重陽做了重點研究,於其中對其師承關係進行討論時,便涉及對鍾離權的相關探討。

此書引金源璹《全真教祖碑》(《甘水仙源録》卷一,見《道藏》,第19册,第723,726頁),劉祖謙《重陽仙迹記》(《甘水仙源録》卷

一，見《道藏》，第19册，第726頁）以及王重陽的《重陽全真集》等，對王重陽的師承關係進行探討，認爲王重陽正隆四年(1159)在甘河鎮酒肆中遇异人授以真訣，其弟子明確以所遇异人爲鼎鼎大名的吕洞賓，而吕洞賓則師從鍾離權。《重陽全真集》中，則有王重陽師承鍾離權、吕洞賓、劉海蟾之説，如卷九《了了歌》云："漢正陽（鍾離權）兮爲的祖，唐純陽（吕洞賓）兮做師父，燕國海蟾（劉操）兮是叔主。"鍾、吕、劉是當時社會上享有盛名的活神仙、内丹派的代表人物，王重陽自稱得活神仙的真傳，表明其淵源有自，且從全真道的教義來看，也確係北宋鍾吕系内丹派的繼承和發展。①

另外，此書第七節"南宋内丹術的盛行和内丹學的發達。南宋時的外丹黄白術"，認爲與北宋、金一樣，南宋流傳的内丹，也以繼承鍾吕一系的南宗爲主。南宗一系從白玉蟾起，將丹法淵源上溯於吕洞賓、鍾離權。白玉蟾再傳弟子蕭廷芝於元延祐七年(1320)撰《道德真經三解序》，列有從"浮黎元始天尊"至"張伯端"的三十一代傳承譜系，其中最後幾代傳承關係爲：鍾離權—吕洞賓—劉海蟾—張伯端。白玉蟾門人留元長輯《海瓊問道集》有云："張（伯端）得於劉海蟾，劉得於吕洞賓。"陳守默、詹繼瑞《海瓊傳道集序》亦持此説。《法海遺珠》卷十四白玉蟾述"追鶴秘法"師派，亦爲鍾傳吕，吕傳劉，劉傳張。從内丹思想源流看，張伯端一系也確爲鍾吕的繼承發揚者。②

---

① 卿希泰主編：《中國道教史》第三卷，四川人民出版社1996年版，第32～33頁。

② 卿希泰主編：《中國道教史》第三卷，四川人民出版社1996年版，第145～146頁。

(二)卿希泰先生主編《中國道教》(全四册)(知識出版社1994年版)

此書第二編“宗派源流”,對“金丹派南宗”之道派源流進行探究,將其上溯至鍾離權、吕洞賓。提出金丹派南宗爲南宋時期形成的道教内丹派别,與北方的全真道相對,因地處江南,故稱“南宗”。該派祖述五代至北宋間道士鍾離權和吕洞賓,謂其丹法傳自鍾、吕,以北宋張伯端爲開派祖師,并提出張伯端—石泰—薛道光—陳楠—白玉蟾的傳法譜系。從該派丹法思想看,淵源於鍾、吕是可信的。①

其對金元時期北方“全真道”與金丹派南宗融合的契機亦有所探討,認爲南北兩派共推鍾、吕爲自己所尊祀的祖師,從而爲兩派融合奠定了基礎。其謂:“全真道的南傳,使原來互相隔絶、但却同源於鍾吕金丹派的南、北二宗(南宗與全真道)增加了接觸的機會。由此經過接觸,彼此認同,逐漸産生了合爲一宗的要求,特别是組織鬆散、勢力弱小的南宗更有會歸全真道的願望。爲了使二宗合爲一宗,必須對二宗原來各自尊祀的祖師傳系作必要的調整,使之合爲一個雙方都能接受的祖師系統,以便合宗後共同崇祀。這是二宗合并必不可少的工作。在這個過程中,陳致虚是積極的推動者,他根據二宗已有成説,在《金丹大要》和《金丹大要列仙志》中,提出了如下的祖師系統:

① 卿希泰主編:《中國道教》第一卷,知識出版社1994年版,第155頁。

王玄甫—鍾離權—吕岩—┌劉海蟾(下傳張伯端、石泰、薛道光、陳楠、白玉蟾)
└王嚞(下傳馬鈺等北七真)

這種安排,顯然是抬高了北宗,降低了南宗,但在當時元室已封王玄甫、鍾離權、吕岩、劉海蟾、王嚞等爲"真君""帝君"的條件下,這是最好的安排,故終被雙方所接受,完成二宗的合并。時間大約在元代中後期。①

此書第三編爲"人物傳略",對鍾離權所授弟子吕岩有所介紹。其謂吕岩號洞賓,爲五代宋初著名道士,"其里籍、生卒年均不詳。較早的宋代記載,稱他爲'關中逸人'或'關右'人,元代以後比較一致的説法,則爲河中府蒲坂縣永樂鎮(今屬山西芮城)人";大約生於唐末,卒於宋初,與陳摶爲同時代人。後人將他的生活時代上推至唐開元(713—741)中,有可能是附會唐人沈既濟《枕中記》所記道者吕翁事。《國史》記載:吕洞賓因科場不利,轉而學道,遇五代隱士鍾離權授以内丹道要,隱居終南山,活動於關中等地,與陳摶、李琪(一作李奇)等傳奇人物交好,好以詩言内丹旨要,對鍾吕金丹道的形成作出了貢獻。有弟子施肩吾(華陽子)傳其道。② 北宋道士施肩吾,字希聖,自號華陽子,九江人,生卒年不詳,其活動時代約當十世紀下半葉至十一世紀上半葉的北宋初中期。李竦作於大中祥符七年(1014)之後的《指元(玄)圖序》中有"僕游江南,於南

① 卿希泰主編:《中國道教》第一卷,知識出版社 1994 年版,第 175 頁。
② 卿希泰主編:《中國道教》第一卷,知識出版社 1994 年版,第 295 頁。

京應天府遇華陽施真人肩吾希聖者"之句，仁宗時好道之士晁迥曾引及華陽子施肩吾的《三住銘》，而其本人所作《西山群仙會真記》不避"玄"（真宗稱宋室聖祖趙玄朗之諱），又當在大中祥符六年（1013）之前。上述資料皆可作爲其生活年代的佐證。據趙道一《歷世真仙體道通鑒》與苗善時《純陽帝君神化妙通紀》，施肩吾初得托名晋代道士許遜者授其五種内丹訣及神丹諸方，後再遇吕洞賓傳授内煉金液還丹大道，於是隱居西山。華陽子施肩吾的丹道思想上承鍾離權、吕洞賓，并有所發揮。①

另外，《中國道教》第四編"經籍文書"，對托名鍾離權所著之書及其内容、在道教史上的地位等有所介紹。如其對《靈寶畢法》介紹説，此書全名《秘傳正陽真人靈寶畢法》，又名《鍾離授吕公靈寶畢法》。相傳爲吕洞賓之師、五代道士鍾離權撰。此書題"正陽真人鍾離雲房序"，《佛祖統紀》亦言鍾離權"將洞賓入終南山，授《靈寶畢法》十二科"，然序言"靈寶經"三十卷數千言，蓋係鍾吕金丹派所傳秘典，非靈寶派之經書。北宋真宗時人華陽子施肩吾編《鍾吕傳道集》末有"鍾曰：僕有《靈寶畢法》凡十卷一十二科……實五仙之指趣，乃三成之規式，當擇日授於足下（按指吕洞賓——引者注）"等語；又《鍾吕傳道集》多據此書爲説，則此書至晚已於宋真宗時代以前問世，華陽子施肩吾爲其傳人。該書原十卷，始見録於《通志・藝文略》道家類修養目。《遂初堂書目》無卷數。《正統道藏》太清部所收十篇，即原卷數，合爲上、中、下三卷，題"正陽真人鍾離權雲房著，純陽真人吕嵒洞賓傳"。《道藏精華録》第六集亦三卷。《道樞》卷四十二《靈寶篇》係曾慥節選本，文字多异。重刊

---

① 卿希泰主編：《中國道教》第一卷，知識出版社 1994 年版，第 301 頁。

《道藏輯要》危集所收,格式同於《正統道藏》,唯不分卷。此書是鍾呂金丹派的基本教典,闡述了鍾呂金丹派的教理、哲學觀點,奠定了宋元以後内丹學的理論基礎。爲唐宋内丹學的最高水準,故研習内丹者皆視爲必讀之要典。①

又其在對内丹著作叢書《修真十書》的介紹中,對托名鍾離權述的《鍾呂傳道集》有所介紹。其謂《鍾呂傳道集》,題鍾離權述,吕洞賓集,華陽真人施肩吾傳。皆鍾、吕二人對論丹道的記述,有《論真仙》《論大道》《論天地》《論日月》《論四時》《論五行》《論水火》《論龍虎》《論丹藥》《論鉛汞》《論抽添》《論河車》《論還丹》等十八題。是内丹的重要典籍,也是研究鍾吕金丹派内丹理論和丹法的基本要籍。②

在對南宋曾慥所編撰《道樞》的介紹中,亦突出了其受鍾、吕影響的方面。如其謂《道樞》廣集道教修煉方術之精要,其中摘録的書籍可考者有百餘種,而稱引鍾吕金丹道著作最多,并且以鍾吕金丹派三部要典(《西山群仙會真論》《鍾吕傳道集》和《靈寶畢法》)作結。自撰部分也主要依據鍾吕丹道。《道樞》編纂約在紹興二十一年(1151)前後,此書專論煉養,内容包括内丹、外丹、存思、守一、服氣、導引、咽納、存神、煉精、内觀、胎息、房中、攝養等,而以内丹爲主,其論内丹則祖述鍾吕。③

---

① 卿希泰主編:《中國道教》第二卷,知識出版社 1994 年版,第 152 ~ 154 頁。

② 卿希泰主編:《中國道教》第二卷,知識出版社 1994 年版,第 160 ~ 162 頁。

③ 卿希泰主編:《中國道教》第二卷,知識出版社 1994 年版,第 163 ~ 165 頁。

（二）任繼愈先生主編《中國道教史》
（上海人民出版社 1997 年版）

此書辟有“鍾呂内丹學派”的專篇，并就鍾呂内丹學對金元全真道之影響作了探討。認爲王重陽所創全真道基本承襲了鍾呂内丹學派一整套成仙的學説，如托名王重陽所著《金關玉鎖訣》所引述鍾離權“五等仙”之説，以及“陽神”出殻飛升等説，皆受鍾離權學説影響。①

（三）李養正先生著《道教史略講》
（中國道教學院 1997 年編印）

此書上編“道教的形成與歷史發展”第五章“隋唐五代道教之鼎盛與内丹道的崛起”，第六個問題爲“鍾呂金丹道的崛起”，提出隋唐五代在道教教義方面最突出而又對後世道教影響最大的發展，是鍾呂金丹道的崛起。他對何謂鍾呂金丹道有一説明，即“道教信奉爲仙人鍾離權、吕洞賓所宣導的内丹修煉術”②，至於内丹，簡單地説，就是將人體比作爐鼎，以體内之精、炁、神爲藥物，運用“神火”去燒煉，認爲可以使精、炁、神凝爲“聖胎”，“聖胎”可以離開軀體而爲身外之身，永世長存。這個所謂“聖胎”，或稱神胎，或稱内丹。李養正先生認爲，隋代以前，道教本來没有内丹之説，衹

① 任繼愈主編：《中國道教史》，上海人民出版社 1997 年版，第 542 頁。
② 李養正著：《道教史略講》，中國道教學院 1997 年編印，第 152 頁。

有胎息、導引、行氣、存想等内養方術。隋文帝開皇年間(581—600),羅浮山道士青霞子蘇元朗托言曾學道茅山,得大茅真君秘旨,撰《龍虎金液還丹通論》及《旨道篇》,宣導内丹之道,自此道教始興起内丹道。以後便把葛洪所宣導的金丹相對而稱外丹。① 内丹道在唐代已有相當大的影響,此類道書紛紛出現,著名者如劉知古《日月玄樞篇》,至一真人崔希範《入藥鏡》,張元德《丹論訣旨心鑒》,陶植《陶真人内丹賦》,羊參微《元陽子金液集》,還陽子《大還丹金龍白虎論》,吴筠《南統大君内丹九章經》,林太古《龍虎還丹訣頌》,董師元《龍虎元旨》等,至唐末五代,内丹道(道教稱金丹道)已經盛行起來,出現有鍾離權的《靈寶畢法》、鍾離權據《參同契》而作《雲房三十九章》,吕洞賓緣之作《沁園春》等歌,華陽施肩吾作《鍾吕傳道集》《西山群仙會真記》,均闡發内丹之道。爲什麼隋唐五代道教會興起内丹道,李養正先生認爲原因有二:一是由於外丹弊害的敗露,二是道教静功的神秘化發展。②

另外,周永慎先生編著《歷代真仙高道傳》(中國社會科學出版社 2003 年版),於"兩漢時期"道教人物,收録有《鍾離權》。張興發先生編著《道教神仙信仰》(中國社會科學出版社 2001 年版),在此書"諸神篇"中,亦收録有《鍾離權》。浙江古籍出版社 1987 年影印出版《道教大辭典》,原書於 1979 年由臺灣巨流圖書公司印行,此書對《鍾離權》有一辭條説明。③

---

① 李養正著:《道教史略講》,中國道教學院 1997 年編印,第 153 頁。
② 李養正著:《道教史略講》,中國道教學院 1997 年編印,第 155 頁。
③ 李叔還編撰:《道教大辭典》,浙江古籍出版社 1987 年版,第 623 頁。

二、道教哲學、思想研究過程中所涉及對“鍾離權”的相關學術探索

胡孚琛、吕錫琛二位先生著《道學通論——道家·道教·仙學》(社會科學文獻出版社 1999 年版)一書,其“仙學篇”中,對鍾吕丹法的基本特徵有所探究。提出鍾離權和吕洞賓的丹功,與其説傳自漢代的東華紫府少陽帝君王玄甫,不如説是承襲了東漢魏伯陽的《周易參同契》;鍾吕所傳少陽派丹法是内丹仙丹的主幹,它發掘《道德經》《周易參同契》等書中的内丹法訣,博采佛法禪密之長,形成了道學奪天地造化的金丹大道。鍾吕丹法的基本特徵:其一,以性命雙修爲特徵;其二,以“煉心”爲綱要,以“心息相依”爲法門;其三,傳“取坎填離”之術,以調動人體性能量爲丹法秘訣,以取得人的生命體驗作爲丹功成敗的關鍵;其四,以招攝先天一炁促進人體和宇宙的大循環爲實效,以與道合真作爲丹功修成的標志。①

盧國龍先生著《道教哲學》(華夏出版社 1997 年版),第三章爲“《參同契》與唐宋道教的内丹理論”,其中對鍾吕金丹派之研究有獨到之看法。在第一節“内丹的道與術兩個層面”中,其謂從術的角度探討“内丹學”之形成,最早者溯源於春秋時代的《行氣玉佩銘》,最晚者則推始於五代宋初的鍾吕金丹派。鍾吕是五代宋初傳説中的神仙,北宋内丹家或自稱得其傳授,但就系統内丹理論之建

---

① 胡孚琛、吕錫琛:《道學通論——道家·道教·仙學》,社會科學文獻出版社 1999 年版,第 536 ~ 541 頁。

立言,鍾吕斷非創始者。盧先生認爲,以鍾吕可據信之資料極少,而將内丹推始於其人,大概依道教之傳説。大約在宋末元初,内丹家開始編排傳承譜系,并由此標立内丹之南宗和北宗,這一過程中,學步於禪宗的痕迹十分明顯,至有南宗五祖、北宗五祖之説。禪宗以證悟心法而得傳衣鉢,内丹家擬附之而特重修煉口訣,因爲口訣是口口相授,不立文字的,所以被内丹家視爲師傳秘法,是内丹術之至秘者。所謂内丹南北宗,據稱就是傳承心法口訣的譜系,而南北宗都推始於鍾吕。①

在第三節"兩宋内丹道及《悟真篇》之丹道淵源"中,其對傳承鍾吕"内丹學"的重要人物劉哲有所介紹,認爲内丹道南傳至福建、廣東,可以曾慥、白玉蟾爲例;北傳之内丹道,可以舉劉哲爲例。劉哲是内丹道傳播中一位頗具傳奇色彩的人物,名號亦多,而以海蟾子之號行,相傳得正陽子(鍾離權號)點化,弃官入道,往來於華山、終南,後被全真道遵爲北宗五祖之一。《道樞》卷十二《還金篇》題名海蟾子,以《參同契》術語講論内還丹之道。另據《宋史·方技列傳》,單父(今屬山東)人甄棲真,"與隱人海蟾子者以詩往還,論养生重秘術,目曰《還金篇》,凡兩卷"。劉哲兩弟子馬自然及王庭揚,亦皆有内丹著作傳世。《馬自然金丹口訣》今存於《道藏》,王庭揚著述則見收於《道樞》卷二十一,題《修真要訣篇》。②

盧國龍先生認爲,談及《悟真篇》丹道淵源,一般將張伯端所感通的神仙指實爲劉海蟾,其説大概肇因於南宋末李簡易《玉溪子丹經指要》所列的《混元仙派之圖》。從李簡易所列圖表看,似乎没有

① 盧國龍:《道教哲學》,華夏出版社 1997 年版,第 509 ~ 510 頁。

② 盧國龍:《道教哲學》,華夏出版社 1997 年版,第 529 ~ 530 頁。

明確地將張伯端指實爲劉海蟾弟子,祇是將他們劃分爲兩代人。與劉海蟾同代六人中,僅劉海蟾一人有所傳授,與張伯端同代六人中,則有劉海蟾弟子馬自然。所以,如果準確地描述這個圖表,大概是説上代人劉海蟾曾傳授丹道,馬自然爲其下代,而張伯端則與馬自然爲同代人,此外没有别的意思。而將張伯端所感通的真人指實爲劉海蟾,也許是出於對李簡易圖表的誤解。①

第四章"内丹道中的心性學",其第二節爲"金元全真道的心性學"。盧國龍先生認爲,全真道歸屬於道教,概起因於王重陽得吕洞賓傳授内丹秘訣之傳説,至弟子王處一於其故居建靈虚觀時,住持者始受度爲道士,元初丘處機掌教,乃正式歸本道宗,"付之道教"。所謂鍾、吕傳授,大概出於王重陽的暗示,其弟子輩確認之,及全真家歸本道教,遂爲其道脉源流之定案。傳授的故事,毫無疑問出於依托,不能視爲真實的師資傳承。但是,王重陽之所以依托鍾離權、吕洞賓等,而非其他的神仙佛祖,却也反映出一些值得研究的問題。其一,王重陽之依托鍾、吕,有方便設教之意。關於鍾、吕的神仙傳説,自五代宋初以來即已廣泛流傳。鍾吕信仰既有很深厚的群衆基礎,同時,内丹家也多附會其事,形成所謂鍾吕金丹派,著述則有《靈寶畢法》《鍾吕傳道集》《西山群仙會真記》等,大約都是五代北宋時的作品。因爲有這樣的歷史前因,故王重陽述其師承,便將之上溯至鍾、吕。其二,王重陽依托鍾、吕,也反映出一種思想傾向性,即在儒、釋、道三教中,其對道教的内丹性命之學有更多的認同。其三,内丹道對於處亂世逆境的特有魅力,根源於離亂時代中人們對身心歸宿問題的特殊關注;由全真道托稱得傳

① 盧國龍:《道教哲學》,華夏出版社 1997 年版,第 533 ~ 535 頁。

鍾吕内丹秘訣,可知其教旨對内丹道的思想理論有所繼承。另外,盧國龍先生提出,從内丹功法上認爲全真道丹法與鍾吕派相同或相近,從而建立二者之間的繼承關係,這種理解方式并不可靠。原因在於:第一,所謂鍾吕金丹派,本身就以鍾吕傳説和信仰爲核心,由五代北宋内丹家敷釋附會而成;它衹是對五代以後内丹道的一種代名詞性的統稱,并非實有其宗派。因此之故,其内部的丹法并不統一,不但在火候法度及藥物上有主心、主腎、煉精、煉氣等差别,甚至其中還包括陰陽與清修兩大派。故單從丹法上理解二者間的繼承關係,有很大的隨意性。第二,所謂王重陽得吕洞賓傳授丹訣,衹表明王重陽對内丹性命之學有某種特殊的認同感和歸依感。故没有必要糾纏於授受的具體内容,而應該致思於其所認同的思想理論,亦即從思想理論上探討其繼承關係。①

牟鍾鑒、張踐二位先生所著《中國宗教通史》(社會科學文獻出版社2000年版)有“鍾吕内丹道的興起”一節,對托名鍾離權所傳《鍾吕傳道集》《靈寶畢法》有所介紹;并對鍾吕内丹學影響金元全真道的歷史做了探討。②

三、内丹學專題研究中的“鍾離權”

近幾十年來,内丹學的專題研究著作層出不窮。於其中,有涉及對“鍾離權”及鍾吕内丹學的相關探討。如張廣保先生的《唐宋

① 盧國龍:《道教哲學》,華夏出版社1997年版,第581～588頁。

② 牟鍾鑒、張踐:《中國宗教通史》,社會科學文獻出版社2000年版,第567頁。

内丹道教》,袁康就先生的《鍾吕内丹道德觀研究》,李大華、李剛、何建明先生的《隋唐道家與道教》等,對鍾吕内丹學的探討皆卓有成效。在此,我們例舉張廣保先生、袁康就先生的相關研究,以饗讀者。雖不免有挂一漏萬之嫌,然亦能從中以窺其研究之全豹。

(一)張廣保先生著《唐宋内丹道教》關於"鍾離權"的研究

張廣保先生所著《唐宋内丹道教》(上海文化出版社 2001 年版),對鍾吕内丹學有專門的研究、分析。此書對於相關史料之發掘,以及對鍾吕内丹學演進路徑之歷史與邏輯的分析等,皆達到精深地步,有非常值得稱道的地方。

此書第一章第三個問題"道教史中的内丹、外丹之争"中有"内丹家評外丹",涉及鍾吕内丹學對外丹及其功效的評價。其謂内丹道的鍾吕派在承認外丹有白日飛升、浩劫不死之效後,又認爲服食外丹不能重返真境,實現終極超脱。① 鍾吕派又認爲從内、外丹道發展的歷史來考察,内丹道應先於外丹道而産生;外丹的合煉乃是廣成子在崆峒山通過參悟内修之事而發展起來的,外丹家之所以用鉛汞爲藥物,是因爲受到内丹修煉以心液、腎氣爲藥物的啓示。因爲心屬火,呈紅色,象徵著汞;腎屬水,黑色,象徵著鉛。張廣保先生認爲,鍾吕這一看法恰好與歷史事實相反。實際情况是内丹道尤其是鍾吕派内丹道之所以偏好心液、腎氣,乃是屬於外丹修煉以鉛、砂爲主藥這一事實;他們以心象砂,以腎象鉛,又因爲外丹合

① 張廣保:《唐宋内丹道教》,上海文化出版社 2001 年版,第 27 頁。

煉於砂之中取汞,鉛中取銀,所以他們纔又主張通過顛倒陰陽,取心液中之真氣,腎氣中之真水爲藥物,稱其爲真龍真虎,真陰真陽,這些作法嚴格來説都是一種對外丹術的模仿、類比。①

在第四個問題"内丹道與道教傳統的内修術"的探討過程中,張廣保先生提出,以鍾吕爲代表的内丹學具有崇陽、賤陰等基本特徵,認爲:"内丹道推崇純陽,這是衆所周知的事實。《鍾吕傳道集》正是依據陰陽狀態的不同,將三界生靈區分爲仙、人、鬼。其云:'仙非一也,純陰而無陽者,鬼也;純陽而無陰者,仙也;陰陽相雜者,人也。'又鍾離權道號正陽子,吕洞賓號純陽子,施肩吾號華陽……内丹家莫不崇陽賤陰,追求一種純陽境界。"②張廣保先生還關注到鍾吕内丹學與六朝時期上清派之間的某些關聯,如在"内丹道與存思術"一節中,他説:"《道樞·百問篇》還記載鍾吕關於洞房宫、明堂宫等屬於上清存神術中九宫内容的對話。其云:'純陽子曰:洞房之宫居何所歟? 正陽子曰:其在乎眉之間,其入二寸,屬乎泥丸之前,狀如玉山,内有白元之神,居於紫極。'又云:'純陽子曰:明堂則何如? 正陽子曰:其在洞房之前,入於眉者彌寸,内有中元之神居焉。'"③但他也認爲,鍾吕内丹學并不能因此就視作與上清存想術爲一類,或者衹是對上清存想術的繼承;它實際上開啓了唐宋内丹道教的新紀元,是道教發展史上的一個重要階段。

此書第三章"宋元史傳中的鍾離權",分成兩個問題,即歷史上的鍾離權、鍾離權與他的弟子們。於此章之首,張廣保先生對鍾離權在道教史和中國唐宋以來社會發展史上的重要地位有一説明,

① 張廣保:《唐宋内丹道教》,上海文化出版社 2001 年版,第 27 ~ 28 頁。
② 張廣保:《唐宋内丹道教》,上海文化出版社 2001 年版,第 39 頁。
③ 張廣保:《唐宋内丹道教》,上海文化出版社 2001 年版,第 48 頁。

其謂:“作爲唐代道教正統内丹學派的開創者,鍾離權在道教内外都有極大的影響。在道教内部,内丹道的南北二宗都共尊鍾離權爲祖師。至於鍾離權、吕洞賓内丹思想對中國社會尤其是下層民間社會滲透的廣度與力度,在唐以後的中國歷史中很難再找到其他的思想家,就其學説的社會影響來説,能够與鍾吕比肩。”①

在“歷史上的鍾離權”一節中,張廣保先生首先分析了鍾離權的生活年代,并對鍾離權被視作漢代之人的“漢”作了探討。他認爲,關於鍾離權的生活年代,至今仍是一個迷,很難依據現存文獻資料考證清楚。大多數文獻提到鍾離權時都稱他爲漢鍾離,將他當成漢代人。對於這個漢,人們曾經提出種種解釋,有人認爲此漢并非指續秦而起的漢代,而是指五代劉暠所立的後漢(947—950);更多的學者則認爲鍾離權應爲唐人,所謂漢鍾離,其實是一種誤讀。這兩種解釋看似有理,然而,證之道教文獻則都站不住脚。②張廣保先生提出,據其所知,迄今爲止最早提到鍾離權的道教文獻有兩種:一種出於敦煌遺書,在敦煌遺書“伯三八一〇”寫卷中,有一種名爲《湘祖白鶴紫芝遁法》的卷子,正是在這篇文獻中提到鍾離權創立白鶴紫芝遁道法,并將之傳授吕純陽和韓湘子,其文云:“夫白鶴紫芝遁,乃漢名將中離翁傳唐秀士吕純陽。純陽、韓湘子闡陽天教,廣發慈悲,交後之進道,難得住世延年,功行不完,未超三界,和光混術,仍在塵寰,如值天劫,兵荒馬亂,遍撓天下,無計逃避。噫,惜哉!今以仙術留傳於世,夙了道緣。”此敦煌遺書屬唐代寫卷。③ 又《宣和畫譜》卷一九,南宋釋志盤《佛祖統紀》卷四二亦

① 張廣保:《唐宋内丹道教》,上海文化出版社 2001 年版,第 83 頁。
② 張廣保:《唐宋内丹道教》,上海文化出版社 2001 年版,第 85 頁。
③ 張廣保:《唐宋内丹道教》,上海文化出版社 2001 年版,第 85 頁。

并云鍾離權爲漢人。可見,道教之外的文獻也確定鍾離權爲漢人,不存在誤讀的問題。[①] 總之,有關漢鍾離的提法,既非出於人們的誤讀,也不是指五代之後漢,而是的的確確指繼秦而有的漢代。至於鍾離權爲什麽被稱爲漢代之人,原因或許是他爲了神化其道法,自稱漢人,亦未可知。[②]

關於鍾離權究竟係生活於唐代的哪一時間段,張廣保先生引有兩則材料,一是宋王常《真一金丹訣》,認爲鍾離權於唐高宗顯慶五年即公元660年遇仙人得道:"'昔荆湖北路,草澤大賢,處士鍾離權泊游山水,至魯國鄒城東南崆峒山玉女峰居之。至大唐顯慶五年庚申歲正月一日壬寅朔,遇之仙賢,引入洞中,授之丹訣,至得内全,後天不老。'據此所載,則鍾離權當爲唐初人,此與《道藏》所録其他各種有關鍾離權的傳記文獻所載不同,不知王常的依據何在?"[③]又《正統道藏》中收録有一種唐代修士仵達靈的傳記——《唐仵達靈真人記》,據其所述,則鍾離權於唐僖宗乾符元年(874)仍健在。《唐仵達靈真人記》在《正統道藏》中凡兩見,一收録於《還丹肘後訣》卷下,另一見於陳葆光所撰《三洞群仙録》卷七。根據仵達靈所記,鍾離權當爲晚唐人。此與王常的説法相距甚遠。[④]

關於道教史傳中對鍾離權生平的載記,張廣保先生引秦志安《金蓮正宗記》、趙道一《歷世真仙體道通鑒》等仙傳之説,述鍾離權之仙迹及其與全真道北宗之間存在的關係。至於鍾離權與南宗之

① 張廣保:《唐宋内丹道教》,上海文化出版社2001年版,第86頁。
② 張廣保:《唐宋内丹道教》,上海文化出版社2001年版,第86頁。
③ 張廣保:《唐宋内丹道教》,上海文化出版社2001年版,第87頁。
④ 張廣保:《唐宋内丹道教》,上海文化出版社2001年版,第87頁。

間存在的授受關係,其又引白玉蟾之説:“白玉蟾《跋施華陽文集》云:‘李真多以太乙刀圭火符之訣傳之鍾離權,鍾離權傳之吕洞賓,吕即施之師也。’又其《題張紫陽、薛紫賢二真人像》説:‘昔李亞以金汞刀圭火符訣傳鍾離權,權以是傳吕岩叟,岩叟以是傳劉海蟾,劉傳之張伯端,張於難中,感杏林石泰之德,因以傳之。泰,邠州人也,事成游毗陵,授之於蜀僧道光。光之門,有行道者楠,號爲陳泥丸,即先師也。’”①以白玉蟾之説,探究鍾吕内丹道與南宗之間的授受關係。

關於鍾離權的著述,張廣保先生提出,《正統道藏》中題名鍾離權撰作的道書主要有五種:一是《破迷正道歌》,題正陽真人鍾離權述。二是《秘傳正陽真人靈寶畢法》,題正陽真人鍾離權雲房著,純陽真人吕岩洞賓傳。三是《鍾吕傳道集》,題正陽真人鍾離權雲房述,純陽真人吕岩、華陽真人施肩吾希聖傳。四是《鍾離正陽真人還丹歌》。五是《黄帝陰符經集解》,題赤松子、子房真人張良、太極左仙翁葛玄、西山真人許遜、正陽真人鍾離權、純陽真人吕岩、華陽真人施肩吾、至一真人崔明公、海蟾真人劉玄英、清虚真人曹道冲集解。以上五種道書,見於金元時期之鍾離權傳記及宋代道書者,計有四種。② 其中,《鍾吕傳道集》《靈寶畢法》又爲南宋曾慥《道樞》節録,分别入該書卷三九《傳道上篇》、卷四〇《傳道中篇》、卷四一《傳道下篇》及卷四二《靈寶篇》,曾氏并明言爲鍾離權親撰,傳授吕洞賓。至於宋元各種道書尤其是内丹道書中徵引二書者,比比皆是,不勝枚舉。③ 於此,他例舉施肩吾《西山群仙會真記》,内

① 張廣保:《唐宋内丹道教》,上海文化出版社2001年版,第94頁。
② 張廣保:《唐宋内丹道教》,上海文化出版社2001年版,第96頁。
③ 張廣保:《唐宋内丹道教》,上海文化出版社2001年版,第98頁。

丹道南宗宗師陳楠《泥丸真人羅浮翠虚吟》等,以證其説。

張廣保先生發現,《鍾吕傳道集》《靈寶畢法》不僅在道教内部文獻中多有徵引和載録,而且在宋代的各種目録書中也有著録。例如,陳振孫《直齋書録解題》之神仙類著録云:"《鍾吕傳道集》三卷,施肩吾撰,叙鍾離權雲房、吕岩洞賓傳授論議。"至於《靈寶畢法》,鄭樵《通志略》的《藝文略》諸子類也有著録。因此,他認爲《靈寶畢法》《鍾吕傳道集》二書自北宋始,一直至南宋始終在社會上廣泛流傳,并與鍾離權、吕洞賓、施肩吾有關,體現了鍾吕的内丹思想。① 當然,也有人對此提出質疑,懷疑《靈寶畢法》《鍾吕傳道集》爲施肩吾所僞托,而非出於鍾離權之創造,力倡此説者,爲元人苗善時、戴起宗。②

張廣保先生又據宋元間各種内丹道書的徵引,認爲鍾離權的著述當還有《正統道藏》未單獨收録者若干種。其一爲《指玄篇》,此書爲南宋夏宗禹著《紫陽真人〈悟真篇〉講義》所徵引;又宋末元初道家學者俞琰撰有《周易參同契發揮》一書,其中多處徵引鍾離正陽《指玄三十九章》;南宋王慶升《三極至命筌蹄》載,(金丹之道)正陽鍾離權由之作《玄房三九章》。此外,"在明黄魯曾所編《鍾吕二仙傳》中也有記載,該書收録有署名'華陽真逸施肩吾'爲《正陽真人鍾離公》所作序文一篇,其中談及鍾離權的著述時,有云:'其玄言秘訣,多有遺於後世,惟《三九章》尤爲顯著。'然《指玄篇》或《指玄三十九章》不見於其他鍾離權傳記材料的載述,其是否爲鍾離權親撰,殊難判定。要之,此書在南宋時就流傳甚廣,這是

① 張廣保:《唐宋内丹道教》,上海文化出版社 2001 年版,第 99 頁。

② 張廣保:《唐宋内丹道教》,上海文化出版社 2001 年版,第 99 頁。

毫無疑問的”①。

其二,《正統道藏》收録一種題名海天秋月道人玄全子編集的内丹論文選集《諸真内丹集要》,其中選有鍾離權的一篇著述,名爲《鍾離正陽真人還丹歌》。②

其三,鍾離權的著述還有《鍾離秘訣》,此書見《西山群仙會真記》的徵引。③

其四,兩宋之交的曾慥編有一部《道樞》,在《道樞》的《百問篇》《修真指玄篇》中,分别載録有鍾離正陽與吕純陽及正陽、純陽、華陽之間的問答。其中鍾離權是以答疑者的身份出現,因此他的内丹思想展露最爲充分。④

除以上文獻著述的記載之外,張廣保先生認爲,一些石刻字畫中還存有鍾離權所作詩詞若干首,其中最早的兩者可溯至五代北宋時期。例如,南宋洪邁《夷堅志》卷二〇“鍾離翁”條記載鍾離權的真迹在南宋時尚有存者。其云:“淳熙十一年,溧陽倉斗子,坐盜

① 張廣保:《唐宋内丹道教》,上海文化出版社 2001 年版,第 101 ~ 102 頁。

② 張廣保:《唐宋内丹道教》,上海文化出版社 2001 年版,第 102 頁。另外,《鍾離正陽真人還丹歌》全文爲:“一母産兩子,一男復一女。男是陰之宗,女是陽之主。陰來陽既住,不失本宗祖。脾磨食自消,將得歸厚土。學者亦如麻,達者自今古。見龍不識龍,逢虎不識虎。龍不在東溟,虎不在西虜。若向一源求,昭昭知藏否。若向東西覓,有目亦如瞽。陽在陰之胞,陰在陽之肚。男白女還赤,自然成夫婦。種麻即收麻,種黍即收黍。向鉛不識鉛,白頭多辛苦。恍恍復惚惚,二物難可睹。杳杳復冥冥,三姓似親侶。情交是衆藥,氣合無言語。燒鉛汞自乾,亦如猫伏鼠。”(《道藏》,第 32 册,第 458 ~ 459 頁)

③ 張廣保:《唐宋内丹道教》,上海文化出版社 2001 年版,第 102 頁。

④ 張廣保:《唐宋内丹道教》,上海文化出版社 2001 年版,第 102 ~ 103 頁。

官米黥配，而籍其家，得草書二軸。題云：庚申歲書。其名權，花押正如一劍之權，蓋鍾離翁也。其詞云：露滴紅花玉滿畦，閑拖象履到峰西，但令心似蓮花結，何必身將槁木齊。古塹細香紅樹老，半峰殘雪白猿啼，雖然不是桃花洞，春至桃花亦滿溪。"李粹伯跋之曰："字畫放逸，有翔龍舞鳳之勢，脱去尋常畦徑，非得於心而應於手者不能爾。飄然神仙風度，固有所本云。真本藏於建康府治軍質庫，絹素標飾處，皆斷裂，獨字書不動。景裴嘗見之。庚申歲者，豈非藝祖創業建隆元年乎！"按建隆元年即公元 960 年，係宋太祖趙匡胤創建宋朝之首年，其時鍾離權在民間尚無太大聲譽，因此字畫僞托的可能性不大。①

又據《宋朝事實類苑》卷三五所載，刑州開元寺一僧院之墻壁，亦書有鍾離權草書詩二絶："邢州開元寺一僧院壁，有五代時隱士鍾離權草書詩二絶，筆勢遒逸，詩句亦佳。詩曰：'得道真僧不易逢，幾時歸去願相從，自言住處連滄海，别是蓬萊第一峰。'其二曰：'莫厭追歡語笑頻，尋思離亂可傷神，閑來屈指從頭數，得見升平有幾人？'後劉從廣知邢州，訪此寺，遂命刊勒此詩於石。"又《全唐詩》卷八六〇録有鍾離權詩二首，一爲《題長安酒肆壁三絶句》，二爲《贈吕洞賓》，係演内丹訣法。②

另外，韓國的兩種道教文獻《海東傳道録》《五洲衍文長箋散稿》也提到鍾離權將《靈寶畢法》等書授予新羅人崔承佑、金可紀、僧慈惠三人，《海東傳道録》説：鍾離權"因以《青華秘文》《靈寶畢法》《金誥》《人頭五岳訣》《内觀玉文寶籙》《天遁煉魔法書》付之，

① 張廣保：《唐宋内丹道教》，上海文化出版社 2001 年版，第 103 頁。
② 張廣保：《唐宋内丹道教》，上海文化出版社 2001 年版，第 103 頁。

且授以口訣。”①并推測《金誥》《内觀玉文寶籙》與《靈寶畢法》乃鍾離權所得於終南石壁之中的《靈寶經》三十卷的一部分。②

在“鍾離權與他的弟子們”一節中,張廣保先生提出,鍾離權的弟子據南宋李簡易《玉溪子丹經指要》所録《混元仙派之圖》的記載,共有五位,此即王鼎真人、成都真人、純陽真人、王老真人、陳朴真人、耳珠真人。《混元仙派之圖》的記載大體是可信的。③ 然而,張廣保先生也發現,李簡易的載録并不全面。他據宋魏了翁《鶴山全集・泉州紫帽山金粟觀記》引《唐仙傳》,稱鍾離權的弟子還有鄭文叔:“《唐仙傳》曰:‘長樂鄭文叔與回翁,皆師鍾離權於此郡,立鄭君祠,號元德真人。’”④除中華傳人之外,鍾離權還將丹道流布到新羅。據韓國文獻《海東傳道録》《五洲衍文長箋散稿》所載,鍾離丹道的韓國傳人主要有三位,即崔承佑、金可紀及僧慈惠。⑤

(二)袁康就先生《鍾吕内丹道德觀研究》的相關研究

袁康就先生著《鍾吕内丹道德觀研究》(宗教文化出版社 2005 年版),就鍾吕内丹學的形成、演變及其思想内容(尤其道德觀念方面)做出深入探討,認爲鍾吕内丹思想對道教内丹文化的形成與發展有重大影響。

---

① 張廣保:《唐宋内丹道教》,上海文化出版社 2001 年版,第 97 頁。

② 張廣保:《唐宋内丹道教》,上海文化出版社 2001 年版,第 98 頁。

③ 張廣保:《唐宋内丹道教》,上海文化出版社 2001 年版,第 104 ~ 105 頁。

④ 張廣保:《唐宋内丹道教》,上海文化出版社 2001 年版,第 105 頁。

⑤ 張廣保:《唐宋内丹道教》,上海文化出版社 2001 年版,第 105 頁。

此書共分六章。首章簡述鍾吕内丹思想之内涵及其重要意義;第二章論鍾吕丹道思想的形成;第三章鍾吕丹道思想的旨要,提出老子的哲學思想、尤其是道德觀念及辯證思維對鍾吕丹道思想的形成具有深刻之影響,認爲鍾吕丹道的“元陽”“陽神”等概念的提出及修行實踐,反映出鍾吕内丹學强調内丹修煉的終極意義要建立在入世道德修行之上的學術傾向;第四章論鍾吕丹道的意義,探討鍾吕丹道中道與德兩個範疇,分析鍾、吕以元氣論結合老子道德哲學的宇宙生成論和本體論,成就其丹道思想中别具特色的道德觀和性命雙修的修持特色;第五章從内丹學歷史演變中確認鍾吕丹道的影響,認爲除宋、金、元南北二宗對鍾吕丹道有直接繼承外,元代李道純之中派以及明清東西兩派、龍門派等也都恪守鍾吕内丹的思想和功法,這説明鍾吕丹道所提倡的性命雙修,既是一種道德實踐,也是一種根源性的宗教終極追求;第六章對鍾吕内丹思想的道德觀做出總結,認爲鍾吕所提倡的性命雙修實爲《老子》道德觀念的延伸,鍾吕内丹學的性與命,分别可以對應《老子》的道與德;而鍾吕所謂的“神仙”也就是藉煉氣工夫所達到的一種道德圓善的終極境界①。

另外,武漢大學吴光正先生所著《八仙故事系統考論——内丹道宗教神話的建構及其流變》(中華書局 2006 年版),此書分爲十三章,其中第七章爲鍾離權故事考論,深入考察了鍾離權等八仙故事系統的産生、弘傳、變异及其同道教丹道理論興衰變遷的内在耦合關聯,認爲鍾離權等八仙的故事是内丹道宗教理念、宗教法術和

① 袁康就:《鍾吕内丹道德觀研究》,宗教文化出版社 2005 年版,第 9 ~ 10 頁。

宗教儀式的神話——文字再現,并隨著宗教背景的淡化滲透到中國文藝、中國文化和民衆生活的各個層面。張興發先生著《道教内丹修煉》(宗教文化出版社 2003 年版),第三篇“道術——築基”有“鍾吕派的築基方法”;第四篇“仙術一:煉精化炁”有“鍾吕派煉精化炁之方法”;第五篇“仙術二:煉炁化神”有“鍾吕派煉炁化神之方法”;第六篇“仙術三:煉神還虚”有“鍾吕派煉神還虚之方法”;第七篇“仙術四:煉虚合道”有“鍾吕派煉虚合道之方法”,對鍾吕金丹派的修養方法作出了探討。

四、對鍾吕金丹派著作的“提要”研究

(一)任繼愈先生主編《道藏提要》
(中國社會科學出版社 1991 年版)
關於署名鍾離權著作之《提要》

1.《提要》1181 號介紹原題鍾離權著、吕岩傳《秘傳正陽真人靈寶畢法》,認爲此書托爲鍾離權、吕洞賓傳授,主要言内丹之法,尚有導引咽津、跪拜稽首之原始色彩,當在張伯端之前,蓋出於唐末五代。是書依小乘、中乘、大乘分作上、中、下三卷,其中,小乘安樂延年法凡四門,言匹配陰陽、聚散水火、交媾龍虎、燒煉丹藥。中乘長生不死法凡三門,言肘後飛金晶、玉液還丹、金液還丹。大乘超凡入聖法凡三門,言朝元、内觀、超脱。門各一篇,三卷凡十篇,論述呼吸積氣、生液還元,聚散水火,采補還丹、勒陽關、日月周天、咽津、金液煉形、静坐忘機、存想入定、神游洞天諸步驟,不外乎煉

精氣神成丹升仙之道。①

2.《提要》269號介紹原題"正陽真人鍾離權述"《破迷正道歌》,此經凡一卷,主要爲歌咏内丹的七言詩,約一千七百餘字。略謂内丹之道以先天一炁爲本;若行金木交并、鉛汞交結、龍虎交合、子母相會、神炁歸根,合於混沌未分之本真,則成金丹。如此雖辛苦百日十月,而可於頃刻中産就胎仙。煉成純陽之體,寒暑不侵,内外虚明,變化無方,"聚則成形散則炁,返本還元太虚同",以至"仙鶴接引朝元去,白日飛升謁上京"。歌中於内丹藥物、采取、煅煉、火候之要及景象效用,皆有所述;并斥服餌、胎息、行炁、咽津、采補、辟穀、符咒、科儀、存思、守丹田、縮龜煉乳、識心見性、止念降心、瞻星禮斗等爲旁門小法,唯以金液還丹之内丹説爲正道。《提要》認爲,宋元内丹學諸説多受此經影響,常徵引發揮之。②

3.《提要》262號介紹《修真十書》,認爲此書是一部以内丹爲中心的著述彙編,所收大多爲兩宋鍾吕金丹派南宗之作。鍾吕金丹派南北二宗學説著述之交流合會,始於元一統之後。故本書蓋元初紫陽南宗徒裔所編集。全書内容以鍾吕金丹派南宗一脉相承之内丹説爲主,間述修心煉性,輔以臟腑丹田之論、衛生導養之術。

其第一書《雜著指玄篇》,輯有十二種撰述,其中第九爲《丹訣歌》,稱鍾離權贈吕岩,策勵其一志修丹。

其第三書爲《鍾吕傳道集》三卷,唐鍾離權述、吕岩集、施肩吾傳,乃鍾離權傳授吕洞賓丹法之問答記録。是書廣斥種種"旁門小

① 任繼愈主編:《道藏提要》,中國社會科學出版社1991年版,第941頁。
② 任繼愈主編:《道藏提要》,中國社會科學出版社1991年版,第199頁。

法”，獨以内丹爲正道，分論真仙、大道、天地、四時、五行、水火、龍虎、丹藥、鉛汞、抽添、河車、還丹、煉形、朝元、内觀、魔難、證驗。謂仙有鬼、人、地、神、天五等，丹法分小中大三成。三成法循序漸進，小成可安樂延年，以成人仙；中成可長生住世，以成地仙；大成可脱質升仙，以成神仙、天仙。其法略以天地之道爲宗，謂人身與天地一同，故效天地陰陽升降之理，五行生剋之則、日月交合之度，取腎水中所藏先天元陽真炁以爲丹本，以真陰真陽交媾和合，以陽煉陰、三田返復，使精合於氣，氣合於神，神合於道，則金丹成就，陽神超脱。其修煉分匹配陰陽、聚散水火、交媾龍虎、燒煉丹藥、肘後飛金精、玉液還丹、玉液煉形、金液還丹、金液煉形，朝元煉氣、内觀交換、超脱分形十二科。是書乃唐宋間最爲系統之内丹撰述，鍾吕金丹派教義之宗源。

其第四書爲《雜著捷徑》，篇目頗多，約略分爲八種，以述養生之道爲主；其第六種乃《臨江仙》詞一首，曾慥撰，有注，述鍾離八段錦及六字氣修養法。①

（二）潘雨庭先生著《道藏書目提要》關於鍾離權著作的論述

1.《提要》107 號介紹《秘傳正陽真人靈寶畢法》，認爲仙傳、道史相傳漢鍾離傳道於唐吕岩，其意實指以漢代之學説傳之於唐代；此經作之傳之者，應該皆在唐末五代，書當出於吕岩之後，或已當

① 任繼愈主編：《道藏提要》，中國社會科學出版社 1991 年版，第 191～194 頁。

宋初的西山道派。此經三卷十篇,可以概括唐末五代道教内丹之精義,未可以疑鍾吕其人而忽視此書之價值。此經之《序》未記年月,或故玄其人;時當世亂,或指唐末五代;其所得之《靈寶經》,潘先生認爲或係隋唐前之古籍。至於合而成此三卷十篇,則爲鍾離權所自編;其謂此書"止言養命之小端,不説真仙之大道",乃爲謙辭,其志可喻。而此書於象數亦用漢法,殊有價值。①

2.《提要》108 介紹《鍾吕傳道集》,認爲此書《文獻通考》有著録,《文獻通考》引陳氏曰:"施肩吾撰,叙鍾離權雲房、吕岩洞賓傳授論議。"今《道藏》中無單行本,此三卷收入《修真十書》中。全書爲問答體,由吕問鍾答以傳道;書由施肩吾述之,然無序跋。潘先生同意有兩個施肩吾之説,其引陳氏之説:"唐有施肩吾,能詩,元和中進士也。而曾慥《集仙傳》稱,吕岩之後有施肩吾者撰《會真記》,蓋别是一人也。"施肩吾除撰《會真記》外,尚撰此書,他處亦屢有提及。道者每喜神其説,即以吕岩後之施肩吾視爲唐元和之施肩吾。或宋人有意托名,以見施已成仙,一二百歲乃無妨。今宜從陳氏説以正之,此爲宋初之施肩吾,若其所以能撰此書者,或爲吕氏之門人,或爲整理文飾當時已有的傳本。雖然,施能承鍾吕之思而反身有得,則可信其爲真。潘先生認爲,更早的丹道典籍如《參同》《黄庭》,後爲之《悟真》《還源》等,皆作韻語,故不如此書之易明。觀此經之十八論,確已遠超魏晋而深得漢人之思,道則直承伯陽而以陰陽五行明之;於易學而言,則能反王弼之易而歸之於漢易。總觀此書,可見施肩吾傳鍾吕之道,初與紫陽之《悟真》并無交

① 潘雨庭著:《道藏書目提要》,上海古籍出版社 2003 年版,第 113 ~ 114 頁。

涉，必以之爲南宗之祖，似已在泥丸傳於玉蟾之時。道光尚不言鍾吕，遑論紫陽與杏林。①

3.《提要》109 介紹《鍾離八段錦法》。《鍾離八段錦法》一卷，收入《修真十書》中，因全文僅五字三十六句，故潘先生全録其文②，并述其源流、論其作用。關於此法之來源，潘先生引宋曾慥之記："《鍾離先生八段錦》吕公手書石壁上，因傳於世。其後又有竇銀青《八段錦》與小崔先生《臨江仙》詞，添六字氣於其中。恨其詞未盡，予因擇諸家之善，作《臨江仙》一闋，簡而備，且易行，普勸遵修，同證道果。紹興辛未仲春，至游居士曾慥記。"潘先生判斷，紹興辛未(1151)，此法早已流傳；所謂吕公書於石壁上，約當五代宋初，鍾離權殊難以世法定其年代，然吕公當唐五代時，尚可考證，傳曰吕公曾見陳摶，或亦可信，故此八段錦法，可視爲唐末煉身法，足與漢末之五禽戲并觀。又，《道藏》此卷中尚有準其義而繪成八圖，畫者失考，不知是否竇銀青所作，觀圖有助於對此八段錦之瞭解。尚有《去病延年六字法》，似即小崔先生希範所增，其於唐庚子歲述《天元入藥鏡》。末有孫真人《四季行工養生歌》，所以合六字法於四時五行。以時考之，孫思邈當在崔希範前，故六字法可視爲思邈

① 潘雨庭著：《道藏書目提要》，上海古籍出版社 2003 年版，第 114 ~ 116 頁。

② 其文爲："閉目冥心坐，握固静思神，叩齒三十六，兩手抱昆侖。左右鳴天鼓，二十四度聞，微擺撼天柱，赤龍攪水渾。漱津三十六，神水滿口匀，一口分三咽，龍行虎自奔。閉氣搓手熱，背摩後精門，盡此一口氣。想火燒臍輪。左右轆轤轉，兩脚放舒伸，叉手雙虚托，低頭攀足頻。以候逆水上，再漱再吞津，如此三度畢，神水九次吞。咽下汩汩響，百脉自調匀，河車搬運訖，發火遍燒身。邪魔不敢近，夢寐不能昏，寒暑不能入，灾病不能迍。子前午後作，造化合乾坤，循環次第轉，八卦是良因。"

所創，於此，潘先生特别提到録之以備考，大概對之亦不能確定。①

4.《提要》110 介紹《破迷正道歌》。潘先生認爲《破迷正道歌》全書由七字句歌訣二百四十四句構成，暢述金丹之要以破迷正道。此歌作者題曰正陽真人，不論是否鍾離本人，而作者之思確已深悟金丹之理；以王重陽的思維形象當之，未嘗不可。且正陽、純陽事，産生唐末五代時，略早於陳摶。若此歌之作，似當屬諸西山派的文獻。故不論何人托名，此歌可視爲始學道教金丹派的入門書，讀之可比較正確地理解道教的修身形象。②

5.《提要》111 介紹《真仙秘傳火候法》，此書一卷，著者未署名。潘先生認爲，以内容觀之，蓋傳鍾吕西山派之訣，時當宋末。③

五、一些期刊論文對"鍾離權"的相關研究

一些期刊論文中，也有對鍾離權及鍾吕内丹派的相關研究。我們對之略作闡述，以期讀者能明瞭學術界對此問題的研究狀況及進展。

例如，謝正强先生在《宗教學研究》2003 年第 3 期第 100 ~ 104 頁，發表《鍾吕内丹思想與〈周易參同契〉關係試析》一文，提出鍾吕内丹是五代宋初開一代風氣之先的丹法系統，它以道教傳統的天

---

① 潘雨庭著：《道藏書目提要》，上海古籍出版社 2003 年版，第 116 ~ 117 頁。

② 潘雨庭著：《道藏書目提要》，上海古籍出版社 2003 年版，第 118 ~ 119 頁。

③ 潘雨庭著：《道藏書目提要》，上海古籍出版社 2003 年版，第 119 頁。

人合一思想爲其理論基礎,而這一思想更直接的來源則是漢代道教經典《周易參同契》,此文將《周易參同契》與鍾吕内丹派經典《靈寳畢法》《鍾吕傳道集》《西山群仙會真記》等相比較,并參以其他内丹經典,深入分析了《周易參同契》對鍾吕内丹道理論建構的重要影響,包括天道觀、藥物論、火候説等。

楊建華先生在《宗教學研究》2003 年第 4 期第 100 ~ 104 頁,發表《〈鍾吕傳道集〉的内丹養生教育思想》一文,提出《鍾吕傳道集》屬鍾吕内丹派早期著作,極受後世推崇,在内丹史和道教宗派史上具有不容忽視的地位,它被僞托以鍾離權、吕洞賓師徒教學問答的形式撰成,反映了完整的養生教育、教學過程,包含有大量豐富的道教内丹養生教育思想。此文主要對鍾吕内丹學的教育思想進行分析,以探討其内丹學教學的特色所在。

孫亦平先生在《世界宗教學研究》2004 年第 1 期第 61 ~ 69 頁,發表《杜光庭與鍾吕内丹道》一文,提出唐末五代道門領袖杜光庭提出過一些有關内丹修煉的理論,但與他同時代的鍾離權和吕洞賓建立了比較系統的内丹學理論體系。此文通過對杜光庭與鍾吕内丹道的比較研究,以説明杜光庭對"性命雙修"的强調,在某種意義上説,爲内丹心性學在唐末五代的迅速發展,并在宋代以後成爲道教思想與實踐的主流奠定了基礎。鍾吕是道教史上兩個關鍵人物,從宋元的南宗、北宗,至明清的東西二派,都自稱得鍾吕之真傳。此文將他們作爲道教史上的歷史人物來進行分析,以探討其内丹學説的理論特色。

李遠國先生在《宗教學研究》2005 年第 2 期第 1 ~ 8 頁,發表《論鍾離權、吕洞賓的内丹學説》一文,提出鍾離權、吕洞賓是道教史上兩個關鍵人物。從宋元的南宗、北宗,至明清的東西二派,都自稱得鍾呂之真傳。此文亦將他們作爲道教史上的歷史人物來進行分析,以探討其内丹學説的理論特色。於此文中,李遠國先生認爲,道教史上所説的漢鍾離,此漢指的是五代時期的後漢,而不是劉邦、劉秀所創立的兩漢。

丁培仁先生在《宗教學研究》2007年第3期第29～40頁,發表《〈靈寶畢法〉再研究——附論鍾呂金丹派的丹書與西部區域性》一文,認爲《靈寶畢法》是鍾呂金丹派秘典,其書奠定了宋元以降内丹學的理論功法。與一般内丹書不同,《靈寶畢法》不僅講具體功法,而且對内丹隱名、術語做出解釋,爲此書一大特色。作者鍾離權爲五代道士,傳派爲鍾離權—呂洞賓—施肩吾—李竦,而不是後世所説鍾離權—呂洞賓—劉海蟾—張伯端。此文對鍾呂内丹學理論及丹法作了再研究,集中討論《靈寶畢法》關於道與天人合一的哲學思想,内丹道的氣液與聖胎,仙與宗教神聖性等問題。文末附論鍾呂金丹派的丹書與西部區域性。從書目"辨章學術,考鏡源流"的功能出發,以《靈寶畢法》爲中心,考察鍾呂一派的傳承,尤其是探討了蜀地文化傳統與鍾呂金丹道流向之關係,認爲最初幾代鍾呂金丹道具有明顯的西部區域性。另外,丁培仁先生在《中國道教》2003年第5期第46～50頁,還發表有《〈靈寶畢法〉功法四題》的文章。

趙超、李媛二先生在《中國道教》2012年第6期第34～37頁,發表《咸陽楊家灣明〈重修正陽洞記〉碑考略》一文,作者通過翻檢咸陽舊志與道教全真派早期史書,偶然發現被全真派尊爲北五祖第二位的八仙之一鍾離權,與咸陽有關,不僅書中多有記載,實地仍然有遺迹可尋,故其結合書傳主、口傳對位於漢景帝陽陵以西四公里、相傳爲鍾離權故居的正陽洞進行考察,該地因歷年久遠,且破壞甚劇,已無昔日繁盛之貌,但洞前樹立一方明正德十年(1515)碑之碑文《重修正陽洞記碑》,較具宗教與地志價值。

此外,羊化榮先生在《宗教學研究》1983 年第 2 期第 55 頁發表"北五祖",對鍾離權、吕洞賓等北五祖有所介紹,梁浩先生在《現代養生》2008 年第 6 期第 11 ~ 12 頁,發表《鍾離權"三成丹法"》;魏燕利先生在《淮北師範大學學報》2012 年,Vol. 33(1)第 52 ~ 57 頁,發表《中國古典體操"鍾離八段錦法"之創始、演變與歷史定位》的文章,對"鍾離八段錦"的創立、演變和歷史地位有所介紹;趙杏根先生在《文史雜志》2000 年第 3 期第 25 ~ 27 頁,發表《話説中國傳統文化中的八仙》一文,其中對鍾離權有所介紹;王延琦先生在《山東省農業管理干部學院學報》2004 年 Vol. 20(4)第 120 ~ 122 頁,發表《全真道教與八仙關係初探》一文,對鍾離權等八仙與全真道教的關係作了探討;在《中國道教》1992 年第 1 期第 23 ~ 26 頁、第 2 期第 26 ~ 31 頁,陳月琴先生發表《八仙群體的演化發展及其形成》,對道教的八仙信仰的演化、發展有所介紹;羅偉國先生在《上海道教》2000 年第 3 期第 32 ~ 33 頁,發表《話説八仙》一文,其中對鍾離權有所介紹。

在圖像方面,《山西檔案》2012 年第 6 期(F0002 頁,共 1 頁),收有《元代永樂宫壁畫——鍾離權度吕洞賓圖》,此圖一直被譽爲純陽殿壁畫之精華。《中國宗教》2011 年第 4 期第 45 ~ 46 頁,收陳杉先生撰《道教壁畫的精華——山西永樂宫〈鍾離權度吕洞賓圖〉解讀》,認爲山西芮城永樂宫《鍾離權度吕洞賓圖》藝術成就在肖像畫中出類拔萃,達到了物我相照、物我兩忘的境界。

綜觀學術界對"鍾離權"的研究,分别集中在對"鍾吕金丹道"作爲一個道教歷史發展形態方面進行研究,或者以之爲道教神仙人物而對其進行探究,或者對托名其著作進行研究,或者將其與同時代其他道教人物、學派進行比較研究等,應該説,等等這些方面都取得了可喜進展,奠定了今後對其做進一步研究的基礎。但也要看到,因爲"鍾離權"這個人物於正史無傳,各種仙、傳的記載,内裏有相當多神話的成分;其相關著述也有待於考證其真僞。故對於"鍾離權"嚴肅的學術研究而言,目前還存在相當的難度,這方面的學術成果也不多見。所以,如何對之展開符合學術規範的討論,是學術界可以進一步探究的問題。在此,我們以"學案"的方式對"鍾離權"進行研究,屬於一種專門的探討,其特點在於:一、力争全方位對鍾離權及其思想做出研究,包括各種仙傳對其生平的記載、述説;道教史上與鍾離權存在授受淵源的道派、人物承傳;托名鍾離權著的著作及其思想;《道藏》所收與鍾離權相關的道經、著作等,目的在於積纍一些資料,方便大家在此基礎上進行深入研討。二、力争把鍾離權及鍾吕金丹派當做道教發展史上一個標志性的符號,探討其對道教及中國社會的深遠影響。當然,這個工作做得還很不够,存在很多不足,懇請各位方家不吝批評、指正!

第五章 《正統道藏》署名鍾離權著述之著作輯録

一、《鍾吕傳道集》

《論真仙》

吕曰:"人之生也,安而不病,壯而不老,生而不死,何道可致如此?"鍾曰:"人之生,自父母交會而二氣相合,即精血爲胎胞。於太初之後而有太質,陰承陽生,氣隨胎化,三百日形圓,靈光入體,與母分離。自太素之後,已有升降。而長黄芽,五千日氣足其數,自滿八十一丈,方當十五,乃曰童男。是時陰中陽半,可比東日之光。過此以往,走失元陽,耗散真氣,氣弱則病老死絶矣。平生愚昧,自損靈光,一世凶頑,暗除壽數,所以來生而身有等殊,壽有長短,既生覆滅,既滅復生,轉轉不悟而世世墮落,則失身於异類,透靈於别殼,至真之根性,不復於人,傍道輪迴,永無解脱。或遇真仙至人,與消其罪報,除皮脱殼,再得人身,方在痴暗愚昧之中,積行百劫,升在福地,猶不免饑寒殘患,迤邐升遷,漸得完全形貌,尚居奴婢卑賤之中。苟或復作前孽,如立板走丸,再入傍道輪迴。”

吕曰:“生於中國,幸遇太平,衣食稍足而歲月未遲,愛者安而嫌者病,貪者生而怕者死。今日得面尊師,再拜再告,念以生死事大,敢望開陳不病不死之理,指教於貧儒者乎?”鍾曰:“人生欲免輪迴,不入於异類軀殼,嘗使其身無病老死苦,頂天立地,負陰抱陽而爲人也。爲人勿使爲鬼,人中修取仙,仙中升取天矣。”

吕曰:“人死爲鬼,道成爲仙,仙一等也,何以仙中升取天乎?”鍾曰:“仙非一也。純陰而無陽者,鬼也。純陽而無陰者,仙也。陰陽相雜者,人也。惟人可以爲鬼,可以爲仙。少年不修,恣情縱意,病死而爲鬼也。知之修煉,超凡入聖,而脱質爲仙也。仙有五等,法有三成,修持在人,而功成隨分者也。”

吕曰:“法有三成而仙有五等者,何也?”鍾曰:“法有三成者,小成、中成、大成之不同也。仙有五等者,鬼仙、人仙、地仙、神仙、天仙之不等,皆是仙也。鬼仙不離於鬼,人仙不離於人,地仙不離於地,神仙不離於神,天仙不離於天。”

吕曰:“所謂鬼仙者,何也?”鍾曰:“鬼仙者,五仙之下一也。陰中超脱,神像不明,鬼關無姓,三山無名。雖不入輪迴,又難返蓬瀛,終無所歸,止於投胎就舍而已。”

吕曰:“此是鬼仙,行何術用何功而致如此?”鍾曰:“修持之人,始也不悟大道,而欲於速成,形如槁木,心若死灰,神識内守,一志不散,定中以出陰神,乃清靈之鬼,非純陽之仙。以其一志,陰靈不散,故曰鬼仙。雖曰仙,其實鬼也。古今崇釋之徒,用功到此,乃曰得道,誠可笑也。”

吕曰:“所謂人仙者,何也?”鍾曰:“人仙者,五仙之下二也。修真之士不悟大道,道中得一法,法中得一術,信心若志,終世不移。

五行之氣悮交悮合，形質且固，八邪之疫不能爲害，多安少病，乃曰人仙。"

吕曰："是此人仙，何術何功而致如此？"鍾曰："修持之人，始也或聞大道，業重福薄，一切魔難而改初心，止於小成法有功，終身不能改移，四時不能變换。如絶五味者，豈知有六氣；忘七情者，豈知有十戒；行漱咽者，咍吐納之爲錯；著采補者，笑清净以爲愚，好即物以奪天地之氣者，不肯休糧；好存想而采日月之精者，不肯導引；孤坐閉息，安知有自然；屈體勞形，不識於無爲。采陰取婦人之氣，與縮金龜者不同；養陽食女子之乳，與煉丹者不同。以類推究，不可勝數，然而皆是道也。不能全於大道，止於大道中一法一術功成，安樂延年而已，故曰人仙。更有一等，悦於須臾而厭於持久，用功不謹，錯時亂日，反成疾病而不得延年者，世亦多矣。"

吕曰："所謂地仙者，何也？"鍾曰："地仙者，天地之半，神仙之才，不悟大道，止於小成之法。不可見功，唯以長生住世，而不死於人間者也。"

吕曰："其地仙如何下手？"鍾曰："始也法天地升降之理，取日月生成之數，身中用年月，日中用時刻，先要識龍虎，次要配坎離，辨水源清濁，分氣候早晚。收真一，察二儀，列三才，分四象，别五運，定六氣，聚七寶，序八卦，行九州。五行顛倒，氣傳子母，而液行夫婦也。三田反復，燒成丹藥，永鎮下田。煉形住世，而得長生不死，以作陸地神仙，故曰地仙。"

吕曰："所謂神仙者，何也？"鍾曰："神仙者，以地仙厭居塵世，用功不已，關節相連。抽鉛添汞，而金精煉頂，玉液還丹。煉形成氣，而五氣朝元，三陽聚頂，功滿忘形，胎仙自化，陰盡陽純，身外有身，脱質升仙，超凡入聖，謝絶塵俗，以返三山，乃曰神仙。"

吕曰:"所謂天仙者,何也?"鍾曰:"地(經文原作'天',據文意改作'地')仙厭居塵境,用功不已,而得超脱,乃曰神仙;神仙厭居三島而傳道人間,道上有功而人間有行,功行滿足。受天書以返洞天,是曰天仙。既爲天仙,若以厭居洞天,效職以爲仙官,下曰水官,中曰地官,上曰天官。於天地有大功,於今古有大行,官官升遷。歷任三十六洞天,而返八十一陽天,歷任八十一陽天,而返三清虚無自然之界。"

吕曰:"鬼仙固不可求矣,天仙亦未敢望矣,所謂人仙、地仙、神仙之法,可得聞乎?"鍾曰:"(凡)人仙不出小成法,凡地仙不出中成法,凡神仙不出大成法。此是三成之數,其實一也。用法求道,道固不難,以道求仙,仙亦甚易。"

吕曰:"古今養命之士,非不求長生也,非不求升仙也,然而不得長生爲升仙者,何也?"鍾曰:"法不合道,以多聞强識,自生小法傍門,不免於疾病死亡,猶稱尸解迷惑世人,互相推舉,致使不聞大道。雖有信心苦志之人,行持已久,終不見功,節序而入於泉下!嗚呼!"

《論大道》

吕曰:"所謂大道者,何也?"鍾曰:"大道無形無名,無問無應,其大無外,其小無内,莫可得而知也,莫可得而行也。"

吕曰:"古今達士,始也學道,次以有道,次以得道,次以道成。而於塵世入蓬島,升於洞天,升於陽天,而升三清,是皆道成之士。今日尊師獨言道不可得而知,不可得而行,然於道也獨得隱乎?"鍾曰:"僕於道也固無隱爾,蓋舉世奉道之士,止有好道之名,使聞大道而無信心,雖有信心而無苦志。朝爲而夕改,坐作而立忘,始乎憂勤,終則懈怠。僕以是言大道難知難行也。"

吕曰:"大道難知難行之理如何?"鍾曰:"以傍門小法易爲見功,而俗流多得互相傳授,至死不悟,遂成風俗,敗壞大道。有齋戒者,有休糧者,有采氣者,有漱咽者,有離妻者,有斷味者,有禪定者,有不語者,有存想者,有采陰者,有服氣者,有持净者,有息心者,有絶累者,有開頂者,有縮龜者,有絶迹者,有看讀者,有燒煉者,有定息者,有導引者,有吐納者,有采補者,有布施者,有供養者,有救濟者,有入山者,有識性者,有不動者,有授持者。傍門小法,不可備陳。至如采日月之華,奪天地之氣,心思意想,望結丹砂,屈體勞形,欲求超脱,多入少出,攻病可也。認爲真胎息、絶念忘言,養性可也。指作太一含真氣,金槍不倒,黄河逆流,養命之下法。形如槁木,心若死灰,集神之小術。奈何古今奉道之士,苦苦留心,往往掛意。以咽津爲藥,如何得造化?聚氣爲丹,如何得停留?指肝爲龍而肺爲虎,如何得交合?認坎爲鉛而離爲汞,如何得抽添?四時澆灌,望長黄芽;一意不散,欲求大藥。差年錯月,廢日亂時,不識五行根蒂,安知三才造化。尋枝摘葉,迷惑後人。致使大道日遠日疏,异端并起,而成風俗,以失先師之本意者,良由道聽塗説,口耳之學,而指訣於無知之徒,遞相訓式,節序而入於泉下,令人寒心。非不欲開陳大道,蓋世人業重福薄,不信天機,重財輕命,願爲下鬼。"

吕曰:"小法傍門既已知矣,其於大道可得聞乎?"鍾曰:"道本無問,問本無應,及乎真原一判,大樸已散。道生一,一生二,二生三。一爲體,二爲用,三爲造化。體用不出於陰陽,造化皆因於交媾。上中下列爲三才,天地人共得於一道。道生二氣,二氣生三才,三才生五行,五行生萬物。萬物之中,最靈最貴者人也。惟人也,窮萬物之理,盡一己之性,窮理盡性以至於命,全命、保生以合於道,當與天地齊其堅固而同得長久。”

吕曰:“天長地久,亘千古以無窮,人壽百歲,至七十而尚稀,何道之獨在於天地而遠於人乎?”鍾曰:“道不遠於人,而人自遠於道矣;所以遠於道者,養命不知法;所以不知法者,下功不識時;所以不識時者,不達天地之機也。”

《論天地》

吕曰:“所謂天地之機,可得聞乎?”鍾曰:“天地之機,乃天地運用大道,而上下往來,行持不倦以得長久堅固,未嘗輕泄於人也。”

吕曰:“天地之於道也,如何謂之運用之機?如何謂之行持之機?運用如何起首?行持如何見功?”鍾曰:“大道既判而有形,因形而有數。天得乾道,以一爲體,輕清而在上,所用者陽也。地得坤道,以二爲體,重濁而在下,所用者陰也。陽升陰降,互相交合,乾坤作用,不失於道。而起首有時,見功有日。”

吕曰:“天得乾道,所用者陽也,陽主升,何以交於地?地得坤道,所用者陰也,陰主降,何以交於天?天地不交,陰陽如何得合?陰陽不合,乾坤如何作用?乾坤既無作用,雖有起首之時、見功之日,大道如何可得也?”鍾曰:“天道以乾爲體,陽爲用,積氣在上。地道以坤爲體,陰爲用,積水在下。天以行道,以乾索於坤,一索之而爲長男,長男曰震;再索之而爲中男,中男曰坎;三索之而爲少男,少男曰艮。是此天交於地,以地(當作‘乾’)道索坤道而生三陽。及乎地以行道,以坤索於乾,一索之而爲長女,長女曰巽;再索之而爲中女，中女曰離；三索之而爲少女，少女曰兑。是此地交於天，以坤道索乾道而生三陰。三陽交合於三陰而萬物生，三陰交合於三陽而萬物成。天地交合，本以乾坤相索而運行於道。乾坤相索而生六氣，六氣交合而分五行，五行交合而生成萬物。方其乾道下行，三索既終，其陽復升，陽中藏陰，上還於天。坤道上行，三索既終，其陰復降，陰中藏陽，下還於地。陽中藏陰，其陰不消，乃曰真陰。真陰到天，因陽而生，所以陰自天降，陰中能無陽乎？陰中藏陽，其陽不滅，乃曰真陽。真陽到地，因陰而發，所以陽自地升，陽中能無陰乎？陽中藏陰，其陰不消，復到於地，陰中藏陽，其陽不滅，復到於天。周而復始，運行不已，交合不失於道，所以長久堅固者如此。"

吕曰："天地之機，運行於道而得長久，乃天地作用之功也。惟人也雖有聰明之性，留心於清静，欲以奉行大道，小則安樂延年，中則長生不死，大則脱質升仙，如何作用、運行大道，法動天機而亦得長久堅固，浩劫常存？"鍾曰："大道無形，因彼之所得而爲形。大道無名，因彼之所有而爲名。天地得之而曰乾道坤道，日月得之而曰陰道陽道，人若得之，朝廷則曰君臣之道，閨門則曰夫婦之道，鄉黨則曰長幼之道，庠序則曰朋友之道，室家則曰父子之道。是此見於外者，莫不有道也。至如父母交會，其父則陽先進而陰後行，以真氣投真水，心火與腎水相交煉爲精華，精華既出，逢母之陰，先進以水滌蕩於無用之處，逢母之陽，先進以血承受於子宫之前，精血爲胞胎胞舍，真氣而入母子宫，積日纍月，真氣造化成人。如天地行道，乾坤相索而生三陰三陽，真氣爲陽，真水爲陰，陽藏水中，陰藏氣中。氣主於升，氣中有真水，水主於降，水中有真氣。真水乃真陰也，真氣乃真陽也，真陽隨水下行，如乾索於坤，上曰震，中曰坎，下曰艮。以人比之,以中爲度,自上而下,震爲肝,坎爲腎,艮爲膀胱。真陰隨氣上行,如坤索於乾,下曰巽,中曰離,上曰兑。以人比之,以中爲度,自下而上,巽爲膽,離爲心,兑爲肺。形像既備,數足離母。既生之後,元陽在腎,因元陽而生真氣,真氣朝心;因真氣而生真液,真液還元。上下往復,若無虧損,自可延年。如知時候無差,抽添有度,自可長生。若以造作無倦,修持不已,陰盡陽純,自可超凡入聖。此乃天機深造之理,古今不傳之事,公若信心而無猶豫,以名利若枷杻,恩愛如寇讎,避疾病若怕死亡之難,防失身於别殼,慮透靈於异類,委有清静之志,當且壯其根源,無使走失元陽,耗散真氣。氣盛而魂中無陰,陽壯而魄中有氣,一升一降,取法無出天地,一盛一衰,其來亦似日月。"

《論日月》

吕曰:"天地之理亦粗知矣,其日月之躔度交合,於人可得比乎?願聞其説。"鍾曰:"大道無形,生育天地。大道無名,運行日月。日月者,太陰、太陽之精,默紀天地交合之度,助行生成萬物之功,東西出没以分晝夜,南北往來以定寒暑。晝夜不息,寒暑相催,而魄中生魂,魂中生魄。進退有時,不失乾坤之數;往來有度,無差天地之期。"

吕曰:"東西出没以分晝夜,何也?"鍾曰:"混沌初分,玄黄定位,天地之狀其形如卵,六合於中,其圓如球。日月出没,運行於一天之上,一地之下,上下東西,周行如輪。凡日之東出而西未没爲晝,西没而東未出爲夜,是此日之出没以分晝夜也。若月之出没,不同於日,載魄於西,受魂於東,光照於夜,而魂藏於晝,積日纍時,或出或没，自西而東。其始也魄中生魂，狀若彎弓，初夜而光照於西。其次也魄中魂半，時應上弦，初夜而光照於南。其次魄中魂滿，與日相望，初夜而光照於東。其次也魂中生魄，狀如缺鏡，初晝而魂藏於西。其次也魂中魄半，時應下弦，初晝而魂藏於南。其次也魂中魄滿，與日相背，初晝而魂藏於東。是此月之出没，以分晝夜也。"

吕曰："南北往來以定寒暑者，何也？"鍾曰："冬至之後，日出辰初五十分，日没申末五十分，過此以往，出没自南而北，以夏至爲期。夏至之後，日出寅末五十分，日没戌初五十分，過此以往，出没自北而南，以冬至爲期。自南而北，以冬至夏，乃寒爲暑也；自北而南，以夏至冬，乃暑爲寒也。夏之日乃冬之夜也，冬之日乃夏之夜也。冬至之後，月出自北而南，比於夏之日也；夏至之後，月出自南而北，比於冬之日也。是此日月之往來以定寒暑者也。"

吕曰："天地之機，陰陽升降，正與人之行持無二等，若此日月之出没往來，交合躔度，於人可得比乎？"鍾曰："天地之機，在於陰陽之升降。一升一降，太極相生，相生相成，周而復始，不失於道而得長久。修持之士，若以取法於天地，自可長生而不死。若比日月之躔度往來交合，止於月受日魂，以陽變陰，陰盡陽純，月華瑩净，消除暗魄，如日之光輝，照耀於下土。當此時，如人之修煉，以氣成神，脱質升仙，煉就純陽之體也。"

吕曰："修真奉道之士，其於天地陰陽升降之理、日月精華交合之度，下手用功，而於二者何先？"鍾曰："始也法效天機，明陰陽升降之理，使真水、真火合而爲一，煉成大藥，永鎮丹田，浩劫不死而壽齊天地。如厭居塵世，用功不已，當取日月之交會，以陽煉陰，使陰不生，以氣養神，使神不散，五氣朝元，三花聚頂，謝絶俗流，以歸三島。"

吕曰:"若此之功驗,深達旨趣,所患不知時節矣!"鍾曰:"天地之陰陽升降,一年一交合;日月之精華往來,一月一交合;人之氣液,一晝一夜一交合矣。"

《論四時》

吕曰:"天地日月之交合年月日時,可得聞乎?"鍾曰:"凡時有四等:人壽百歲,一歲至三十乃少壯之時;三十至六十乃長大之時;六十至九十乃老耄之時;九十至百歲或百二十歲,乃衰敗之時也。是此則曰身中之時,一等也。若以十二辰爲一日,五日爲一候,三候爲一氣,三氣爲一節,二節爲一時,時有春夏秋冬。時當春也,陰中陽半,其氣變寒爲温,乃春之時也;時當夏也,陽中有陽,其氣變温爲熱,乃夏之時也;時當秋也,陽中陰半,其氣變熱爲凉,乃秋之時也;時當冬也,陰中有陰,其氣變凉爲寒,乃冬之時也。是此則曰年中之時,二等也。若以律中起吕,吕中起律,凡一月三十日,三百六十辰,三千刻一十八萬分,月旦至上弦,陰中陽半,自上弦至月望,陽中陽,自月望至下弦,陽中陰半,自下弦至晦朔,陰中陰,是此曰月中之時,三等也。若以六十分爲一刻,八刻二十分爲一時,一時半爲一卦,言其卦定八方,論其正分四位,自子至卯,陰中陽半,以太陰中起少陽;自卯至午,陽中有陽,純少陽而起太陽;自午至酉,陽中陰半,以太陽中起少陰;自酉至子,陰中有陰,純少陰而起太陰。是此則曰日中之時,四等也。迅難得而易失者,身中之時也。去速而來遲者,年中之月也。急若電光、速如石火者,日中之辰也。積日爲月,積月爲歲,歲月蹉跎,年光迅速。貪名求利,而妄心未除;愛子憐孫,而恩情又起。縱得回心向道,争奈年老氣衰。如春雪秋花,止有時間之景;夕陽曉月,應無久遠之光。奉道之士,難得者身中之時矣。艷陽媚景,百卉芬芳,水榭危樓,清風快意,月夜閑談,雪天對飲,恣縱無窮之樂,消磨有限之時,縱得回心向道,須是疾病纏身。如破舟未濟,誰無求救之心,漏屋重完,忍絶再修之意。奉道之士虚過少年中之時也。鄰鷄未唱而出户嫌遲,街鼓遍聞而歸家恨早,貪痴争肯暫休,妄想惟憂不足。滿堂金玉,病來著甚抵當?一眼兒孫,氣斷誰能替换?曉夜不停,世人莫悟。奉道之士,可惜者日中時也。"

吕曰:"身中之時,年中之時,月中之時,日中之時,皆是時也。尊師獨於身中之時爲難得,又於日中之時爲可惜者,何也?"鍾曰:"奉道者難得少年,少年修持,根元完固,凡事易爲見功,止於千日而可大成也。奉道者又難得中年,中年修持,先補之完備,次下手進功,始也返老還童,後即入聖超凡也。奉道者少年不悟,中年不省,或因灾難而留心清静,或因疾病而志在希夷。晚年修持,先論救護,次説補益,然後自小成法積功以至中成,中成法積功止於返老還童,煉形住世。而五氣不能朝元,三陽難爲聚頂,脱質升仙無緣而得成。是難得者身中之時也。"

吕曰:"身中之時固知難得矣,而日中之時可惜者,何也?"鍾曰:"人之一日,如日月之一月,如天地之一年。大道生育天地,天地分位上下,相去八萬四千里。冬至之後地中陽升,凡一氣十五日,上進七千里,計一百八十日陽升到天,太極生陰。夏至之後,天中陰降,凡一氣十五日,下進七千里,計一百八十日陰降到地,太極復生陽。周而復始,運行不已,而不失於道,所以長久。運行日月,日月成形,周圍各得八百四十里。月旦之後,六中起九,凡一日計十二時，魄中魂進七十里；凡十五日，計一百八十時，魄中魂進八百四十里。月望之後，九中起六，凡一日計十二時，魂中魄進七十里；凡十五日，計一百八十時，魂中魄進八百四十里。周而復始，運行不已，而不失於道，所以堅固。大道長養萬物，萬物之中最靈、最貴者人也。人之心腎，上下相遠八寸四分，陰陽升降，與天地無二等。氣中生液，液中生氣，氣液相生，與日月可同途。天地以乾坤相索而陰陽升降，一年一交合，不失於道，一年之後有一年。日月以魂魄相生而精華往來，一月一交合，交合不失於道，一月之後有一月。人之交合，雖在一晝一夜，不知交合之時，又無采取之法，損時又不解補，益時又不解收，陰交時不解養陽，陽交時不解煉陰，月中不知損益，日中又無行持，過了一年無一年，過了一日無一日。當風卧濕，冒暑涉寒，不肯修持而甘心受病，虛過時光而端坐候死。”

吕曰：“奉道之人非不知年光虛度，歲月蹉跎，而疾病纏身，死限將至。蓋以修煉不知法，行持不知時，是致陰陽交合有差，時月行持無准。”鍾曰：“身中用年，年中用月，月中用日，日中用時。蓋以五藏之氣，月上有盛衰，日上有進退，時上有交合。運行五度而氣傳六候，金、木、水、火、土分列無差，東、西、南、北、中生成有數。煉精生真氣，煉氣合陽神，煉神合大道。”

《論五行》

吕曰：“所謂五藏之氣而曰金木水火土，所謂五行之位而曰東西南北中，若此如何得相生相成，而交合有時乎？采取有時乎？願聞其説。”鍾曰：“大道既判而生天地，天地既分而列五帝。東曰青帝，而行春令，於陰中起陽，使萬物生；南曰赤帝，而行夏令，於陽中升陽,使萬物長;西曰白帝,而行秋令,於陽中起陰,使萬物成;北曰黑帝,而行冬令,於陰中進陰,使萬物死。四時各九十日,每時下十八日,黄帝主之。若於春時,助成青帝而發生;若於夏時,接序赤帝而長育;若於秋時,資益白帝而結立;若於冬時,制攝黑帝而嚴凛。五帝分治,各主七十二日,合而三百六十日而爲一歲,輔弼天地以行於道。青帝生子,而曰甲乙,甲乙東方木。赤帝生子,而曰丙丁,丙丁南方火。黄帝生子,而曰戊己,戊己中央土。白帝生子,而曰庚辛,庚辛西方金。黑帝生子,而曰壬癸,壬癸北方水。見於時而爲象者,木爲青龍,火爲朱雀,土爲勾陳,金爲白虎,水爲玄武。見於時而生物者,乙與庚合春,則有榆青而白不失金木之色;辛與丙合秋,則有棗白而赤不失金火之色;己與庚合夏末秋初,有瓜青而黄不失土木之色;丁與壬合夏,則有椹赤而黑不失水火之色;癸與戊合冬,則有橘黑而黄不失水土之色。以類推求,五帝相交而見於時者生在物者,不可勝數。”

吕曰:“五行在時若此,五行在人如何?”鍾曰:“惟人也,頭圓足方,有天地之象,陰降陽升,又有天地之機。而腎爲水,心爲火,肝爲木,肺爲金,脾爲土。若以五行相生,則水生木,木生火,火生土,土生金,金生水;生者爲母,受生者爲子。若以五行相剋,則水剋火,火剋金,金剋木,木剋土,土剋水;剋者爲夫,受剋者爲妻。以子母言之,腎氣生肝氣,肝氣生心氣,心氣生脾氣,脾氣生肺氣,肺氣生腎氣。以夫妻言之,腎氣剋心氣,心氣剋肺氣,肺氣剋肝氣,肝氣剋脾氣,脾氣剋腎氣。腎者,心之夫,肝之母,脾之妻,肺之子。肝者,脾之夫,心之母,肺之妻,腎之子。心者,肺之夫,脾之母,腎之妻,肝之子。肺者,肝之夫,腎之母,心之妻,脾之子。脾者,腎之夫,肺之母,肝之妻,心之子。心之見於内者爲脉,見於外者爲色,以寄舌爲門户，受腎之制伏，而驅用於肺，蓋以夫婦之理如此；得肝則盛，見脾則減，蓋以子母之理如此。腎之見於内者爲骨，見於外者爲髮，以兩耳爲門户，受脾之制伏，而驅用於心，蓋以夫婦之理如此；得肺則盛，見肝則減，蓋以子母之理如此。肝之見於内者爲筋，見於外者爲爪，以眼目爲門户，受肺之制伏，而驅用於脾，蓋以夫婦之理如此，見腎則盛，見心則減，蓋以子母之理如此。肺之見於内者爲膚，見於外者爲毛，以鼻穴爲門户，受心之制伏，而驅用於肝，蓋以夫婦之理如此；得脾則盛，見腎則減，蓋以子母之理如此。脾之見於内者爲藏，均養心腎肝肺，見於外者爲肉，以唇口爲門户，呼吸定往來，受肝之制伏，而驅用於腎，蓋以夫婦之理如此；得心則盛，見肺則減，蓋以子母之理如此。此是人之五行，相生相剋而爲夫婦、子母，傳氣衰旺見於此矣。"

吕曰："心，火也，如何得火下行？腎，水也，如何得水上升？脾，土也，土在中而承火則盛，莫不下剋於水乎？肺，金也，金在上，而下接火則損，安得有生於水乎？相生者，遞相間隔；相剋者，親近難移，是此五行自相損剋，爲之奈何？"鍾曰："五行歸原，一氣接引，元陽升舉而生真水，真水造化而生真氣，真氣造化而生陽神。始以五行定位，而有一夫一婦。腎，水也，水中有金，金本生水，下手時要識水中金，水本嫌土，采藥後須得土歸水。龍乃肝之象，虎本肺之神，陽龍出於離宫，陰虎生於坎位。五行逆行，氣傳子母，自子至午，乃曰陽時生陽。五行顛倒，液行夫婦，自午至子，乃曰陰中煉陽。陽不得陰不成，到底無陰而不死；陰不得陽不生，到底陰絶而壽長。"

吕曰："五行本於陰陽一氣，所謂一氣者何也？"鍾曰："一氣者，昔父與母交，即以精血造化成形，腎生脾，脾生肝，肝生肺，肺生心，心生小腸,小腸生大腸,大腸生膽,膽生胃,胃生膀胱。是此陰以精血造化成形,其陽止在起首始生之處,一點元陽而在二腎。且腎,水也,水中有火,升之爲氣,因氣上升以朝於心。心,陽也,以陽合陽,太極生陰,乃積氣生液,液自心降,因液下降以還於腎。肝本心之母、腎之子,傳導其腎氣以至於心矣。肺本心之妻、腎之母,傳導其心液以至於腎矣。氣液升降,如天地之陰陽,肝肺傳導,若日月之往復。五行,名之數也。論其交合生成,乃元陽一氣爲本,氣中生液,液中生氣,腎爲氣之根,心爲液之源,靈根堅固,恍恍惚惚,氣中自生真水;心源清潔,杳杳冥冥,液中自有真火。火中識取真龍,水中認取真虎,龍虎相交而變爲黄芽,合就黄芽而結成大藥,乃曰金丹。金丹既就,乃曰神仙。"

吕曰:"金丹就而脱質升仙,以返十洲,固可知矣,如何謂之黄芽?"鍾曰:"真龍、真虎者是也。"

吕曰:"龍虎者,何也?"鍾曰:"龍非肝也,乃陽龍。陽龍出在離宫真水之中。虎非肺也,乃陰虎。陰虎出在坎位真火之中。"

《論水火》

吕曰:"人之長生者,煉就金丹。欲煉金丹,先采黄芽,欲得黄芽,須得龍虎。所謂真龍出於離宫,真虎生於坎位,離坎之中而有水火,水火者何也?"鍾曰:"凡身中以水言者,四海五湖,九江三島,華池瑶池,鳳池天池,玉池昆池,元潭閬苑,神水金波,瓊液玉泉,陽酥白雪,若此名號,不可備陳。凡身中以火言者,君火、臣火、民火而已,三火以元陽爲本,而生真氣,真氣聚而得安,真氣弱而成病,若以耗散真氣,而走失元陽,元陽盡,純陰成,元神離體,乃曰死矣。”

吕曰:“人身之中,以一點元陽而興舉三火,三火起於群水、衆陰之中,易爲耗散而難炎熾,若此陽弱陰盛,火少水多,令人速於衰敗而不得長生,爲之奈何也?”鍾曰:“心爲血海,腎爲氣海,腦爲髓海,脾胃乃水穀之海。是此四海者如此。五藏各有液,所主之位東西南北中,是此五湖者如此。小腸二丈四尺,而上下九曲,乃曰九江,小腸之下,元潭之説如此。頂曰上島,心曰中島,腎曰下島,三島之内,根源閬苑之説如此。華池在黄庭之下,瑶池出丹闕之前,昆池上接玉京,天池正衝内院。鳳池乃心肺之間,玉池在唇齒之内。神水生於氣中,金波降於天上。赤龍住處,自有瓊液玉泉;凡胎换後,方見白雪陽酥。澆灌有時,以沃炎盛,先曰玉液,次曰金液,皆可以還丹。抽添有度,以應沐浴,先曰中田,次曰下田,皆可以煉形。玉蕊金花,變就黄白之體;醍醐甘露,煉成奇异之香。若此水之功效。及夫民火上升,助腎氣以生真水;腎火上升,交心液而生真氣,小則降魔除病,大則煉質燒丹。用周天則火起焚身,勒陽關則還元煉藥。别九州之勢以養陽神,燒三尸之累以除陰鬼,上行則一撞三關,下運則消魔七魄,煉形成氣而輕舉如飛,煉氣成神而脱胎如蜕。若此皆火之功效也。”

吕曰:“始也聞命,所患者火少水多而易衰敗;次聽高論,水火有如此之功驗,畢竟如何造化,使少者可以勝多,弱者可以致强?”鍾曰:“二八陰銷,九三陽長,赫赤金丹,指日可成,七返九還,而胎仙自化者也。真氣在心,心是液之源;元陽在腎,腎是氣之海。膀胱爲民火,不止於民火不能爲用。而膀胱又爲津液之府。若以不達天機,罔測玄理,奉道之士難爲造化,不免於疾病死亡者矣。”

吕曰:“所謂造化使陽長陰消,金丹可成,而胎仙自化者,何也?”鍾曰:“人之心腎相去八寸四分,乃天地定位之比也。氣液太極相生,乃陰陽交合之比也。一日十二時,乃一年十二月之比也。心生液,非自生也,因肺液降於心液行,液行夫婦,自上而下以還下田,乃曰婦還夫宫。腎生氣,非自生也,因膀胱氣升而腎氣行,氣行子母,自下而上以朝中元,乃曰夫返婦室。肝氣導引腎氣,自下而上以至於心。心,火也。二氣相交,薰蒸於肺,肺液下降,自心而來,皆曰心生液。以液生於心而不耗散,故曰真水也。肺液傳送心液,自上而下以至於腎,腎,水也。二水相交,浸潤於膀胱,膀胱氣上升,自腎而起,皆曰腎生氣。以氣生於腎而不消磨,故曰真火也。真火出於水中,恍恍惚惚,其中有物,視之不可見,取之不可得也。真水出於火中,杳杳冥冥,其中有精,見之不能留,留之不能住也。”

吕曰:“腎,水也;水中生氣,名曰真火;火中何者爲物? 心,火也;火中生液,名曰真水;水中何者爲精? 火中之物,水中之精,既無形狀可求,縱求之而又難得,縱得之而又何用?”鍾曰:“前古上聖,道成不離於此,二物交媾而變黄芽,數足胎完以成大藥,乃真龍真虎者也。”

《論龍虎》

吕曰:“龍本肝之象,虎乃肺之神,是此心火之中而生液,液爲真水,水之中,杳杳冥冥而隱真龍,龍不在肝而出自離宫者何也? 是此腎水之中而生氣,氣爲真火,火之中,恍恍惚惚而藏真虎,虎不在肺而生於坎位者何也?”鍾曰:“龍,陽物也;升飛在天,吟而雲起,得澤而濟萬物,在象爲青龍,在方爲甲乙,在物爲木,在時爲春,在道爲仁,在卦爲震,在人身中五藏之内爲肝。虎,陰物也;奔走於地，嘯而風生，得山而威制百蟲，在象爲白虎，在方爲庚辛，在物爲金，在時爲秋，在道爲義，在卦爲兑，在人身中五藏之内爲肺。且肝，陽也，而在陰位之中，所以腎氣傳肝氣，氣行子母，以水生木，腎氣足而肝氣生，肝氣既生，以絶腎之餘陰，而純陽之氣上升者也。且肺，陰也，而在陽位之中，所以心液傳肺液，液行夫婦，以火剋金，心液到而肺液生，肺液既生，以絶心之餘陽，而純陰之液下降者也。以其肝屬陽，以絶腎之餘陰，是以知氣過肝時，即爲純陽，純陽氣中包藏真一之水，恍惚無形，名曰陽龍。以其肺屬陰，以絶心之餘陽，是知液到肺時即爲純陰，純陰液中負載正陽之炁，杳冥不見，名曰陰虎也。氣升液降，本不能相交，奈何氣中真一之水，見液相合，液中正陽之氣，見氣自聚。若也傳行之時，以法制之，使腎氣不走失，氣中收取真一之水；心液不耗散，液中采取正陽之炁。子母相逢，互相顧戀，日得黍米之大，百日無差藥力全，二百日聖胞堅，三百日胎仙完，形若彈丸，色同朱橘，名曰丹藥。永鎮下田，留形住世，浩劫長生，以作陸地神仙。"

呂曰："腎水生氣，氣中有真一之水，名曰陰虎。虎見液相合也。心火生液，液中有正陽之氣，名曰陽龍。龍見氣相合也。方以類聚，物以群分，理當然也。氣生時液亦降，氣中真一之水莫不隨液而下傳於五藏乎？液生時氣亦升，液中正陽之氣莫不隨氣而出於重樓乎？真水隨液下行，虎不能交龍，真陽隨氣上升，龍不能交虎。龍虎不交，安得黄芽？黄芽既無，安得大藥？"鍾曰："腎氣既生，如太陽之出海，霧露不能蔽其光。液下如疏簾，安足以勝其氣。氣壯則真一之水自盛矣。心液既生，如嚴天之殺物，呼呵不能敵其寒。氣升如翠幕，安足以勝其液。液盛則正陽之氣或强或弱，未可必也。"

吕曰："氣生液生各有時。時生氣也，氣盛則真一之水亦盛；時生液也，液盛則正陽之氣亦盛，盛衰未保何也？"鍾曰："腎氣易爲耗散，難得者真虎；心液難爲積聚，易失者真龍。丹經萬卷，議論不出陰陽；陰陽兩事，精粹無非龍虎。奉道之士，萬中識者一二。或以多聞廣記，雖知龍虎之理，不識交合之時，不知采取之法。所以今古達士，皓首修持，止於小成，纍代延年，不聞超脱，蓋以不能交媾於龍虎，采黄芽而成丹藥。"

《論丹藥》

吕曰："龍虎之理既已知矣，所謂金丹大藥可得聞乎？"鍾曰："所謂藥者，可以療病。凡病有三等：當風卧濕，冒暑涉寒，勞逸過度，饑飽失時，非次不安則曰患矣。患爲時病。及夫不肯修持，恣情縱意，散失元陽，耗損真炁，年高憔悴則曰老矣。老爲年病。及夫氣盡體空，魂消神散，長吁一聲，四大無主，體卧荒郊則曰死矣。死爲身病。且以時之有病，以春夏秋冬運行於寒暑温凉，陽大過而陰不足，當以凉治之也，陰大過而陽不足，當以温治之也。老者多冷而幼者多熱，肥者足涎而羸者多積，男子病生於氣，婦人患本於血，補其虚而取其實，保其弱而損其餘，小則針灸，甚則藥餌。雖有非次不安而時之有患，委於明士良醫，對病服食，悉得保愈。然而老病如何醫，死病如何治？洗腸補肉，古之善醫者也，面皺髮白以返童顔，無人得會；换頂續支，古之善醫者也，留形住世以得長生，無人得會。"

吕曰："非次不安，因時成病，良醫名藥固可治矣。虚敗年老之病，氣盡命終之苦，如何治之，莫有藥乎？"鍾曰："凡病有三等：時病以草木之藥,療之自愈。身病年病,所治之藥而有二等:一曰内丹,次曰外丹。”

吕曰:“外丹者,何也?”鍾曰:“昔高上元君傳道於人間,指論天地升降之理,日月往復之宜,自爾丹經滿世,世人得聞大道。廣成子以教黄帝,黄帝政治之暇,依法行持,久而不見功。廣成子以心腎之間而有真氣真水,氣水之間而有真陰真陽,配合爲大藥,可比於金石之中而隱至寶,乃於崆峒山中,以内事爲法而煉大丹。八石之中惟用朱砂,砂中取汞;五金之中惟用黑鉛,鉛中取銀。汞比陽龍,銀爲陰虎。以心火如砂之紅,腎水如鉛之黑。年火隨時不失乾坤之策,月火抽添自分文武之宜。卓三層之爐,各高九寸,外方内圓,取八方之氣,應四時之候。金鼎之象包藏鉛汞,無异於肺液。硫黄爲藥,合和靈砂,可比於黄婆。三年小成,服之可絶百病,六年中成,服之自可延年,九年大成,服之而升舉自如。壯士展臂,可千里萬里,雖不能返於蓬萊,亦於人世浩劫不死。”

吕曰:“歷古已來,煉丹者多矣,而見功者少,何也?”鍾曰:“煉丹不成者有三也:不辨藥材真僞,不知火候抽添,將至寶之物,一旦消散於烟焰之中而爲灰塵,廢時亂日,終無所成者一也。藥材雖美,不知火候,火候雖知而乏藥材,兩不契合,終無所成者二也。藥材可美,火候合宜,年中不差月,月中不錯日,加減有數,進退有時,氣足丹成,而外行不備,化玄鶴而凌空,無緣而得餌,此不成者三也。又况藥材本天地秀氣結實之物,火候乃神仙修持得道之術。三皇之時,黄帝煉丹九轉方成;五帝之後,混元煉丹三年纔就。迨夫戰國,匈氣凝空,流尸滿野,物不能受天地之秀氣,而世乏藥材。當得法之人,而逃難老死岩谷,丹方仙法,或有竹帛可紀者,久而朽壞,人世不復有矣。若以塵世有藥材,秦始皇不求於海島;若以塵世有丹方,魏伯陽不參於《周易》。或而多聞强識,迷惑後人,萬萬破家,并無一成,以外求之,亦爲誤矣。"

吕曰:"外丹之理,出自廣成子,以内事爲法則,縱有成就,九年方畢,又况藥材難求,丹方難得,到底止能升騰,不見超凡入聖,而返十洲者矣。敢告内藥者,可得聞乎?"鍾曰:"外藥非不可用也,奉道之人晚年覺悟,根源不甚堅固。腎者,氣之根,根不深則葉不茂矣。心者,液之源,源不清則流不長矣。必也假其五金八石,積日纍月,煉成三品,每品三等,乃曰九品龍虎大丹,助接其真氣,煉形住世,輕舉如飛。若以修持内事,識交合之時,知采取之法,胎仙既就,指日而得超脱。彼人不悟,執在外丹進火加日服之,欲得上升天界,誠可笑也。彼既不究外藥之源,當以詳陳内丹之理。内丹之藥材出於心腎,是人皆有也。内丹之藥材,本在天地,天地常日得見也。火候取日月往復之數,修合效夫婦交接之宜,聖胎就而真氣生,氣中有氣,如龍養珠;大藥成而陽神出,身外有身,似蟬脱蜕。是此藥内本於龍虎交而變黄芽,黄芽就而分鉛汞。"

《論鉛汞》

吕曰:"内藥不出龍虎也。虎出於坎宫,氣中之水是也;龍出於離宫,水中之氣是也。外藥取砂中之汞,比於陽龍;用鉛中之銀,比於陰虎。而鉛汞外藥也,何以龍虎交而變黄芽,黄芽就而分鉛汞?所謂内藥之中鉛汞者何也?"鍾曰:"抱天一之質而爲五金之首者,黑鉛也,鉛以生銀,鉛乃銀之母。感太陽之氣而爲衆石之首者,朱砂也,砂以生汞,汞乃砂之子。難取者,鉛中之銀;易失者,砂中之汞。銀汞若相合煆煉,自成至寶,此鉛汞之理,見於外者如此。若以内事言之,見於人者,今古議論差别有殊,取其玄妙之説。本自父母交通之際,精血相合,包藏真氣,寄質於母之純陰之宫,藏神在陰陽未判之内。三百日胎完,五千日氣足。以五行言之,人身本是精與血,先有水也。以五藏言之,精血爲形像,先生腎也。腎水之中伏藏於受胎之初父母之真氣,真氣隱於人之内腎,所謂鉛者,此也。腎中正氣,氣中真一之水,名曰真虎,所謂鉛中銀者,此也。腎氣傳肝氣,肝氣傳心氣。心氣太極而生液,液中有正陽之氣,所謂朱砂者,心液也。所謂汞者,心液之中正陽之氣是也。以氣中真一之水顧戀和合於液中正陽之氣,積氣液爲胎胞,傳送在黄庭之内,進火無差,胎仙自化,乃比鉛銀合汞,煆煉成寶者也。"

吕曰:"在五金之中,鉛中取銀。於八石之内,砂中出汞。置之鼎器,配之藥餌,汞自爲砂,而銀自爲寶。然而在人之鉛如何取銀?在人之砂如何取汞?汞如何作砂,銀如何作寶也?"鍾曰:"鉛本父母之真氣合而爲一,純粹而不離,既成形之後而藏在腎中,二腎相對,同升於氣,乃曰元陽之氣。氣中有水,乃曰真一之水,水隨氣升,氣住水住,氣散水散。其水與氣,如子母之不相離,善視者止見於氣,不見於水。若以此真一之水,合於心之正陽之氣,乃曰龍虎交媾而變黄芽,以黄芽而爲大藥。大藥之材,本以真一之水爲胎,内包正陽之氣,如昔日父母之真氣,即精血爲胞胎,造化三百日,胎完氣足而形備神來,與母分離。形外既合,合則形生形矣。奉道之人,腎交心氣,氣中藏真一之水,負載正陽之氣,以氣交氣,水爲胞胎,狀同黍米,温養無虧。始也即陰留陽,次以用陽煉陰,氣變爲精,精變爲汞,汞變爲珠,珠變爲砂,砂變爲金丹。金丹既就,真氣自生,煉氣成神,而得超脱,化火龍而出昏衢,驂玄鶴而入蓬島。"

吕曰:"以形交形,形合生形;以氣合氣,氣合生氣。數不出三百日，分形之後，男女形狀之不同，自己丹砂色澤之何似也?”鍾曰:“父母之形交，父精先進，而母血後行，血包於精而爲女，女者，内陽而外陰以象母，蓋以血在外也。若以母血先進，而父精後行，精包於血而爲男，男者，内陰而外陽以象父，蓋以精在外也。所謂血者，本生於心，而無正陽之氣;所謂精者，本生於腎，而有正陽之氣。正陽之氣乃汞之本也，即真一之水，和合而入黄庭之中，汞用鉛湯煮，鉛以汞火煎;鉛不得汞，不能發舉真一之水;汞不得鉛，不能變化純陽之氣。”

吕曰:“鉛在腎中而生元陽之氣，氣中有真一之水，視之不可見也。鉛以得汞，汞在正陽之氣，以正陽之氣燒煉於鉛，鉛生氣盛而發舉於真一之水，可以上升。然而汞本正陽之氣，即真一之水而爲胎胞，保送黄庭之中，已是龍虎交媾，陰陽兩停，亦以鉛湯煮之，莫不陰太過耗散真陽，安得成大藥而氣中生氣也?”鍾曰:“腎氣投心氣，氣極生液，液中有正陽之氣，配合真一之水，名曰龍虎交媾，日得之黍米之大，名曰金丹大藥，保送黄庭之中。且黄庭者，脾胃之下，膀胱之上，心之北而腎之南，肝之西而肺之東，上清下濁，外應四色，量容二升，路通八水，所得之藥晝夜在其中，若以采藥不進火，藥必耗散而不能住，若以進火不采藥，陰中陽不能住，止於發舉腎氣，而壯暖下元而已。若以采藥有時，而進火有數，必先於鉛中作借氣進火，使大藥堅固，永鎮下田，名曰采補之法。而煉汞補丹田，延年而益壽，可爲地仙。若以采藥而以元鉛抽之於肘後飛金精，既抽鉛，須添汞，不添汞，徒以還精補腦，而真氣如何得生？真氣不生，陽神如何得就也。既添汞，須抽鉛，不抽鉛，徒以煉汞補丹田，如何變砂，砂既不變，而金丹如何得就?”

《論抽添》

吕曰:“采藥必賴氣中之水,進火須借鉛中之氣,到底抽鉛成大藥,若以添汞,上可以補丹田。所謂抽添之理何也?”

鍾曰:“昔者上聖傳道於人間,以太古之民淳而復樸,冥然無知,不可得聞大道,天地指諭陰陽升降之宜,交换於温凉寒暑之氣,而節候有期,一年數足,周而復始,不失於道,天地所以長久。不慮人之不知,而暗於大理,蔽在一隅。比説於日月精華往來之理,進退在旦望弦朔之時,而出没無差,一月數足,運行不已,不失於道,日月所以長久。奈何寒來暑往,暑往寒來,世人不悟天地升降之宜;月圓復缺,月缺復圓,世人不悟日月往來之理。恣縱無窮之欲,消磨有限之時。富貴奢華,算來祇中裝點浮生之夢,恩愛愁煩,到底做下來生之債。歌聲未絶而苦惱早來,名利正濃而紅顔已去。貪財貪貨,將謂萬劫長存;愛子憐孫,顯望永生同聚;貪痴不息,妄想長生,而耗散元陽,走失真氣。直待惡病纏身,方是歇心之日,大限臨頭,纔爲了首之時。真仙上聖,憫其如此輪迴,已而歸墮落深,欲世人明悟大道,比於天地日月之長久,始也備説天地陰陽升降之理,次以比喻日月精華往來之理。彼以不達天機,罔測玄妙,以内藥比外藥,以無情説有情,無情者金石,金石者外藥也。有情者氣液,氣液者内藥也。大之天地,明之日月,外之金石,内之氣液,既采須添,既添須抽,抽添之理,乃造化之本也。且冬至之後,陽升於地,地抽其陰,太陰抽而爲厥陰,少陽添而爲陽明,厥陰抽而爲少陰,陽明添而爲太陽,不然無寒而變温,温而變熱者也。夏至之後,陰降於天,天抽其陽,太陽抽而爲陽明,少陰添而爲厥陰,陽明抽而爲少陽，厥陰添而爲太陰，不然無熱而爲涼，涼而變寒也。是以天地陰陽升降而變六氣，其抽添之驗也。若以月受日魂，日變月魄，前十五日，月抽其魄而日添其魂，精華已滿，光照下土，不然無初生而變上弦，上弦而變月望者也。若以月還陰魄，日收陽精，後十五日，日抽其魂而月添其魄，光照已謝，陰魄已足，不然無月望而變下弦，下弦而變晦朔者也。是此日月往復而變九六，其抽添之驗也。世人不達天機，罔測玄理，真仙上聖，以人心所愛者無病長生，將金石煉大丹，以人心所好者黄金白銀，將鉛汞成至寶，本意欲世人悟其大理：無情之金石，火候無差，抽添有數，尚可延年益壽，若以己身有情之正陽之氣真一之水，知交合之時，明采取之法，積日纍月，氣中有氣，煉氣成神，以得超脱，莫不爲今古難得之事。人間天上，少得解悟，當以志心行持而弃絶外事，效天地日月長久，誘勸迷徒留心於道，故有外藥之説。今古聖賢，或而陳説，得聞於世，世人又且不悟，欺己罔人，以失先師之本意，將砂取汞，以汞點鉛，即鉛乾汞，用汞變銅，不顧身命，狂求財物，互相推舉以好道爲名，其實好利而志在黄白之術。先聖上仙，不得已而隨緣設化，對物教人而有鉛汞之説，比喻於内事。且鉛汞自出金石，金石無情之物，尚有造化而成寶，若以有情自己所出之物，如鉛汞之作用，莫不亦有造化。既有造化，莫不勝彼黄白之物也。奉道之士，當以深究之，而勿執在外丹與丹竈之術。且夫人之鉛也，乃天地之始，因太始而有太質；爲萬物之母，因太質而有太素。其體也爲水中之金，其用也爲火中之水，五行之祖而大道之本也。既以采藥爲添汞，添汞須抽鉛，所以抽鉛非在外也。自下田入上田，名曰肘後飛金晶，又曰起河車而走龍虎，又曰還精補腦而長生不死。鉛既後抽，汞自中降，以中田還下田，始以龍虎交媾而變黄芽，是五行顛倒，此以抽鉛添汞而養胎仙，是三田返覆。五行不顛倒，龍虎不交媾，三田不返覆，胎仙不氣足。抽鉛添汞，一百日藥力全，二百日聖胎堅，三百日胎仙完而真氣生。真氣既生，煉氣成神，功滿忘形而胎仙自化，乃曰神仙。"

吕曰："出於金石者，外鉛外汞，抽添可以爲寶。出於己身腎中所藏父母之真氣而爲鉛，真一正陽所合之藥，變而爲汞，抽添可以生神。所謂真鉛真汞，亦有抽添乎？"鍾曰："始也得汞須用鉛，用鉛終是錯，故以抽之而入上宫，元氣不傳，還精入腦，日得之汞，陰盡陽純，精變爲砂，而砂變爲金，乃曰真鉛。真鉛者，自身之真氣合而得之也。真鉛生真氣之中，炁中真一之水，五氣朝元而三陽聚頂。昔者金精下入丹田，升之煉形，而體骨金色，此者真鉛升之内府，而體出白光，自下而上，自上而下，還丹煉形，皆金精往復之功也。自前而後，自後而前，焚身合氣，皆真氣造化之功也。若以不抽不添，止於日用采藥進火，安有如此之功驗。"

吕曰："凡抽之添之，如何得上下有度，前後無差？"鍾曰："可升之時不可降，可抽之時不可添，上下往來，無差毫厘，河車之力也。"

《論河車》

吕曰："所謂河車者，何也？"鍾曰："昔有志智人，觀浮雲蔽日可以取陰而作蓋，觀落葉浮波可以載物而作舟，觀飄蓬隨風往來運轉而不已，退而作車。且車之爲物，蓋軫有天地之象，輪轂如日月之比。高道之士，取喻於車。且車行於地而轉於陸，今以河車者，亦有説矣。蓋人身之中，陽少陰多，言水之處甚衆，車則取意於般運，河乃主象於多陰，故此河車不行於地而行於水。自上而下，或後或前,駕在於八瓊之内,驅馳於四海之中,升天則上入昆侖,既濟則下奔鳳闕,運載元陽直入於離宫,般負真氣曲歸於壽府,往來九州而無暫停,巡歷三田何時休息。龍虎既交,令黄婆駕入黄庭;鉛汞纔分,委金男般入金闕。玉泉千派,運時止半日工夫;金液一壺,般過祇時間功迹。五行非此車般運也,難得生成;二氣非此車般運也,豈能交會。應節順時而下功,必假此車而般之方能有驗;養陽煉陰而立事,必假此車而般之始得無差。乾坤未純,其或陰陽而往來之,是此車之功也;宇宙未周,其或氣血而交通之,是此車之功也。自外而内,運天地純粹之氣,而接引本宫之元陽;自凡而聖,運陰陽真正之氣而補煉本體之元神。其功不可以備紀。”

吕曰:“河車如此妙用,敢問河車之理,必竟人身之中何物而爲之?既得之而如何運用?”鍾曰:“河車者,起於北方正水之中。腎藏真氣,真氣之所生之正氣,乃曰河車。河車作用,今古罕聞,真仙秘而不説者也。如乾再索坤而生坎,坎本水也,水乃陰之精,陽既索於陰,陽返負陰而還位,所過者艮震巽,以陽索陰,因陰取陰,般運入離,承陽而生,是此河車般陰入於陽宫。及夫坤再索於乾而生離,離本火也,火乃陽之精,陰既索於陽,陰返抱陽而還位,所過者坤兑乾,以陰索陽,因陽取陽,般運入坎,承陰而生,是此河車運陽於陰宫。及夫采藥於九宫之上,得之而下入黄庭,抽鉛於曲江之下,般之而上升内院。玉液金液本還丹,般運可以煉形,而使水上行;君火民火本煉形,般運可以燒丹,而使火下進。五氣朝元,般運各有時;三花聚頂,般運各有日。神聚多魔,般真火以焚身,則三尸絶迹;藥就海枯,運霞漿而沐浴,而入水無波。若此,河車之作用也。”

吕曰:“河車本北方之正氣,運轉無窮,而負載陰陽,各有成就,所用工不一也。尊師當爲細説。”鍾曰:“五行巡還,周而復始。默契顛倒之術,以龍虎相交而變黄芽者,小河車也。肘後飛金精,還精入泥丸,抽鉛添汞而成大藥者,大河車也。若以龍虎交而變黄芽,鉛汞交而成大藥,真氣生而五氣朝中元,陽神就而三神超内院。紫金丹成,常如玄鶴對飛;白玉汞就,鎮似火龍踴起。金光萬道,罩俗骨以光輝;琪樹一株,現鮮葩而燦爛。或出或入,出入自如,或去或來,往來無礙。般神入體,且混時流,化聖離俗,以爲羽客,乃曰紫河車也。是此三車之名,而分上中下三成,故曰三成者,言其功之驗證,非比夫釋教之三乘車而曰羊車、鹿車、大牛車也。以道言之,河車之後,更有三車;凡聚火而心行意,使以攻疾病而曰使者車。凡既濟自上而下,陰陽正合,水火共處,静中聞雷霆之聲,而曰雷車。若以心爲境,役性以情牽,感物而散於真陽之氣,自内而外,不知休息,久而氣弱體虚,以成衰老,或而八邪五疫,返以般入,真氣元陽難爲抵當,既老且病而死者,曰破車。”

吕曰:“五行顛倒而龍虎相交,則小河車已行矣。三田返復而肘後飛金精,則大河車將行矣。然而紫河車何日得行焉?”鍾曰:“修真之士,既聞大道,得遇明師,曉達天地升降之理,日月往來之數,始也匹配陰陽,次則聚散水火,然後煉藥進火,添汞抽鉛,則小河車固當行矣。及夫肘後金精入頂,黄庭大藥漸成,一撞三關,直超内院,後起前收,上補下煉,則大河車固當行矣。及夫金液、玉液還丹,而後煉形,煉形而後煉氣,煉氣而後煉神,煉神合道,方曰道成,以出凡類入仙品,當時,乃曰紫河車也。”

《論還丹》

吕曰:“煉形成氣,煉氣成神,煉神合道,未敢聞命。所謂還丹者何也?”鍾曰:“所謂丹者,非色也,紅黄不可以致之。所謂丹者,非味也,甘和不可以合之。丹乃丹田也,丹田有三:上田神舍,中田氣府,下田精區。精中生氣,氣在中丹;氣中生神,神在上丹;真水、真氣合而成精,精在下丹。奉道之士,莫不有三丹。然而,氣生於腎,未朝於中元;神藏於心,未超於上院,所謂精華不能返合,雖三丹,終成無用。”

吕曰:“玄中有玄,一切之人莫不有命,命中無精,非我之氣也,乃父母之元陽;無精則無氣,非我之神也,乃父母之元神。所謂精氣神,乃三田之寶,如何可得而常在於上中下三宫也?”

鍾曰:“腎中生氣,氣中有真一之水,使水復還於下丹,則精養靈根,氣自生矣。心中生液,液中有正陽之氣,使氣復還於中丹,則氣養靈源,神自生矣。集靈爲神,合神入道以還上丹,而後超脱。”

吕曰:“丹田有上中下,還者既往而有所歸,曰還丹。還丹之理,奥旨淵微,敢告細説?”鍾曰:“有小還丹,有大還丹,有七返還丹,有九轉還丹,有金液還丹,有玉液還丹,有以下丹還上丹,有以上丹還中丹,有以中丹還下丹,有以陽還陰丹,有以陰還陽丹,不止於名號不同,亦以時候差别而下手處各异也。”

吕曰:“小還丹者,何也?”鍾曰:“小還丹者,本自下元。下元者,五藏之主,三田之本,以水生木,木生火,火生土,土生金,金生水,既相生也,不差時候,當生而引未生,如子母之相愛也。以火剋金,金剋木,木剋土,土剋水,水剋火,既相剋也,不失分度,當剋而補未剋,如夫婦之相合也。氣液轉行,周而復始,自子至午陰陽當生,自卯至酉陰陽當停,凡一晝一夜,復還下丹。巡還一次,而曰小還丹也。奉道之士,於中采藥進火以成下丹,良由此矣。"

吕曰:"小還丹既已知矣,所謂大還者,何也?"鍾曰:"龍虎相交而變黄芽,抽鉛添汞而成大藥,玄武宫中而金精纔起,玉京山下而真氣方升,走河車於嶺上,灌玉液於中衢,自下田入上田,自上田復下田,後起前來,循環已滿,而曰大還丹也。奉道之士,於中起龍虎而飛金精,養胎仙而生真炁,以成中丹,良由此矣。"

吕曰:"大還丹既已知矣,所謂七返還丹而九轉還丹者,何也?"鍾曰:"五行生成之數五十有五,天一地二,天三地四,天五地六,天七地八,天九地十。一三五七九,陽也,共二十五;二四六八十,陰也,共三十。自腎爲始,水一,火二,木三,金四,土五,此則五行生之數也,三陽而二陰。自腎爲始,水六,火七,木八,金九,土十,此則五行成之數也,三陰而二陽。人身之中,共有五行生成之道,水爲腎,而腎得一與六也;火爲心,而心得二與七矣;木爲肝,而肝得三與八矣;金爲肺,而肺得四與九矣;土爲脾,而脾得五與十矣。每藏各有陰陽。陰以八極而二盛,所以氣到肝而腎之餘陰絶矣,氣到心太極而生陰,以二在心,而八在肝也。陽以九盡而一盛,所以液到肺而心之餘陽絶矣,液到腎太極而生陽,以一在腎,而九在肺也。奉道之士,始也交媾龍虎而采心之正陽之氣,正陽之氣乃心之七也,七返中元而入下田,養就胎仙,復還於心,乃曰七返還丹者也。二八陰消,真氣生而心無陰,以絶二也,大藥就而肝無陰,以絶八也。既二八陰消,而九三陽可長矣。肝以絶陽助於心,則三之肝氣盛矣;七既還心,以絶肺液,而肺之九轉而助心,則九三之陽長,九轉還丹也。"

吕曰:“七返者,以其心之陽復還於心,而在中丹;九轉者,以其肺之陽本自心生,轉而復還於心,亦在中丹,七返九轉,既已知矣,所謂金液玉液上中下相交,陰與陽往復而還丹者何也?”

鍾曰:“前賢往聖,多以肺液入下田而曰金液還丹,心液入下田而曰玉液還丹。此論非不妙矣,然而未盡玄機。蓋夫肺生腎,以金生水,金入水中,何得謂之還丹?腎尅心,以水尅火,水入火中,何得謂之還丹?金液乃肺液也,肺液爲胎胞,含龍虎,保送在黄庭之中,大藥將成,抽之肘後飛起,其肺液以入上宫,而下還中丹,自中丹而還下田,故曰金液還丹也。玉液乃腎液也,腎液隨元氣以上升而朝於心,積之而爲金水,舉之而滿玉池,散而爲瓊花,煉而爲白雪,若以納之自中田而入下田有藥,則沐浴胎仙,若以升之自中田而入四支煉形,則更遷塵骨,不升不納,周而復還,故曰玉液還丹者也。陰極陽生,陽中有真一之水,其水隨陽上升,是陰還陽丹者也。陽極生陰,陰中有正陽之氣,其氣隨陰下降,是陽還陰丹者也。補腦煉頂,以下還上;既濟澆灌,以上還中;燒丹進火,以中還下;煉質焚身,以下還中。五行顛倒,三田返復,互相交换,以至煉形化氣,煉氣成神,自下田遷而至中田,自中田遷而至上田,自上田遷而出天門,弃下凡軀以入聖流仙品,方爲三遷功成。自下而上,不復更有還矣。”

《論煉形》

吕曰:“還丹既已知矣,所謂煉形之理可得聞乎?”鍾曰:“人之生也,形與神爲表裏,神者形之主,形者神之舍。形中之精以生氣,氣以生神。液中生氣,氣中生液,乃形中之子母也。水以生木,木以生火，火以生土，土以生金，金以生水，氣傳子母而液行夫婦，乃形中之陰陽也。水化爲液，液化爲血，血化爲津，以陰得陽而生也。若以陰陽失宜，則涕泪涎汗横出，而陰失其生矣。氣化爲精，精化爲珠，珠化爲汞，汞化爲砂，以陽得陰而成也。若以陰陽失宜，則病老死苦，而陽不得成矣。陰不得陽不生，陽不得陰不成。奉道之士，修陽而不修陰，煉己而不煉物，以己身受氣之初，乃父母真氣兩停而即精血爲胎胞，寄質在母純陰之宫，陰中生陰，因形造形，胎完氣足，而堂堂六尺之軀皆屬陰也，所有一點元陽而已，必欲長生不死以煉形住世，而劫劫長存；必欲超凡入聖以煉形化氣，而身外有身。"

吕曰："形象，陰也，陰則有體以有爲，無使形化氣而超凡軀以入聖品，乃煉之上法也。因形留氣，以氣養形，小則安樂延年，大則留形住世，既老者返老還童，未老者定顔長壽，以三百六十年爲一歲，三萬六千歲爲一劫，三萬六千劫爲一浩劫，浩浩之劫，不知歲月之幾何，而與天地長久，乃煉形驗證也如此。然而煉形之理，造化之機，而有如此之驗，可得聞乎？"

鍾曰："人之成形，三百日胎完；既生之後，五千日氣足；五尺五寸爲本軀，以應五行生成之數。或有大小之形而不齊者，以寸定尺，長短合宜。心之上爲九天，腎之下爲九地，腎到心八寸四分，心到重樓第一環八寸四分，重樓第一環到頂八寸四分。自腎到頂凡三尺五寸二分，而元氣一日一夜盈滿者，三百二十度，每度二尺五寸二分，計八十一丈元氣，以應九九純陽之數。心腎相去以合天地懸隔之宜，自腎到頂共二尺五寸，又按五行五五純陽之數，故元氣隨呼而出。既出也，榮衛皆通天地之正氣，應時順節，或交或離，丈尺無窮，隨吸而入。既入也，經絡皆闢，一呼一吸，天地人三才之真氣,往來於十二樓前,一往一來,是日一息,晝夜之間,人有一萬三千五百息。分而言之,一萬三千五百呼,所呼者,自己之元氣,從中而出,一萬三千五百吸,所吸者天地之正氣,自外而入。根源牢固,元氣不損,呼吸之間可以奪天地之正氣。以氣煉氣,散滿四大,清者榮而濁者衛,悉皆流通,縱者經而横者絡,盡得舒暢,寒暑不能爲害,勞苦不能爲虞,體輕骨健,氣爽神清,永保無疆之壽,長爲不老之人。苟或根源不固,精竭氣弱,上則元氣已泄,下則本宫無補,所吸天地之氣,浩浩而出,八十一丈元氣,九九而損,不爲己之所有,反爲天地所取,何能奪於天地之正氣。積而陰盛陽衰,氣弱而病,氣盡而死,復入輪迴。"

吕曰:"元氣如何不走失,以煉形質,可奪天地之正氣而留浩劫長存者也?"鍾曰:"欲戰勝者在兵强,欲民安者在國富。所謂兵者,元氣也,其兵在内,消形質之陰,其兵在外,奪天地之氣。所謂國者,本身也,其身之有象者,豐足而常有餘,其身之無形者,堅固而無不足。萬户長開而無一失之虞,一馬誤行而有多多之得。或前或後,乃所以煉質焚身;或上或下,乃所以養陽消陰。燒乾坤自有時辰,煅氣液能無日候? 以玉液煉形,仗甲龍以升飛而白雪滿於塵肌;以金液煉形,逐雷車而下降則金光盈於卧室。"

吕曰:"煉形之理亦粗知矣,金液玉液者,何也?"鍾曰:"金液煉形,則骨朝金色而體出金光,金花片片,而空中自現,乃五氣朝元,三陽聚頂,欲超凡體之時,而金丹大就之日。若以玉液煉形,則肌泛陽酥,而形如琪樹,瓊花玉蕊,更改凡體,而光彩射人,乘風而飛騰自如,形將爲氣者也。奉道之士,雖知還丹之法,而煉形之功亦不爲小矣。當玉液還丹以沐浴胎仙,而升之上行,以河車般於四大。始於肝也,肝受之,則光盈於目而目如點漆;次於心也,心受之，口生靈液而液爲白雪；次於脾也，脾受之，則肌若凝脂而瘢痕盡除；次於肺也，肺受之，則鼻聞天香而顔復少年；次於腎也，腎受之，則再還本府，耳中常聞弦管之音，鬢畔永絶班白之色。若此玉液之煉形也。及夫金液煉形，不得比此。始還丹而未還，與君火相見而曰既濟；既還丹而復起，與真陰相敵而曰煉質。土本剋水，若金液在土，使黄帝回光以合於太陰；火本剋金也，若金液在火，使赤子同爐而自生於紫氣，於水中起火，在陽裏消陰，變金丹於黄庭之内，煉陽神在五氣之中。於肝則青氣冲，於肺則白色出，於心則赤光現，於腎則黑氣升，於脾則黄色五氣朝於中元，從君火以超内院。下元陰中之陽，其陽無陰，升而聚在神宫。中元陽中之陽，其陽無生，升而聚在神宫，黄庭大藥陰盡純陽，升而聚在神宫。五液朝於下元，五氣朝於中元，三陽朝於上元。朝元既畢，功滿三千，或而鶴舞頂中，或而龍飛身内，但聞嘹亮樂聲，又睹仙花亂墜，紫庭盤桓，真香馥鬱。三千功滿不爲塵世之人，一炷香消已作蓬瀛之客，乃曰超凡入聖，而脱質升仙者也。”

《論朝元》

吕曰：“煉形之理既已知矣，所謂朝元者，可得聞乎？”鍾曰：“大藥將就，玉液還丹而沐浴胎仙，真氣既生，以冲玉液上升而更改塵骨，而曰玉液煉形。及夫肘後飛起金精，河車以入内院，自上而中，自中而下，金液還丹以煉金砂，而五氣朝元，三陽聚頂，乃煉氣成神，非止於煉形住世而已。所謂朝元，今古少知，苟或知之，聖賢不説，蓋以是真仙大成之法，默藏天地不測之機，誠爲三清隱秘之事，忘言忘象之玄旨，無問無應之妙理。恐子之志不篤而學不專，心不寧而問不切,輕言易語,反我以漏泄聖機之愆,彼此各爲無益。”

吕曰:“始也悟真仙而識大道,次以知時候而達天機。辨水火真原,知龍虎不生肝肺;察抽添大理,審鉛汞非是坎離。五行顛倒之術,已蒙指教;三田反復之機,又謝敷陳。熟曉還丹煉形之理,深知長生不死之術。然而脱凡入聖之原,脱質升仙之道,本於煉氣而朝元。所謂朝元,敢告略爲指訣?”

鍾曰:“道本無形,及乎大原示樸,上清下濁合而爲一。大樸既分,混沌初判而爲天地,天地之内,東西南北而列五方。每方各有一帝,每帝各有二子,一爲陽而一爲陰,乃曰二氣,相生相成而分五行。五行相生相成而定六氣,乃曰三陰三陽。以此推之,如人之受胎之初,精氣爲一,及精氣既分而先生二腎。一腎在左,左爲玄,玄以升氣而上傳於肝;一腎在右,右爲牝,牝以納液而下傳膀胱。玄牝本乎無中來,以無爲有,乃父母之真氣納於純陰之地,故曰谷神不死,是謂玄牝;玄牝之門,可比天地之根。玄牝,二腎也,自腎而生五藏六府全焉。其中,肝爲木曰甲乙,可比於東方青帝;心爲火曰丙丁,可比於南方赤帝;肺爲金曰庚辛,可比於西方白帝;脾爲土曰戊己,可比於中央黄帝;腎爲水曰壬癸,可比於北方黑帝。人之初生,故無形象,止於一陰一陽,及其胎完,而有腸胃,乃分六氣三男三女而已。一氣運五行,五行運六氣。先識者陰與陽,陽有陰中陽,陰有陽中陰;次識者金木水火土,而有水中火,火中水,水中金,金中木,木中火,火中土。在人者,互相交合,所以二氣分而爲六氣,大道散而爲五行。如冬至之後一陽生,五方之地而陽皆生也,一帝當其行令,而四帝助之,若以春令既行,黑帝不收其令,則寒不能變温,赤帝不備其令,則温不能變熱。及夫夏至之後一陰生,五方之天而陰皆降也,一帝當其行令,而四帝助之,若以秋令既行,赤帝不收其令,則熱不能變凉,黑帝不備其令,則凉不能變寒。冬至陽生於地,以朝氣於天也;夏至陰生於天,以朝氣於地也。奉道之士,當深究此理。而日月之間,一陽始生而五藏之氣朝於中元,一陰始生而五藏之液朝於下元,陰中之陽,陽中之陽,陰陽之中之陽,三陽上朝内院,心神以返天宫,是皆朝元者也。"

吕曰:"陽生之時而五氣朝於中元,陰生之時而五液朝於下元,使陽中之陽,陰中之陽,陰陽之中之陽,以朝上元,若此修持,常常之士亦有知者,如何得超脱以出塵俗?"

鍾曰:"若以元陽之氣,以一陽始生之時上朝中元,是人皆如此;若以積氣生液,以一陰始生之時下朝下元,是人皆如此。若此行持,故不能超脱。然而欲超凡入聖,脱質升仙,當先龍虎交媾而成大藥。大藥既成而生真氣,真氣既生,於年中用月,月上定興衰,月中用日,日上數直事,日中用時,時上定息數。以陽養陽,陽中不得留陰;以陽煉陰,陰中不得散陽。凡以春則肝旺而脾弱,夏則心旺而肺弱,秋則肺旺而肝弱,冬則腎旺而心弱。人以腎爲根本,每時一季脾旺而腎弱,獨腎於四時有損,人之多疾病者,此也。凡以甲乙在肝直事,防脾氣不行;丙丁在心直事,防肺氣不行;戊己在脾直事,防腎氣不行;庚辛在肺直事,防肝氣不行;壬癸在腎直事,防心氣不行。一氣盛而一氣弱,一藏旺而一藏衰,人之多疾病者,此也。凡以心氣萌於亥而生於寅,旺於巳而弱於申;肝氣萌於申而生於亥,旺於寅而弱於巳;肺氣萌於寅而生於巳,旺於申弱於亥;腎氣萌於巳而生於申,旺於亥而弱於寅。脾氣春隨肝而夏則隨心,秋隨肺而冬則隨腎,人之不知日用,莫曉生旺强弱之時,所以多疾病者,此也。若此日月時三陽既聚,當煉陽而使陰不生;若此月日時三陰既聚,當養陽而使陽不散。又况真氣既生,以純陽之氣煉五藏之氣不息，而出本色，一舉而到天池。始以腎之無陰而九江無浪，次以肝之無陰而八關永閉，次以肺之無陰而金火同爐，次以脾之無陰而玉户不開，次以真氣上升，四炁聚而爲一。縱有金液下降，杯水不能勝輿薪之火，水火相包而合之爲一以入神宫。定息内觀，一意不散，神識俱妙，静中常聞樂聲，如夢非夢，若在虚無之境。風光景物，不比塵俗；繁華美麗，勝及人世。樓臺宫闕，碧瓦凝烟，珠翠綺羅，馨香成陣，當此之時，乃曰超内院。而陽神方得聚會而還上丹，煉神成仙以合大道。一撞天門，金光影裏以現法身，鬧花深處而坐凡體，乘空如履平川，萬里若同展臂。若也復回，再入本軀，神與形合天地齊其長久。若也厭居塵世，寄下凡胎而返十洲，於紫府太微真君處契勘鄉原，對會名姓，校量功行之高下，得居於三島而遨游，永在於風塵之外，名曰超塵脱凡。”

吕曰：“煉形止於住世，煉氣方可升仙，世人不達玄機，無藥而先行胎息，强留在腹，或積冷氣而成病，或發虚陽而作疾，修行本望長生，似此執迷，尚不免於疾病。殊不知胎仙就而真氣生，真氣生而自然胎息。胎息以煉氣，煉氣以成神，然而煉氣必審年中之月，月中之日，日中之時，端居静室，忘機絶迹，當此之時，心境未除者，悉以除之。或而妄想不已，智識有漏，志在升仙而心神不定，爲之奈何？”

鍾曰：“交合各有時，行持各有法，依時行法，即法求道，指日成功，易如反掌。古今達士，閉目冥心，以入希夷之域，良以内觀而神識自在矣。”

《論内觀》

吕曰:"所謂内觀之理,可得聞乎?"

鍾曰:"内觀坐忘存想之法,先賢後聖,有取而有不取者。慮其心猿意馬,無所停留,恐因物而喪志,而無中立象,使耳不聞而目不見,心不狂而意不亂,存想事物而内觀坐忘,不可無矣。奈何少學無知之徒,不知交合之時,又不曉行持之法,必望存想而決要成功,意内成丹,想中取藥,鼻搐口咽,望有形之日月無爲之天地,留止腹中,可謂兒戲。所以達士奇人而於坐忘存想一旦毁之,乃曰夢裏得財,安能濟用;畫地爲餅,豈可充饑。空中又空,如鏡花水月,終難成事。然而有可取者,蓋以易動者、片心難伏者,一意好日良時,可采可取也。雖知清静之地,奈何心爲事役,志以情移,時比電光,寸陰可惜,毫末有差而天地懸隔,積年纍月而不見功,其失在心亂而意狂者也。善視者,志在丹青之美而不見泰華;善聽者,志在絲竹之音而不聞雷霆。耳目之用小矣,尚以如此,况一心之縱横六合而無不該,得時用法之際,能不以存想内觀而致之乎?"

吕曰:"所謂存想内觀,大略如何?"

鍾曰:"如陽升也,多想爲男,爲龍,爲火,爲天,爲雲,爲鶴,爲日,爲馬,爲烟,爲霞,爲車,爲駕,爲花,爲氣,若此之類,皆内觀存想,如是以應陽升之象也。如陰降也,多想爲女,爲虎,爲水,爲地,爲雨,爲龜,爲月,爲牛,爲泉,爲泥,爲船,爲葉,若此之類,皆内觀存想,如是以應陰降之象也。青龍、白虎、朱雀、玄武,既有此名,須有此象;五岳九州,四海三島,金男玉女,河車重樓,呼名比類,不可具述,皆以無中立象,以定神識。未得魚則筌不可失矣,未獲兔則蹄不可無矣。後車將動,必履前車之迹;大器已成,必爲後器之模,則内觀之法,行持不可闕矣。亦不可執之於悠久,絶之於斯須,皆不可也。若以絶念無想,是爲真念,真念是爲真空,真空一境,乃朝真遷化而出昏衢超脱之漸也。開基創始,指日進功,則存想可用,況當爲道日損,以入希夷之域,法自減省,全在内觀者矣。"

吕曰:"若以龍虎交媾而匹配陰陽,其想也何似?"

鍾曰:"初以交合配陰陽而定坎離,其想也九皇真人引一朱衣小兒上升,九皇真母引一皂衣小女下降,相見於黄屋之前。有一黄衣老嫗接引,如人間夫婦之禮,盡時歡悦,女子下降,兒子上升,如人間分離之事。既畢,黄嫗抱一物,形若朱橘,下抛入黄屋,以金器盛留。然此兒者,是乾索於坤,其陽復還本位,以陽負陰而會本鄉。是此女者,是坤索於乾,其陰復還本位,以陰抱陽而會本鄉,是曰坎離相交而匹配陰陽者也。若以炎炎火中,見一黑虎而上升,滔滔浪裹,見一赤龍而下降,二獸相逢,交戰在樓閣之前。朱門大啓,浡浡烟焰之中,有王者指顧於大火焚天,而上有萬丈波濤,火起復落,烟焰滿於天地,龍虎一盤一繞而入一金器之中,下入黄屋之間,似置在籠櫃之中,若此龍虎交媾,而變黄芽之想也。"

吕曰:"匹配陰陽而龍虎交媾,内觀存想既已知之矣。所謂進火燒煉丹藥者,所想如何?"

鍾曰:"其想也,一器如鼎如釜,或黄或黑,形如車輪,左青龍而右白虎,前朱雀而後玄武,傍有二臣,衣紫袍躬身執圭而立;次有僕吏之類,執薪然火於器;次有一朱衣王者,乘赤馬駕火雲,自空而來,舉鞭指呼,争恐火小,焰發炎炎亘空,撞天欲出,天關不開,烟焰復下,周圍四匝,人物器釜,王者大臣,盡在紅焰之中,互相指呼,争要進火。器中之水,無氣而似凝結,水中之珠,無暗而似光彩,若此進火燒丹藥之想也。”

吕曰:“内觀存想,止於采藥、進火而有邪?逐法、逐事而有邪?”

鍾曰:“雲雷下降,烟焰上起,或而天雨奇花,祥風瑞氣起於殿庭之下,或而仙娥玉女乘彩鳳祥鸞自青霄而來,金盤中捧玉露霞漿而下,獻於王者。若此,乃金液還丹而既濟之想也。若以龍虎曳車於火中,上衝三關,三關各有兵吏,不計幾何,器仗戈甲,恐懼於人,先以龍虎撞之不開,次以大火燒之方啓,以至昆侖不住,及到天池方止。或而三鶴冲三天,或而雙蝶入三宫,或而五彩雲中捧朱衣小兒而過天門,或而金車玉輅載王者而超三界。若此,肘後飛金精而大河車之想也。及夫朱衣使者乘車循行,自冀州入兖州,自兖州入青州,自青州入徐州,自徐州入楊州,自楊州入荆州,自荆州入梁州,自梁州入雍州,自雍州復還冀州,東西南北,畢於豫州,停留而後循行。所得之物,金玉;所幹之事,凝滯。一吏傳命而九州通和,周而復始,運行不已,或而游五岳自恒山爲始,或而泛五湖自北沼爲始,或而天符敕五帝,或而王命詔五侯。若此,還丹之想也。及夫珠玉散擲於地,或而雨露濟澤於物,或而海潮而滿百川,或而陽生而發萬匯,或而火發以遍天地,或而烟霧而充宇宙。若此,煉形之想也。及夫或如鶴之辭巢,或如龍之出穴,或而五帝朝天,或而五色雲起,或而跨丹鳳而冲碧落,或如夢寐中而上天衢,或而天花亂墜,仙樂嘈雜,而金光繚繞以入宫殿繁華之處。若此,皆朝元之想也。朝元之後,不復存想,方號内觀。”

吕曰:“内觀玄理不比前法,可得聞乎?”

鍾曰:“古今修道之士不達天機,始也不解依法行持,欲以速求超脱,多入少出而爲胎息,冥心閉目以行内觀,止於定中以出陰神,乃作清靈之鬼，非爲純陽之仙。真仙上聖所以采藥進火，抽鉛添汞，還丹煉形，朝元合炁，苦語詳言而深説，惟恐世人不悟，而於内觀未甚留意。殊不知内觀之法，乃陰陽變換之法，仙凡改易之時，奉道之士勿得輕示而小用之矣。且以前項之事，交會有時日，行持有法則，凡所謹節信心，依時行法，不差毫末，而指日見功。若此内觀，一無時日，二無法則，所居深静之室，晝夜端拱，識認陽神，趕逐陰鬼。達磨面壁九年方超内院，世尊冥心六載始出凡籠，故於内觀，誠爲難事。始也自上而下，紫河車搬入天宫，天宫富貴孰不欽羡，或往或來，繁華奢侈，人所不得見者，悉皆有之。奉道之士平日清净而守於瀟灑，寂寞既已久矣，功到數足，輒受快樂。樓臺珠翠，女樂笙簧，珍羞异饌，异草奇花，景物風光，觸目如畫。彼人不悟，將謂寔到天宫，不知自身内院，認作真境，因循而不出入。乃曰因在昏衢而留形住世，不得脱質以爲神仙，未到天宫方在内觀。陰鬼外魔因意生像，因像生境以爲魔軍。奉道之人因而狂蕩而入於邪中，或而失身於外道，終不能成仙。蓋以三尸七魄，唯願人死而自身快樂；九蟲六賊，苦以人安則存留無處。"

《論魔難》

吕曰："内觀以聚陽神，煉神以超内院，上踴以出天門，直超而入聖品。既出既入而來往無差，或來或往而遠近不錯，欲住世則神與形合，欲升仙則遠游蓬島。若此，功滿三千而自内觀以得超脱，不知陰鬼邪魔如何制使奉道之人不得升神仙者也？"

鍾曰："奉道之士始有信心，以恩愛利名、一切塵勞之事，不可變其大志；次發苦志以勤勞寂寞，一切清虚之境，不可改其初心。

苦志必欲了於大成，止於中成而已，必欲了於中成，止於小成而已。又况不識大道，難曉天機，所習小法而多好异端，歲月蹉跎，不見其功，晚年衰老，復入輪迴。致使後來好道之士，以長生爲妄説，超脱爲虚言，往往聞道而不信，心縱信之而無苦志，對境生心，以物喪志，終不能出於十魔九難之中矣。"

吕曰："所謂九難者，何也？"

鍾曰："大藥未成而難當寒暑，於一年之内，四季要衣；真氣未生而尚有饑渴，於一日之間，三餐要食。奉道之士所患者，衣食逼迫，一難也。及夫宿緣業重，流於今世填還，忙裏偷閑，猶爲尊長約束，於尊親曰不忍逃離，一向清閑，而難爲得暇。奉道之士所患者，尊長邀攔，此二難也。及夫愛者妻兒，惜者父母，恩枷情杻，每日增添，火院愁車，無時休歇，縱有清净之心，難敵愁煩之境。奉道之士所患者，恩愛牽纏，三難也。及夫富兼萬户，貴極三公，妄心不肯暫休，貪者惟憂不足。奉道之士所患者，名利縈絆，四難也。及夫少年不肯修持，一以氣弱成病，頑心絶無省悟，一以陰報成灾，見世一身受苦，而與後人爲誡。奉道之士所患者，灾禍横生，五難也。及夫人以生死事大，急於求師之人不擇真僞，或師於辨辭利口，或師於道貌古顔，始也自謂得遇神仙，終久方知好利之輩。奉道之士所患者，盲師約束，六難也。及夫盲師狂友妄指傍門，尋枝摘葉而終無契合，小法异端而互相指訣，殊不知日月不出，出則大明，使有目者皆見，雷霆不震，震則大驚，使有耳者皆聞，彼以爝火之光、井蛙之語，熒熒唧唧，而豈有合同。奉道之士所患者，議論差别，七難也。及夫朝爲而夕改，坐作而立忘，悦於須臾而厭爲持久，始於憂勤而終於懈怠。奉道之士所患者，志意懈怠，八難也。及夫身中失年，年中失月，月中失日，日中失時，少將名利不忘於心，老而兒孫嘗在於意,年光有限,勿謂今年已過,以待明年,人事無涯,勿謂今日已過,以待明日,今日尚不保明日,老年争却得少年。奉道之士所患者,歲月蹉跎,九難也。免此九難方可奉道,九難之中或有一二不可行持,但以徒勞而不能成功者也。”

吕曰:“九難既已知矣,所謂十魔者,可得聞乎?”

鍾曰:“所謂十魔者,凡有三等:一曰身外見在,二曰夢寐,三曰内觀。如滿目花芳,滿耳笙簧,舌於甘味,鼻好异香,情思舒蕩,意氣洋洋,如見不得認,是六賊魔也。如瓊樓寶閣,畫棟雕梁,珠簾綉幕,蕙帳蘭房,珊瑚遍地,金玉滿堂,如見不得認,是富魔也。如金鞍寶馬,重蓋昂昂,侯封萬户。使節旌幢,滿門青紫,靴笏盈床,如見不得認,是貴魔也。如輕烟蕩漾,暖日舒長,暴風大雨,雷震電光,笙簧嘹亮,哭泣悲傷,如見不得認,是六情魔也。如親戚患難,眷屬灾傷,兒女疾病,父母喪亡,兄弟離散,妻妾分張,如見不得認,是恩愛魔也。如失身火鑊,墮落高岡,惡蟲爲害,毒藥所傷,路逢凶黨,犯法身亡,如見不得認,是患難魔也。如十地當陽,三清玉皇,四神七曜,五岳八王,威儀節制,往復翱翔,如見不得認,是聖賢魔也。如雲屯士馬,兵刃如霜,戈矛鬥舉,弓箭齊張,争來殺害,驍捷難當,如見不得認,是刀兵魔也。如仙娥玉女,羅列成行,笙簧嘹亮,齊舉霓裳,雙雙紅袖,争獻金觴,如見不得認,是女樂魔也。如幾多姝麗,艶質濃妝,蘭臺夜飲,玉體輕裳,殢人驕態,殢要成雙,如見不得認,是女色魔也。是此十魔難,有不認者是也,既認則著,既著則執,所以不成道者,良以此也。若以奉道之人,身外見在而不認不執,則心不退而志不移,夢寐之間不認不著,則神不迷而魂不散,内觀之時若見如是,當審其虚實,辨其真僞,不可隨波逐浪,認賊爲子,急起三昧真火以焚身,一揮群魔自散,用紫河車搬運自己之陽神,超内院而返天宫,然後以求超脱。今古好道之流,有清净之心,對境改志,往往難逃於十魔九難,空有好道之虚名,終不見得道之實迹。或而出離塵勞,幽居絶迹而志在玄門,於九難不能盡除,在十魔或著一二,非不得道也,而於道中或得中成,或得小成,而於仙中或爲人仙,或爲地仙。若以盡除魔難,序證驗而節節升遷,以内觀合就陽神,指日而歸三島。"

《論證驗》

吕曰:"嫌者病,而好道之人求無病而長安;怕者死,而好道之人欲不死而長生。舉世人在世中,而好道之人欲升仙游物外;舉世人在地上,而好道之人欲超凡而入洞天。所以甘於勞苦而守於貧賤,游心在清淡瀟灑之中,潜迹於曠野荒僻之地,一向行持,不知功之深淺,法之交换,難測改易之早晚,所謂下功之後,而證驗次序如何?"

鍾曰:"苦志行持,終不見功者,非道負人,蓋奉道之人不從明師,而所受非法。依法行持,終不見功者,非道負人,蓋奉道之人不知時候,而以不成。若已遇明師而得法,行大法以依時,何患驗證而不有也。"

吕曰:"所謂法者有數乎?所謂時者有數乎?"

鍾曰:"法有十二科:匹配陰陽第一,聚散水火第二,交媾龍虎第三,燒煉丹藥第四,肘後飛金精第五,玉液還丹第六,玉液煉形第七,金液還丹第八,金液煉形第九,朝元煉炁第十,内觀交换第十一,超脱分形第十二。其時,則年中法天地陰陽升降之宜,月中法日月往來之數,日中有四正、八卦、十干、十二支、一百刻、六十分,依法區分,自一日之後,證驗次序以至脱質升仙,無差毫末。始也淫邪盡罷,而外行兼修,凡采藥之次而金精充滿,心境自除以煞陰鬼;次心經上涌,口有甘液;次陰陽擊摶,時時腹中聞風雷之聲;次魂魄不定,夢寐多有恐悸之境;次六府、四肢或生微疾,小病不療自愈;次丹田夜則自暖,形容晝則清秀;次居暗室,而目有神光自現;次夢中雄勇,物不能害,而人不能欺,或若抱得嬰兒歸;次金關玉鎖封固,以絶夢泄遺漏;次鳴雷一聲,關節通連而驚汗四溢;次玉液烹漱,以成凝酥;次靈液成膏,漸畏腥羶以充口腹;次塵骨將輕而變神室,步趁奔馬,行止如飛;次對境無心,而絶嗜欲;次真氣入物,可以療人疾病;次内觀明朗而不暗昧;次雙目童人如點漆,皺臉重舒而紺髮再生,已少者永駐童顔;次真氣漸足而似常飽,所食不多而飲酒無量,終不見醉;次身體光澤,神氣秀媚,聖丹生味,靈液透香,真香异味,常在口鼻之間,人或知而聞之;次以目視百步,而見秋毫;次身體之間舊痕殘靨,自然消除,涕泪涎汗,亦不見有;次胎完氣足以絶飲食;次内志清高以合太虚,凡情凡愛,心境自絶,下盡九蟲,上死三尸;次魂魄不游以絶夢寐,神彩清爽更無晝夜;次陽精成體,神府堅固,四體不畏寒暑;次生死不能相干,而坐忘内觀以游華胥神仙之國,女樂樓臺,繁華美麗,殆非人世所有也;次功滿行足,陰功報應,密授三清真籙,陰陽變化,可能預知,人事舉止,先見灾福;次觸目塵冗,以厭往還,潔身静處,胎仙可現,身外有身,是爲神聖;次真氣純陽,吁呵可乾外汞;次胎仙常欲騰飛,祥光生於卧室;次静中時聞樂聲;次常人對面,雖彼富貴之徒,亦聞腥穢,蓋凡骨俗體也;次神彩自可變移,容儀成而仙姿可比玉樹,异骨透出金色;次行止去處,常有神祇自來朝現,驅用指呼,一如己意;次静中外觀,紫霞滿目,頂外下視,金光罩體;次身中忽化火龍飛,或而玄鶴起,便是神靈以脱凡骨，而超出俗流，乃曰超脱；次超脱之後，彩雲繚繞，瑞氣紛紜，天雨奇花，玄鶴對飛，异香散而玉女下降，授天書紫詔，既畢而仙冠仙衣之屬具備，節制威儀，前後左右不可勝紀，相迎相引以返蓬萊，而於紫府朝見太微真君，契勘鄉原名姓，校量功行等殊，而於三島安居，乃曰真人仙子。”

吕曰：“今日特蒙尊師開説希夷大理、天地玄機，不止於耳目清明，而精神秀媚，殘軀有托，終不與糞壤同類。然而知之者未必能行，行之者未必能得，念以生死事大，而時光迅速，雖知妙理，未得行持終不成功，與不知無异。敢告指教以交會之時，行持之法，如何下手，如何用功？”

鍾曰：“僕有《靈寶畢法》，凡十卷一十二科，中有六儀：一曰金誥，二曰玉書，三曰真元，四曰比喻，五曰真訣，六曰道要。包羅大道，引喻三清，指天地陰陽之升降爲範模，將日月精華之往來爲法則，實五仙之指趣，乃三成之規式，當擇日而授於足下。”

二、《秘傳正陽真人靈寶畢法》

（一）《秘傳正陽真人靈寶畢法序》

道不可以言傳，不可以名紀。歷古以來，升仙達道者，不爲少矣。僕志慕前賢，心懷大道。不意運起刀兵，時危世亂，始以逃生，寄迹江湖岩谷，退而識性留心，唯在清净希夷，歷看丹經，曩參道友，止言養命之小端，不説真仙之大道。因於終南山石壁間，獲收《靈寶經》三十卷。上部《金誥書》，元始所著；中部《玉録》，元皇所述;下部《真源義》,太上所傳。共數千言。予宵衣旰食,遠慮深省,乃悟陰中有陽,陽中有陰,本天地升降之宜,日月交合之理。氣中生水,水中生氣,亦心腎交合之理。比物之象,道不遠人。配合甲庚,方驗金丹之有準。抽添卯酉,自然火候之無差。紅鉛黑鉛,徹底不成大藥。金液玉液,到頭方是還丹。從無入有,常懷征戰之心。自下升高,漸入希夷之域。抽鉛添汞,致二八之陰消。换骨煉形,使九三之陽長。水源清濁,辨於既濟之時。内景真虚,識於坐忘之日。玄機奥旨,難以盡形方册。靈寶妙理,可用入聖超凡。總而爲三乘之法,名《靈寶畢法》。大道聖言,不敢私入一己用,傳洞賓足下,道成勿秘,當詒後來之士。正陽真人鍾離權雲房序。

(二)《秘傳正陽真人靈寶畢法》卷上

小乘安樂延年法四門

匹配陰陽第一

《玉書》曰:大道無形,視聽不可以見聞。大道無名,度數不可以籌筭。資道生形,因形立名。名之大者,天地也。天得乾道而積氣,以覆於下。地得坤道而托質,以載於上。覆載之間,上下相去八萬四千里,氣質不能相交。天以乾索於坤而還於地中,其陽負陰而上升。地以坤索於乾而還於天中,其陰抱陽而下降。一升一降運於道,所以天地長久。

《真原》曰:天地之間,親乎上者爲陽,自上而下四萬二千里,乃曰陽位。親乎下者爲陰,自下而上四萬二千里,乃曰陰位。既有形名,難逃度數。且一歲者,四時、八節、二十四氣、七十二候、三百六十日、四千三百二十辰。十二辰爲一日,五日爲一候,三候爲一氣,三氣爲一節,二節爲一時,四時爲一歲。一歲以冬至節爲始,是時也,地中陽升。凡一氣十五日,上升七千里。三氣爲一節,一節四十五日,陽升共二萬一千里。二節爲一時,一時九十日,陽升共四萬二千里,正到天地之中,而陽合陰位,陰中陽半,其氣爲溫,而時當春分之節也。過此陽升而入陽位,方曰得氣而升,亦如前四十五日立夏。立夏之後,四十五日夏至。夏至之節,陽升通前計八萬四千里以到天,乃陽中有陽,其氣熱,積陽生陰,一陰生於二陽之中,自夏至之節爲始,是時天中陰降。凡一氣十五日,下降七千里。三氣爲一節,一節四十五日,陰降共二萬一千里。二節爲一時,一時九十日,陰降共四萬二千里,以到天地之中,而陰交陽位。是時陽中陰半,其氣爲凉,而時當秋分之節也。過此陰降而入陰位,方曰得氣,而降亦如前四十五日立冬。立冬之後,四十五日冬至。冬至之節,陰降通前計八萬四千里以到地,乃陰中有陰,其氣寒。積陰生陽,一陽生於二陰之中。自冬至之後,一陽復升,如前運行不已,周而復始,不失於道。冬至陽生,上升而還天。夏至陰生,下降而還地。夏至陽升到天而一陰來至,冬至陰降到地,而一陽來至,故曰冬至。陽升於上,過春分而入陽位,以離陰位,陰降於下;過秋分而入陰位,以離陽位,故曰春分、秋分。凡冬至陽升之後,自上而下,非無陰降也,所降之陰乃陽中之餘陰,止於陽位中消散而已,縱使下降得位,與陽升相遇,其氣絶矣。凡夏至陰降之後,自下而上,非無陽升也,所升之陽乃陰中之餘陽,止於陰位中消散而已,縱使上升得位,與陰降相遇,其氣絶矣。陰陽升降,上下不出於八萬四千里,往來難逃於三百六十日,即溫、凉、寒、熱之四氣而識陰陽,即陽升陰降之八節而知天地。以天機測之,庶達大道之緒餘。若以口耳之學,較量於天地之道,安得籌筭而知之乎。

《比喻》曰:道生萬物,天地乃物中之大者,人爲物中之靈者,别求於道,人同天地。以心比天,以腎比地,肝爲陽位,肺爲陰位。心腎相去八寸四分,其天地覆載之間比也。氣比陽,而液比陰。子午之時,比夏至、冬至之節。卯酉之時,比春分、秋分之節。以一日比一年,以一日用八卦時比八節。子時腎中氣生,卯時氣到肝,肝爲陽,其氣旺,陽升以入陽位,其春分之比也。午時氣到心,積氣生液,夏至陽升到天,而陰生之比也。午時心中液生,酉時液到肺,肺爲陰,其液盛,陰降以入陰位,其秋分之比也。子時液到腎,積液生氣,冬至陰降到地,而陽生之比也。周而復始,日月循環,無損無虧,自可延年。

《真訣》曰:天地於道一得之,惟人也,受形於父母,形中生形,去道愈遠。自胎完氣足之後,六欲七情耗散元陽,走失真氣,雖有自然之氣液相生,亦不得天地之升降。且一呼元氣出,一吸元氣入,接天地之氣,既入不能留之,隨呼而復出,本宫之氣反而爲天地奪之,是以氣散難生液,液之少難生氣。當其氣旺之時,日用卯卦,而於氣也多入少出,强留在腹,當時自下而升者,不出自外,而入者暫住,二氣相合,積而生五臟之液,還元愈多,積日纍功,見驗方止。

《道要》曰:欲見陽公長子,須是多入少出。從他兒女相争,過時求取真的。乃積氣生液,積液生氣,匹配氣液相生之法也。行持不過一年,奪功以一并三。百日爲期,旬日之見驗。進得飲食而疾病消除,頭目清利而心腹空快,多力少倦,腹中時聞風雷之聲,餘驗不可勝紀。

《解》曰:陽公長子者,乾索須坤,如氣升而上也。兒是氣,自腎中升。女是液,自心中降。相争而上下之故,閉氣而生液,匹配兩停,過時自得真水也。

聚散水火第二

《金誥》曰:所謂大道者,高而無上,引而仰觀其上無上,莫見其首。所謂大道者,卑而無下,俯而俯察其下無下,莫見其基。始而無先,莫見其前。終而無盡,莫見其後。大道之中而生天地,天地有高下之儀。天地之中而有陰陽,陰陽有始終之數。一上一下,仰觀俯察,可以頤其機。一始一終,度數籌筭,可以得其理。以此推之,大道可知矣。

《真原》曰:即天地上下之位,而知天地之高卑。即陰陽終始之期,而知天道之前後。天地不離於數,數終於一歲。陰陽不失其宜,分於八節。冬至一陽生,春分陰中陽半,過此純陽而陰盡。夏至陽太極而一陰生,升降如前。上下終始,雖不能全盡大道,而不失大道之體。欲識大道,當取法於天地,而審於陰陽之宜也。

《比喻》曰:以心腎比天地,以氣液比陰陽,以一日比一年。日用艮卦比一年用立春之節,乾卦比一年用立冬之節。天地之中,親乎下者爲陰,自下而上四萬二千里,乃曰陰位。冬至陽生而上升,時當立春,陽升於陰位中二萬一千里,是陽難勝於陰也。天地之中,親乎上者爲陽,自上而下四萬二千里,乃曰陽位。夏至陰生而下降,時當立冬,陰降而下離天六萬三千里,去地二萬一千里,是陰得位而陽絶也。一年之中立春比一日之時,艮卦也,腎氣下傳膀胱,在液中微弱難升也。一年之中立冬比一日之時,乾卦也,乾卦心液下入,將欲還元,復入腎中,乃陰盛陽絶之時也。人之致病者,陰陽不和,陽微陰多,故病多。

《真訣》曰:陽升立春,自下而上,不日而陰中陽半矣(艮卦氣微丑、寅)。陰降立冬,自上而下,不日而陽中陰半矣(乾卦氣散戌、亥)。天地之道如是。惟人也,當艮卦氣微,不知養氣之端。乾卦氣散,不知聚氣之理。日夕以六欲七情耗散元陽,使真氣不旺,走失真氣,使真液不生,所以不得如天地之長久者,蓋以此矣。故古人朝屯暮蒙,日用二卦,乃得長生在世。朝屯者,蓋取一陽爲屈而未伸之義,其在我者,養而伸之,勿以耗散。暮蒙者,蓋取童蒙求我以就明弃暗乃陰間求陽之義,其在我者,昧而明之,勿以走失。是以日出當用艮卦之時,以養元氣,勿以利名動其心,勿以好惡介其意。當披衣静坐,以養其氣,絶念忘情,微作導引,手脚遞互伸縮三五下,使四體之氣齊生,内保元氣上升以朝於心府;或咽津一兩口,搓摩頭面三二十次,呵出終夜壅聚惡濁之氣,久而色澤充美,肌膚光潤(艮卦養元氣)。又於日入用乾卦之時,以聚元氣。當入室静坐咽氣,搐外腎;咽氣者,是納心火於下;搐外腎者,是收膀胱之氣於内(乾卦聚元氣),上下相合腎氣之火,三火聚而爲一,以補暖下田。無液則聚氣生液,有液則煉液生氣,名曰聚火,又曰太一含真氣也。早朝咽津摩面,手足遞互伸縮,名曰散火,又名曰小煉形也。

《道要》曰:花殘葉落深秋,楊妃懶上危樓,欲得君民和會,當時宴罷頻收。此納心氣而收膀胱氣,不令耗散而相合腎氣,以接坎卦氣,海中新生之氣也。必以交立冬爲首,見驗方止。行持不過一年,奪功以一并三,百日爲期,旬日見驗。容顔光澤而肌膚充悦,下田温暖,小便減省,四體輕健而精神清爽,痼疾宿病盡皆消除。如惜歲月,不倦行持,衹於匹配陰陽功内稍似見驗,叙入此功,日用添入艮卦,略行此法。乾卦三元用事,應驗方止(三元乾、艮、震也)。

《解》曰:花殘葉落深秋者,如人氣弱日暮之時,陽氣散而不升,故曰懶上危樓。樓者,重樓也。心爲君火,膀胱民火,咽氣搐外腎,故心與外腎氣聚而爲一,故曰和會。宴乃咽也,收乃搐也。早辰功不絶者,此法爲主本也。

交媾龍虎第三

《金誥》曰:太元初判而有太始,太始之中而有太無,太無之中而有太虚,太虚之中而有太空,太空之中而有太質。太質者,天地也。天地清濁,其質如卵而玄黄之色,乃太空之中一物而已。陽升到天,太極而生陰,以窈冥抱陽而下降。陰降到地,太極而生陽,以恍惚負陰而上升。一升一降,陰降陽升,與天地行道而萬物生成也。

《真原》曰:天如覆盆,陽到難升。地如磐石,陰到難入。冬至而地中陽升,夏至到天,其陽太極而生陰。所以陰生者,以陽自陰中來而起於地,恍恍惚惚,氣中有水,其水無形,夏至到天,(積氣)成水,是曰陽太極而陰生也。夏至而天中陰降,冬至到地,其陰太極而陽生。所以陽生者,以陰自陽中來而出於天,杳杳冥冥,水中有氣,其氣無形,冬至到地,積水生氣,是曰陰太極而陽生也。

《比喻》曰:以身外比太空,以心腎比天地,以氣液比陰陽,以子午比冬夏。子時乃曰坎卦,腎中氣生;午時乃曰離卦,氣到心。腎氣與心氣相合而太極生液,所以生液者,以氣自腎中來,氣中有真水,其水無形。離卦到心,接著心氣,則太極而生液者如此。離卦心中液生,坎卦液到腎,液與腎水相合而太極,復生於氣。所以生氣者,以液自心中來,液中有真氣,其氣無形,坎卦到腎,接著腎水,則太極而生氣者如此。可以比陽升陰降,至太極而相生。所生之陰陽,陽中藏水,陰中藏氣也。

《真訣》曰:腎中生氣,氣中有真水。心中生液,液中有真氣。

真水真氣乃真龍真虎也。陽到天而難升,太極生陰。陰到地而難入,太極生陽。天地之理如此。惟人也,不得比天地者,六欲七情感物喪志,而耗散元陽,走失真氣。當離卦腎氣到心,神識内定,鼻息少入遲出,綿綿若存,而津滿口,勿吐勿咽,自然腎氣與心氣相合,太極生液。以液與真水相合,真氣戀液,真水戀氣。本不相合,蓋液中有真氣,氣中有真水,互相交合相戀而下,名曰交姤龍虎。若以火候無差,而抽添合宜,三百日養就真胎而成大藥,煉質焚身,朝元超脱之本也。

《道要》曰:一氣初回元運,真陽欲到離宫,捉取真龍真虎,玉池春水溶溶。此恐泄元氣而走真水於身外也。氣散難生液,液少而無真氣。氣水不交,安成大藥。當此年中用月,以冬至爲始;日中用時,以離卦爲期。或以晚年奉道,根源不固,自度虚損而氣不足之後,十年之損,一年用功補之,名曰采補還丹。補之過數,止行此法,名曰水火既濟,可以延年益壽,乃曰人仙。功驗不可備紀。若補數足而口生甘津,心境自除,情欲不動,百骸無病,而神光暗中自見雙目,時若驚電。以冬至日爲始節,用法三百日胎仙具。

《解》曰:在外午時爲離宫,太陽爲真陽。在人心爲離宫,元陽爲真龍也,真虎乃腎中之水也。真龍心液中之氣,口爲玉池,津爲春水。

燒煉丹藥第四

《金誥》曰:天地者,大道之形;陰陽者,天地之道。寒熱温涼,形中有氣也;雲霧雨露,氣中有象也。地氣上升,騰而爲雲,散而爲雨。天氣下降,散而爲霧,凝而爲露。積陰過,則露爲霜而爲雷。積陽過,則霧爲烟爲雲爲霞。陰中伏陽,陽氣不降,擊搏而生雷霆。

陽中伏陰，陰氣不凝，堅固而生雹霰。陰陽不合，相對而生閃電。陰陽不匹配，亂交而生虹蜺。積真陽以成神，而麗乎天者星辰。積真陰以成形，而壯乎地者土石。星辰之大者日月，土石之貴者金玉。陰陽見於有形，上之日月，下之金玉也。

《真原》曰：陰不得陽不生，陽不得陰不成。積陽而神麗乎天而大者，日月也，日月乃真陽而得真陰相成也。積陰而形壯於地而貴者，金玉也，金玉乃真陰而得真陽以相生也（戌亥行持，離卦采藥，乾卦進火）。

《比喻》曰：真陽比心液中真氣，真陰比腎氣中真水。真水不得真氣不生，真氣不得真水不成。真水真氣既於離卦和合於心上肺下，如子母之相戀，夫婦之相愛。自離至兑，兑卦陰旺陽弱之時，比日月之下弦，金玉之在晦，至旦數足生明。金玉以陽生陰，氣足生寶，金玉成寶者，蓋以氣足而進之以陽。日月生明者，蓋以數足而受之以魂。比於乾卦進火，煉陽無衰火，以加數而陽長生也。

《真訣》曰：離卦龍虎交姤，名曰采藥。時到乾卦，氣液將欲還元，而生膀胱之上、脾胃之下、腎之前、臍之後、肝之左、肺之右、小腸之右、大腸之左，當時脾氣旺而肺氣盛，心氣絶而肝氣弱。真氣本以陽氣相合而來，既以陽氣弱而真氣無所戀，徒勞用工，而采合必於此時。神識内守，鼻息綿綿，以肚腹微脅臍腎，覺熱太甚，微放，輕勒腹臍。未熱緊勒，漸熱即守常，任意放志，以滿乾坤，乃曰勒陽關而煉丹藥。使氣不上行，以同真水經脾宫，隨呼吸而搬運於命府黄庭之中。氣液造化，時變而爲精，精變而爲珠，珠變而爲汞，汞變而爲砂，砂變而爲金，乃曰金丹。其功不小矣。

《道要》曰：采藥須憑玉兔（采藥心氣，玉兔腎水），成親必藉黄婆，等到雍州相見（雍州乾卦），奏傳一曲陽歌。此乃與采藥日用對行。

凡以晚年補完，十損一補之，此法名曰煉汞補丹田。補之數足，止於日用。離卦采藥，乾卦燒煉，勒陽關。春冬多采少煉，乾一而離二，倍用功也。秋夏少采多煉，離一而乾二，倍用功也。隨年月氣旺采煉之，功驗在前，可延年住世而爲人仙。若以補數既足見驗，進功謹節。用功采藥一百日藥力全，二百日聖胎堅，三百日真氣生而胎仙完。凡藥力全而後進火加數，乃曰火候。凡聖胎堅後，火候加至小周天數。凡胎圓真氣生，火候加至，乃曰周天火候。是采藥而交姤龍虎，煉藥而進火，方爲入道。當絶迹幽居，心在内觀，内境不出而外境不入，如婦養孕，龍之養珠。雖飲食寤寐之間，語默如嬰兒，舉止如室女，猶恐有失有損，心不可暫離於道也。

《解》曰：藥是心中真氣，兔是腎中真水，黄婆是脾中液，和合氣水而入黄庭。雍州，乾卦，勒陽脅腹也，又曰勒陽關也。

右小乘法四門係人仙。

（三）《秘傳正陽真人靈寶畢法》卷中

中乘長生不死法三門

肘後飛金晶第五

《金誥》曰：陰陽升降，不出天地之内。日月運轉，而在天地之外。東西出没，以分晝夜。南北往來，以定寒暑。晝夜不息，積日爲月，魄也。歲之積月者，以其律中起吕，吕中起律也。日月運行，以合天地之機，不離乾坤之數。萬物生成雖在於陰陽，而造化亦資於日月。

《真原》曰：天地之形，其狀如卵。六合於中，其圓如毬。日月出没,運行一天之上,一地之下。上下東西,周行如飛輪。東生西没,日行陽道。西生東没,月行陰道。一日之間而分晝夜。冬至之後,日出自南而北。夏至之後,日出自北而南。冬之夜乃夏之日,夏之夜乃冬之日。一年之間而定寒暑。日月之狀,方圓八百四十里。四尺爲一步,三百六十步爲一里。凡八刻二十分爲一時,十二時爲一日。一月者,三十日,共三百六十時,計三千刻、一十八萬分也。且以陽行乾,其數用九。陰行坤,其數用六。魄中魂生,本自旦日。蓋其九不對六,故三日後月魄生魂。凡一晝夜、一百刻、六千分,魂於魄中一進七十里。六晝夜共進四百二十里,魄中魂半,乃曰上弦。又六晝夜進四百二十里,通前共八百四十里,魄中魂全而陽滿陰位,乃曰月望。自十六日爲始,魂中生魄,凡六晝夜共進四百二十里,而魂中魄半,乃曰下弦。又六晝夜進四百二十里,通前共進八百四十里,而魂中魄全。月中尚有餘光者,蓋六不盡九,故三日後月魄滿宫,乃曰月晦。月旦之後,六中起九。月晦之前,九中起六。數有未盡,而生後有期。積日爲月,積月爲歲。一歲以月言之,六律六吕,以六起數,數盡六位。六六三十六,陰之成數也,以日言之,五日一候,七十二候,八九之數。至重九,以九起數,數盡六位。六九五十四者,陽之成數也。一六一九,合而十五。十五,氣之數。二十四氣當八節之用,而見陰陽升降之宜。一六一九,以四爲用,變爲陽數二百一十六,陰之數一百四十四,計三百六十之數而足滿周天。

《比喻》曰:陰陽升降在天地之内,比心腎氣液交合之法。日月運轉在天地之外,比肘後飛金精之事也。日月交合,比進火之法加減。陽升陰降,無异於日月之魂魄。日往月來,無异於心腎之氣液。冬至之後,日出乙位,日没庚位,晝四十刻,自南而北。冬至之後，凡九日，東生西没，共進六十分至春分。晝夜停停，而夏至爲期，晝六十刻，日出甲位，日没辛位。夏至之後，凡九日，自北而南，東生西没，共退六十分至秋分。晝夜停停，而冬至爲期，晝四十刻。準前後進自南而北，其數用九也。月旦之後，三日魂生，魂生於魄。六日兩停，又六日魂全，其數用六也。歲之夏至，月之十六日，乃日用離卦之法，乃人之午時也。歲之冬至，月之旦，乃日用坎卦之法，乃人之子時也。天地陰陽升降之宜，日月魂魄往來之理，尚以數推之，交合有序，運轉無差，人之心腎氣液、肝肺魂魄，日用雖有節次，年月豈無加減乎。

《真訣》曰：坎卦陽生，當正子時，非始非終，艮卦腎氣交肝氣。未交之前，静室中披衣握固，正坐盤膝，蹲下腹肚，須臾升身前出胸，而微偃頭於後。後閉夾脊雙關，肘後微扇一二伸腰，自尾閭穴如火相似，自腰而起，擁在夾脊，慎勿開關，即時甚熱氣壯，漸次開夾脊關，而放氣過關。仍仰面，腦後緊偃，以閉上關，慎勿開之，即覺熱極氣壯，漸次入頂，以補泥丸髓海。須身耐寒暑，方爲長生之基。次用還丹之法如是，前件出胸伸腰，閉夾脊，蹲而升之腰間。火不起，當静坐内觀，如法再作，以至火起爲度。自丑行之，至寅終而可止。乃曰肘後飛金晶，又曰抽鉛，使腎氣生肝氣也。且人身脊骨二十四節，自下而上三節，爲内腎相對。自上而下三節，名曰天柱，天柱之上名曰玉京，玉京之下，内腎相對尾閭穴之上，共十八節，其中曰雙關，上九、下九。當定一百日，遍通十八節而入泥丸。必於正一陽時坎卦行持，乃曰肘後飛金晶。離卦采藥，乾卦進火燒藥，勒陽關始一百日，飛金晶入腦（一百日藥力全）。三關一撞，直入上宫泥丸。自坎卦爲始，至艮卦方止。自離卦采藥，更無腎氣相合，而肝氣自生心氣，二氣純陽，二八陰消，薰蒸於肺，而得肺液下降,包含真氣,日得黍米之大而入黄庭,方曰内丹之材。百日無差藥力全。凡離卦采藥,用法依時,内觀轉加精細。若乾卦進火、勒陽關,自兑卦爲始,終在乾卦。如此又一百日之後,肘後飛金晶,自坎坐至震卦方止。離卦采藥之時,法如舊,以配自坤至乾卦行持,即是三百日無差,聖胎自堅(三百日聖胎自堅)。勒陽關法自坤卦爲始,而坐至乾卦方止。如此又一百日足,泥丸充實,返老還童,不類常人。采藥就胎仙完而真氣生,形若彈圓,色同朱橘,永鎮丹田,而作陸地神仙。三百日後,行持至離卦罷采藥,坤卦罷勒陽關,即行玉液還丹之道。故自冬至後方曰行功,三百日胎完氣足,而内丹就、真氣生。凡行此法,方爲五行顛倒,三田返覆。未行功以前,先要匹配陰陽,使氣液相生,見驗方止。次要聚散水火,使根源牢固而氣行液注,見驗方止。次交姤龍虎,燒煉丹藥,使采補還丹而鍛煉鉛汞,見驗方止。十損一補之數足,而氣液相生,見驗方止。上項行持乃小乘之法,自可延年益壽。若以補完堅固,見驗方止,方可年中擇月,冬至之節。月中擇日,甲子之日。日中擇時,坎離乾卦三時爲始。一百日自坎至艮,自兑至乾。二百日後,自坎至震,自坤至乾。凡此下功,必於幽室静宅之中,以遠婦人女子,使鷄犬不聞聲,臭穢不入鼻,五味不入口,以絶七情六欲。飲食多少,寒熱有度。雖寤寐之間,而意恐損失。行功不勤,難成於道。如是三百日,看應驗如何。

《道要》曰:日月并行復卦(子時),蹲升數日開關,貪向楊州聚會(離卦交姤),六宫火滿金田(乾宫)。

《解》曰:日月并行復卦者,一陽生時,在日爲子時,在年爲冬至也,所謂擇月擇日時也。蹲升已在前法。説數日,是定一百日。開關,是先開中關,次開上關。貪向楊州聚會者,在人爲心,在日爲午時,在卦爲離。聚會者,真陰真陽交姤,故曰采藥。乾爲六宫,火是氣也。勒陽關而聚氣,以肺爲金而下腎之下田,故曰火滿金田,乃乾卦行勒陽關,聚火下田矣。

終南路上逢山,升身頻過三關,貪向楊州聚會,争如少女燒天。

《解》曰:終南者,聖人隱意在中男也,中男即坎卦。艮爲山,山是艮卦,飛金晶,至巽卦方入第二百日。下功之時,升身頻過三關,貪向楊州聚會,説已在前。争如少女燒天者,少女是兑卦也。勒陽關至乾卦而方止也。

兖州行到徐州,起來走損車牛,爲戀九州歡會,西南火入雍州。

《解》曰:兖州,艮卦。徐州,巽卦。自艮卦飛金晶,至巽卦方止也。起來走損車牛,車爲陽,牛爲陰,是夾脊一氣飛入泥丸也。九州在人爲心,在日爲午時,與前采藥同也。西南,坤卦也。雍州,乾卦也。勒陽自坤至乾方止,第三百日下功之時也。

此是日用事,乃曰三元用法。飛金晶入腦,下田返上田。采藥下田,返中田燒藥,進火中田返下田,乃曰三元用事。中乘之法,已是地仙,見驗方止。始覺夢寐多有驚悸,四肢六腑有疾不療自愈。閉目暗室中,圓光如蓋,周匝圍身。金關玉鎖封固堅牢,絶夢泄遺漏。雷鳴一聲,關節氣通。夢寐若抱嬰兒歸,或若飛騰自在。八邪之氣不能入,心境自除以絶欲,内觀則朗而不昧,晝則神采清秀,夜則丹田自暖。上件皆是得藥之驗,驗既正,當謹節用功,以前法加添,三百日胎仙圓,胎圓之後,方用後功。

玉液還丹第六

《玉書》曰:真陰真陽,相生相成。見於上者,積陽成神,神中有形而麗乎天者,日月也。見於下者,積陰成形,形中有神而麗乎地者,金玉也。金玉之質,隱於山川,秀媚之氣浮於上,而日月交光。草木受之,以爲禎祥。鳥獸得之,以爲异類耳。

《真原》曰:陽升到天,太極生陰,陰不足而陽有餘,所以積陽生神。陰降到地,太極生陽,陽不足而陰有餘,所以積陰生形。上之日月,下之金玉,真陽有神,真陰有形。其氣相交而上下相射,光盈天地,則金玉可貴者,良以此也。是知金玉之氣凝於空,則爲瑞氣祥烟。入於地則變醴泉芝草。人民受之而爲英杰,鳥獸得之而生奇异。蓋金玉之質雖産於積陰之形,而中抱真陽之氣,又感積陽成神之日月,真陰真陽之下射而寶凝矣。

《比喻》曰:積陰成形而内抱真陽以爲金玉,比於積藥而抱真氣以爲胎仙也。金玉之氣入於地而爲醴泉芝草者,比於玉液還丹田也。金玉之氣凝於空而爲瑞氣祥烟者,比於氣煉形也。凡金玉之氣冲於天,隨陽升而起。凡金玉之氣入於地,隨陰降而還。既隨陰陽升降,自有四時可以液還丹田。氣煉形質,而於四時加減一日改移也。

《真訣》曰:采補見驗,年中擇月,月中擇日,日中擇時。三時用事,一百日藥力全,二百日聖胎堅,三百日真氣生,胎仙圓。謹節用功,加添依時,三百日數足之後,方行還丹煉形之法。凡用艮卦飛金晶入腦,止於巽卦而已,此言畢金晶三百日後也(離罷采)。離卦罷采藥,坤卦罷勒陽關。祇此兑卦下手勒陽關,至乾方止。既罷離卦,添入咽法煉形。咽法者,以舌攪上顎兩頰之間,先咽了惡濁之津,次退舌尖,以滿玉池,津生不漱而咽。凡春三月,肝氣旺而脾氣弱,咽法日用離卦。凡夏三月,心氣旺而肺氣弱,咽法日用巽卦。以舌滿上下,而玉池雙收兩頰虚咽爲法。凡秋三月,肺氣旺而肝氣弱,咽法日用艮卦。凡冬三月,腎氣旺而心氣弱,咽法日用震卦(飛金晶法,咽亦不妨)。凡四季之月,脾氣旺而腎氣弱,人以腎氣爲根源,四時皆有衰弱。每四時季月之後十八日,咽法日用兑卦,仍與前咽法者并用之。獨於秋季,止用兑卦咽法,而罷艮卦之功。凡以咽法,先依前法而咽之。如牙齒玉池之間而津不生,但以舌滿上下而閉玉池、收兩頰,以虚咽而爲法,止咽氣,氣中自有水也。咽氣如一年(三十六次至四十九次)爲數,又次一年(八十一次又一百八十一次)爲見驗,乃玉液還丹之法。行持不過三年,灌溉丹田,沐浴胎仙,而真氣愈盛。若不行此玉液還丹之法,而於三百日養就内丹,真氣纔生,艮卦飛金晶,一撞三關,上至泥丸,當行金液還丹之法。自頂中前下金水一注,下還黄庭,變金成丹,名曰金丹。行金液還丹,當於深密幽房,風、日、凡人不到之處,燒香叠掌,盤膝坐,以體蹲而後升,纔覺火起,正坐絶念忘情,内觀的確,艮卦飛金晶入頂,但略昂頭偃項,放令頸下如火,方點頭向前,低頭曲項,退舌尖進後,以抵上顎,上有清冷之水,味若甘香,上徹頂門,下通百脉。鼻中自聞一種真香,舌上亦有奇味,不漱而咽下,還黄庭,名曰金液還丹。春夏秋冬不拘時候,但於肘後飛金晶入腦之後,節次行此法,自艮至巽而已。晚間勒陽關法,自兑至乾而已。祇行此法謹節,勝及前方,可得成志意,止於煉形住世、長生不死而已,不能超脱也。

《道要》曰:識取五行根蒂,方知春夏秋冬,時飲瓊漿數盞,醉歸月殿遨游。

《解》曰:識取五行根蒂者,爲到五行相生相尅而用卦時不同,以行咽法,方知春夏秋冬改移有時候也。瓊漿,玉液也。月殿,是丹田。醉,則咽多也。

東望扶桑未曉,後升前偃無休,驟馬數游宇宙,長男祇到楊州。

《解》曰:東望扶桑未曉者,日未出艮卦之時,後升飛金晶也。

前偃玉液還丹。驟馬，起火玉液煉形也。遨游宇宙，遍滿四肢也。長男，震卦。祇到楊州，離卦也。玉液煉形，自震卦爲始，至離卦方止也。

此采藥三百日數足胎圓，而飛金晶減一卦，勒陽關如舊。罷采藥，添入咽法。咽法隨四時而已，此係煉形法。用卦候添入煉形，自震卦爲始，離卦爲期，不限年月日，見驗方止。身體光澤，神氣秀媚，漸畏腥穢以衝己腹。凡情凡愛心境自除，真氣將足而以常飽，所食不多而飲酒無量，塵骨已更而變神識，步趨走馬而行如飛，目如點漆，體若凝脂，紺髪再生，皺臉重舒，老去永駐童顔，仰視百步而見秋毫，身體之間舊痕殘靨自然消除，涕泪涎汗亦不見有也。聖丹生味，靈液透香，口鼻之間常有真香奇味，漱成凝酥，可以療人疾病，遍體皆成白膏。上件皆玉液還丹煉形之驗也。驗既正，當謹節用功，依法隨時而行後事。

金液還丹第七

《金誥》曰：積陽成神，神中有形，一生於日，日生於月。積陰成形，形中有神，一生於金，金生於玉。隨陰陽而生没者，日月之光也。因數生光，數本於乾坤。隨陰陽而升降者，金玉之氣也。因時起氣，時本於天地。

《真原》曰：數行日月，數用六九。乾坤之數、金玉之氣，春夏上升，秋冬下降。升降，天地之時。金生於土，土生於石，石生於玉，見於成形而在下者如此。日中金烏，月中玉兔，日待月魄而光見於成神而在上者如此。

《比喻》曰：日月比氣也，腎氣比月，而心氣比日。金玉比液也，腎液比金，而心液比玉。所謂玉液者，本自腎氣上升而到於心，以合心氣,二氣相交而過重樓,閉口不出而津滿玉池,咽之而曰玉液還丹,升之而曰玉液煉形。是液本自腎中來,而生於心。亦比土中生石,石中生玉之説也。所謂金液者,腎氣合心氣而不上升,薰蒸於肺,肺爲華蓋,下罩二氣,即日而取肺液,在下田自尾閭穴升之,乃曰飛金晶入腦中,以補泥丸。補足自上復下降,而入下田,乃曰金液還丹。既還下田,復升,遍滿四體,前後上升,乃曰金液煉形。是亦金生於土之説也。凡欲煉形飛金晶者,當在净室中,切禁風日,遥焚香密啓:

三清上聖,臣所願長生在世,傳行大道,演化告人,當先自行煉形之法,欲得不畏寒暑,絶啖穀食,逃於陰陽之外。咒畢乃咽之。

《真訣》曰:背後尾閭穴曰下關,夾脊曰中關,腦下曰上關。始飛金晶以通三關,腎比地,心比天,上到頂以比九天。玉液煉形,自心至頂,以通九天。三百日咽,大藥就,胎仙圓,而真氣生。前起則行玉液煉形之舊道,後起則行飛金晶之舊道。金晶玉液,行功見驗,自坎卦爲始,後起一升入頂,以雙手微閉雙耳内觀,如法微咽於津。乃以舌抵定牙關,下閉玉池,以待上顎之津下而方咽,咽畢復起,至艮卦爲期。春冬兩起一咽,秋夏五起一咽。凡一咽數,秋夏不過五十數,春冬不過百數。自後咽罷升身前起,以滿頭面、四肢、手指,氣盛方止。再起再升,至離卦爲期。凡此後起咽津,乃曰金液還丹。還丹之後而復前起,乃曰金液煉形。自艮卦之後煉形,至離卦方止。兑卦勒陽關,至乾卦方止。以後起到頂,自上而下,號曰金液還丹。金丹之氣,前起自下而上,曰金液煉形。形顯琪樹金花,若以金液還丹未到下元,而前後俱起,乃曰火起焚身,此是金液還丹煉形。既前後俱起,兼了焚身。凡行此等,切須謹節苦志而無懈怠,以見驗爲度也。

《道要》曰：起後終宵閉耳，隨時對飲金波，宴到青州方住，日西又聽陽歌。

《解》曰：起後終宵閉耳者，爲行金液還丹須是肘後飛金晶，一撞三關，其氣纔起，急須雙手閉耳。耳是腎波之門，恐泄腎氣於外而不入腦中也。隨時對飲金波者，既覺氣入腦中。即便依前法點頭曲項，退舌尖，近柱上顎，清甘之水有奇异是驗，甘若蜜也。當艮卦飛金晶一咽，至震卦方止。青州乃震卦也。日西，兑卦也。又聽陽歌者，自兑卦勒陽關，直至乾卦，日用離卦，不必采藥也。

飲罷終宵火起，前升後舉焚身，雖是不拘年月，日中自有乾坤。

《解》曰：此一訣是金液煉形之法也。飲罷終宵火起者，是依前法金液還丹，而艮卦煉形是起火也。前升後舉，飛金晶起火也。凡玉液煉形之時，先後起金晶入頂，次還丹而復前升之以煉形，是金液煉形之法不同也。當其飛金晶而起火入頂，便前起而煉形。前後俱起，名曰焚身火而行還丹，須依四時加減之數。所行此法，不拘年月日時，但以謹節專一，幽居絶迹可也。日中自有乾坤，蓋午前燒乾，午後燒坤。人以前後言之，肚腹爲坤，而背後爲乾。午前燒乾者，爲肘後飛金晶，前起煉形也。午後燒坤者，自兑卦勒陽關，至乾卦方止故也。

此須於玉液還丹煉形見驗正當，方以謹節幽居，焚香而行此法。金液還丹，而相次煉形勒陽關，如是一年外，方得焚身。焚身，即是坎卦前煉形，以人身前後言之，肚腹爲坤，背後爲乾。焚身午前燒乾，午後燒坤勒陽關。凡燒乾自下而上，前後俱起。冬夏三日成，五日而行既濟之法，以防太過，而使金丹之有潤，乃焚身火起中咽也，見驗方止。内志清高以合太虚，魂神不游以絶夢寐。陽精成體，神府堅固，四時不畏寒暑，神采自可變移容儀。常人對面，雖彼富貴之徒,亦聞腥穢,蓋其凡骨俗體也。功行滿足,密授三清真籙,陰陽變化,人事灾福,神靈而皆能預知。觸目塵冗,心絶萬境。真氣充滿,以絶飲食。异氣透出金色,仙肌可比玉蘂。去留之處,當所神祇自來相見,驅用招呼,一如己意。真氣純陽,可乾外水。上件金液還丹,還丹之後,金液煉形之驗也。已上乃長生不死之訣。

右中乘三門係地仙。

(四)《秘傳正陽真人靈寶畢法》卷下

大乘超凡入聖法三門

朝元第八

《金誥》曰:一氣初判,大道有形而列二儀。二儀定位,大道有名而分五帝。五帝异地而各守一方,五方异氣而各守一子。青帝之子甲、乙受之天真木德之九氣,赤帝之子丙、丁受之天真火德之三氣,白帝之子庚、辛受之天真金德之七氣,黑帝之子壬、癸受之天真水德之五氣,黄帝之子戊、己受之天真土德之一氣。自一生真一,真一因土出,故萬物生成在土,五行生成在一,真元之道,皆一氣生也。

《玉書籙》曰:一、三、五、七、九,道之分而有數。金、木、水、火、土,道之變而有象。東、西、南、北、中,道之列而有位。青、白、赤、黄、黑,道之散而有質。數歸於無數,象反於無象,位至於無位,質還於無質。欲道之無數,不分之則無數矣。欲道之無象,不變之則無象矣。欲道之無位,不列之則無位矣。欲道之無質,不能之則無質矣。無數則道之源也,無象則道之本也,無位則道之真也,無質則道之妙也。

《真原》曰:道原既判,降本流末,悟其真者,因真修真,内真而外真自應矣。識其妙者,因妙得妙,内妙而外妙自應矣。天地得道之真,其真未應,故未免乎有位。天地得道之妙,其妙未應,故未免乎有質。有質則有象可求,有位則有數可推。天地之間、萬物之内,最貴惟人。即天地之有象可求,故知其質氣與水也。即天地之有數可推,故知其位遠與近也。審乎如是,而道亦不遠於人也。

《比喻》曰:天地有五帝,而比人之有五臟也。青帝甲、乙木,甲爲陽,乙爲陰,比肝之氣與液也。黑帝壬、癸水,壬爲陽,癸爲陰,比腎之氣與液也。黄帝戊、己土,戊爲陽,己爲陰,比脾之氣與液也。赤帝丙、丁火,丙爲陽,丁爲陰,比心之氣與液也。白帝庚、辛金,庚爲陽,辛爲陰,比肺之氣與液也。凡春夏秋冬之時不同,而心肺肝腎之旺有月。

《真訣》曰:凡春三月,肝氣旺。肝旺者,父母真氣隨天度運而在肝。若遇木日,甲、乙救土,於辰、戌、丑、未之時,依時起火煉脾氣。餘日兑卦時損金以耗肺氣,是時不可下功也。坎卦時依法起火煉腎氣。震卦時入室,多入少出,息住爲上,久閉次之,數至一千息爲度,當時内觀如法,一意冥心閉目,青色自見,漸漸升身,以入泥丸,自寅至辰,以滿震卦(千息以上尤佳,如息急漸微,出息而息住,不須連成)。

凡夏三月,心氣旺。心旺者,以父母之真氣隨天度運而在心。若遇火日,丙、丁救金,於兑卦時依法起火煉肺氣。餘日坎卦時損水以耗腎氣,是時不可下功也。震卦時依法起火煉肝氣。離卦時入室,依前行持定息,赤色自見,漸漸升身,以入泥丸,自巳至未,以滿離卦(一千息以上尤佳,其説如前)。

凡秋三月，肺氣旺。肺旺者，以父母真氣隨天度運而在肺。若遇金日，庚、辛救木，於震卦時依法起火煉肝氣。餘日離卦損火以耗心氣，是時不可下功也。巽卦時依法起火煉脾氣。兑卦時入室，依前行持，白色自見，漸漸升身，以入泥丸，自申至戌，以滿兑卦。

凡冬三月，腎氣旺。腎旺者，父母之真氣隨天度運而在腎。若遇水日，壬、癸救火，於離卦時依法起火煉心氣。餘日辰、戌、丑、未時，損土以耗脾氣，是時不可下功也。兑卦時依法起火煉肺氣。坎卦時入室，依前行持，黑色自見，漸漸升身，以入泥丸，自亥至丑，以滿坎卦。

《解》曰：春煉肝千息，青氣出。春末十八日不須依前行持，止於定息爲法，而終日静坐，以養脾而煉己之真氣，乃可坎卦起火煉腎，恐耗其真也。

夏煉心千息，赤氣出。夏末十八日不須依前行持，止於定息爲法，而終日静坐，養煉如前，乃可坎卦時起火如前。

秋煉肺千息，白氣出。秋末十八日不須依前行持，止於定息爲法，而終日静坐，養煉如前，乃可坎卦時起火如前。

冬煉腎千息，黑氣出。冬末十八日不須依前行持，止於定息爲法，而終日静坐，養煉如前，乃可坎卦時起火如前。

以至黄氣成光，默觀萬道周匝圍身。凡定息之法，不在强留而緊閉，使綿綿若存，用之不勤，從無入有，使之自住。采藥法，含津握固，以壓心之真氣不散也。凡入室須閉户孤幽静館，以遠鷄犬、女子一切厭觸之物，微開小竅使明辨物，勿令風日透氣，左右有聲。當潛心息慮，事累俱遣，内外凝寂，不以一物介其意。蓋以陽神初聚，真氣方凝，看待如嬰兒，尚未及半，日夕焚香默祝天。隱於山林，功行將半者地仙。跪拜稽首默祝天，寄於海隅洞府，與天下立大功,與黎首除大害,潛迹者天仙。跪拜稽首,三禮既畢,静坐忘機,以行此法。仍須前法節節見驗,若以便爲此道,但恐徒勞終不見成,止於陰魄出殼而爲鬼仙。

《道要》曰:凡行此法,不限年月日。隨月一依前法,以至見驗方止,其氣自見。須是謹節不倦,弃絶外事,止於室中用志。測其時候,用二個純陽小子,或結交門生,交翻反覆,供過千日,可了一氣。一以奪十,一百日可見功。五百日氣全,可行内觀炁後,聚陽神以入天神,煉之而合道,入聖超凡。煉氣之驗,但覺身體極暢,常仰升騰,丹光透骨,异香滿室。次以静中外觀,紫霞滿目。頂中下視,金光罩體之可怪證驗不可備紀。

内觀第九

《金誥》曰:大道本乎無體,寓於氣也。其大無外,無物可容。大道本乎無用,運於物也。其深莫測,無理可究。以體言道,道之始有内外之辨。以用言道,道之始有觀見之基。觀乎内而不觀乎外,外無不究而内得明。觀乎神而不觀乎形,形無不備而神得見矣。

《真原》曰:以一心觀萬物,萬物不謂之有餘。以萬物撓一氣,一氣不謂之不足。一氣歸諸心,心不可爲物之所奪。一心運一氣,氣不可爲法之所役。心源清澈,一照萬破,亦不知有物也。氣戰剛强,萬感一息,亦不知有法也。物物無物,以還本來之象。法法無法,乃全自得之真矣。

《比喻》曰:以象生形,以形立名。有名則推其數,有數則得其理。比者之論。蓋高上虚無,無物可喻。所可比者,如人之修煉,節序無差,成就有次。冲和之氣凝而不散,至虚真性恬淡無爲,神合乎道,歸於自然。當此之際,以無心爲心。如何謂之應物,以無物爲物。如何謂之用法,真樂熙熙不知己之有身。漸入無爲之道,以入希夷之域,斯爲入聖超凡之客。

《真訣》曰:此法合道,有如常說存想之理,又如禪僧入定之時。當擇福地置室,跪禮焚香,正坐盤膝,散髮披衣,握固存神,冥心閉目。午時前微以升身起火煉氣,午後微以斂身聚火燒丹。不拘晝夜,神清氣和,自然喜坐。坐中或聞聲莫聽,見境勿認,物境自散。若認物境,轉加魔軍不退,急急前以身微斂,斂而伸腰,後以胸微偃,偃不伸腰,少待前後火起高升,其身勿動,名曰焚身。火起魔軍自散於軀外,陰邪不入於殼中,如此三兩次已。當想遍天地之間皆是炎炎之火畢,清涼了無一物。但見車馬歌舞、軒蓋綺羅、富貴繁華、人物歡娛,成隊成行,五色雲升,如登天界。及到彼中,又見樓臺聳翠,院宇徘徊,珠珍金玉滿地不收,花果池亭莫知其數。須臾异香四起,妓樂之音嘈嘈雜雜,賓朋滿坐,水陸俱陳,且笑且語,共賀太平,珍玩之物互相獻受。當此之際,雖然不是陰鬼、魔軍,亦不得認爲好事。蓋修真之人弃絶外事,甘受寂寞,或潛迹江湖之地,或遁身隱僻之隅,絶念忘情,舉動自戒,久受劬勞而歷瀟灑。一旦功成法立,遍見如此繁華,又不謂是陰魔,將謂實到天宮。殊不知脱凡胎在頂中自己天宮之内,因而貪戀,認爲實境,不用超脱之法,止於身中陽神不出,而胎仙不化,乃曰出昏衢之上,爲陸地神仙而可長生不死而已,不能脱質升仙而歸三島以作人仙子也。當此可惜,學人自當慮超脱雖難,不可不行也。

《道要》曰:不無盡法,已滅省故也。

超脱第十

《金誥》曰:道本無也,以言有者,非道也。道本虚也,以言實者,非道也。既爲無體,則問應俱不能矣。既爲無相,則視聽俱不能矣。以玄微爲道,玄微亦不離問答之累。以希夷爲道,亦未免爲視聽之累。希夷玄微尚未爲道,則道亦不知其所以然也。

《玉書》曰:其來有始而不知大道之始,何也。其去有盡而不知大道之終,何也。高高之上雖有上,不知大道之上無有窮也。深深之下雖有下,不知大道之下無有極也。杳冥莫測名曰道,隨物所得而列等殊。無爲之道,莫能窮究也。

《真訣》曰:超者,是超出凡軀而入聖品。脱者,是脱去俗胎而爲仙子。是其神入氣胎,氣全真訣。須是前功節節見驗正當,方居清静之室,以入希夷之境,内觀認陽神,次起火降魔,焚身聚氣。真氣升在天宫,殼中清净,了無一物,當擇幽居,一依内觀。三禮既畢,平身不須高升正坐,不須斂伸,閉目冥心。静極朝元之後,身軀如在空中,神氣飄然,難爲制御,默然内觀,明朗不昧,山川秀麗,樓閣依稀,紫氣紅光紛紜爲陣,祥鸞彩鳳音語如簧。异景繁華,可謂壺中真趣,而洞天别景,逍遥自在,冥然不知有塵世之累。是真空之際,其氣自轉,不須用法依時。若見青氣出東方,笙簧嘹亮,旌節車馬,左右前後不知多少。須臾南方赤氣出,西方白氣出,北方黑氣出,中央黄氣出。五氣結聚而爲彩雲,樂聲嘈雜,喜氣熙熙,金童、玉女扶擁自身,或跨火龍,或乘玄鶴,或跨彩鸞,或騎猛虎。升騰空中,自下而上,所遇之處,樓臺觀宇不能盡陳,神祇官吏不可備説。又到一處,女樂萬行,官僚班列,如人間帝王之儀,聖賢畢至。當此之時,見之傍若無人,乘駕上升,以至一門,兵衛嚴肅而不可犯,左右前後官僚、女樂留戀不已,終是過門不得軒蓋覆面,自上而下,復入舊居之地。如此上下不厭其數,是謂出殼之法也。積日純熟,一升而到天宫,一降而還舊處,上下絶無凝滯。乃自下而上,如登七級寶塔,或如上三層紅樓。始也一級而一級,七級上盡,以至頂中,輒不得下視,神驚而戀軀不出。既至七級之上,則閉目便好跳,如寐如寤,身外有身,形若嬰兒,肌膚鮮潔,神采瑩然,回觀故軀,亦不見有所見之者,乃如糞堆。又如枯木,憎愧萬端,輒不可頓弃而遠游。蓋其神出未熟,聖氣結而未成,須是再入本軀,往來出入純熟,一任遨游,始乎一步、二步,次二里、三里,積日純熟,乃如壯士,展臂可千里、萬里,而形神壯大,勇氣堅固,然後寄凡骸於名山大川之中,從往來應世之外,不與俗類寺倫。是此而或行滿而受天書,驂鸞乘鳳,跨虎騎龍,自東自西,以入紫府。先見太微真君,次居下島。欲要升洞天,當傳道、積行於人間。受天書而升洞天,以爲天仙。凡行此法,古今少有成者。蓋以功不備而欲行之速,便爲此道。或乃功驗未證,止事静坐,欲求超脱。或乃陰靈不散,出而爲鬼仙,人不見形,往來去住,終無所歸,止於投胎就舍,而奪人軀殼,復得爲人仙。或出入不熟,往來無法,一去一來,無由再入本軀,神魂不知所在,乃釋子坐化,道流之尸解也。故行此道,乃在前功見驗正當,仍是擇地築室,以遠一切腥穢之物、臭惡之氣、往來之聲、女子之色,不止於觸其真氣,而神亦厭之。既出而復入,入而不出,則形神俱妙,與天地齊年而浩劫不死。既入而復出,出而不入,如蟬脱蜕,遷神入聖。是以超凡脱俗,以爲真人仙子,而在風塵之外、寄居三島之洲者也。已上超凡入聖之訣。

右大乘三門係天仙。

三、《破迷正道歌》

若非符契天緣事,故把天機訣與君。
片言半句無多字,萬卷仙經一語通。
一訣便知天外事,掃盡旁門不見踪。
若言此理神仙道,天地虛無上下空。
説破木金無間隔,真鉛真汞豈有形。
誰知這個天機理,便會日月得高奔。
也無坎離并龍虎,也無烏兔各西東。
非肝非肺非心腎,不干脾胃膽和精。
非思非想非爲作,不在三田上下中。
豈干夾脊至昆侖,不是精津炁血液,
不是膀胱五臟神,此物在人身中出。
四時春夏及秋冬。先天先地誰人識,
二物相和重一斤,弦望晦朔合本數,
循環晝夜不曾空。依時采取知老嫩,
片餉之間并甲庚,祇在西南産本位,
慢慢調和入艮宫。試把天機輕撥動,
真炁時時聚太空。謀得乾坤爲鼎器,
顛倒宇宙任縱横。南辰移入北辰位,
金烏飛入玉蟾宫。太陽裏面藏玉兔,
太陰加減自和同。前弦之後尋藥物,
後弦之前炁停匀,兩弦之間爲采取,

先後存定祖和宗。他是主時賓是我，
我若浮時你却沉，調得浮沉歸一處，
沐浴潛藏總是空。離坎本來無南北，
震兑豈則在西東，若遇神仙親指訣，
捉住北斗周天輪。撮得陰陽歸掌内，
頃刻之間萬物生。這些金液還丹訣，
不遇仙師莫强攻。果然采得先天炁，
日月擒來兩手中，晝夜打交成一塊，
自有龍吟虎笑聲。初時上下風聲吼，
漸凝漸結紫雲生。雲滿山中遮日月，
此時一陣似朦朧。默默自然雲霧動，
定裹時聞霹靂聲，紫鳳烏兔交一處，
金烏玉兔自相争。虎繞龍蟠尋至寶，
金公姹女結婚姻。這番子母裹相會，
神炁歸根合本真。一點最初真種子，
入得丹田萬古春。先天先地歸一處，
混沌未分豈有痕。生發自然合聖理，
緣來紅花一色新。上下水火自澆灌，
二炁交結産胎嬰。自然白日生神象，
自有超凡出死生。果然百日防危險，
血化爲膏體似銀。果然百日無虧失，
玉膏流潤生光明。真炁薰蒸無寒暑，
可爲無上道高人。炎炎鍛煉三百日，
驟雨顛風滿太空。電光晃耀無窮數，
雷震天關鬼神驚。掀翻宇宙飛白雪，

倒捉乾坤不夜春。換骨回陽身不朽，
九還七返化真形。辛苦都來十個月，
内外虚明表裏真。聚則成形散則炁，
返本還元太虚同。變化往來人莫測，
祖祖相傳古到今。一理便合天地理，
神仙口訣不爲虚。更若保守一二載，
百千萬億劫無窮。會得金液種形法，
乘鸞跨鶴自飛騰。出有入無無阻礙，
蓬萊三島任縱横。若更萬年百千劫，
海變桑田貌亦同。堪嗟無限學仙者，
總是天仙道不同，俱被野狐涎昧定，
鬼言妖語怎生聽。雲游四海參玄妙，
盡是邪門小法功，愚迷執强難教化，
依然一盲引衆盲。有如餐松并服餌，
如何脱免死生根；有如忘形習定息，
如何百脉盡歸宗。有如呼吸想丹田，
到底胎仙學未成；有如息氣爲先天，
至老無成也是空。有如口鼻爲玄牝，
恰似滿網去包風；有如思心爲方寸，
怎得歸元見祖宗。更有積精爲鉛汞，
轉與金丹事不同；有執氣神爲子母，
亦隔天仙萬里程。有如開頂爲煉養，
枉施功力謾勞神。更有縮龜并煉乳，
正是邪門小法功。更有行炁爲火候，
九載三年誤了人。鼻頭閉息服元炁，

引得邪風肚裹鳴。假若識心并見性，
到頭終久做陰靈；知他多少閑門户，
勞漉空動骷髏形。止念降心爲清净，
下梢終久是頑空。晝夜專行子午法，
天地豈有惡時辰。孤修閉息行存想，
執定舌根做赤龍；更有周天行卦象，
更有種頂作黄庭。更有指臀爲造化，
執定尾閭爲命根；更有還元服水火，
更有采補吸淫精。更有仰天吸日月，
便地道魄是天魂。更有咂津爲造化，
斷除五味是修真。晝夜一餐爲日用，
身體尪羸似鬼形。曲身偃仰叩玉户，
抱元守一運雙睛。竦肩縮項思脊骨，
搬運流珠想太陰。更有書符并念咒，
破券分環學隱形。按摩吁呵六字訣，
瞻星禮斗受辛勤。入清吐濁爲丹本，
陽關緊勒火飛騰。炎炎遍身通透熱，
呼作天真大道根。看讀念贊持科籙，
設壇拜醮望飛騰。三千六百傍門法，
不識隨形晝夜人。有緣遭遇明師指，
頃刻之間造化生。一炁循環無阻礙，
散在萬物與人身。達人采得先天炁，
一夜雷聲不暫停。電光閃閃無窮數，
二炁相交豈有形。摧塌天關無可比，
雷電風雨一齊生。顛倒顛時交换位，

無量火炁亂崢嶸。虎繞藥爐爭造化，
龍蟠金鼎要飛騰。四象五行歸戊己，
烹煉金液混元晶。萬朵紫雲籠北海，
千條百脉撞昆侖。真炁輝輝星斗暗，
紅光赫赫太陽昏。加减自然分進退，
前弦後弦定其真。丹頭老嫩須亦認，
抽添運用片時中。結胎火候有時刻，
真火炎炎燒宇宙。乾坤上下盡通紅。
一水一火分爻象，一升一降自浮沉，
一來一去分賓主，一前一後有君臣，
一陰一陽爲天地，一剛一柔自均匀。
冬夏二至爲節候，春秋二分定寒温，
往來上下無形象，循環晝夜有時辰。
若非土祖相傳訣，豈知大道片時功。
驅回斗柄玄關理，斡轉天關萬象通。
片餉龍虎頻頻鬥，二物交合頃刻中。
擒得猩猩俱鶻突，混混沌沌未分明。
此時木金交并法，真鉛真汞天地晶。
祇此火候金丹訣，全憑交結在黄庭。
混元一炁千年藥，萬劫常存不夜春，
三千刻内嬰兒象，百日功夫造化靈。
十月煉成純陽體，自然寒暑不來侵，
瑞氣彩雲遮五體，鸞鶴對舞面前迎，
玉女雙雙持紫詔，名曰方號唤真人。
金光罩體人難視，節制儀威左右行，

仙鶴接引朝元去，白日飛升謁上京。

附　《太上洞真凝神修行經訣》

一訣便知天地理，掃蕩邪門不見踪，
混沌凝神神仙道，天地虚無上下空。
此訣不在口持念，心開悟解出凡籠。
説破木金無間隔，真鉛真汞天地精，
誰知這個神仙理，悟得此訣便成功。
也無坎離并龍虎，也無烏兔各西東，
非肝非肺非心腎，豈干脾胃膽和精？
非想非爲作無爲，不凝真炁謾勞神，
不在三田上下出，豈干夾脊至昆侖？
不是精津炁血液，不是勝光五臟神。
此物不在人身出，不在春夏及秋冬，
先天先地誰人識？二炁交合各一斤。
弦望晦朔合本數，環晝巡夜不曾停，
依時采取壹嫩片，采向中間并甲庚。
出在西南爲産藥，慢慢調和入艮宫，
試把天機輕撥動，真炁時時聚太空。
悟得乾坤爲鼎器，顛倒宇宙任根踪，
南辰移入北辰位，金烏飛入玉蟾宫。
太陽裏面藏玉兔，太陰加減自和同，
前弦之後尋藥物，後弦之前炁停匀。
兩弦之間爲采取，先後存亡定祖宗，

他是主人誰是我,我若浮時你却沉。
調和浮沉爲一處,沐浴潛藏總是空。
坎離本來無南北,震兑豈則有西東?
嫩片入盆無間隔,捉住北斗周天輪。
撥得陰陽歸掌内,頃刻中間造化生。
這些金液還丹法,不遇仙師莫强攻,
果然采得先天炁,日月擒來兩手中。
晝夜打交成一塊,自有龍吟虎嘯聲。
初時上下風聲吼,風漸凝時結紫雲,
生雲滿出遮日月,此時一陣似洪濛。
默默自然雲霧動,定裏時聞霹靂聲,
鸞鳳龜蛇交一處,金烏玉兔自相争。
虎繞龍蟠尋至寶,金公姹女結婚姻,
這番子母重相會,神炁歸根合本真。
一點最初真種子,煉入丹田萬古春。
先天先地歸一處,混沌未分豈有根?
生發自然合聖理,緑葉紅花一色新。
水火上下頻澆灌,二炁凝結産胎嬰。
白日自然生神祖,超凡入聖出死生。
修煉百日無虧欠,血化凝膏體似銀,
真炁薰蒸無寒暑,世上方爲道高人。
乾陽煆煉三百日,驟雨顛風滿太空,
電光晃耀無窮數,雷震天關鬼神驚。
掀翻宇宙飛白雪,顛倒陰陽無夜春,
换骨迴陽身不朽,九還七返結真形。

慧火煅煉三百日，内外明靈表裏真，
聚則成形散爲炁，返本還元太虚同。
變化往來人莫測，口口相傳古到今。
其中便合天地理，神仙口訣不虚論。
更要保守三五載，百千萬億劫無窮。
會得金液還丹法，乘鸞跨鳳自飛騰，
奥妙煉之無阻礙，蓬萊三島任縱横。
若更百萬千千劫，海竭山崩貌常真。
堪嘆世上修真者，總與天仙道不同，
三千六百傍門法，不能逐一細分陳。
大道目前人不識，分散萬物與人身，
達人采取先天炁，一夜雷聲不暫停。
電光晃耀無窮數，二炁相交豈有形？
摧塌天關無可比，風雨雷電一齊生，
顛倒陰陽交换位，無量天炁亂争榮。
虎繞藥爐争造化，龍蟠金鼎要張騰，
四象五行歸戊己，烹煎煅煉混元精。
瑞炁煌煌星斗暗，紅光赫赫太陽昏，
加減自然分進退，弦前弦後定其真。
金丹老嫩須認識，抽添運用片時功，
結胎火候知時刻，時時刻刻自然升。
真火炎焰燒宇宙，乾坤上下自通紅，
一水一火分爻象，一升一降定浮沉，
一來一往分賓主，一前一後有君臣。
一陰一陽爲天地，一剛一柔自停匀。

冬夏二炁爲節候，春秋二炁定寒温，
來往上下無形象，巡環晝夜有時辰。
驅回斗柄玄關理，斡轉天關萬象通。
片餉龍虎頻頻門，二物相交頃刻中，
帶得惺惺歸谷竅，混混沌沌自分明。
此是木金交并法，真鉛真汞天地精。
衹此火候金丹訣，全憑交結在朱靈，
混沌一炁千年藥，萬劫常存不夜春。
三千日内凝生象，百日功分造化靈，
十月煉就純陽體，自然寒暑不相侵。
功成行滿神胎就，抽胎换骨返長生。
瑞氣彩雲遮玉體，青鸞白鶴引前行，
玉女金童持紫詔，諸天天仙左右迎。
金光罩體人難視，九天仙樂一齊鳴，
騰雲駕霧朝元去，飛升直上九霄京。

四、《黄帝陰符經集解》中所載鍾離權之《解》

《黄帝陰符經集解》三卷，原題赤松子、子房真人張良、太極左仙翁葛玄、西山真人許遜、正陽真人鍾離權、純陽真人吕岩、華陽真人施肩吾、至一真人崔明公、海蟾真人劉玄英、清虚真人曹道冲等十真人撰。據《道藏提要》考證，應爲南宋金元道士假托之作。底本出處：《正統道藏》洞真部玉訣類。

《黄帝陰符經集解》卷上

鍾離真人曰:黄者中央之色,帝者君主之名。中以統於五行,帝以治於萬物。陰者性之宗,符者命之本。此《陰符》之旨。内以修身,外治家國,包羅天地,總御群方,古今得道仙真,皆因此義以至於無爲矣。

神仙抱一演道章

觀天之道,執天之行,盡矣。

鍾離曰:大道無形,視聽不可以見聞;大道無名,度數不可以籌算。資道生形,因形立名。名之大者,天地也。即天地上下之位而知大道之高卑,即陰陽終始之期而知大道之前後。冬至則地中陽升,五日一候,三候一炁。經六炁而至春分。是時陽升入陽位,又六炁而之夏至,乃陽升到天,太極而生陰,陰以杳冥,抱陽而下降。夏至則天中陰降,經六炁而至秋分,是時陰降入陰位,又六炁而之冬至,乃陰降到地,太極而生陽,陽以恍惚負陰而上升,升降不失其道,是以天地長久。惟人也集靈以生,資道而立,體天法道,調運陰陽以心腎,方合天地上下之位。用炁液比陰陽升降之儀,將一日效一年,使一時象一月,養命按法,下功依時,陰陽交合,不失其道,亦當與天地齊其堅固而同得長久矣。執者,持也。觀天持法,依令而行,萬事皆畢。故曰:觀天之道,執天之行,盡矣。

天有五賊,見之者昌。

五賊在心,施行於天。

宇宙在乎手,萬化生乎身。

天性,人也。人心,機也。立天之道,以定人也。

天發殺機,龍蛇起陸。人發殺機,天地反覆。

天人合發,萬變定基。

性有巧拙,可以伏藏。

鍾離真人頌曰:天人合發定心基,復命歸根盡性時。隱迹韜光修道德,伏藏元火守柔雌。

九竅之邪,在乎三要,可以動静。

火生於木,禍發必剋。奸生於國,時動必潰。知之修煉,謂之聖人。

《黄帝陰符經集解》卷中

富國安民演法章

鍾離真人曰:富者,足備之稱;安者,康寧之義。身如家國,心比父君。君正則天下普安,心静則萬神皆裕。一身之中,靈備萬物,精炁血脉,臟腑魂魄,皮膚毛髮,比同兆民。君主無事則民庶均安,知足忘貪,則是名真富。故《道德經》云:知足者富。又云:愛民治國,能無爲乎?又曰:爲無爲,則無不治矣。又曰:我無爲而民自化,我好静而民自正,我無欲而民自樸,我無事而民自富。此乃安民富國之法旨也。

天生天殺,道之理也。

天地,萬物之盗;萬物,人之盗;人,萬物之盗。三盗既宜,三才既安。

故曰:食其時,百骸理。動其機,萬化安。

鍾離真人《滿路花》云:人人皆有道,迷者不知源。天生天殺理,妙中玄樞星斗,晷運逐時遷。澄心忘愛欲,順序調神,慧通覺性靈圓。既三才三盜宜安,富國豈爲難。食時骸固理煉丹田。無妨。市井不礙作朝官。綿綿胎息,炁養嬰兒,任從烏兔往然。

人知其神而神,不知不神而所以神。

鍾離曰:神者,妙而無方,陰陽不測之謂也。但知萬物從陰陽而生長,殊不知陰陽自不神而生焉。不神者,至道也。虛寂者,無爲也。故曰不神。此不神之中能生陰陽、日月、三才、萬物,是不神而所以神也。

日月有數,大小有定。聖功生焉,神明出焉。

鍾離曰:日月,陰陽之精華,六合之中,爲至尊也。積日爲月,積月爲歲,行歷周天,各有度數;盈昃進退,亦有大小。此則日月有數,大小有定也。

其盜機也,天下莫能見,莫能知。君子得之固躬,小人得之輕命。

《黄帝陰符經集解》卷下

强兵戰勝演術章

鍾離真人曰:强者,康健之稱;兵者,禦戎之器。《德經》曰:益生曰祥,心使炁曰强。《易》曰:天行健,君子以自强不息。言體天德純陽之道,統御群生,以心爲主,以炁爲兵,君主無爲,無不治矣,此乃清静無爲之道。以道降魔,罔有不剋。故曰:强兵戰勝。

瞽者善聽,聾者善視。絶利一源,用師十倍;三反晝夜,用師萬倍。

天之無恩而大恩生。

迅雷烈風,莫不蠢然。

至樂性餘,至静則廉。

天之至私,用之至公。

鍾離真人頌曰:天地氤氳象至私,生而不有至公時。用之至公用南北,使之神聖使東西。

禽之制在炁。

生者,死之根;死者,生之根。

恩生於害,害生於恩。

鍾離真人曰:恩者害之源,害者恩之流。

愚人以天地文理聖,我以時物文理哲。

鍾離真人頌曰:玄象高明示吉凶,愚迷悛理亦成功。但隨時物行真善,日月無窮道自通。

五、《道樞》所收"鍾離權"答内丹諸問

《道樞》爲至游子曾慥所集。據《道藏提要》:"慥於紹興六年(1136)編成《類説》六十卷。晚而好道,於紹興二十一年(1151)編撰《集仙傳》,《道樞》纂集蓋在此前。《真齋書録解題》著録此書爲二十卷,一百二十二篇。《道藏》本爲四十二卷,一百卷八篇,篇卷

有出入。”①

《道樞》中所收《百問篇》《修真指玄篇》《傳道上篇》《傳道中篇》《傳道下篇》《靈寶篇》等,皆涉及鍾離權與吕洞賓對内丹法訣之問答,這對於理解鍾離權的丹法思想極具價值,故録存於此,以備讀者、朋友核究。

(一)《道樞》卷之五中所收《百問篇》

百問篇(修真之方,浩乎無涯,止陽之言,司洞之車)

純陽子(吕洞賓也)讀丹經玄書,其旨淵深,懼後世莫測焉,於是以問於正陽子(鍾離雲房)曰:“《清静經》言有動有静者,何謂也?”正陽子曰:“動者,汞也,清而飛者也;静者,鉛也,濁而不起者也,此無异故焉。鉛之飛,蓋得火者也;汞之不起,蓋遇鉛者也。動則有生滅,静則無所著焉。”純陽子曰:“洞庭紫府在於身爲何所乎?”正陽子曰:“此精之海,清静之府,在於肝之内,其膽是也。”純陽子曰:“孰爲泥丸?其狀何如也?”正陽子曰:“此血之海也,其别九房。房之狀方圓彌寸,其周九寸,其色白。其中一房有血焉,其名曰血海。”純陽子曰:“丹有陰有陽,何色耶?何居耶?”正陽子曰:“丹之陰者,居於血之海,丹之陽者,居於臍之下,各有神氣交會焉,此丹之元也。陰丹之元者,血也,其主血内魂魄,在於丹田,鉛之銀也;陽丹之元者,精也,其主精内心神,在於丹田,汞之龍也。”純陽子曰:“九煉者何以至於九歟?”正陽子曰:“九煉者,九機也。一年益

① 任繼愈:《道藏提要》,中國社會科學出版社1991年版,第460~461頁。

其氣,二年益其血,三年益其脉,四年益其肉,五年益其髓,六年益其筋,七年益其骨,八年益其髮,九年益其形。”純陽子曰:“還丹何也?”正陽子曰:“九年而成者也。其目點漆,其膚凝脂,其骨化玉,其腸化筋。白毫生於眉,金光周於身。行軼六驥,洞視百步之外,口鼻常有清香之味。”

純陽子曰:“何以謂之鉛與汞乎?”正陽子曰:“鉛也者,生於腎之左,其外玄,其内白,木之正氣也,其居北方(子位也),陰中之陽也,於是又有二焉,鉛精之得火者也,腦中之精血者也。汞也者,生於腎之右,其外青,其内赤,金之正氣也,其居南方(午位也),陽中之陰也,於是又有四焉,琉璃玉者也,水至於中宫者也,津結砂者也,膽之液氣者也。”

純陽子曰:“何以造化而能成丹乎?”正陽子曰:“必也取水於山之巔,取火於海之底,扳汞於重樓,采鉛於九天,汞入則鉛住而歸,凝於中宫,其狀鷄子,其色朱橘,其名聖胎,於是玄白判而爲造化者也。”

純陽子曰:“進火周天,或抽或添,其用之也,有年、有月、有日、有時,何也?”正陽子曰:“年也、月也、日也、時也,其屬乎水,則皆繫之陰者也,能克火焉。於是又有仲春、仲秋之月,七日、八日,二旬有二日、有三日,與夫既望、既晦,皆不可以行功矣。三彭守乎靈府則其功難成,須用法行持可也。”

純陽子曰:“火在吾身,何物爲之乎?”正陽子曰:“愚者以心爲火。夫心之内有神焉,謂之天地之爐,陰陽之鼎,蓋在心之下者也。夫以心爲火,則火反居其上,其何以烹歟? 非既濟之道也。火當從下發,如蒸釜焉。故火者,下元真一之氣,既極而成火,起於臍之下者也;水者,出於腦者也。”

純陽子曰:"何謂之爐?"正陽子曰:"其在吾身者也。夫大冶之爲冶也,外有爐以載火,然後爐之中可以置鎔矣。鎔内有藥,其上加覆焉。吾之爐豈异是哉!"純陽子曰:"敢問冶之門與其狀,可得聞乎?"正陽子曰:"紫烟非世之火也。紫烟者,氣也。三素升降乎内外,鼻之息綿綿不失,而後煉之成紫烟焉。"純陽子曰:"蛇有四,鼠有二,何物歟?"正陽子曰:"四者,四時也;二者,日月也。妙哉,其難言者乎!"

純陽子曰:"洞房之宫居何所歟?"正陽子曰:"其在乎眉之間,其入二寸屬乎泥丸之前,狀如玉山,内有白元之神居於紫極。"純陽子曰:"明堂則何如?"正陽子曰:"其在洞房之前,入於眉者彌寸,内有中元之神居焉。"純陽子曰:"太上有存三守一之道,何謂歟?"正陽子曰:"一物而三體者歟:水也、火也、土也,其聚也,是爲心、爲腎、爲脾;其變也,是爲氣、爲血、爲精。氣也、血也、精也,其化爲神。方其在身,故乃赤、黄、玄之鼎也,斯中宫者也。"

純陽子曰:"人之生死何其循環之無端歟?"正陽子曰:"此無异故焉,不見乎性者也,故有委心以生貪,貪生著,著生煩惱,以苦其心,心亂則神煩,神煩則欲盛,欲盛則疾且死矣。"純陽子曰:"性何謂歟?"正陽子曰:"其在太虚耶,是難言者也。形氣之去來者,其性也。"純陽子曰:"神何謂歟?"正陽子曰:"上玄之宫,太一真氣者也。其數三萬六千,隨其所生而變焉,故在氣變神,在神變氣,氣在則神存,神去則氣散。其散也,爲雲、爲霧,名之爲形,出之爲仙,入之爲真,上結乎三元,下結乎萬物,而有長養之道焉。是以不散者其真耶,散者其死耶。"純陽子曰:"神氣盡而死,氣何以絶乎?"正陽子曰:"形有六竅焉,其血虧疏則神不精不正矣。不精則津液滯矣,不正則邪氣會矣,於是乎生關壅而死路闢矣。"

純陽子曰:“金液、瓊漿,何謂歟?”正陽子曰:“瓊漿者,目之泪也,其餘氣流於上腭之右,是爲金液也。”純陽子曰:“神水何謂也?”正陽子曰:“心中之血也,其餘氣流於舌之左者也。”純陽子曰:“然則華池何謂歟?”正陽子曰:“腎中之水也,其餘氣流於舌之右者也。”純陽子曰:“黄芽何謂歟?”正陽子曰:“其生於腦之中,其居於中宫,是爲腦之涎、脾之液,液之餘氣流於上唇者也。”

純陽子曰:“青龍何謂歟?”正陽子曰:“肝也,木也。中有神水出入,在於脊膂之左,而内出於目者也。”純陽子曰:“白虎何謂歟?”正陽子曰:“肺也,金也。中有神水出入,在於脊膂之右,而内出於鼻者也。”純陽子曰:“朱雀何謂歟?”正陽子曰:“心也,火也。其位南方,其干丙丁,中有神水,由腹之右通於舌之下者也。”純陽子曰:“玄武何謂歟?”正陽子曰:“腎也,水也。其位北方,其干壬癸,中有神氣,由腹之左而通於耳者也。”純陽子曰:“勾陳何謂歟?”正陽子曰:“脾也,土也。其干戊己,中有神氣,由腎之中夾脊之上通於膂理而入於腦者也。”純陽子曰:“黄婆何謂歟?”正陽子曰:“脾土也,故稱黄焉,蓋脾之氣也。”

純陽子曰:“金翁何謂歟?”正陽子曰:“肺金也,故稱金焉,蓋肺之氣也。”純陽子曰:“姹女、嬰兒何謂歟?”正陽子曰:“姹女者,心之涎也;嬰兒者,腎之水也。”

純陽子曰:“噓也,呵也,吸也,呼也,嘻也,呬也,吹也,叫也,其氣之出屬何藏乎?”正陽子曰:“鼻之氣屬乎肺者也,故曰吸;口之氣屬乎肝者也,故曰吹。至夫呬者屬乎肺,吹者屬乎腎,呼者屬乎脾,呵者屬乎心,嘻者屬乎三焦,叫者、噓者屬乎膀胱。”

純陽子曰:“内、外八卦,何謂歟?”正陽子曰:“肝,震也;心,離也;肺,兑也;腎,坎也;大腹,乾也;膽,巽也;小腹,坤也;膀胱,艮也,此其内者也。目,離也;舌,震也;口,兑也;耳,坎也;頸,乾也;趾,坤也;腹,巽也;手,艮也,此其外者也。"

純陽子曰:"天倉何謂歟?"正陽子曰:"其名有三:曰食堂、曰咽門、曰地户,吾之口也。"純陽子曰:"鐵牛何謂也?"正陽子曰:"青龍者也。"純陽子曰:"重樓何謂歟?"正陽子曰:"玉樓者也,人之食嗓也歟。"純陽子曰:"恍惚之中有物,杳冥之中有精,何謂歟?"正陽子曰:"夫所謂物者,氣中之水也。其水無形,蓋自冬至則陰至於天,積氣而生者也。是乃太極而生陰,其名有三:曰真水、曰鉛、曰虎之魄,其形白而性金,故曰日之金烏、石之玉、水之金、腦之血,總曰血海,居於腦者也。夫所謂精者,水中之氣也。其氣無形,蓋自夏至則陰至於地,積陰而生者也。是乃太極而生陽,其名有三:曰真火、曰汞、曰龍之魂,其形赤,其性火,故曰月中之玉兔、水之砂,在人爲筋、爲骨,爲物之剛者也。"純陽子曰:"烏、兔何也?"正陽子曰:"金烏者,心中之水,水中之真氣也;玉兔者,腎中之氣,氣中之真水也。"

純陽子曰:"五岳、六曹、四瀆、五湖、九江、三台、風雨,何以辨乎?"正陽子曰:"左臉者,岱山也;額者,衡山也;右臉者,華山也;頰者,常山也;鼻者,嵩山也。五臟,五湖也;六府,六曹也。三焦者,三台也。大腸九曲者,九江也。精者,江也;溲者,河也;血者,淮也;津者,濟也,亦曰四海也。汗者,雨也;氣者,風也。"

純陽子曰:"一身猶一國也,孰爲君臣歟?"正陽子曰:"心者,王也;氣者,相也;脾者,大夫也;肺者,尚書也;腎者,烈女也;肝者,户部也。膽者,禮部也;胃者,兵部也;膀胱者,刑部也;精海者,工部也。"

純陽子曰:"龍,何物也?"正陽子曰:"元氣生於二腎之左右,杳冥之府也。元海也,大小如環,其氣出入如紅縷,神之父也,陽之根蒂也,陰陽之源也。”純陽子曰:“虎,何物也?”正陽子曰:“陰之血也,液也,變而爲之者也。其生於離,竊五穀之真氣,至於心而化焉,流於腎之宫而精氣成矣,是謂朱汞也。火龍在坎也,命之根也,神之母也。”

純陽子曰:“鉛者,静也,性也,性果何所生乎?”正陽子曰:“五穀之真氣爲心所竊,化而爲血,於是血復化爲液,液復化爲真氣,凝而爲神,此性也。”純陽子曰:“汞者,動也,命也,何謂也?”正陽子曰:“命者,居於二腎之中,元海之内,所出真元之氣,於是其中有真水焉,本生於心,流於腎,化而爲精,精者莫親於斯二者也,故靈源流之,元氣不止,則神不寧矣。”

純陽子曰:“本立而道生,何謂本歟?”正陽子曰:“神也,氣也,精也,髓也,涕也,唾也,津也,血也,汗也,泪也,斯其爲本歟!本之不立,如木之蠹條幹槁矣。故吾身流轉則體潤矣,是謂神水者也。”

純陽子曰:“三池何謂歟?”正陽子曰:“口者,玉池也;泥丸者,天池也;胃者,中池也。”純陽子曰:“九宫何謂歟?”正陽子曰:“腦之中有九房,其骨八片,九房之中又有四雌五雄守焉。”純陽子曰:“三關何謂歟?”正陽子曰:“口者,天之關也;手者,人之關也;足者,地之關也;泥丸者,上關也;絳宫者,中關也;下元者,下關也,以此爲關,何以閉塞乎?非知道者之言也。吾今告汝以上關者,目也;中關者,鼻也;下關者,口也,其徑通乎九竅,邪之所害也,故欲加鍵焉。”

純陽子曰:“人有天地陰陽,何謂歟?”正陽子曰:“首,天也;足,地也,其外者也;心圓而腎方,其内者也。日,陽也,月,陰也,其外者也;氣升而液降,其内者也。故天至於地八萬四千里,心至於腎亦八寸四分焉，此心腎比天地者也。”

純陽子曰：“二至也，二分也，於吾何所法歟？”正陽子曰：“時加乎子，加乎午，二至也；時加乎卯，加乎酉，二分也。此日之比於二至二分者焉。晦也，望也，二至也，二分也。此月之比於二至二分者焉。夫日北至而陽升，自下而上以還於天，於是一陰至焉；自日南至而陰降，從上而下以還於地，於是一陽至焉。春之分也，陽升於上也，遇春分而入於陽而離乎陰者也；秋之分也，陰升於上也，過秋分而入於陰而離乎陽者也。”

純陽子曰：“五賊者何居乎？”正陽子曰：“人者得五穀而養，得五行而生，生則有敗者也。故五行者可以生可以死，五行者所以爲寇歟。”純陽子曰：“月候氣節時歲，何謂也？”正陽子曰：“十二時者，一日也；五日者，一候也；三候者，一氣也；二氣者，一節也；二節者，一時也；四時者，一歲也。”

純陽子曰：“勒陽關有道乎？”正陽子曰：“入室斂身端坐，神識内守，微脅其腹焉。”純陽子曰：“丹有采者，何謂也？”正陽子曰：“滿口咽其津液而般歸於命府，運氣於黄庭之中，於是氣液造化而成精，津積而爲血，血積爲珠，珠爲汞，汞爲砂，砂爲丹，此其采之者歟。”

純陽子曰：“黄庭何謂歟？”正陽子曰：“其在膀胱之上，脾、胃、腎之前，臍之後，肝之右，肺之左，如鷄子，如權石。”純陽子曰：“脾者謂之黄婆，而不謂之黄庭，何也？”正陽子曰：“脾能接心之液、腎之氣，和合而成丹，非黄庭也。”

純陽子曰：“進火者於何所乎？”正陽子曰：“火者生於臍之下，觀之無形，遠不可取也，近不可舍也，狀如青冥焉，不可名也。”純陽子曰：“金液煉形，形神妙而合道真，何謂也？”正陽子曰：“煉汞成神，煉氣成形，於是後升前咽，二物合而成胎，是爲與道合真，斯金液煉形者也。”純陽子曰：“日用八卦何謂也？”正陽子曰：“時加乎亥者，乾也；加乎子者，坎也；加乎寅者，艮也；加乎巳者，巽也；加乎酉者，兑也；加乎申者，坤也；加乎午者，離也；加乎卯者，震也，此猶外者也。”

純陽子曰：“夾脊亦有三關，可得聞乎？”正陽子曰：“夾脊之節二十有四，凡一關直三節焉。腦之下名曰玉關，其夾脊相對名曰中關，内腎相對名曰下關。”純陽子曰：“聞大道之名，未聞其狀也。”正陽子曰：“道者無形也，言之非道也；道者虚也，以實言之非道也，道以虚爲體者也，其如呼於山者，其谷應之歟。故養於肺之中者，神氣也，真性也。”

純陽子曰：“修真者有魔撓焉，其何以哉？”正陽子曰：“念不歸一而外馳則魔斯至矣。於是心動則神迷，神迷則昏，昏則魔盛而功難成也。”純陽子曰：“禦之有道乎？”正陽子曰：“難乎其言哉！”純陽子曰：“風也，雲也，雨也，霧也，霜也，雪也，霞也，如之何其變也？”正陽子曰：“真元之氣也，其氣不定，呼而爲霞，吸而爲霧，吹而爲風，呵而爲雲，零而爲霜雪，凝則爲雨露，升則騰於天，降則墜於地，清則浮，濁則沉，斯隨所變者歟。”

純陽子曰：“人之身有天地之數，上位下弦具焉，其金八兩，是爲一百九十有二銖，其銀亦然，陽也陰也亦然，故六十有四卦，其爻三百八十有四，一分四銖以應陰陽之火，數有日月時候焉，其在人也謂之何哉？”正陽子曰：“天地之數，吾已言之矣（八萬四千里，天地也；八寸四分，心腎也）。故奪得天地之數者，如運諸掌數，二五爲十也。”

純陽子曰：“白馬之牙，其狀如何？”正陽子曰：“五行備矣，五藏之正氣其津、其精凝焉，其氣、其液合諸於鼎，於是白氣出矣，其狀如縱火，如白馬之牙。”

純陽子曰：“心有异名乎？”正陽子曰：“心者司南，其干丙丁，其德在火，其卦曰離，其名曰朱汞，曰赤龍之趾，曰姹女，曰離女，曰瑶臺。心有血焉，謂之赤鳳之髓，其流入於腦謂之海，其流入於華池謂之神水。”純陽子曰：“腎有异名乎？”正陽子曰：“腎者司北，其干壬癸，其德在水，其卦曰坎，其名曰嬰兒，曰异鉛，曰金光，曰金精，曰靈根，曰玉壺，曰玉爐，曰北海之黿。”

純陽子曰：“九還七返，何謂也？”正陽子曰：“時自子而至申，九轉者也。故煉者九年爲一轉，三轉而爲一周焉。天有七曜，人有七竅。夜行五轉者，七曜也；内行五藏者，七竅也。吾之真氣上下周流，自申至於寅，一陰一陽，一升一降，一浮一沉，精也，髓也，涕也，唾也，氣也，液也，汗也，晝夜存之而不走失者，七返也。”

純陽子曰：“金鼎、金華何物也？”正陽子曰：“金鼎者，華蓋下覆焉，其位西方，其干庚辛，其德金焉；金華者，肺也，其位西方，其氣白，自肺而出，其凝如花。”純陽子曰：“神光何如哉？”正陽子曰：“修之九年，其光見矣。”純陽子曰：“意者猶馬歟、猶猿歟，不知乾之馬、驛之馬狀如何也？”正陽子曰：“乾馬者，心之液也；驛馬者，其氣也；猿者，心之意也。”純陽子曰：“乾之牛何也？”正陽子曰：“腎之氣，北方壬癸之水也，所謂鐵牛也。”

純陽子曰：“六賊何謂歟？”正陽子曰：“目也，耳也，鼻也，舌也，心也，意也。夫萬事之根，孰不由是者乎？”純陽子曰：“三車何謂歟？”正陽子曰：“前後微脅者，大牛車也，羊鹿車也；胃脘者，河車也，天河也，水府真一之氣從天内來，通於口鼻，故曰河車者也；臍之下者，火車也。”

純陽子曰："孰爲蓬萊之洞歟?"正陽子曰："腹之中其上下者也。"純陽子曰："孰爲曹溪歟?"正陽子曰："唇之內,牙之外者也。"純陽子曰："孰爲三尸歟?"正陽子曰："心腎之氣也,一曰三毒,二曰三尸。三尸滅則成真矣。

純陽子曰："二泉孰生歟?"正陽子曰："其出於口之中,舌之下,左右有二穴焉,其大如鐵鋒,通於心肺,時有精液生於咽,此潤萬物而清五藏者也。"

純陽子曰："人何以肖天地歟?"正陽子曰："吾之目,其日月也;吾之腸胃,其湖海也;吾之喜怒,其陰霽也;吾之鼻額,其五岳也;吾之呼吸,其雷霆也;吾之五藏,其五行也;吾之氣,其風雲也;吾之毛髮,其草木也;吾之汗泪,其雨露也;吾之血脉,其江河也;吾之涕唾,其霜雪也;吾之穢,其糞土也;吾之男女,其陰陽也;吾之形,其棟宇也;吾之九竅,其九曜也;吾之四支,其四方也;吾之毛孔,其四象也;吾之五行,其五星也;吾之津液,其泉水也;吾之四象,其四時也;吾之八卦,其八節也(地有八節),吾之興寐,其晝夜也;吾之蟣虱,其螻蟻也;吾之老稚,其寒暑也;吾之否泰,其日月盈虧也;吾之生死,其天地之返覆也。夫能測天地之機,吾可以等其久矣。"

純陽子曰："既聞要道,於是發玄鍵而知八漏之禁焉;目之泪走者,肝漏也;鼻之涕走者,肺漏也;口之唾走者,腎漏也;外腎之汗者,心漏也;夜而盜汗者,小腸漏也;寢而有涎者,腦漏也;夢與鬼淫者,神漏也;淫欲者,乃身漏也。夫八者能固而不漏,使入於金鼎玉池,聚之以爲鉛汞者,其可度哉!"

(二)《道樞》卷之十九所收《修真指玄篇》

《修真指玄篇》(五行倒植,三田返覆;冬子、夏午,神氣内蓄)

華陽真人施(肩吾)曰:"吾聞之正陽真人(鍾離雲房)言:玉清、上清、太清、太無、太虚、太空、太質云者,蓋大道有無之相生,以立天地之基標者也。以人言之,則三清者,父母之精、氣、神聚而爲胎,精血爲表,精氣爲裏,如天地之清濁者也。純陽真人以爲龍虎交合而結内丹,三百日而真氣生,煉就陽神,始在黄庭,次居内院,終出天門,此人之三清者也。腎爲水,水中生元氣,可比於地也;心爲火,火中生真土,可比土石之聚也,脾者隨呼而舒,以引於腎氣而上行;隨吸而入,以接於心氣而下降,故呼吸之間般運天地,純粹之氣入於中宫,飲食之際受納萬物,秀實之氣資於四體,此人之三才者也。"純陽真人曰:"父母交合而生身,人之三才也;心腎交合而生丹,吾之三才也。"華陽真人曰:"斯言也,其玄矣乎!月者,太陰之精也,陰不得陽則不生,所以月受日魂而爲明也;日者,太陽之精也,陽不得陰則不成,所以日得月魄而見也。試言乎内,則猶腎氣傳於肝氣,肝氣出而腎之餘陰絶矣,所以魂生於肝焉;心液傳於肺液,肺液生而心之餘陽絶矣,所以魄生於肺焉。於腎氣之中而取真一之水,心液之中而取正陽之氣,即真一之水爲胎,如日魂得月魄而明也,真一之水得正陽之氣爲主,如月魄得日魂而照也。一歲有二十四氣,一日之間亦有二十四時焉,故亥、子、丑之時,壬、癸之位也,而小雪、大雪、冬至、小寒、大寒屬焉;寅、卯、辰之時,甲、乙之位也,而立春、雨水、驚蟄、春分、清明、穀雨屬焉;巳、午、未之時,丙、丁之位也，而立夏、小滿、芒種、夏至、小暑、大暑屬焉；申、酉、戌之時，庚、辛之位也，而立秋、處暑、白露、秋分、寒露、霜降、立冬屬焉（五日一候，三候一氣，三氣一節，二節一時）。十二時者，陽時也；十干者，陰時也。艮、巽、坤、乾者，四卦時也，合而爲二十四時，與天地二十四氣同焉。一日十二時，時爲三十度，共三百六十，與天地三百六十度同焉。天地之春夏秋冬，日月之弦望晦朔，人之子午卯酉，四時同焉。知其時候，以法致之，則丹全氣足，可以長生，煉氣成神可以入聖。"

五行者，相生者也。故肺氣得腎氣方行焉，心氣得肝氣方行焉，脾氣得心氣方行焉，肺氣得脾氣方行焉，及於三田則精中生氣，秘其精而氣自壯矣。氣中生神，養其氣而神自清矣。五行相生可以延年，三田返覆可以超凡。人有九宮，何也？丹元宮者，腎也；朱陵宮者，小腸也；蘭臺宮者，肝也；天霐宮者，膽也；黄庭宮者，脾也；玄靈宮者，大腸也；尚書宮者，肺也；玉房宮者，膀胱也；絳霄宮者，心也。以九州言之，則冀州者，腎也；兖州者，膀胱也；青州者，肝也；徐州者，膽也；揚州者，心也；荆州者，小腸也；梁州者，肺也；雍州者，大腸也；豫州者，脾也。以形言之，肺長八寸，其狀如華蓋；心長九寸，其狀如垂蓮；肝長七寸，其狀如懸瓠；腎長三寸，其狀如懸石；脾長七寸六分，其狀如覆盆；其類不可窮也。腎氣之中取水，心液之上取氣，氣上水下，是爲未濟之卦也。腎氣入於頂，真水下降；心氣入於丹田，真氣上升，是爲既濟之卦也。心腎交合而成内丹，肝肺傳送而爲火候，以合天地升降之宜、日月進退之數焉。

龍虎何以交合歟？自辰、巳至於午而止，其津分三咽之，於是幽室静坐，叠掌盤膝，忘思絶慮，微以升腰，閉目冥心，滿口含津，鼻之中細細出息，引極再入，含津以壓之，真龍不上升矣，引息抽之，真虎不下降矣。初覺其咽乾,次覺其心冲,終覺其情暢。龍虎既合,於是無質以生質,其形如黍,還於黄庭,是爲玄珠者也。若煉之火候不差,斯爲金丹焉。

火者,三昧真火也。升降循環,有周天之道焉。十五兩爲三百六十銖,有周天之度焉。天氣五日一候,故修煉者亦五日一進退火候焉。三氣在於黄庭,其法用戌、亥至於子,静坐幽室,屏去思慮,微隱於几,輕脅其腹,使鼻中綿綿,用之不勤,默存丹田如火輪焉;其轉不倦,脅之勿動,困則暫止再脅者,蓋以聚所散之氣,想火轉之於腎,心火下入於黄庭,始則其腹微痛,次則漸熱,行之可以補虚益氣,積而延年。若與前之龍虎并行,百日下火五兩,自戌至於子,煉精成汞而藥力全矣;二百日下火十兩,自酉至於子,煉汞成砂而胞胎堅矣;三百日下火十五兩,自申至於子,煉砂成金而純陽氣生矣。何以取火乎?以念珠一百八凝息計數,數足方得一銖焉。

何以肘後飛金晶乎?用子之時,一陽初動而下功,披衣正坐,握固存神,扣齒二十四通,集神和氣,忘思絶慮,閉目冥心,存下丹田,微偃其脊,始覺腰之下稍熱,如未熱則再偃,至熱則止,於是氣過於尾閭下關,次過於夾脊雙關,次過於玉京上關(在心之左),以至升偃一撞三關、入於泥丸,日出而止,行之一夕,可全一年之損,如滿其數則可以補腦益髓,返老還童矣。故辰、巳曰交合,戌、亥曰進火,子曰退火。

何以謂之金液還丹乎?其法用子之時,静坐存升,掩耳閉息,輕輕擺撒,使腎氣入於頂,攻擊神水下降,自上腭而來,清凉美甘,不漱而咽。久之,骨健身輕勝寒暑矣。何以謂之玉液還丹乎?其法用辰、巳之時交合焉,静坐絶思慮,以舌柱牙縫,雙收二頰,有津則咽之,無津則咽其氣,滿乎三百六十之數,此自肺而升者也,可以益一年之損而已(有内丹不用此)。於子之時存升偃脊,一撞三關,既入於頂,急閉其息,掩耳擺撒金液,使下降焉。於是不漱而咽,於時即高身起腹,舉腰正坐,使金液隨元氣散入四支,通流百脉,是爲金液煉形者也。久之,目視金華,體出金光,不止長生而已。於午之前(辰、巳時)收頰咽氣,補虚,數足乃繼而用之。方咽未咽之際,忽升身正坐,高舉其腹,氣入於四支、百脉,傳入於經絡,百日則肌如玉,血如膏,顔如嬰矣。煉之法有二:其一以丹煉形,三田反覆者也;其一以無丹煉形,五行顛倒者,是爲玉液煉形也。存升偃脊,一撞三關,直入於泥丸,掩耳閉息,金液下降,即舉腹升起,丹田純陽一升一降,相見於重樓之下,是爲既濟。始成一珠,其大如黍,其色瑩而黄,乃還於黄庭,是爲金粟。遂出金光於皮毛,計功定其息數,此既濟者也。

人之元氣日一循環焉,其元神旬一交番焉。甲乙之日卯時煉肝氣,丙丁之日午時煉心氣,庚辛之日酉時煉肺氣,壬癸之日子時煉腎氣,皆煉之成神焉。惟脾無正氣而不受煉,戊己之日安閑可也,正坐静室,屏思慮,扣齒二十四,惟心在道,神定氣和,默觀所煉之藏,心至則氣自至矣。丹田純陽之火至是爲三花和會,非比三昧之火也。旬煉之一番焉,凡百日每藏各煉十番,於是氣升神見,各隨其色紛紜上起,回觀反照,見五色之雲興於壺中,此煉氣成神,上朝天元,并入神宫者也。然懼外魔以亂天真,當速收内觀以起火焉。故曰:欲長生者,煉丹下火可也;欲不死者,還丹煉形可也;欲升仙者,煉氣成神可也。"

烟蘿子曰:"仙者咽氣,閉息不入,喉中往來,當其氣滿難住,正坐升舉其腰身,如是不止,氣衝凝滯而又可以延息少時矣,積氣生液,内滋於五藏六府,外潤於皮膚。此安樂之上法也,然未盡玄微焉。玄微之道在夫幽室静坐，絶慮忘思，咽氣閉息，急則升身，放則换氣而奪餘息，於是心腹空而首目清利，體充悦而神氣調和，此延年之法也。或飲食過度則閉息虚心，自然消除矣；或氣血凝滯則閉息默觀病之所在，病則愈矣。

夫納九咽一、存三放七、定息内觀，事無不畢，此長生之訣也。何謂也？鼻入清氣而納之九分，咽中一咽，不使所入之氣往來，覺其急則舉身取氣放息，勿令出盡，常存二三焉，當其閉息之際，默觀五藏，氣自通和，則其疾去矣。"

正陽真人曰："欲覺陽公長子，須是多入少出，從其男女相争，過時求取真一。"純陽真人釋之曰："陽公，乾也。乾一索於坤而生震，震爲長子，在人爲肝，在時爲卯，是爲泰卦，三陽之候也。於時腎之氣爲嬰兒，上傳於肝，心之液爲姹女，下降於肺，肺氣相交，於是其鼻入多，其口出少，凝住不使傳降焉，是爲男女相争。積氣生液，於是真氣益多，故曰過時求取真一者也。然則玄微者，不離於卯之時而已。外應於泰，内契坎離氣交之候，鼻入清氣，升身内想，默計周天之數凡三百有六十，可以奪一年之氣以補已往之損，比之胎息無時焉。弱者可以骨健，老者可以還童矣。"

岐伯曰："人之真氣，春藏於肝，夏藏於心，秋藏於肺，冬藏於腎。肝、心陽也，肺、腎陰也，隨時養之，不出冬夏二至、春秋二分之候。所養之法，淡然自適而無所惑，静坐内觀所養之藏，自然氣凝而有象有形焉。故以陰氣爲胎，以陽氣爲息，氣住則形住，是爲長生之要也。"

《靈樞》曰："天地反立，陰陽逆生，煉鉛煉汞，自然道生。"扁鵲曰："冬至之後十有五日，真鉛積之一分，其狀如輕烟焉，夫能煉之，可以安樂延年矣；三十日，真鉛積之二分，其狀如薄霧焉，夫能煉之,可以返老還童矣;四十有五日,真鉛積之三分,其狀如垂露焉,夫能煉之,可以留形住世矣;夏至之後十有五日,真汞積之一分,其狀如戲蕊焉,夫能煉之,可以健骨輕身矣;三十日,真汞積之二分,其形如含蓮焉,夫能煉之,可以長生久視矣;四十有五日,真汞積之三分,其形如抱卵焉,夫能煉之,可以煉形化氣矣。"故煉真鉛而爲陽胎,煉真汞而爲陰息。以陰息爲陽胎,自然有形化無形矣;以陽胎投陰息,自然無質生有質矣。然歧伯不知時,扁鵲不傳法。若夫冬夏二至則時未善也,隨時内觀則法未盡也。惟冬之子、夏之午則凝息留氣,而後静觀,斂身集神而先注意焉,斯可謂盡矣、善矣。

是以胎息之要在乎絶無動念,譬夫以水澆石,無可得入,於是神定氣和,元靈自住,真胎自凝,是爲無漏。三年小成,六年中成,九年大成者也。神公言其胎息曰:"勤守中,勿放逸;外不入,内不出;還本元,萬事畢;謹修持,無時日。"曹道冲釋之曰:"勤守中者,神識内守也;勿放逸者,一意不散也;外不入者,對境如無也;内不出者,居塵不染也;還本元者,專氣致柔也;萬事畢者,止外無求也;謹修持者,勤而行之也;無時日者,長生久視也。"然則真胎息者,其惟物我兩絶,神氣并集,凝而爲胎,住而爲息,形神俱妙可以長生,神氣合體,可以入聖。於是窮理、盡性以至於命,自然神氣交和,無中生有,内外明白,以色爲空,天真元靈,湛然自樂矣。玉皇有《神用之訣》曰:存三守一。高上元君釋之曰:三者,精、氣、神也;一者,腎也。腎中生氣,心中生神,神氣交而爲精,精神住而還下,於是上存其神,中存其氣,下存其精;三存既畢,則守其一在於丹田,不論内外之境與出入之法,自然氣還元而自住爲胎焉,神隨氣而不散爲息焉。神氣一體則無死生,心腎一氣則無疾病,如是一切之境從何而入,一切之念從何而出乎?若厭乎塵世,則當升氣以爲神胎,集神以爲氣主。於是氣胎神息與有象之形分而二三,化而萬億,真靈不散,是爲入聖者。

太上玄機有《自然胎息之訣》曰:長生久視。徐真人釋之曰:静坐忘思,久視於上田,則神長生矣;久視於中田,則氣長生矣;久視於下田,則形長生矣。視者,視之勿離其視之所,心神隨視而止,腎氣應神而傳,自然有形之氣暗藏無象之神,形中有胎,胎中有息,息以神住,神以氣存,此久視之道也。吾於天地之間止知其身,其身之内止知神氣而已。故上視神宫則其神不散,視久則煉神,神聚爲胎,以所傳之氣入而爲息,自然而上也;下視氣管,其氣不散,視久則煉氣,氣聚爲胎,以所存之神入而爲息,自然而中也;煉氣會合,常守丹田,凝而爲胎,住而爲息,自然而下也。上、中、下者,三田之謂也。腎之真水者,虎也;心之正氣者,龍也。龍虎交而爲玄珠,火候足而爲金丹。取辰之末、巳之初,是爲巽之時,幽室正坐,滿口含津,勿吐勿咽,以壓龍虎之氣,使之不走,交合而爲玄珠焉,其大如一黍,還於黄庭,每元可以增真氣一丈矣。

火候者,何也?心之正陽之氣是爲真火,真火上升是爲煉形,及其下降是爲還元,可以益氣而延年。當戌之末、亥之初,是爲乾之時,幽室正坐,脅腹勿動,凝住上傳之腎氣不升,内想真火而下降,行之一日可以補一年之虚。純陽真人曰:金丹之要,存升開閉,過關無急,火候無差,産成金液者也。於子之時一陽初動之後,披衣正坐,握固,内定,存下腰身,使腎合氣聚,覺臍腹微熱,漸升其身,微偃其脊,運腎之氣復過尾閭,自下而上,次過中關,於玉京宜入於泥丸,以補其腦,自然髓實骨健。

若煉金丹,則作退火焉。夫龍虎相交爲玄珠,以心火下降爲補益,以肘後飛金晶爲補腦之法,并用是爲金丹焉。玄珠者,金丹之體也。進退火候合於周天之數，三百日無差則爲金丹矣。脅腹凝息行一百八之數，自子逆行至於午，以心火下降而煉黄庭，於是五日加六銖，二十有五日移一時，此進火者也。升身偃脊，行一百八數，自子順行至於午，以腎背飛而補泥丸，於是五日加六銖，二十有五日移一時，此退火者也。内丹既凝而生純陽之氣，是爲氣中有氣。於是不計晝夜，升身正坐，是爲太陽。煉之百日，其身輕矣；千日，飛騰而入南宫爲仙。夫以純陽隨其元氣所傳以煉五藏之氣，凝爲胎元，煉氣可以成神矣。丙丁之日，其時用午；庚辛之日，其時用酉；壬癸之日，其時用子；甲乙之日，其時用卯。於是静坐忘思，雙收二頰，以喉中虚咽爲法，所咽之數不過百焉，十日澆遍，百日而足。於是純陽之氣不能害於五藏，五藏之元神隱於真氣而不散，五藏之真氣隱於元氣而不耗，由是隨元氣所傳而煉其氣，即氣煉神，神自氣中而出，止朝於元頂，入於泥丸。無丹者行此法，隨時澆灌可以煉形焉。

（三）《道樞》卷之三十九所收《傳道上篇》

《傳道上篇》（抉開玄關，道無餘藴；窈窈冥冥，大哉乎問）

吕子學道，更七十餘師，而後遇子鍾離子。常問於子鍾離子曰："人之生也，奚得安而不病，壯而不老，生而不死乎？"子鍾離子曰："二氣（陰陽也）合而爲人，方其胞胎乎！太初之後而有太質，陰承陽以生，氣從胎以化，三十旬而其形具，靈光入焉，始出於胎矣。自太素之後，乃有升降，黄芽長焉；五百旬其氣足矣，數盈於八十有一（又云八百一十丈也）。方年十有五也，陰之中，其陽半焉。譬夫初日之光,昧者不知自愛,喪其元陽,以至隕落,其猶日之昃歟! 夫欲如子之言,其亦人中取仙,仙中取天乎!"

吕子曰:"仙一也,何云取天乎?"子鍾離子曰:"純乎陰者之謂鬼,純乎陽者之謂仙,陰陽雜焉之謂人,惟人也,可以鬼,可以仙。仙,非一也,其等有五,其法有三。五等:一曰鬼之仙,二曰人之仙,三曰地之仙,四曰神之仙,五曰天之仙。三法:一曰小乘,二曰中乘,三曰大乘。"

吕子曰:"鬼之仙,何謂也? 致之有道乎?"子鍾離子曰:"不達大道而求速成,形如槁木,心如死灰,神識内守,一氣不散,定中以出陰神,斯鬼之清靈者也。超乎陰中而神像不明,無所歸止,惟投於人之胎,而就舍焉。"

吕子曰:"人之仙,何謂也? 致之有道乎?"子鍾離子曰:"於道有法,或得其一。絶五味者,不知有二氣;忘七情者,不知有十戒;嗽咽者,鄙吐納;采補者,誚清静;即物以奪天地之氣者,不知辟穀;存想以取日月之精者,不知按蹺;固息者,不知自然篤志爲之,四時之序不能變也,五行之氣失其交合也,雖曰固形質,遠八邪,第得以賒死爾。"

吕子曰:"地之仙,何謂也? 致之有道乎?"子鍾離子曰:"法天地升降之理,取日月生成之數,身之中用年焉,年之中用月焉,月之中用日焉,日之中用時焉,時之中用刻焉。於是辨龍虎,達坎離,知水源之清濁,分氣候之早晏,收真一而察二儀,列三才而别四象,審六運而定六氣,聚七寶而序八卦,行九州而反五行(反者顛倒也)。氣傳乎子母,液行乎夫婦,反復以焚三田,而爲丹田鎮下田,可以煉形而長生爾。"

吕子曰:"神之仙,何謂也? 致之有道乎?"子鍾離子曰:"吾所謂地之仙者，誠能用其功不已焉，使三關、百節屬屬相連，抽增乎鉛汞，則金晶煉於九天（九天，頂也）。玉液還丹至矣。於以煉形成氣，則五氣朝元，三陽萃於元宫，陰盡而純乎陽矣。”

吕子曰：“天之仙，何謂也？致之有道乎？”子鍾離子曰：“行於道有功矣，施於人有行矣。於是返乎洞天，進乎三官（上曰天官，中曰地官，下曰水官）。於天地又有大功矣，於古今又有大行矣。歷洞天者，三十有六；躋陽天者，八十有一；然後升而登乎三清焉。”

吕子於是竦然而請曰：“鬼之仙不可求也，天之仙不敢冀也，外是二者，其道可得聞乎？”子鍾離子曰：“人之仙，其等有三：太上引年益壽，其次安而引年，其下安而無疾，皆小乘也。地之仙，其等有三：太上極陽輕身，騰舉自如；其次煉形久視，至於千歲；其下引年益壽，皆中乘也。神之仙，其等有三：太上超凡入聖，而歸三島；其次煉神合道，出入自然；其下煉形成氣，亘古長存，皆大乘也。”

吕子曰：“稽諸古今養命之士，多求而不獲，何也？”子鍾離子曰：“法不契於道爾！多聞强識，自出於旁門小法。仙乎仙乎，豈多聞强識云乎哉？”

吕子曰：“敢問大道之真？”子鍾離子曰：“是無形也，無名也，莫可知也，草（當作‘莫’）可行也。”吕子曰：“士始學道，次有道，次聞道，終於道成，而曰不可知，不可行，得無隱乎爾？”子鍾離子曰：“吾非有隱也。士聞大道而無信心，有信心而無苦志，是以難知難行也。夫旁門小法，其別三十：曰齋戒，曰辟穀，曰煉氣，曰嗽咽，曰絶内，曰斷味，曰禪定，曰玄默（不語也），曰存想，曰采陰，曰服氣，曰持净，曰息心，曰去累，曰開頂，曰縮龜，曰絶迹，曰洛誦（看讀也），曰燒煉，曰固息，曰按蹺，曰吐納，曰采補，曰博施，曰解祠，曰賑乏，曰栖山，曰適性，曰不動，曰受持。夫如是者，伐疾可也，養性可也。以津爲藥，何以造化？以氣爲丹，何以渟峙？肝爲龍、肺爲虎，何以交合？坎爲鉛、離爲汞，何以抽增？而乃四時溉之，以求黄芽之長，是不知五行之根蒂，三才之造化，去大道遠矣。”

吕子曰：“大道如何？”子鍾離子曰：“真源判矣，大樸散矣。道生於一，一生於二，二生三。一者，體也；二者，用也；三者，造化也。孰爲體用？陰陽是也。孰爲造化？交合是也。道生二氣，二氣生三才，三才生五行，五行生萬物。人者，萬物之靈，能盡性而齊天地者也。”

吕子曰：“此何道歟？”子鍾離子曰：“大道判而有形，形而後有數。天得乾道，以一爲體，所用者陽也；地得坤道，以二爲體，所用者陰也。陽主乎升，陰主乎降，且互交焉，何也？天，積氣也；地，積水也。天以乾索於坤，一索而爲長男，曰震；再索而爲中男，曰坎；三索而爲少男，曰艮。此天交於地而生三陽者也。地以坤索於乾，一索而爲長女，曰巽；再索而爲中女，曰離；三索而爲少女，曰兑。此地交於天而生三陰者也。於是三陽交於三陰而萬物生，三陰交於三陽而萬物成。故乾坤相索而生六氣焉，六氣交合而分五行焉，五行交合而生成萬物焉。方其乾道下行，三索既終，其陽復升，陽中藏陰，上還於天；坤道上行，三索既終，其陰復降，陰中藏陽，下還於地。陽中之藏陰也，其陰不消，是謂真陰，其至於天，因陽而生焉，所以陰自天降，故曰陰中能無陽乎？陰中之藏陽也，其陽不滅，是謂真陽，其至於地，因陰而發焉，所以陽自地升，故曰陽中能無陰乎？陰陽也，周而復始，亘古長存者，其交合不失於道也。”

吕子曰：“以真氣投於真水，心之火與腎之水相交，而在人者，何如哉？”子鍾離子曰：“父與母會時，陽先進，陰後生，胞胎成焉，猶乾坤之三索也。故吾真氣，陽也，藏於水而主升；真水，陰也，藏於氣而主降。陽隨水下行,是乾索於坤,自上而下者也。上而震爲肝,中而坎爲腎,下而艮爲膀胱。陰隨氣上行,是坤索於乾,自下而上者也。下而巽爲膽,中而離爲心,上而兑爲肺。元陽在於腎,而生真氣者也;真氣朝於心肺,生真液者也。上下往復而不虧焉,可以修齡矣。若夫時候無忒,抽增有度,可以長生矣。行之不倦,則其氣盛,其魂無陰,其陽壯,其魄有氣,升降如天地,盛衰如日月,可以入聖矣。"

吕子曰:"日月躔度交合於人者,可得聞乎?"子鍾離子曰:"玄黄之萌天地,其如卵焉;六合處中,其如鞠焉(毬元);日月運行於天之上、地之下,其如輪焉。日月者,陰陽之精也,默紀天地交合之度者歟!夫日者,賓出於東,餞納於西,而晝夜分焉。冬而南至,夏而北至,而寒暑定焉。月者,載魄於西,受魂於東,光照於夕,魂藏於旦。其始也,魄生魂,狀如弓焉,夕之初,其光燭於西;其次也,魂加半焉,是謂上弦,夕之初,其光燭於南;其次也,魂盈矣,與日相望,夕之初,其光燭於東;其次也,魂生魄,狀如闕鏡焉,旦之初,其魂藏於西;其次也,魄加半焉,是謂下弦,旦之初,其魂藏於南;其次也,魄盈矣,與日相背,旦之初,其魂藏於東。於是魂生魄,魄生魂,進退有時,合於乾坤之期與數焉。夫日之南至也,日出於辰之端,納於申之杪,各五十分焉。過於此,則其出也、其納也,自南而北。及乎北至也,日出於寅之杪,納於戌之端,各五十分焉。過於此,則其出也、其納也,自北而南,又復乎南至矣。夏之日,冬之夕也;冬之夕,夏之日也。南至之月,其出自北而南,比乎夏之日也;北至之月,其出自南而北,比乎冬之夕也。此其往來,爲寒暑之序者歟!"

吕子曰:"寓於天者,岩知之矣;寓於人者,未之知也。"子鍾離子曰:"天地之機,在乎陰陽之升降。竊比我於日月焉,則月受日之魂,以陽變陰,陰盡陽純,如日之輝。吾氣也,能煉而成神,是亦返乎純陽者也。”

吕子曰:“天地陰陽升降之理,日月精華交合之度,二者何先?”子鍾離子曰:“明乎陰陽之升降,使水火(真水真火)合於一焉,以鎮丹田(大藥也),可以齊天地矣。其欲輕舉歟,則法日月之交會,以陽煉陰,使陰不生焉;以氣養神,使神不散焉。然後五氣朝元,三花聚頂矣。是蓋有時焉。陰陽之升降,歲以交合者也;日月之往來,月一交合者也;人之氣液,晝夜一交合者也。於是時又有四等焉。百歲者,人之常也。自一而至三十者,少壯之時也;六十者,長大之時也;九十者,老耄之時也;百而至於百有二十者,衰落之時也:是謂身中之時焉。十有二辰者,一日也;五日者,一候也;三候者,一氣也;三氣者,一節也;二節者,一時也。時屬於春,陰之中其陽半焉,其氣變寒爲温;時屬於夏,陽之中有陽焉,其氣變温爲熱;時屬於秋,陽之中其陰半焉,其氣變熱爲凉;時屬於冬,陰之中有陰焉,其氣變凉爲寒,是謂年中之時焉。月有三旬,其辰三百有六十,其刻三千,其分十有八萬。自朔旦至於上弦,陰之中其陽半焉;自上弦至於既望,陽之中有陽焉;自既望至於下弦,陽之中其陰半焉;自下弦至於晦,陰之中有陰焉,是謂月中之時焉。六十分者,一刻也;八刻有二十分者,一時也。時之半,是爲一卦,言其卦以定八方焉,論其正以分四位焉。自子而至於卯,陰之中其陽半,以太陰起少陽焉;自卯而至於午,陽之中有陽純,以少陽而起太陽焉;自午而至於酉,陽之中其陰半,以太陽而起少陰焉;自酉而至於子,陰之中有陰純,以少陰而起太陰焉;是謂日中之時焉。嗟夫!難得而易失者,身中之時也。其去疾,其來徐者,年中之月也;迅如電光石火者,日中之辰也。夫吾年之壯也,根元固而易爲功,千日可以大成矣;年之中也，先圓補之，而後至焉；及其耄也，救護之、輔益之，積小成以至中成，積中成以至還童而止爾。夫天地相去八萬四千里，日南至之後，地中之陽升焉。凡一氣，旬有五日，上進於七千里，其旬十有八，其升者至於天，太極而陰生矣。日北至之後，天中之陰降焉。凡一氣，旬有五日，下進於七千里，其旬十有八，其降者至於地，太極而陽生矣，蓋如循環焉。日月之圍，各八百有四十里，既旦之後，六之中起九焉。一之日，其時十有二，魄中之魂進於七千里；旬有五日，則其時一百有八十，魄中之魂進乎八百有四十里。既望之後，九之中起六焉，一之中，其時十有二，魂中之魄進於七十里，旬有五日，則其時一百有八十，魂中之魄進於八百有四十里，亦如循環焉。人之心也、腎也，其相去八寸有四分，陰陽升降與天地同，氣液相生（氣中生液，液中生氣）與日月同，然天地也、日月也，年之後有年焉，月之後有月焉。人也不究交合之時，損不知補，益不知收，陰交而不知養陽，陽交而不知煉陰，月無損益，日無行持，而吾之年之月則有限焉。"

吕子竦然曰："岩願聞修煉之法，行持之時。"子鍾離子曰："五藏之氣，月有盛衰焉，日有進退焉，時有交合焉。運行五度，氣傳六候，精煉而後真氣生，氣煉而後陽神合，神煉而後大道契矣。"

吕子曰："五藏之氣（金木水火土也），五行之位（東西南北中也），其生成有道乎？交合有時乎？采取有法乎？"子鍾離子曰："天地分而五帝列焉：東曰青帝，其行春令，起陽於陰中，而萬物生焉；南曰赤帝，其行夏令，升陽於陽中而萬物長焉；西曰白帝，其行秋令，起陰於陽中而萬物成焉；北曰黑帝，其行冬令，進陰於陰中而萬物殞焉；四時各旬有八日，中央黄帝主之，春以助乎發生，夏以接乎長育，秋以資乎結立，冬以制乎嚴凛。五帝分治，各七旬有二日，於是三百有六十日，而歲功畢矣。青帝之子甲乙，其位在東，其德在木；赤帝之子丙丁，其位在南，其德在火；黄帝之子戊己，其位在中央，其德在土；白帝之子庚辛，其位在西，其德在金；黑帝之子壬癸，其位在北，其德在水。及其交也，見於時而爲象者：木，青龍也；火，朱雀也；土，勾陳也；金，白虎也；水，玄武也。見於時而生物者：乙合於庚，春有榆焉，其色青而白，不失乎金木者也；辛合於丙，秋有棗焉，其色白而赤，不失乎金火者也；己合於甲，夏之杪、秋之端有瓜焉，其色青而黄，不失乎土木者也；丁合於壬，夏有椹焉，其色赤而黑，不失乎水火者也；癸合於戊，冬有橘焉，其色黑而黄，不失乎水土者也，以類推之，可勝既歟！”

吕子曰：“在於時者知之矣，在於人者未之知也。”子鍾離子曰：“人也圓顱方趾，天地之象具焉。陰升陽降，天地之機藏焉。腎，水也；心，火也；肝，木也；肺，金也；脾，土也。有生成之道焉（生者謂之母，受生者謂之子，於是復有剛克之道焉，生謂五行相生，克謂五行相克），克者謂之夫，受克者謂之婦。其氣之生也，孰自哉？腎生肝，肝生心，心生脾，脾生肺，肺生腎也。其氣之克也，孰自哉？腎克心，心克肺，肺克肝，肝克脾，脾克腎也。故曰：腎者，心之夫，肝之母，脾之婦，肺之子也；肝者，脾之夫，心之母，肺之婦，腎之子也；心者，肺之夫，脾之母，腎之婦，肝之子也；肺者，肝之夫，腎之母，心之婦，脾之子也；脾者，腎之夫，肺之母，肝之婦，心之子也。心見乎内爲脉，見乎外爲色，口舌者，其門户歟！受腎之制伏，而役用於肺，夫婦然也。得肝則盛，見脾則衰，子母然也。腎見乎内爲骨，見乎外爲髮，耳者，其門户歟！受脾之制伏，而役用於心，夫婦然也。得肺則盛，見肝則衰，子母然也。肝見乎内爲筋，見乎外爲爪，目者，其門户歟！受肺之制伏，而役用於脾，夫婦然也，得腎則盛，見心則衰，子母然也。肺見乎内爲膚,見乎外爲毛。鼻者,其門户歟!受心之制伏,而役用於肝,夫婦然也;得脾則盛,見腎則衰,子母然也。脾見乎内爲藏,見乎外爲肉,脣齒者,其門户歟!呼吸以定往來,受肝之制伏,而役用於腎,夫婦然也。得心則盛,見肺則衰,子母然也。"

吕子曰:"心,火也,何以得下行歟?腎,水也,何以得上升歟?脾,土也,土在中而承火則盛,安得不克於水歟?肺,金也,金在上而下接火則損,安得有生於水歟?生者遠,克者近,爲之奈何?"子鍾離子曰:"五行之歸於源也,以氣引元陽而升舉焉,於是乎生真水矣。真水造化而後生真氣,真氣造化而後生陽神,始於五行定位,有一夫一婦焉。腎,水也,其中有金,吾之起功當識焉(金本生水,故曰水中金)。水,惡土者也。吾之采藥須土歸水焉。龍者,肝之象也;虎者,肺之神也。陽龍出於離,陰虎生於坎,五行之位顛倒,則陰陽之氣傳子母矣。時自子而至於午者,陽中生陽,五行顛倒,則液行乎夫婦矣。自午而至於子者,陰中煉陽,陽不得陰,不成其極也,無陰斯不死矣;陰不得陽,不生其極也,陰絶斯壽矣。"

吕子曰:"五行者,何以本乎陰陽之氣歟?"子鍾離子曰:"人之始,造形也,於是腎生脾,脾生肝,肝生肺,肺生心,心生小腸,小腸生大腸,大腸生膽,膽生胃,胃生膀胱。此陰之精血也。元陽之始萌,則在二腎,腎,水也,其中有火升而斯爲氣,以朝於心。心,陽也,以陽合陽,故太極生陰焉。由是積氣生液,液自心降而還於腎。肝者,心之母,腎之子也,傳導腎之氣而至於心。肺者,心之婦,腎之母,傳導心之液而至於腎。氣也、液也,其升降如天地陰陽焉。肝也、肺也,其傳導如日月往復焉。五行者,名之數也。論其交合生成,惟元陽一氣爲之本歟!氣生液,液生氣,於是知腎爲氣之根,心爲液之源也。靈根既固,則恍惚之中,其氣生真水矣;心源既清,則杳冥之中，其液生真火矣。火中識龍，水中識虎，二者交而黄芽茂矣。”

(四)《道樞》卷之四十所收《傳道中篇》

傳道中篇

吕子曰：“黄芽，何謂也？”子鍾離子曰：“龍虎是也。龍，非肝也，離宫真水者也；虎，非肺也，坎位真火者也。”

吕子曰：“水火，何謂也？”子鍾離子曰：“吾身之水十有八(四海也，五湖也，九江也，三島也，華池也，瑶池也，鳳池也，天池也，玉池也，昆池也，元潭也，閬苑也，神水也，金波也，瓊液也，玉泉也，陽酥也，白雪也)；吾身之火有三(君火也，臣火也，民火也)；三者，以元陽爲本者也。於是乎生真氣。真氣者，聚則安，弱則疾，散則死。”

吕子曰：“蕞爾元陽而舉三火，三火起於群水衆陰之域，其散易，其熾難，奈何？”子鍾離子曰：“心者，血之海；腎者，氣之海；泥丸者，髓之海；胃者，水穀之海。此吾之四海也。五藏各有其液，其位五方(東、西、南、北、中也)，此吾之五湖也。小腸其長二丈有四尺，上下九曲，此吾之九江也。大腸其下，則吾之元潭也。頂曰上島，心曰中島，腎曰下島，三島者，吾之閬苑也。黄庭之下有華池焉，丹闕之前有瑶池焉，接玉京者有昆池焉，衝内院者有天池焉，心肺之間有鳳池焉，唇齒之内有玉池焉。神泉生於氣中，金波降於天上，赤龍所止，於是有瓊液、玉泉焉。凡胎既變，於是有白雪、陽酥焉。吾嘗溉灌以决其炎，蓋亦有時矣。太上曰玉液，其次曰金液，皆可以還丹者也。抽之增之以應沐浴，蓋亦有度矣。太上曰中田，其次曰下田，皆可以煉形者也。玉蕊、金葩，其變白黄，醍醐甘露，其煉芬烈。此水之效也。民火升，而助乎腎之氣，以生真水；臣火升，而交於心之液，以生真氣。小用焉，魔可降，疾可已矣；大用焉，質可煉，丹可成矣。用周天以焚其身，勒陽關以還其元，别九州之勢以養陽神，燎三彭之累以除陰鬼，上行以通三關，下運以消七魄，煉形成氣則賓天矣，煉氣成神則而蜕矣。此火之效也。"

吕子曰："夫少勝多、弱致强有方乎？"子鍾離子曰："二八之陰消，九三之陽是（當作'長'），而後金丹成矣；七返九還，而後胎仙化矣。真氣在於心，心者，液之源也；元陽在乎腎，腎者，氣之淵也。膀胱者，民火也，津液之府也。腎不止於民火，不能爲用矣，何也？心腎相去八寸有四分，天地之位也。氣液太極相生者，陰陽之交也。一日十有二時者，一歲之數也。心之液非自生也，因肺之液降於心，其液行焉。自上而下，歸於下田，命之曰婦還夫宫；腎之氣非自生也，因膀胱之氣升，而腎之氣行，自下而上，以朝中元，命之曰夫還婦室。肝之氣導行腎之氣，自下而上，以至心者，火也。二氣相交，薰蒸於肺，肺之液下降，自心而來，故曰心生液，夫生於心而不散，是謂之真水。肺之液傳送心之液，自上而下，以至於腎者，水也。二水相交，浸潤於膀胱，其氣上升，自腎而起，故曰腎生氣，氣生於腎而不消，是謂之真火。真火出乎水，恍恍惚惚，其中有物，視之不可見，取之不可得也；真水出於火，杳杳冥冥，其中有精，見之不能留，留之不能止也。火中之物，龍也，水中之精，虎也，是之謂大藥者耶！"

吕子曰："心之火生液，故龍隱於水，而不在於肝，其出於離；腎之水生氣，故虎藏於火，而不在於肺，其生於坎，何也？"子鍾離子曰："龍，陽物也，在物爲木，在人爲肝；虎，陰物也，在物爲金，在人爲肺。肝,陽也,而在陰位,所以腎之氣傳肝之氣,以水生木者也。腎之氣足,而肝之氣生,其氣既生,以絶腎之餘陰,而純陽之氣上升大(當作'矣')。肺,陰也,而在陽位,所以心之液傳肺之液,以火克金者也。心之液,而脾(當作'肺')之液生,其液既生,以絶心之餘陽,而純陰之液下降矣。夫以肝爲陽,能絶腎之餘陰,是知氣過於肝,斯爲純陽,其中藏乎真一之水而無形,名曰陽龍焉。夫以肺爲陰,能絶心之餘陽,是知液至於肺,斯爲純陰。其中負正陽之氣而不見,名曰陰虎焉。氣升液降,何以交乎?真一之水,見液斯合矣;正陽之氣,見氣斯聚矣。方以類、物以群者乎!夫傳行之時,以法制之,使腎之氣不逸,而於其氣中收真一之水;心之液不散,而於其液中取正陽之氣。二者相逢,日得如黍米焉,百日而藥力全矣,二百日而聖胎堅矣,三百日而胎仙圓矣。"

吕子曰:"氣之生也,其液亦降矣。吾真一之水,得不隨而下傳五藏乎?液之生也,其氣亦升矣。吾正陽之氣,得不隨而出重樓乎?真水隨液下行,則虎不能交龍矣;真陽隨氣上升,則龍不能交虎矣。如是又安得黄芽歟?"子鍾離子曰:"腎之氣,其生也,如太陽之出海,霧露不能蔽其光,氣壯則真一之水自成矣;心之液,其生也,如嚴天之殺物,嘘呼不能散其寒,液成則正陽之氣自盛矣,而强弱未可必也。"

吕子曰:"氣液之生,各有時矣。夫所謂氣盛則水盛,液盛則氣盛。夫何盛衰未之保耶?"子鍾離子曰:"腎之氣易散,而真虎難得者也;心之液難聚,而真龍易失者也。"

吕子曰:"願先生究言之,使學者知大藥之方焉。"子鍾離子曰:"疾有三:夫餐衛失其宜,起居違其時,則趨於患,其名曰時疾;不持其精,不頤其神,而冒於情欲,則速於老,其名曰年疾;榮泣衛除,不能自還，則委於死，其名曰身疾。夫時之疾，世皆知療之矣，顧莫知止老而却死者也。夫洗腸補肉，换頂續支，古之善醫者然也。孰識返童駐形，亦有方乎？一曰内丹，二曰外丹。吾聞昔者高上元君傳外丹之經，蓋言天地升降之理，日月往復之宜。廣成子得之，以教黄帝，黄帝久而不能成焉。廣成子曰：夫心腎之間有真氣真水焉；氣也、水也，其中有真陰真陽焉，合而爲之，可比金石矣。於是煉於崆峒之山，選於八石而用砂，砂之中取汞焉；選於五金而用鉛，鉛之中取白金焉。汞，陽龍也；白金，陰虎也。以其心之火，其赫如砂；腎之水，其玄如鉛。年之火，隨時以合乾坤之策；月之火，損益以順文武之宜。其爐三成，其成高九寸，外方内圓，取八方之氣，應四時之候，斯金鼎也。其藏鉛汞如肺焉，其和硫黄如脾焉。三年小成，可以去疾；六年中成，可以延年；九年大成，可以浩劫長存矣。雖然，歷古以來，其成者蓋罕焉。此無他，或不辨金石之材，或不通火候，或外行不備，則又安得而餌諸？"

吕子曰："外丹不足以入聖，敢問内丹何如？"子鍾離子曰："外丹豈可淺哉？夫腎者，氣之根，根不深，則葉不茂矣；心者，液之源，源不清，則流不長矣。老而學道，其必資乎五金八石，以助氣煉形而後可也。夫欲恃之以賓天，則亦陋矣。子欲知内丹乎？其本出乎心腎者也，其材則龍虎而已爾。故龍虎交，而變黄芽矣；黄芽就，而分鉛汞矣。"

吕子曰："鉛汞，外丹也，而此亦云者，何也？"子鍾離子曰："抱天一之寶而爲五金之首者，鉛也，白金之母也。感太陽之氣而爲衆石之首者，砂也；汞，其子也。鉛中之白金難取者也，砂中之汞易失者也，合斯爲至寶矣。此特言其外者也。試言其内，則吾始胎也，寓質於純陰之宫，陰陽未判，其神藏於中焉，三百日而胎具矣，五千日而氣充矣。吾嘗察於五行，則其始胎也，精與血而已。其先已有水矣，察於五藏，其精其血以之爲形，其先已有腎矣。腎水之中，伏藏乎受胎之初，交合之真氣隱於腎。此吾之内鉛也。腎之中生氣，氣中有真一之水，其名曰虎，吾内鉛之白金也。腎之氣傳於肝之氣，肝之氣傳於心之氣，心之氣太極而生液，液中有正陽之氣，此吾之内汞也。心之液，吾之内砂也。氣中真液之水，與液中正陽之氣合焉，積而爲胎，傳於黄庭，進火不差，則胎仙化矣。"

吕子曰："然則内鉛何以取白金乎？内砂何以取汞乎？汞作砂，白金作寶，可得聞乎？"子鍾離子曰："内鉛也者，陰陽之真氣，純粹不雜者也。形既成矣，其氣藏乎其腎之左右相對，同升於氣，是爲元陽之氣；氣中有水，是爲真一之水。水隨氣升，氣止則水止矣，氣散則水散矣。二者合焉，是爲龍虎交而變黄芽，以成大藥矣。故真一之水，内畜正陽之氣，其猶胎哉！其始，即陰留陽；其次，用陽煉陰。於是氣爲精，精爲汞，汞爲珠，珠爲砂，砂爲金丹，而真氣自生，煉之斯成神。其化火龍出大昏之衢，驂玄鶴以入蓬萊之都矣。"

吕子曰："以形交形，形合生形；以氣合氣，氣合生氣。其數不逾乎三十旬，此人所以受用也，而男女則焉。吾丹其何似耶？"子鍾離子曰："父精先進，母血後行。血包於精，而爲女。女者，内陽外陰，血在外也。母血先進，父精後行，精包於血，而爲男。男者，内陰外陽，精在外也。所謂血者，生於心，而無正陽之氣；所謂精者，生於腎，而有正陽之氣焉，汞之本也。合真一之水，入於黄庭，汞以鉛之湯烹焉，鉛以汞之火煉焉。鉛而不汞，不能發真一之水；汞而不鉛，不能變純陽之氣。"

吕子曰："汞，正陽也，即真一之水爲之胎，至於黄庭，則龍虎已交合，而陰陽兩止矣。以鉛烹之，得無陰極而損其陽乎？何以云氣中生氣，成大藥耶？”子鍾離子曰：“腎之氣，投於心之氣，氣極而生液，其中有正陽之氣配合真一之水焉，是名龍虎交合者也。日之所得，其巨如黍，置於黄庭，是名金丹大藥者也。黄庭者，何也？胃之下，膀胱之上，心之北，腎之南，肝之西，肺之東，上清下濁，其外應四色，其量容二升，其路通八水。既置藥於中，而火不進焉，則散而不能止矣；火進焉，而藥不之采，則陰中之陽不能止，而特發舉腎之氣，以炎乎下元而已爾。故藥之采也有時，火之進也有數，先於鉛中，假氣以進火，使大藥堅固，以鎮乎下田，斯名采補者也。夫能抽其鉛，增其汞，則肘後飛金晶矣；鉛抽矣，而汞不增，徒還精以補泥丸而已爾，真氣不能生，而陽神不能成也。汞增矣，而鉛不抽，徒以煉汞，而補丹田益壽可也，然砂不能變，而金丹不能成矣。”

吕子曰：“賴氣中之水以采藥，假鉛中之氣以進火是已，其所以抽之、增之何理歟？”子鍾離子曰：“金石者，外藥也，無其情者也；氣液者，内藥也，有其情者也。無其情者，猶能施於物而成寶，寓於人而益壽，况有其情者乎！積日引月，知交合之時，則氣中有氣，煉氣成神矣。大之天地，明之日月，外之金石，内之氣液，既抽矣，當知所以增焉；既增矣，當知所以抽焉，兹造化之本也。夫冬至也，陽升於地，地抽其陰，太陰抽而爲厥陰，少陽增而爲陽明，厥陰抽而爲少陰，陽明增而爲太陽；不然，則無寒以變温，温所以變熱者矣。夏至也，陰降於天，天抽其陽，太陽抽而爲陽明，少陰增而爲厥陰；陽明抽而爲少陽，厥陰增而爲太陰；不然，則無熱以變凉，凉所以變寒者矣。此天地六氣者，升降之、抽增之之驗也。若夫月變日魂，日變月魄，前旬有五日，月抽其魄，日增其魂，於是精華滿而照下土矣。不然，則無載（也作‘哉’）生以變上弦，上弦以變既望者也。若夫月還陰魄，日收陽精，後旬有五日，日抽其魂，月增其魄，光炎謝而陰魄盈矣。不然,則無既望以變下弦,下弦以變晦朔者也。此日月往復,九六之變,抽之增之之驗也。夫人之鉛者,乃自天地之先焉,因太始而後有太質,萬物之母也。太質而生太素,斯其體者歟！於是乎爲水中之金,斯其用者歟！故曰:火中之水,五行之祖,大道之本也。汞之增,則鉛斯抽矣,非内外也,由下田而入上田者,斯肘後飛金晶者歟！起河車而走龍虎者歟！還精以補泥丸者歟！鉛也;既復抽焉,汞也。則自中降焉,由中田而歸下田者也。始交龍虎,而合以變黄芽,五行之顛倒者也;次抽其鉛,而增其汞,以養胎仙,三田之反覆者也。不如是,龍虎不合,而胎仙不化矣。"

吕子曰:"真鉛真汞所以抽焉,所以增焉,願聞其詳。"子鍾離子曰:"汞必用鉛,而不可用鉛,故當抽之而入於上宫焉。元氣不傳,還精歸於泥丸,日所得之,汞陰既盡而陽純矣,則其變也,精爲砂,砂爲金,是曰真鉛。真鉛者,吾之真氣合而得之者也。金鼎下入丹田,升以煉其形,其骨金色矣。及乎真鉛升於内府,其體白矣,故曰自下而上,自上而下,還丹煉形,皆金精往復之功也。自前而後,自後而前,焚身合氣,皆真氣造化之功也。不抽焉、不增焉,能至是乎?"

吕子曰:"上而上,下而下,後而後,前而前,其度何如?"子鍾離子曰:"時可升也,不可降也;時可抽也,不可增也。上下往來而不忒,河車之力也。"

吕子曰:"河車,何謂也?"子鍾離子曰:"人之身,其陽少、其陰多,是以水之居其中者爲衆矣。故吾之車行於水者也,車何載歟！負吾之元陽之氣而轉焉者也。其行也,或上或下,或後或前,駕馭乎八瓊,驅馳乎四海;升天也,則上而入昆侖矣;既濟也,則下而奔鳳闕矣。運乎元陽,直入於離宫;載乎真氣,曲歸於壽府,往來九州,巡行三田而不息焉。龍虎既交則黄婆御焉,入於黄庭;鉛汞既分則金男徙焉,入於金闕;玉泉、金液皆載而往集焉。故五行賴之以生成,二氣賴之以交會,順時而下功,皆此車之用也。夫養陽煉陰,立事無忒者,誰能之乎?乾坤未純,往來其陰陽者,誰能之乎?宇宙未周,交通其氣血者,誰能之乎?自外而内,以旋轉天地純粹之氣,接引吾之元陽者,孰能之乎?自凡而聖,以旋轉陰陽真正之氣,煉補吾之元神者,孰能之乎?皆是車之運也。"

吕子曰:"是車也,奚爲之歟?其運用也,亦有方歟?"子鍾離子曰:"河車者,起於北方正水之中,腎之真氣之所生正氣者也。方其乾再索於坤而生坎。坎者,水也,陰之精也。陽既索於陰矣,則陽返負陰而還位,所過者艮也、震也、巽也,以陽索陰,因陰而取陰焉。運而入於離,承陽而生,斯其載陰而入乎陽者也。坤再索於乾而生離。離者,火也,陽之精也。陰既索於陽矣,則陰返抱陽而還位,所過者坤也、兑也、乾也,以陰索陽,因陽而取陽焉。運而入於坎,承陰而生,斯其運陽而入乎陰者也。及采藥於九宫之上,既得之矣,於是下入黄庭,抽鉛於曲江之下,載(般也)之而上焉,升於内院。夫金玉之液,本乎還丹者也。載之運之,可以煉形,使水上行焉,君民之火本乎煉形者也;載之運之,可以成丹,使火下進焉,斯則五氣朝於元,三花萃於頂歟!載之運之,其亦有時焉,有數焉,神聚則魔至矣。載真火以焚其軀,則三彭亡焉,藥就則海枯矣。運霞漿而沐浴,則八水波焉。"

吕子曰:"岩今也游其涯而未涉其源,願申論之。"子鍾離子曰:"五行顛倒,龍虎交而變黄芽者,此小河車也。三田返復,肘後飛金晶,還精入泥丸,抽鉛增汞而成大藥者,此大河車也。龍虎交而變黄芽矣,鉛汞交而成大藥矣。真氣生,而五氣朝中元矣,元陽神全,而三神超内院矣。紫金丹成，如玄鶴飛矣；白玉汞就，如火龍起矣。或出或入而自如，或往或來而無閡者，此紫河車也。是車也，有三成之等(上、中、下)。三成之後，又有三焉：火之聚也，心行之意使之，用以已疾，其名曰使者車；其既濟也，自上而下，陰陽正合，水火共處，静而聞雷霆之聲，其名曰雷車；至夫心役於境，性牽於情，真陽之氣感物而散，自内而外，且不息焉，久而趨於衰，八邪五疫於是運而入於氣府，元陽不能禦矣，故老而疾，疾而死，其名曰破車。"

吕子曰："紫河車者，何自而行焉？"子鍾離子曰："始之以配合陰陽，次之以聚散水火，然後采藥進火，增汞抽鉛，則小河車固當行矣。金晶入於頂，黄庭之藥既成矣，於是一撞三關，直超内院，後起前收，上補下煉，則大河車固當行矣。金玉之液，所謂還丹煉形者也。煉形而後煉氣，煉氣而後煉神，煉神合道，乃臻於成，此紫河車也。"

吕子曰："煉形成氣，煉氣成神，煉神合道，岩未敢問也。敢問何謂還丹者歟？"子鍾離子曰："丹者，非色也，非味也，其丹田者耶！其别有三：上曰神舍，中曰氣府，下曰精穴。精中生氣，於是氣在乎中丹矣；氣中生神，於是神在乎上丹矣；真水真氣合而成精，於是精在乎下丹矣。二者孰無之哉？惟其氣生於腎，而未朝於中元；神藏於心，而未超於上院。故精華不能返，合則三丹，何所用之。"

吕子曰："玄中有玄，孰不有命歟？命中無精，非我之氣也，其本於始胎之元氣乎？無精則無氣，非我之神也，其本於始胎之元神乎？故精也、氣也、神也、三田之寶也。夫欲常止於三宫，亦必有道歟(上、中、下也)？"子鍾離子曰："氣生腎之中，其中有真一之水，使水還於下丹，則精養靈根，氣自生矣；液生心之中，其中有正陽之氣，使氣還於中丹，則氣養靈源，神自生矣。集靈爲神，合神入道，以還上丹而後仙矣。”

呂子曰:“還者,既往而有所歸者也,其理淵微,岩未究焉。”子鍾離子曰:“子知還丹者乎?有小者,有大者,有七返者,有九轉者,有金液者,有玉液者,有以下丹還上丹者,有以上丹還中丹者,有以中丹還下丹者,有以陽還陰者,有以陰還陽者,非徒列其名而已,其亦時不同,而功各异也。所云小者,自乎上元者也;下元者,五藏之主,三田之本歟!水生木,木生火,火生土,土生金,金生水,順其時焉,當生而引未生,如子母相愛也。火克金,金克木,木克土,土克水,水克火,順其度焉,當克而補未克,如夫婦相合也。氣液轉行,周而復始,自子而至於午,陰陽生者也;自卯而至於酉,陰陽停者也。一晝一夜,復還下丹,修真者於其中采藥進火,而下丹成矣。所 云大者,龍虎交而變黄芽,抽鉛增汞,而成大藥。金晶起於玄武之宫,真氣升於玉京之下,河車奔於嶺,玉液灌於衢,自下田入上田,自上回復下田,後起前來,循環滿焉。修真者於其中起龍虎,飛金晶,養胎仙,而下丹成矣。所云七返者,心之陽還於心者也,肺之陽自心而生,而復還於心,皆不離乎中丹者也。夫九轉者,何也?五行生成之數,五十有五,天一地二,天三地四,天五地六,天七地八,天九地十。故一、三、五、七、九,陽也,其數二十有五;二、四、六、八、十、陰也,其數三十,而人之身蓋具足焉。自腎爲之始,水一火二、木三、金四、土五,此五行生之數,三陽而二陰也。又自腎爲之始,水六、火七、木八、金九、土十,此五行成之數,三陰而二陽也。故水爲腎,得一與六者也;火爲心,得二與七者也;木爲肝,得三與八者也;金爲肺,得四與九者也;土爲脾,得五與十者也,斯五者各有陰陽焉。陰者,極於八,盛於二,是以氣至於肝,而腎之餘陰絶矣。氣至於心,太極生陰,蓋以二在心,八在肝也。陽者,盡於九,盛於一,是以液至於肺,而心之餘陽絶矣。液至於腎,太極生陽,蓋以一在腎,九在肺也。吾交龍虎而合焉,采心之正陽之氣,此心之七也。七返中元而入於下田,以養胎仙,復還於心,此其七返者也。二八之陰,何以消乎?真氣生而心無陰,以絶乎二也;大藥成而肝無陰,以絶乎八也。肝以純陽助於心,則肝三之氣盛矣;七既還於心,以絶肺之液,肺之九轉而助於心,則九三之陽長矣。此其九轉者也。"

呂子曰:"金液、玉液交於三宫,陰陽往復者,何也?"子鍾離子曰:"古先至人以謂肺之液入於下田,謂之金液;心之液入於中田,謂之玉液。非不善矣,而於玄機未之盡也。夫肺生腎,以金生水者也;腎克心,以水克火者也。金入於水,水入於火,皆何得謂之還丹哉!金液者,肺之液也。其爲胞胎,其合龍虎,傳送至於黄庭,大藥將成,抽之肘後飛起,其液以入上宫,下還中丹,復自中丹而還下田者也。玉液者,腎之液也。其隨元氣上升而朝於心,積之爲金水,舉之盈玉池,散而爲瓊華,煉而爲白雪,納之自中田入下田,有藥則能沐浴胎仙焉;升之自中田入四支,煉形則能更遷塵骨焉。不升也、不納也,周而復始者也。陰極生陽,陽中有真一之水,其水隨陽上升,是陰還陽者也;陽極生陰,陰中有正陽之氣,其氣隨陰下降,是陽還陰者也。於是補泥丸,煉九天,以下還上者也;既濟溉灌,以上還中者也;煉丹進火,以中還下者也;煉質焚形,以下還中者也。五行顛倒,三田返復,至於煉形化氣,煉氣成神,自下田遷焉。至於中田,自中田遷焉。至於上田,自上田遷焉。出於天門,三遷功成,入於聖流,不復有還矣。"

（五）《道樞》卷之四十一所收《傳道下篇》

傳道下篇

吕子曰："煉形，何謂也？"子鍾離子曰："神者，形之主也；形者，神之舍也。形中之精以生氣，氣以生神者也；液中生氣，氣中生液，形中之子母也。生木者，水也；生火者，木也；生土者，火也；生金者，土也；生水者，金也。故氣傳乎子母，液行乎夫婦，形中之陰陽也。水之化爲液，液之化爲血，血之化爲津，陰得陽而生者也。陰陽爽其宜，則涕也、泪也、涎也、汗也，横出而陰失其生矣。氣之化爲精，精之化爲珠，珠之化爲汞，汞之化爲砂，陽得陰而成者也。陰陽爽其宜，則疾也、老也、死也、苦也，陽不得成也。故曰陰不得陽不生，陽不得陰不成。彼修陽不修陰，煉形不煉物，何以能長存乎？夫吾之始胎，自陰中而生陰，因形造形，及孕而出，既壯也，六尺之軀，皆屬陰也。所有元陽者，一黍而已。其大也，可以煉形化氣，身外有身者矣。"

吕子曰："然則形陰也，陰則有體，以有而爲無，使形化氣而入於聖者，煉之法也。因形留氣，以氣養形。太上長生久視，其次延年。三百有六十日者，一歲也；三萬有六千歲者，一劫也；三萬有六千劫者，浩劫也。煉形者，可以至浩劫矣。岩願聞之。"子鍾離子曰："人之形。其長五尺有五寸。其有不齊者，以寸定尺，五行生成之數也。心之上爲九天，腎之下爲九地，腎至心八寸有四分，合乎天地者也；心至重樓第一環亦八寸有四分，第一環至頂亦八寸有四分；腎至頂則二尺有五寸二分。吾元氣一日一夜盈滿者，三百有二十度,度凡二尺有五寸二分,爲八十有一丈,應純陽九九之數者也;腎之至頂也,五五純陽之數也。故元氣從呼而出焉。其出也,榮衛皆通矣。天地之正氣應乎時、順乎節,或交或離,丈尺無窮焉。其從吸而入也,經絡皆闢矣。故一呼一吸而三才之真氣(天、地、人也)往來於十二樓,一往一來謂之一息,晝夜蓋萬有三千五百焉。故吾之呼萬有三千五百,而吾之元氣自中而出矣;吾之吸亦萬有三千五百,而天地之正氣自外而入矣。根源固而元氣實,則其呼其吸可以奪天地之正氣,於是以氣煉氣,散充於身。清者榮也,濁者衛也,皆流通焉;縱者經也,横者絡也,皆舒暢焉,寒暑不能害而永年矣。根源敗而精氣削,則所吸天地之氣浩浩而出。吾之元氣,九九而損,反爲天地奪焉。"

吕子曰:"元氣何以得不亡、用以煉其形質乎?天地之正氣何以能奪乎?"子鍾離子曰:"欲戰勝者,在兵强而已;欲民安者,在國富而已。元氣者,兵也;在内也,可以消形質之陰;在外也,可以奪天地之氣。身者國也,有象者,斯豐足歟!無形者,斯堅固歟!萬闔俱闢,而無一失矣;一驥謬行,而有多獲矣。或前或後,以煉其質,焚其形;或上或下,以養其陽、消其陰。乾坤之煉有時,氣液之鍛有日。吾之形也,煉以玉液,則使甲龍以升,而白雪充肌矣;煉以金液,則逐雷車以降,而金光盈室矣。方其玉液上行,以河車運之於四大,其始於肝受之,則見於目,其光瞭然;次於心受之,則見於口,其液滃然;次於脾受之,則見於膚,若凝脂然;次於肺受之,則見於鼻,天香達而顔壯矣;次於腎受之,再返本元,則見於耳,天音達而髮鬒矣,金液不足進也。若夫還丹未還,見於君火,謂之既濟,丹既還而復起,敵於真陰,謂之煉質,土克水者也;若金液在土,使黄帝回光,斯合太陰矣,火克金者也;若金液在火,使赤子同爐,斯生紫氣矣。火興於水,是乃陽中消陰歟!變金丹於黄庭之内,煉陽神於五氣之中,於是肝之青氣冲矣,肺之白色出矣,心之赤光見矣,腎之黑祥升矣,脾之黄彩應矣夫!然後朝於中元,從於君火,以超内院焉。下元者,陰中之陽也,其陽無陰;中元者,陽中之陽也,其陽無生;黄庭大藥者,陰盡陽純也。三者皆升而聚於神宫,故下元者,五液所朝者也;中元者,五氣所朝者也;上元者,三陽所朝者也。”

吕子曰:“何謂朝元者歟?”子鍾離子曰:“混沌判而爲天地,天地位而列五方,其方各一帝焉,帝各二子,其一爲陽,其一爲陰,是曰二帝。相生相成而分五行,五行而後定六氣(三陽三陰)。其如人之始胎,精氣爲一,精氣分而生二腎,左爲玄,右爲牝。玄以升氣,而上傳於肝;牝以納液,而下傳於膀胱。玄牝者,其出於無,以無爲有者歟!故曰谷神不死,是謂玄牝,玄牝之門,天地之根也。自腎而生五藏六府焉。肝爲木,其於(當作‘干’)甲乙,其位東之青帝者也;心爲火,其于(當作‘干’)丙丁,其位南之赤帝者也;肺爲金,其于(當作‘干’)庚辛,其位西之白帝者也;脾爲土,其于(當作‘干’)戊己,其位中央之黄帝者也;腎爲水,其于(當作‘干’)壬癸,其位北之黑帝者也。故一氣運五行,五行運六氣,其先之者,陰陽也。陽有陰中之陽,陰有陽中之陰者也;次之者,五行也,有水中之火,火中之水,水中之金,金中之木,木中之火,火中之土者也。在人者,於是交合焉。故二氣分而爲六氣,大道散而爲五行。日南至也,一陽生而朝氣於天焉,五方之地陽皆生矣。一帝當其行令,而四帝助之。春令行,而黑帝不收其令,則寒不能變温矣,赤帝不備其令,則温不能變熱矣。日北至也,一陰生而朝氣於地焉,五方之天陰皆降矣。一帝當其行令,而四帝助之。秋令行,而赤帝不收其令,則熱不能變凉矣,黑帝不備其令,則凉不能變寒矣。故推而言之,日月之間，一陽始生，而五藏之氣朝於中元焉；一陰始生，而五藏之液朝於下元焉；於是，三陽朝内院（陰中之陽、陽中之陽、陰陽中之陽謂之三陽），心神返天宫，皆所謂朝元者也。雖然龍虎合而成大藥，大藥成而生真氣，真氣既生，則於年之中用月，月之上以定興衰焉；月之中用日，日之上以數直事焉；日之中用時，時之上以定息數焉。春之月肝强而脾弱，夏之月心强而肺弱，秋之月肺强而肝弱，冬之月腎强而心弱。腎者，人之根本也。凡四時之季，脾强而腎弱。甲乙在乎肝直事，防焉則脾之氣不行矣；戊己在乎脾直事，防焉則腎之氣不行矣；庚辛在乎肺直事，防焉則肝之氣不行矣；壬癸在乎腎直事，防焉則心之氣不行矣。氣也，藏也；不能俱强者也，故一氣盛則一氣衰矣，一藏盛則一藏衰矣，此所以多疾者耶夫，萌於亥，生於寅，强於巳，弱於申，吾心之氣也。萌於申，生於亥，强於寅，弱於巳，吾肝之氣也。萌於寅，生於巳，强於申，弱於亥，吾肺之氣也。萌於巳，生於申，强於亥，弱於寅，吾腎之氣也，春隨於肝，夏隨於心，秋隨於肺，冬隨於腎，吾脾之氣也。不知此者，其所以多疾者耶！日也、月也、時也，三陽既聚，以陽煉陽，使陰不生焉；三陰既聚，以陰煉陰，使陽不散焉。况夫真氣既生，以純陽煉於五藏而不息焉。各出其方之色，一舉而至於天池矣。始以腎之無陰，九江無浪矣；次以肝之無陰，八關永杜矣；次以肺之無陰，金火同爐矣；次以脾之無陰，玉户弗闢矣；次以真氣上升，四氣合而爲一，而金液降焉。一杯之水，豈能勝輿薪之火哉？蓋水火爲一，以入神宫，定息内觀，一意不散而神識妙矣。寂静之中而聞至樂之音，如寐非寐，而游於虚無之境，是之謂超内院者也。於是，陽神方聚而還上丹，煉神以合大道，上通天門，返於其身，則形與天地齊矣。如其蜕焉，則登紫府覲太微矣。”

吕子曰："岩於是而後知煉形可以久視而已，其能仙者必煉氣乎？彼曲士者，無藥而胎息焉。强而留之，積其至寒，或發虚陽而爲苛疾，蓋不知胎仙成而真氣生，真氣生而胎息矣。胎息以煉氣，煉氣以成神。岩聞煉氣者必審年中之月，月中之日，日中之時，端居静處，忘機絶迹，當此之際，或心境未除（妄想也），智識有漏，專志於仙，而心也、神也不寧焉，則如之何？"子鍾離子曰："子未達内觀矣。内觀則神識自止焉。"

吕子曰："内觀，何謂也？"子鍾離子曰："是所謂坐忘者也。雖然，彼曲士者交合不知其時，行持不知其法，而望内觀以成功焉。故意内成丹，想中取藥，鼻搐口咽，欲使日月天地入於氣府，譬猶寐而得賄者也。然而，天地否隔，久而不通者，其失亦在乎意亂而已爾。今夫善視者志在丹青，則不見泰華；善聽者志在管弦，則不聞雷霆；耳目之用淺矣。况吾之心者，周該六合而能内觀、坐忘者耶！内觀之始，如陽升也，其想爲男、爲龍、爲火、爲天、爲雲、爲鶴、爲日、爲馬、爲烟、爲霞、爲車、爲駕、爲葩、爲氣；如陰降也，其想爲女、爲虎、爲水、爲地、爲雨、爲龜、爲月、爲牛、爲金、爲泥、爲舟、爲葉。吾之内觀又豈止於斯而已哉！青龍也、白虎也、朱雀也、玄武也，五岳也、九州也、四海也、三島也，金男也、玉女也，河車也、重樓也，皆立象於無中以定神識焉。故魚之未得，則筌不可失矣；兔之未獲，則蹄不可舍矣。亦不可執於永久，終於斯須焉。夫能至乎念絶想亡，是爲真空，始可以朝真矣。蓋内觀者，開基之始爾，必也日損焉，入於希夷，是亦由吾内觀者也。"

吕子曰："龍虎合而陰陽配焉，其内觀也，何如哉？"子鍾離子曰："其想也，九皇真人引絳服之子上升焉，九皇真母引玄衣之女下降焉。見於黄屋之庭，黄裳之媪媒而合偶焉。既已，女下降，子上升，如仳離焉。於是嫗持一物，狀如朱橘，而投於黄屋，貯以精金之器。子者何也？乾索於坤，陽還復其本，以陽負陰而會其所者也。女者，何也？坤索於乾，陰還復其本，以陰抱陽而會其所者也。此坎離交而陰陽配者乎！若火之炎炎，其中有玄虎上升焉；水之滔滔，其中有赤龍下降焉。二者戰於樓閣之前，木户洞啓，其炎浡浡，有王者指顧焉。燎蒸燋天，其上有萬丈之濤，火興而復墜，其炎充於天地，龍虎一蟠一繚而入精金之器，下入黄屋，如置諸柙。此龍虎交合之想也。"

吕子曰："進火之想，何如哉？"子鍾離子曰："其想也，有器焉。如釜如鼎，其别玄黄，其形車輪，左青龍，右白虎，前朱雀，後玄武，旁立二臣，紫衣而執圭，下有佐史，奉薪而致燎於器。於是有王者衣朱衣，乘赤馬，御赤雲，自空而來，以下命令焉。其光上炎，穿天而欲出，天關不開而復下，其燎四周，執圭者、乘馬者争使進火焉。於是器中之水無氣而凝矣，水中之珠無輝而光矣。此進火之想也。"

吕子曰："止於是乎？"子鍾離子曰："雲雷降焉，熛炎升焉，或雨寶華，祥風慶氛起於清都，仙娥、玉女、駟鳳、驂鸞來於層霄，奉金盤以進玉露、霞漿，下獻於王。此金液還丹既濟之想也。龍虎引車於其火之中，上衝三關，三關各有衛焉。先之以龍虎突之；次之以大火攻之；及其闢也，以至昆侖，底於天池而止焉。或三鶴冲於三天，或二蝶入於三宫，或五雲之表，承絳服之子過於天門，或金輿、玉輅載王者而超三界。此肘後飛金晶、大河車之想也。朱衣使者，乘傳循行於九州之野，始自冀入兖，自兖入青，自青入徐，自徐入揚，自揚入荆，自荆入梁，自梁入雍，自雍復還於冀，東西南北畢矣，而止於豫，然後循行焉。所召者，金玉也；所通者，壅滯也。一使傳命，九州和通，周而復始，運行不已。或游於五岳，始於常山焉；或航於五湖，始於北沼焉；或天符敕五帝，或五命召五侯。此還丹之想也。及夫珠玉委於地，或雨露於物，或潮汐於川（川之潮也），或陽生發萬匯，或火發燋天地，或烟霞衝宇宙。此煉形之想也。鶴去所栖，龍去所蟠，五帝朝矣（朝天也），五雲起矣，駟鳳而騰寥空矣，寐而游天衢矣，天花墮矣，天樂奏矣，金光爍於宮矣。此朝元之想也。朝元之後方曰内觀。"

吕子曰："内觀，何如哉？"子鍾離子曰："内觀者，陰陽變易之法也，無時日也，無法則也，居於静室，夙夜端坐，辨陽之神，逐陰之鬼。此達磨之九年、竺乾之六載爲此道也，不其難哉！始也自上而下，紫河之車運而入於天宫。天宫者，紛華之地也。修真之士習枯槁而安淡泊，及至是則樂焉，而不知自吾身者也。於是，其形留而不能蜕矣，况夫三尸、七魄、九蟲、六賊者，八死則安肆矣，人安則無所止矣。故因意生像，因像生境，使修真之士，蕩而入於邪，尤可大懼者也。"

吕子曰："内觀以聚陽神，煉神以超内院，上踴而出天門，直超而入聖品，其出其入不繆於往來，其來其往不升於送迎，久視則神與形合，升仙則遠游，方壺信乎内觀之力也。然何以得不蕩而入於邪乎！"子鍾離子曰："此無他焉，聞道而無苦志，故爲物所喪矣。然其魔有十，其難有九，大藥未成，則有寒暑；真氣未生，則有饑渴，故衣食逼迫，一難也；一家之内，必有父兄之長焉，吾欲去而學道，爲所拘攣焉，二難也；人因愛而生愛，而後有恩焉，父母取其恩，婦取其愛，相爲桎梏焉，三難也；富與貴，人之所欲也，欲使弃而趨於寂寞之道，四難也；方少年可以聞道矣，侈而自肆，怠於頤生，而夭折加焉，五難也；急於求師，而真者難值焉，或以辭取之，或以貌取之，六難也；妄師示以异端，持爝火之光，不知日月之明，眩井蛙之聲，不知雷霆之震，七難也；朝行而夕改焉，坐作而立忘焉，悦於須臾，厭於持久，終於懈怠，八難也；少而求於聲利，老而安其私欲，身中喪其年，年中喪其月，月中喪其時，九難也。目悦衆華，耳耽六樂，臭味更進，情蕩而氣淫，六賊魔也；雕墻峻宇，金璧粲列，富魔也；車徒之麗，羽旄之美，懷銀黄，曳組綬，貴魔也；如春之和，如日之長，疾風甚雨，大雷以雹，或喜而樂，或悲而泣，一情魔也；家罹其喪，室苦於疾，殯者在於阼，恩愛魔也；墮於烹鼎，墜於危坂，猛坂所搏，百蟲所噬，大盗所攘，患難魔也；十地當陽，三清玉皇，五岳八王，四神七曜，聖賢魔也；干將闟戟，森其成伍，兵魔也；仙嫦玉女，各奏其仗，女樂魔也；美人弦服而豐飾，神授而目招，女色魔也。魔之撓吾者有三焉：一曰見於境（見者卦也），二曰見於寐，三曰見於内觀。於其境也而知之，則其志篤矣；於其寐也而知之，則神不惑，意不散矣；於其内觀也而知之，籍三昧之火以焚吾形，魔斯殲矣。於是用紫河之車運其陽神，超内院返天宫。”

吕子曰：“法有數乎？時有數乎？”子鍾離子曰：“法有十二科：一曰匹配陰陽，二曰聚散水火，三曰交合龍虎，四曰燒煉至藥，五曰肘後飛金晶，六曰玉液還丹，七曰玉液煉形，八曰金液還丹，九曰金液煉形，十曰朝元煉氣，十一曰内觀交换，十二曰超脱分形。時有三焉：年中者，法天地陰陽升降之宜；月中者，法日月精氣往來之數；日中者，八卦（八正卦也）十千十有二支，一百刻六千分。夫行其法也，一日之復始，則淫邪去而外行修矣；次而金晶充而心境除矣；次而心經一涌，口有甘液矣；次而陰陽擊搏於腹，其殷如雷矣；次而魂魄不寧，寐而多悸；次而六府四支或有微疾，不藥石而愈；次而丹田夜暖，其形秀清，目有神光，寐而物不能侵，若抱嬰兒以歸；次而金關玉鎖，其鑰固矣，寐而不漏；次而雷鳴關節通，漯然汗出；次而玉液烹漱，以成凝酥；次而靈液成膏，腥腐斯遠矣；次而其骨輕而變神室矣，其行駛矣；次而境不能移，嗜欲絶矣；次而真氣入物，可以已疾矣；次而内觀明朗矣；次而瞳子炯炯，童首更髮，返壯色矣；次而氣充而不餒，壽無量矣；次而膚革光澤，其神秀麗，聖丹生而靈液芬然；次而鑒洞秋毫矣；次而其涕、泪、涎、汗除，而黑子痍痕滅矣；次而胎全氣盈而辟穀矣；次而内志合於太虚，七情盡而九蟲三尸亡矣；次而魂魄不游而無夢矣；次而陽精成而神府固，寒暑不能暴矣；次而出乎生死，坐忘内觀，以游華胥矣；次而功行具而授籙三清，能知未來矣；次而胎仙見矣；次而純陽可以涸外汞矣；次而胎仙飛而祥光生矣；次而静則樂奏矣；次而腥躁富貴矣；次而儀觀變而神祇役矣；次而外觀紫霞盈目，金光四周矣；次而火龍飛、玄鶴舉而骨化矣；次而彩雲卿靄，玉女下授紫詔矣！此道之成也！”

吕子於是心悦誠服而進曰：“知妙理矣，而未得行之、持之之法，終於無功，與不知者同，其何以教之?”子鍾離子於是擇吉日授以《靈寶畢法》焉。

(六)《道樞》卷之四十二所收《靈寶篇》

《靈寶篇》(正陽剖微，純陽互通；集厥大成，衆妙之宗)

子鍾離子既已道授吕子，復曰：“吾嘗游於終南之山而得《金誥》《玉籙》與《真源》之義，此至道之要也。今將語汝。”吕子曰：“唯。”

子鍾離子於是言曰：“天得乾道而積氣以覆於下，地得坤道托質以載於上，相去八萬四千里，氣質不能相交。故天以乾索於坤，三索既終，而還於地中，其陽負陰而上升；地以坤索於乾，三索既終，而還於天中，其陰抱陽而下降。一升一降運行於道，天地所以長久者也。夫天地之間，親乎上者爲陽，自上而下，四萬有二千里，名曰陽位；親乎下者爲陰，自下而上，四萬有二千里，名曰陰位。故一歲之始，冬至地中陽升，凡旬有五日，上升七千里。三氣者，一節也，其數四旬有五日而陽升也，共二萬有一千里。二節者，一時也，其數九旬而陽升也，共四萬二千里，至於天地之中，陽合於陰位矣；於時，陰之中其陽半焉，其氣變寒爲温，春之分也。過此，則陽升而入於陽位，於是始得乎地之氣而升焉，亦四旬有五日，是爲立夏，立夏之後四旬有五日，是爲夏至，陽之升者通乎前，蓋八萬有四千里，至於天矣，於是，陽中有陽焉。其氣變温爲熱，積陽生陰，於是一陰生於二陽之中，其始於夏至者也，於是天中之陰降焉。一氣者，旬有五日，降乎七千里；二氣者，四旬有五日，陰之降，蓋二萬有一千里，九旬則陰之降，共四萬有二千里，至於天地之中，陰合於陽位矣；於時，陽之中其陰半焉，其氣變熱爲凉，秋之分也。過此則陰降而入乎陰位，於是始得乎天氣而降焉，亦四旬有五日，是爲立冬。立冬之後四旬有五日，是爲冬至。冬至而陰降通乎前，蓋八萬有四千里，以至於地矣，斯陰之中有陰焉。其氣變凉爲寒，積陰生陽，一陽生於二陰之中。自冬至之後，一陽復升，周而復始，故冬至者，陽生上升而還於天，其陰降至於地，此一陽來者也。夏至者，陰生下降而還於地，其陽升至於天，此一陰來者也。自夏至陽升於上，過春之分而入乎陰，以離乎陽位，此二分者也。自冬至陽升，由上而下，非無陰降也，所降之陰，乃陽中之餘陰，止於陽位消散而已。雖降而得位，值陽之升則其氣絶矣。然則，夏至陰降，由下而上，亦非無陽升也，所升之陽，乃陰中之餘陽，止於陰位消散而已。雖升而得位，值陰之降，則其氣絶矣。以是觀之，陰也、陽也，其升降、上下不出乎八萬四千里，而日則三百有六十也。夫能即温涼寒熱之四氣，斯識陰陽矣。即陽升陰降之八節，斯知天地矣。

天地者，物中之大者也；人者，物中之靈者也，故人可以配天地焉。心，天也；腎，地也。肝，陽位也；肺，陰位也。心腎相去八寸有四分，猶天地覆載之間也。氣亦陽也，液亦陰也。子午者，二至也；卯酉者，二分也。一日者，一年也。吾以一日而用八卦，斯得八節之數矣。子之時，腎之氣生；卯之時，其氣至於肝。肝，陽也，故其氣盛，於是陽升而入於陽位，春分之比也。午之時，氣至於心，積氣生液，斯蓋夏至陽升於天，而陰生者也。心之液既生，至酉之時，其液至於肺。肺，陰也，故其液盛，於是陰降而入於陰位，秋分之比也。子之時，液至於腎，積液生氣，斯蓋冬至陰降於地，而陽生者也。日用如循環焉，其能無虧，可以延年矣。

天地於道一也，得其一者，其惟人乎？然其胎全、氣足之後，六欲七情以損元陽而失真氣，顧有自然相生之氣液，不能同天地之升降焉。吾嘗以法致而强奪之而後可也。夫一呼元氣出，一吸元氣入，入而不能留，隨呼而復出，則吾之元氣反爲天地所奪矣，是以氣散不能生液矣，液少不能生氣矣。當其氣盛之時，日用震卦，而於氣也，多入少出，强留在其腹，於斯之時，自下而升者不出也，自外而入者暫上也。二氣相合，積而生五藏之液，積液還元，則氣之生滋多矣。此達磨胎息小成者也。

道之要者，其欲求陽公長子而取真一，是亦多入少出者焉。陽公長子，何謂也？乾索於坤，元氣升而上者也；震，長子也；是爲卯之時，氣自腎生，液自心降，相争乎上下，故閉氣則液分，兩停過時，於是乎得真一矣。真一者,真水也。此何道也?積氣生液,積液生氣,氣中之液,隨液而降;液中之氣,隨氣而升,氣液相生者也。行之一年奪功,以一并三百日爲期,十日功斯見矣。善食而無疾,首清而目明,心胖而腹虚,其中殷乎風雷之聲,是非其效歟!若夫静息絶念,終日默坐,止於定中而出陰神,非爲仙之道也。"

吕子曰:"此其陽胎而陰息,配合陰陽者乎?水火何以聚散焉?"子鍾離子曰:"大道之中生天地者也,天地之中生陰陽者也。故天地有上下,陰陽有終始。吾因其俯仰,察其度數,大道亦可知焉。是以即天地之上下,而知道之高卑矣;即陰陽之終始,而知道之先後矣。天地不離於數,其終乎一歲者也;陰陽不失其宜,其分乎八節者也。冬至陰太極而一陽生,至春之分,陰之中其陽半焉,過此純乎陽矣;夏至陽太極而一陰生,至秋之分,陽之中其陰半焉,過此純乎陰矣。

欲識大道之體,其必法天地,審陰陽乎!冬至陽生而升,至於立春則升於陰位,二萬一千里,陽難勝於陰也;夏至陰生而降,至於立冬,陰降於下,其去天六萬三千里,去地二萬一千里,是陰得位而陽欲絶也。故一歲之中,立春者,其在日用則丑之末、寅之初,艮之卦也;其時腎之氣生,而未至於肝,處乎陰位之中;是氣也,在於液中,弱而難升也。一歲之中,立冬者,其在日用則戌之末、亥之初,乾之卦也;其時心之液下入、將欲還元,復歸於腎,陰盛陽絶之時者也;其氣少,其液多,人之所以多疾疢而夭閼者,陰陽繆而不升降,氣液枯而不相生。嗟夫!氣盡神散,斯死矣!

立春陽升,自下而可以上,則不日而陰之中其陽半矣;立冬陰降,自上而可以下,則不日而陽之中其陰半矣。惟人當艮之時,其氣微而不知養氣之端;乾之時,其氣散而不知聚氣之理。顧以六欲、七情損其元陽，使真氣不强；失其真氣，使真液不生，不亦可哀哉！

方艮之時也，吾以養其元氣，手足互伸縮焉，使四體之氣俱生，則内以保其元氣，上以朝其心府，於是咽其津者一二焉，上摩其面者三二十焉，久則膚澤光腴矣。此之謂散火、煉形之小者也。方乾之時也，吾以聚其元氣，静坐、咽氣而搐外腎焉。咽氣者，何謂也？納心火於下者也；搐外腎者，何謂也？收膀胱之氣於内者也。腎氣合矣，於是三火聚而爲一，以補下田。無液者，氣聚斯生液矣；有液者，液煉斯生氣矣，此之謂聚火，太一含真氣者也。此何道也？心之氣宜乎納者也，膀胱之氣宜乎收者也。使之不散以接乎坎，斯乃氣海之中，始生之氣也。以秋冬爲首，見其效則止焉。行之一年奪功，以一并三百日爲期，十日功斯見矣。肌革充澤，下田冲和，精神爽清，是非其效歟！"

吕子曰："交合龍虎者有道乎？"子鍾離子曰："道原初判而有太始，太始而有太無，太無而有太虚，太虚而有太空，太空而有太質。太質者，天地也。其氣清濁，其質如卵，其色玄黄，乃太空之一物爾。冬至則地中陽升，夏至則至於天，其陽太極而陰生。陰生者，以陽自陰中來，而起於地，恍恍惚惚，氣中有水而無形，故夏至則積氣生水矣。夏至則天中陰降，冬至則至於地，其陰太極而陽生。陽生者，以陰自陽中來而出於天，杳杳冥冥，水中有氣而無形，故冬至積水生氣矣。子之時，坎之卦也，腎之氣於是生焉；午之時，離之卦也，心之液於是生焉。方其腎之氣生於坎，其及離也，則至於心，接乎心氣，與心之火相合，於是太極而生液。所以然者，以氣自腎來，氣中有真水而無形，其猶積陽生陰者類耶！心之液生乎離，其及坎也，則至於腎，接乎腎水，與之相合，於是太極而生氣。所以然者，以液自心來,液中有真氣而無形,其猶積陰生陽者類耶!

吾以是知所生之陽,陽中藏水,所生之陰,陰中藏氣,吾與天地之陰陽同也。故曰腎生氣,其中有真水者,虎也;心生液,其中有真氣者,龍也。夫天如覆盆,陽猶能升焉;地如磐石,陰猶能入焉。而人不能者,有以損其元陽,失其真氣者矣。夫離也者,(在)人則心也,在外則午之時也;真陽也者,在人則元陽也,在外則太陽也。故當離之時,腎氣既至於心,心與腎交,宜入静宇,叠掌蟠膝,升身正坐,神室内定,鼻之息少入遲出,綿綿若存,滿口含津,勿吐勿咽,自然腎氣與心氣相合,太極而生液矣。是以真液與真水相合,則真氣戀液,真水戀氣。夫氣液者,本非相合者也,惟其液之中有真氣,氣之中有真水,互交合焉。於是相戀而下,其名曰交合龍虎。若夫火之候不差,而知地添之宜,則三百日真胎就而大藥成,斯乃超脱之本也。

此何道也?夫元氣,真水也,不可以泄而失於外者也。氣散則不能生液,液少則無真氣,氣水不交則不能成大藥焉。故知腎中真一之水,心中正陽之液,二者交焉,在人生人,在身生神,其名曰内丹。數盈乎三十旬,可以長生矣。凡年之中用月者,其以冬至爲始乎!日之中用時者,其以離卦爲期乎!夫以冬至爲始,三百日胎仙全矣。其形彈丸,其色朱橘,永鎮下田而不死矣。

若夫老而學道,根源不固,然以十年之損,一年補之,可以益壽矣,是謂采補還丹。蓋此道也,補之數足則口生甘津,心境自除,情欲不動,百骸休安,目爛如電,神光現於暗室,是非其效歟!"

吕子曰:"周天火候,何如哉?"子鍾離子曰:"寒熱温凉,形中有氣者也;雲霧雨露,氣中有象者也。地之氣上騰,斯升而爲雲,散而爲雨矣;天之氣下降,斯散而爲霧,凝而爲露矣。積陰過則其露爲霜，其雨爲雪；積陽過則其霧爲烟，其雲爲霞。陰之中伏陽，陽不能升，斯擊搏而生雷霆矣；陽之中伏陰，陰不能散，斯堅固而生雹霰矣。故陽光散而爲雷，陰氣蕩而變風，陰陽不合，相對而生電，陰陽不正，亂交而成虹蜺。

惟真陽也，積而成神，麗於天者，其大日月也；真陰也，積而成形，壯於地者，其貴金玉也。日月也者，真陽而得乎真陰，以相成矣；金玉也者，真陰而得乎真陽，以相生矣。故吾心液中之真氣，猶真陽也；腎氣中之真水者，猶真陰也。真水不得，真氣不生；真氣不得，真水不成。二者既於離之時，和合於心之上、肺之下，如子母之相戀，夫婦之相愛也。自離至於兑，兑者陰盛陽弱之時，猶日月之下弦，金玉之在璞也。夫日月自晦至朔，數足而明生焉；金玉自陽生陰，氣足而寶成焉。故寶者，以氣足而進之以陽；明者，以數足而受之於魂，其猶吾之離之時，積氣而生液，液還下元。若不進之以氣，則爲月之下弦不受魂，金玉之在璞不發陽也。是以於乾之時，進火有數，煉陽無衰，能加火之數，則陽長生矣。離之時，龍虎既合，斯采藥之時也。至於乾則氣液將欲還元，而生於膀胱之上、脾胃之下，腎之前、臍之後，小腸之右、大腸之左，於斯之時，脾氣强而肺氣盛，腎氣絶而肝氣弱。夫真氣本以氣相合而來者也，既以陽氣弱而真氣無所戀，徒於離之時采合而已。然真氣無所戀且將散矣。必於真氣欲絶之時，當坤之卦元，入静宇正坐，神室内定，鼻之息綿綿，微脅其腹，於是臍也、腎也熱或甚焉，則微放輕勒；如其未也，則緊勒漸放焉，至其熱也，則任意放勒焉，以滿乾之卦，其名曰勒陽關。

如是則煉乎内丹，使真氣不上行，以同真水，而脾之液爲之和合焉。隨其呼吸，而運輸於命府、黄庭之中，故能氣液變爲精，精變爲珠，珠變爲汞，汞變爲砂，砂變爲金。此内丹之成也。吾所謂老而學道，十損而一補之，其可忽於兹乎！采藥於離之時，至乾之時以煉之，春冬多采少煉，乾一而離二，倍用功也；秋夏少采多煉，離一而乾二，倍用功也。百日而藥力全矣，二百日而聖胎堅矣，三百日真氣具而胎仙全矣。藥力既全而後進火加數，是爲火之候，故聖胎堅矣，則加火候，以至於小周天；胎全氣生矣，則加火候，以至於周天。然當絶迹幽居，心在内觀，使内境不出，外境不入，猶龍之養珠焉。雖寤寐終食之間，語默如嬰兒，舉止如處女，猶恐有損焉、有失焉，不可斯須而離於道也。"

子鍾離子曰："此非所謂其至也，蓋特小成者爾。吾有金晶、玉液、金液之方焉。一歲者以月言之，六律、六吕，以六起數，數盡乎六位，六六是爲三十有六日，陰之成數也。以日言之，五日一候，七十有二候，八九之數也，以九起數，數盡乎六位，六九是爲五十有四日，陽之成數也。一六、一九合而爲十五，十五氣之數，二十有四，是爲八節，於是見陰陽升降之理。一六、一九以四爲用，故陽數二百有十六，陰數一百四十有四，凡三百有六十，是爲周天者也。

陰陽升降在乎天地之内，猶吾之心腎氣液交合者也；日月運轉在乎天地之外，此吾之肘後飛金晶者也。故肺肝陰陽，如日月往來焉；進火加損，如日月交合焉；陰陽升降，如日月運轉焉。歲之夏至，月之旬有六日，在於人也，其猶午之時歟！歲之冬至，月之旦，在於人也，其猶子之時歟！吾推天地陰陽、日月魂魄，尚有交合運轉之序，則吾之心腎氣液，肝肺魂魄，日用雖有節矣，年之用其無加損乎！

坎之時，陽生於艮，而腎氣交於肝前；其未交也，披衣正坐，存乎下腹，斯須升身焉，前出其胸，微偃首於後，後閉其夾脊、雙關，以肘前後微扇一二,然後伸腰,自其尾閭,其炎如火,由腰下擁,在乎夾脊之下,雙關勿開;熱盛氣壯,漸開夾脊,使氣過關,則乃仰面緊偃腦後,以閉上關,熱極氣壯,漸放入頂,以補泥丸。此其長生之基歟!

於是用還丹之法,復出胸,伸腰以閉夾脊,存而升之,火或不起於腰,則静坐内觀,用其法再作焉,以起其火。自丑而行,終寅而止,其名曰肘後飛金晶。蓋使腎之氣以生肝之氣也。夾脊之骨,其節二十有四,自下而上三節,内腎相對,是爲天柱。天柱之上,是爲玉京。玉京之下,内腎相對,尾閭之上十有八節,其中是爲雙關,上九下九,百日可以通而入於泥丸矣。

行之之要則始於艮,以飛金晶,至巽而成者,此離之卦,其采藥者也;乾之卦,其進火、勒陽關者也。始乎冬至,行之百日,而金晶入於腦,三關一撞,直入上宫泥丸。自艮而始,至震而止,其采藥於離也。更無腎氣相合焉,惟肝氣自生心氣,皆純陽者也。則二八之陰消矣,其氣薰蒸於肺,而得黍米之大,而入於黄庭,此其内丹之材歟! 百日無差,藥力全矣。故采藥於離,用法依時,内觀益詳於乾,進火以勒陽關。自兑而始,至乾而止,百日而飛金晶矣。自艮而坐,至巽而止,離之采藥法仍其舊,三百日無差,聖胎堅矣。勒陽關者,自坤而坐,至乾而止,百日則泥丸實而還童矣。是法也,五行顛倒,三田反覆之義焉。先之以配合陰陽,使氣液相生;次之以聚散水火,使根源堅固,氣行而液止;次之以交合龍虎,使采補還丹,吾所謂小成者也。年之中擇月焉,冬至之月於申擇日焉,甲子之日於中擇時焉,艮也、離也、乾也爲之始焉。自艮至巽,自乾起坤,三百日之數足,是爲中成者也。夫行斯道,必於清静之區,目不見可欲,耳不聞囂聲,鼻不入臭穢,口不爽五味,六欲七情不動於心,惴惴焉,寤寐如恐失之,斯可也。行功不勤,則不得於仙,賒死而已爾。

斯何道也?三元之用事者也。飛金晶者,則自下田而返上田歟!采藥者,則自下田而返中田歟!勒陽關進火者,則自中田而返下田歟!始其效也,寐而多悸,四支、六府示有微疾,不藥而愈。瞑目入晦,有光如蓋;金關玉鑰、其封全堅,以絶乎泄精;雷鳴一鼓,關節氣通,神彩清而丹田和,心境自除。其寐也,若抱嬰兒以歸,若騰飛以游,八邪不能干矣。梅(三)百日胎仙全,而玉液煉形可以行矣。

陽之升也,何以太極而生陰乎?陰不足而陽有餘,故積陽而生神焉。陰之降也,何以太極而生陽乎?陽不足而陰有餘,故積陰而生形焉。神者,吾所謂日月也;形者,吾所謂金玉也。金玉之質,産乎積陰,而中蓄真陽之氣,復感乎日月,使真陰、真陽下射而生成其寶焉,是宜可珍也哉!彼積陰成形而抱陽,猶吾積藥爲真胞、真氣以成胎仙者也。彼氣冲於天,則隨陽升而起,入於地,則隨陰降而還,既隨陰陽升降,自有東西四時可以别焉。猶吾金液以還丹田,玉液以煉形質,四時加損,一日改移者也。夫吾三百日之後,真氣既全,則可以還丹煉形矣。故用艮之卦,飛金晶,終巽而止爾。離之采藥,坤之陽關,皆於是止而不爲。惟用兑之卦,勒陽關焉,至乾而止。夫既不爲離之采藥,而爲還丹者,是咽法也。其法以舌攪上下腭、二頰之間,先咽惡濁之津,次退舌杪以離玉池,其津生也,不漱而咽。春之月,肝之氣盛,脾之氣弱,則日用乎離;夏之月,心之氣盛,肺之氣弱,則日用乎巽;秋之月,肺之氣盛,肝之氣弱,則日用乎艮,以飛金晶,咽亦可也;冬之月,腎之氣盛,心之氣弱,則日用乎震;四時之季,脾之氣盛,腎之氣弱。腎者,人之根本也。凡季月之後,旬有八日則用乎兑,其春之離,夏之巽,冬之震,則於其時兼用之,惟秋也專用乎兑而已。斯何道也?知五行之根蒂,所以生克者歟!

其爲咽之法,而牙齒玉池之間,津不生焉則何如?曰:吾惟以舌攪滿上下,而用玉池雙收二頰,以虚咽氣,氣之中斯有水矣。咽之數始乎三十有六,其次四十有九,其次八十有一,其次一百八十有一,俟有功以爲度焉。此所謂玉液者也。行之一年,灌溉丹田,沐浴胎仙,而真氣滋盛矣。夫若不行乎此,則三百日,内丹既成,真氣自生,於是用艮以飛金晶,一撞三關,直入泥丸。

其氣方起也,以手塞耳,何也?耳者,腎之門也,懼泄腎之氣於外也。當行此法,自頂中前下金水,勢如建瓴,注於黄庭,其變爲金丹。故行金液之方,必入静宇,叠掌蟠膝,端坐絶念,忘情内觀,審乎艮之金晶飛入於頂,則微昂首項,使腦之後其炎如火,頻俯仰其首,向乎前,抑首、曲於咽喉,退舌,杪近乎後,以柱上腭。於是上清靈芝之水,其味甘,其氣芳,或漱或咽,下還黄庭。此所謂金液者也。

歲之中行之,蓋無時焉。惟金晶之飛也,一飛一咽,至震而止,及已入腦矣,則順節序而行,艮以始之,巽以終之。日之將入而勒陽關,則兑以始之,乾以終之。其行之也,必絶迹清心,而後斯有功焉。是道也,必金晶飛矣,藥既采矣,陽關勒矣,内丹成矣(三百日乃成),而後行焉。不然,惟以還丹滌蕩華池,則大藥散而無益也。其效也,其體澤,其神秀,其瞳黑,其髮紺,其顏童,氣内足而不餒,塵骨更矣,神室變矣,步軼奔駟,津爲凝酥,寒暑不能暴矣。

如防乎陽之太極,則以玉液溉灌、沐浴焉,則内丹潤矣。三百日之後,行乎金液者,既濟之法也。起火以迎真水,上水下火,一升一沉,以陽煉陰,將變乎純陽,其功至也,可以飛騰,游方之外者也。

其功則百日斯效矣,一年斯成矣。

何謂金玉之液歟?積陽成神,神中有形,一生於日,二生於月者也;積陰成形,形中有神,一生於金,二生於玉者也。日行九,月行六,隨陰陽而生没焉,金玉亦隨陰陽者也。春夏而升,秋冬而降焉。腎之氣,月也,冥液則金也;心之氣,日矣,其液則玉也。玉液也者,本乎腎之氣,上升而至於心,以合心之氣。二氣相交,而過乎重樓,緘口不出,則津盈於玉池,咽之斯爲玉液矣。吾以舌攪滿上下之腭,閉玉池而雙收二頰,虚咽其氣。此還丹之方也。

夫氣之中有真水焉,氣聚則水聚,母行則子從者也。玉液既云還丹矣,何以煉形乎?液者,自腎而來,以生於心,猶土生石,石生玉者也。金液者,腎之氣與心之氣合而上升,薰蒸於肺。肺者,華蓋也,下罩二氣,即日而取其液。其液在於下田,自尾閭而升,是爲飛金晶以補泥丸者焉。泥丸補之之數既足,則自上而下復降於下丹田,是爲金液還丹者焉。其還於下田也,而復升焉,周於四支,是爲金液煉形焉,亦猶金生於土者也。

吾金晶之飛,能通三關、入九天,何謂也?尾閭,其下關者也;夾脊,其中關者也;腦後,其上關者也。頂者,九夫(當作“天”)也。方玉液還丹之後,居於静宇密舍,風不薄也,日不及也。潛祝三清曰:欲以行道演化,當先煉形於陰陽之外。已乃燎香咽之,於是以震之時爲始,瞑目閉心,升身正坐,鼻之息綿綿,少入遲出,内觀益詳,内境不出,外境不入,滿口含津,勿吐勿咽,氣盈四支,爲之制禦,勿令散失,意倦漸止,復升,至離之時,其氣既交,於是氣美而不可名矣。是爲玉液煉形者焉,蓋可以留形、居世而已。

夫能弃絶外事,志在於仙,則當以肘後飛金晶纔起、補足之後,仍前之法,使金液還丹,自頂至腎焉,自震而行,至離而止。金液、玉液,其法同而所以异者,其在内觀乎,非特此也!還丹煉形,相并而行,豈玉液比哉!其要在乎陽純而陰盡。凡春冬再起一咽,何以謂之起歟?前之所云升身者也。秋冬則五起一咽焉。其咽也,秋夏其數五十,春冬其數百餘者,用兑以勤(當作“勒”)陽關,至乾爲期,其法如前焉。若夫金液之煉形,(蘇)後升前偃。後升,飛金晶也;前偃,金液還丹也。金晶過頂,下還丹田,與煉形之氣相接,不可亟咽焉,俟夫氣極於四支,意舒而神暢,咽燥而心冲,於是微咽焉,與氣相敵,是爲既濟者也。行此者,自艮至離,升而咽之,其亦可也。

然則形果何以煉乎?飛金晶以起火而入於頂,前升後舉,其名曰焚身。於火之中,復行還丹,而四時加損焉,然後復拘於歲月哉!吾日之中蓋有乾坤焉,午之前焚乎乾,午之後焚乎坤。以人言之,其腹爲坤,其背爲乾,斯肘後飛金晶者也。方其焚乎坤,則始乎兑,以勒陽關,至乾而止,斯不可須臾廢也。冬春三日,或五日而行既濟之法,以防太極於起火之中。咽焉如是,則金丹不燋矣。吾之焚身,不止煉形而成氣也,其足以逐陰鬼而養神矣,下三彭而死九蟲也。夫自是可與論朝元煉氣成神之方也歟!

煉形之效,何如哉?曰:其志清高,合於太虚,魂魄不游,夢寐絶矣。陽精既成,神府固矣。火不能爍,水不能濡,真氣熏出於神門。故眉有白毫,其氣純陽可以涸汞,呼吸可以已疾,灾祥可以前知,此非其效歟!雖然,詎若朝元之妙哉!一、三、五、七、九者,道之分而爲數也;金、木、水、火、土者,道之變而有象也。不分則無數,無數者,道之原也;不變則無象,無象者,道之本也。天地之象,吾知其氣與水也;天地之數,吾知其遠與邇也。然則道亦豈遠乎哉?天地有五帝者,猶吾之五藏也。青帝其德木,其干甲乙,甲爲陽,乙爲陰,猶吾肝之氣液也。赤帝其德火,其干丙丁,丙爲陽,丁爲陰,猶吾心之氣液也。白帝其德金,其干庚辛,庚爲陽,辛爲陰,猶吾肺之氣液也。黑帝其德水,其干壬癸,壬爲陽,癸爲陰,猶吾腎之氣液也。黄帝其德土,其干戊己,戊爲陽,己爲陰,猶吾脾之氣液也。春之月,肝之氣盛,蓋父母之真氣隨天之運度,而在於肝。若木之日,其干甲乙,則救土於辰戌丑未之時,起火以煉脾之氣,餘日直乎兑,則損金以耗肺之氣,是時不可下功也。坎之時起火以煉腎之氣,震之時入於室,多入少出,止息爲上,久閉次之,以千息爲度。内觀一意在於肝,冥心瞑目,青色自見,徐升其身,以入泥丸,自寅至於辰,以終乎震,鼻之息其出甚微,習焉,則息止矣,不可以求亟成焉。夏之月,心之氣盛,蓋父母之真氣隨天之運度,而在於心。若火之日,其干丙丁,則救金於兑之時,起火以煉肺之氣,餘日直乎坎,損水以耗腎之氣,是時不可下功也。震之時起火以煉肝之氣,離之時入於室,止息定息而如前焉。赤氣自見,徐升其身,以入泥丸,自巳至於未,以終乎離。秋之月,肺之氣盛,蓋以父母真氣隨天之運度,而在於肝。若金之日,其干庚辛,則救木於震之時,起火以煉肝之氣,餘日直乎離,損火以耗心之氣,是時不可下功也。巽之時起火以煉脾之氣,兑之時入室,止息定息而如前焉。白氣自見,徐升其身,以入泥丸,自申至於戌,以終乎兑。冬之月,腎之氣盛,蓋以父母真氣隨天之運度,而在於腎。若水之日,其干壬癸,則救火於離之時,起火以煉而(心)之氣,餘日直乎辰戌丑未之時,損土以耗脾之氣,是時不可下功也。兑之時,起火以煉肺之氣,坎之時入於室,止息止定而如前焉。黑氣自見,徐升其身,以入泥丸,自亥至於丑,以終乎坎。

春煉肝千息,青氣出矣,於其季旬有八日專爲定息,終日默坐,以養未聚之神，而煉其真氣。坎之時，起火以煉其腎，恐耗其真也。夏煉心千息，赤氣出矣。秋煉肺千息，白氣出矣。冬煉腎千息，黑氣出矣。各於其季旬有八日，專爲定息，以至起火，悉如初焉。於是黄氣成光，爛然周身矣。夫定息者，豈在强留而固閉也哉？要之綿綿若存，用之不勤，從有入無，使之自止，斯可也。采藥者，何也？含津握固，以壓心之真氣，使不散者也。入室者，何也？宅乎幽静，囂聲不聞，内開小隙，微可辨物，方其陽神初聚，真氣如凝，其如嬰兒而未半焉，耳不可有聞也，有聞則神氣悸而逸矣；若夫腥臊臭腐之氣，淫冶之色，非止觸真氣也，神所厭也。於是稽首三祝焉：一曰地仙功行半者，二曰天仙傳道行化者，三曰神仙除大害、立大功而潛迹者。既已，静坐忘機以勤行焉。是法也，須次第睹其效而進焉；徑習乎朝元，終不成功，其亦出陰魂而爲鬼仙者乎！朝元之道，豈易言哉！千日而治一氣，一以奪十，百日而功至矣，五百日而氣足矣。

自是可以行内觀焉，聚陽神以入天宫，煉之以合大道，其效何如哉？其軀若騰，丹光通骨，紫霞盈目矣。一氣歸諸心，不可爲物之所奪；一心運一氣，不可爲法之所役焉。心源清澈，一照萬破，亦不知有物也。氣戰剛强，萬感一息，亦不知有法也。物物無物，還本來之象乎！法法無法，會自得之真乎！吾之修煉之成，則冲和之氣凝而不散，至虚真性，恬淡無爲，神合乎道，歸於自然，則以無心爲心，不知已之有身也，其入希夷之域者乎！此法也，其如存想耶！其如禪定耶！吾擇福地爲静宇，正坐蟠膝，散髮披衣，握固存神，冥心瞑目，微升身於前，以起火煉氣。午之後，則微斂身，聚火以煉丹，通乎晝夜，神氣清和而坐，不懈於斯時也。有聲勿聽，有境勿視，則自殄矣。或魔加迫焉，亟前以身微斂，斂而伸腰，後以出胸微偃，偃不伸腰。少焉，前後火起高升，其身勿動，是謂焚身之火者也。其火既起，其魔自奔，陰邪不入。如是至於再，至於三，以至夫遽求超脱，或陰靈不散，出爲鬼神，其形不見，終無所歸，止於投胎奪人之舍，而後爲人，或出入不熟，往來無法，一去不返，失其故軀，神魂不知所之，乃桑門之坐化，道流之尸解也。故曰：既出而復入，入而不出，斯形神俱妙，與天地齊者矣；既入而復出，出而不入，斯神遷入聖，放乎三島、十洲之上者矣。"

第六章 《正統道藏》關於鍾離權的相關傳記資料

一、元代林間羽客樗櫟道人秦志安編《金蓮正宗記》中關於鍾離權的記載

《金蓮正宗記》卷之一《正陽鍾離真人》

謹按《廬山金泉觀記》云:曾祖諱朴,祖諱守道,父諱源,當後漢末年,皆據要津,有功於國,世濟其美。先生諱權字雲房,號正陽子,京兆咸陽人也。少工文學,尤喜草聖,身長八尺七寸,髯過臍下,目有神光。仕至左諫議大夫,因表李堅邊事不當,謫爲南康知軍。漢滅之後,復仕於晋。及武帝時,與偏將周處同領兵事,屢出征討,已而失利,逃於亂山,不知所往。偶見老氏者流,問而不語,但舉手而指東南,公遽往焉。行六七里,峰巒峭拔,松柏參差,中有樓閣金碧炫耀,二青衣應門而立,揖而問曰:此何方也。對曰:紫府少陽君之所居,東華帝君之別業也,吾師候君久矣。遂延入館中,拜見帝君。方談笑間,童子報云:客仙至矣。帝君出門迎三仙客,

鍾離自牖窺之，見一仙人身長八尺，青衣練帶，草履雲冠，神目如電，堂堂乎哉。次一人素袍大袖，結於頸後，橫握鐵笛。次一人容貌魁梧，掛絳紅袍，頂華陽巾，跨蒼毛虎，橫按笻枝。遂邀三仙入於別館，進酒果肴饌，語笑喧嘩，聞於館外。青衣曰：多少紅塵客，何由到此來，洞門無鎖鑰，今日爲誰開。衆仙皆笑曰：昔爲鐵衣子，今逢達道人。又云：奈何壯士侵莊上耶。鐵笛仙曰：紫府少陽家，龍樓靄瑞霞，滿斟千日酒，常玩四時花。跨虎仙曰：親指蓬萊路，何須更問津。神仙知有分，幸矣拜高真。帝君答曰：偉矣青雲器，相逢一解顔。丹臺元有籍，聊謫在人間。衆仙皆醉，命駕言歸，帝君送之，各跨鸞鳳冉冉而入於雲中。帝君遂回，復與鍾離談玄終日，情愛深密，甚於素交。遂授之以赤符玉篆、金科靈文、大丹秘訣、周天火候、青龍劍法，公服膺受教，一聞千悟。既盡其妙，辭而下山，椎髻布衣，積行救人，調神煉氣，變化無常。至唐文宗開成年間，因游廬山，遇吕公洞賓，授以天遁劍法，自稱天下都散漢。後隱居於晉之羊角山，天真賜號曰太極左宫保生真人。曾於邢州開元寺觀音殿後題詩二絶，筆勢飄逸，有龍飛之狀，其詩曰：得道真仙不易逢，幾時歸去願相從。自言居處連滄海，別是蓬萊第一峰。又云：莫厭追歡語笑頻，尋思離亂可傷神。閑來屈指從頭數，得到清平有幾人。宋朝劉從廣於皇祐四年（1052）九月九日立石刊勒。又有頌云：見錢如患真仙子，遇色如仇大丈夫。養氣氣如龜喘息，煉形形似鶴肌膚。生我之門死我户，幾個惺惺幾個悟。夜來鐵漢細尋思，長生不死由人做。又撰《真仙傳道集》洎《靈寶畢法》，授於吕公，言天地造化陰陽交泰内丹養命之道，秘於《玄都寶藏》，以爲萬世龜鏡。此後復歷廬山，登三級紅樓，冉冉而升空矣，乃五月二十日。

贊曰：道不可以虚妄得，仙不可以詐僞成，惟貴夫真功實行也。

觀正陽子之未遇,但鐵衣武夫耳,及其拜東華帝君之後,分玉篆以通天,按金科而動地,鑄劍而青龍入匣,燒丹而紫鳳朝元,養氣而喘息如龜,煉形而肌膚似鶴,自漢歷唐五百餘歲,止度一純陽老仙而已,甚矣哉,人之難化也。乃游廬山,登三級紅樓,冉冉然飛上太虛。自爾以來,全真教法漸有綸緒,故可以爲金蓮正宗第二祖也。詩云:鐵笛曾聞跨虎仙,金丹親向帝君傳。臨行付與純陽子,三級紅樓上碧天。

二、元代道士劉志玄等撰《金蓮正宗仙源像傳》中關於鍾離權的記載

正陽子

師姓鍾離,名權,字雲房,號正陽子,京兆咸陽人也。容貌雄偉,學通文武,身長八尺七寸,髯過於腹,目有神光。仕漢爲將軍,兵失利,遁入終南山,遇東華帝君授以至道。後隱晋州羊角山,不與世俗接,束髮爲雙髻,采槲葉爲衣,自稱天下都散漢。道成,天真錫號太極左宫真人。翱游人間,示現無常,世人往往遇之。嘗有頌云:生我之門死我户,幾個惺惺幾個悟。夜來鐵漢細尋思,長生不死由人做。有詩文行於世。今終南山凝陽洞傳道觀,即遇東華帝君處,咸陽周曲灣正陽宫,即其故居也。元世祖皇帝封號正陽開悟傳道真君,武宗皇帝加封正陽開悟傳道垂教帝君。

贊曰:早遇東華,以道相接。日月雙髻,乾坤槲葉。花生玉蒂,樹長鉛枝。悠悠灃水,祇似當時。

三、元代道士趙道一編《歷世真仙體道通鑒》中關於鍾離權的記載

鍾離權

真人姓鍾離名權,後改名覺,字寂道,號和谷子,一號正陽子,又號雲房先生,燕臺人也(一云京兆咸陽人,曾祖諱朴,祖諱守道,父諱源,皆漢代著名)。父列侯至雲中府。生仙誕之時,异光數丈,狀若烈火,侍衛皆驚。真人之相,頂圓額廣,耳厚肩長,目深鼻聳,口方頰大,唇臉如丹乳,遠臂垂如三歲兒。晝夜不哭不食,第七日躍而有聲曰:身游紫府,名書玉京。其音如鍾,行如奔馬,童稚莫之能及(一云少攻文學,仕漢至諫議大夫。因表李堅邊事,謫官江南。漢祚既終,歷魏仕晋)。及壯,仕晋爲大將,統兵出戰西北土蕃。兩軍交鋒,忽天大雷電,風雨晦冥,人不相睹,兩軍不戰自潰(一云晋武帝時,命與偏將軍周處攻征失利)。真人獨騎奔逃山谷,迷失道路。夜進深林幽澗,期以全生。乃遇一胡僧,蓬頭拂額,體掛草結之衣。引行數里,到一村莊,曰:此東華先生成道之所,將軍可以歇泊。揖别而退(一云遇一僧人,遂問,而無語,以手遥指東南廟宇。門前見二衣青道者,遂問此何方也,答曰:此紫府少陽帝君所居也)。真人未敢驚動莊中,良久,忽聞人語云:此碧眼胡僧饒舌相撓。莊中一老人披白鹿裘,扶青藜杖,抗聲前曰:來者非大將軍鍾離權否?真人應曰:是。老人復曰:爾何事不寄宿山僧之所?真人聞而大驚,心想曰:必异人也。是時已失虎狼之威,遽有鸞鶴之志,不覺回心向道,哀求度世之方。於是老人授以長生真訣,赤符玉篆,金科靈文,金丹火候,青龍劍法,囑之勤行。

真人告辭出門，回顧莊居，不見其處。自是領悟玄旨（一云自知夙有仙骨），故擺脱世緣，冀紹仙果。首遇上仙王玄甫，得長生訣。再遇華陽真人，傳太乙刀圭，火符内丹，洞曉玄玄之道（一云昔軒轅黄帝得金丹秘訣，以玉匣藏於壽春縣東紫金山懸鍾洞），真人得遇師傳之後，復游雲水。至魯，居鄒城，入崆峒，於紫金四皓峰居之。遇仙人引入洞，獲玉匣秘訣。至德内全，遂終妙道（《全真傳》云：真人生於漢代四月十五日，於晋朝五月二十日上升，不記何年）。後有唐進士吕紹先，屢舉不第，乃縱游天下。首於廬山過火龍真人，傳劍法。後於長安道中遇真人題壁間云：坐卧常將酒一壺，不教雙眼看東都。乾坤世界無名姓，疏散人間大丈夫。紹先乃再拜，真人令紹先作言志詩，紹先詩云：生在儒家遇太平，懸纓垂帶布衣輕。誰能世上争名利，臣侍玉皇歸上清。真人喜曰：予所居在終南山鶴頂，有洞，子可予此行。真人乃神示變化，頃刻輒到一峰。洞門霞彩，三虎踞門，真人叱之，虎下絶澗。遂飲紹先以元和之酒，坐石談玄。須臾有青童持蓬萊山書云：群仙宴聚，邀先生赴天池，論五元。《真人神游記》：真人臨去，謂紹先曰：爾既到此從吾奉道，今子當名岩，字洞賓。吾今去矣，汝但解屏塵勞，肅清仙骨，吾不晚即還。以三虎守門，於是冉冉白鶴，前望東南雲際，渺渺而没。岩遂將真人所付洞中之書朝夕親閲。次日，真人還，謂曰：得無憶歸否？岩曰：塵緣既斷，俗骨已清。幸從真人得探妙道，豈敢再生塵累耶？真人曰：善哉！汝等守陰者惟知是魄，有陽祗是冥魂，世人不知分離陰陽之异。若能全陽而聚其冥魂，以合陰魄，使陰陽相合，魂魄成真，是謂真人。岩問曰：至理甚深，何以全形？真人曰：慧發冥冥，泰定神靈。神既混合，豈不契真。金形玉質本出精誠，大藥既成，身乃飛輕。是夕，賜以《上真玄訣》。俄有扣户者，乃清溪鄭思遠與泰華施真人，由東南而來，緩步淩虛,體凝金碧。相揖共坐,少頃適尹思逸煉丹之所,遂造仙扉。施真人曰:此侍者何人也?真人曰:今朝吕海州讓之子,本習儒墨,失意上國,邂逅長安酒肆,從吾奉道。通陰陽制煉、形神入妙之微。岩乃拜二仙。鄭真人曰:形清神在,目秀精藏,子欲脱塵網,可示一詩。授岩金管霞箋,靈膠犀硯。岩立獻一詩云:萬劫千生到此生,生生身始得飛輕。拋家别國雲山趣,煉魄全魂日月精。比見世人論九鼎,欲窮大藥訪三清。如今獲遇神仙面,紫府仙扉得姓名。三仙相視,嘆其才清句麗。時春禽嚙嚶,真人謂岩曰:可於洞口題云:春氣塞空花露滴,朝陽拍海岳雲收。又謂岩曰:吾朝元有期,十洲羽客至玉京、奏功行,以升仙階。恐汝不可久居此洞,後十年洞庭湖相見。取筆於洞中石壁草書一十六字,曰:晝日高明,夜月圓清。陰陽魂神,混合上升。擲筆告岩曰:世間游行,當施利濟之道,行滿功成,復當際會。即見數仙子綃衣露彩,手捧金簡靈符,云:上帝召鍾離權。於是翔鸞飛鳳,金幢玉節,仙吹嘹亮,冉冉而去。岩不勝依戀。久之,客游江淮洞庭,荆湖鄂岳及汴洛兩都。道成仙去。其問答玄妙,神仙施肩吾編之爲《鍾吕傳道集》,今行於世。宋欽宗靖康初,封真人爲正陽真人。元至元六年正月,褒贈正陽開悟傳道真君。

四、明代洪自誠撰《消摇墟經》對鍾離權的記載

《消摇墟經》卷一載《鍾離權》,其謂:"鍾離權,燕臺人,後改名覺,字寂道,號王陽子,又號雲房先生。父爲列侯,宦雲中。誕生真

人時,异光數丈,侍衛皆驚。真人頂圓額廣,耳厚眉長,目深鼻聳,口方頰大,唇臉如丹,乳遠臂長,如三歲兒,晝夜不聲,第七日躍然而言,曰:身游紫府,名書玉京。及壯,仕漢爲大將,征吐蕃失利,獨騎奔逃,山谷迷路,夜入深林,過一胡僧,蓬頭拂額,體掛草衣,引行數里,見一村莊,曰:此東華先生成道處,將軍可以歇息矣。揖别而去。真人未敢驚動莊中,良久聞人語云:此必碧眼胡人饒舌也。一老人披白鹿裘,扶青藜杖,抗聲前曰:來者非漢大將軍鍾離權耶,汝何不寄宿山僧之所。真人聞而大驚,知爲异人。是時方脱虎狼之穴,遽有鸞鶴之思,乃回心向道,哀求度世之方。於是老人授長生真訣及金丹火候,青龍劍法。真人辭去,回顧莊居,不見其處。後再遇華陽真人,傳以太乙刀圭、火符内丹。雲游至魯,居鄒城,入崆峒、於紫金四皓峰居之。得玉匣秘訣,遂仙去。”

主要參考書目

一、古籍類

原題正陽真人鍾離權雲房述、純陽真人吕岩洞賓集、華陽真人施肩吾希聖傳:《鍾吕傳道集》,《道藏》,第4册。

原題正陽真人鍾離權雲房述、純陽真人吕岩洞賓傳:《秘傳正陽真人靈寶畢法》,《道藏》28册。

原題正陽真人鍾離權述:《破迷正道歌》,《道藏》,第4册。

不署撰人:《太上洞真凝神修行經訣》,《道藏》,第2册。

原題赤松子、子房真人張良、太極左仙翁葛玄、西山真人許遜、正陽真人鍾離權、純陽真人吕岩、華陽真人施肩吾、至一真人崔明公、海蟾真人劉玄英、清虚真人曹道冲十真人撰:《黄帝陰符經集解》,《道藏》,第2册。

〔宋〕陳摶著:《陰真君還丹歌注》,《道藏》,第2册。

〔宋〕施肩吾:《西山群仙會真記》,《道藏》,第4册。

〔金〕王嚞:《重陽全真集》,《道藏》,第25册。

〔金〕王嚞:《重陽分梨十化集》,《道藏》,第25册。

〔金〕馬丹陽:《漸悟集》,《道藏》,第25册。

〔金〕馬丹陽:《洞玄金玉集》,《道藏》,第25册。

〔金〕王處一:《雲光集》,《道藏》,第25册。

〔南宋〕曾慥:《道樞》,《道藏》,第20册。

〔南宋〕陳葆光:《三洞群仙録》,《道藏》,第32册。

〔南宋〕李簡易:《玉溪子丹經指要》,此書卷首繪有《混元仙派之圖》,《道藏》,第4册。

〔南宋〕白玉蟾:《海瓊問道集》,《道藏》,第33册。

〔南宋〕陳守默、詹繼瑞:《海瓊傳道集序》,《道藏》,第33册。

〔南宋〕象川無名子翁葆光注,武夷陳達靈傳,集慶空玄子戴起宗疏:《紫陽真人悟真篇注疏》,《道藏》,第2册。

〔未詳〕馬自然:《馬自然金丹口訣》,《道藏》,第25册。

〔元〕脱脱等撰:《宋史》,中華書局1977年版。

〔元〕段志堅編:《清和真人北游語録》,《道藏》,第33册。

〔元〕李道謙:《甘水仙源録》,《道藏》,第19册。

〔元〕李道謙:《七真年譜》,《道藏》,第3册。

〔元〕秦志安:《金蓮正宗記》,《道藏》,第3册。

〔元〕陳致虚:《上陽子金丹大要列仙志》,《道藏》,第24册。

〔元〕陳致虚:《上陽子金丹大要仙派》,《道藏》,第24册。

〔元〕紫賢薛道光子、野陸墅、上陽子陳致虚注:《紫陽真人悟真篇三注》,《道藏》,第2册。

〔元〕陳致虚:《上陽子金丹大要》,《道藏》,第24册。

〔元〕禄昭聞編撰:《凝陽董真人遇仙記》,《道藏》,第5册。

〔元〕趙道一:《歷世真仙體道通鑒》,《道藏》,第5册。

〔元〕劉志玄等:《金蓮正宗仙源像傳》,《道藏》,第3册。

〔元〕苗善時:《純陽帝君神化妙通紀》,《道藏》,第3册。

〔元〕苗太素、王志道編集:《玄教大公案》,《道藏》,第23册。

〔元〕海天秋月道人玄全子集:《真仙直指語録》,《道藏》,第32册。

編者不詳:《修真十書》,《道藏》,第4册。

〔明〕洪自誠編纂:《消摇墟經》,《道藏》,第35册。

〔明〕不署撰者:《吕祖志》,《道藏》,第36册。

二、著作、辭書類

陳垣:《南宋初河北新道教考》,中華書局1962年版。

陳垣:《道家金石略》,文物出版社1988年版。

卿希泰:《中國道教》,知識出版社1994年版。

卿希泰:《中國道教史》,四川人民出版社1996年版。

任繼愈主編:《道藏提要》,中國社會科學出版社1991年版。

任繼愈:《中國道教史》,上海人民出版社1990年版。

潘雨廷:《道藏書目提要》,上海古籍出版社2003年版。

陳國符:《道藏源流考》,中華書局1963年版。

陳國符:《道藏源流續考》,明文書局1983年版。

王明:《道家和道教思想研究》,中國社科出版社1984年版。

王明:《道家與傳統文化研究》,中國社會科學出版社1995年版。

李養正:《新編北京白雲觀志》,宗教文化出版社2003年版。

李養正:《道教概説》,中華書局1989年版。

李養正:《當代中國道教》,中國社會科學出版社1993年版。

閔智亭:《道教雜講隨筆》,中國道教學院2000年印刷。

陳耀庭:《全真教派的發展和演變》,青松出版社 2004 年版。

陳鼓應:《道家文化研究》第二十三輯,生活·讀書·新知三聯書店 2008 年版。

牟鍾鑒、胡孚琛、王葆玹:《道教通論——兼論道家學説》,齊魯書社 1991 年版。

胡孚琛、吕錫琛:《道學通論——道家·道教·仙學》,社會科學文獻出版社 1999 年版。

胡孚琛:《中華道教大辭典》,中國社科出版社 1995 年版。

朱越利、陳敏:《道教學》,當代世界出版社 2000 年版。

李剛:《漢代道教哲學》,巴蜀書社 1995 年版。

盧國龍:《全真宗旨論》,青松出版社 2004 年版。

盧國龍:《道教哲學》,華夏出版社 2007 年版。

張廣保:《金元全真道内丹心性學》,生活·讀書·新知三聯書店 1995 年版。

張廣保:《唐宋内丹道教》,上海文化出版社 2001 年版。

張廣保:《金元全真教史研究》,青松出版社 2008 年版。

王宗昱:《金元全真教石刻新編》,北京大學出版社 2005 年版。

强昱:《從魏晋玄學到初唐重玄學》,上海文化出版社 2002 年版。

丁鼎等主編:《昆嵛山與全真道:全真道與齊魯文化國際學術研討會論文集》,宗教文化出版社 2006 年版。

劉鳳鳴、慕旭、趙衛東主編:《丘處機與全真道——丘處機與全真道國際學術研討會論文集》,中國文史出版社 2008 年版。

王志民主編:《齊魯文化研究》總第七輯,山東文藝出版社 2008 年版。

趙衛東主編:《問道昆嵛山——齊魯文化與昆嵛山道教國際學術研討會論文集》,齊魯書社 2009 年版。

白如祥輯校:《譚處端·劉處玄·王處一·郝大通·孫不二集》,齊魯書社 2005 年版。

周永慎:《歷代真仙高道傳》,中國社會科學出版社 2003 年版。

張興發:《道教神仙信仰》,中國社會科學出版社 2001 年版。

李叔還編纂:《道教大辭典》,浙江古籍出版社 1987 年版。

戈國龍:《道教内丹學探微》,巴蜀書社 2001 年版。

章偉文:《宋元道教易學初探》,四川出版集團巴蜀書社 2005 年版。

章偉文:《郝大通學案》,齊魯書社 2010 年版。

三、期刊論文類

羊化榮:《北五祖》,《宗教學研究》1983 年第 2 期。

陳月琴:《八仙群體的演化發展及其形成》,《中國道教》1992 年第 1,2 期。

趙杏根:《話説中國傳統文化中的八仙》,《文史雜志》2000 年第 3 期。

羅偉國:《話説八仙》,《上海道教》2000 年第 3 期。

丁培仁:《〈靈寶畢法〉功法四題》,《中國道教》2003 年第 5 期。

謝正强:《鍾吕内丹思想與〈周易參同契〉關係試析》,《宗教學研究》2003 年第 3 期。

楊建華:《〈鍾吕傳道集〉的内丹養生教育思想》,《宗教學研究》2003 年第 4 期。

孫亦平:《杜光庭與鍾吕内丹道》,《世界宗教學研究》2004 年第 1 期。

王延琦:《全真道教與八仙關係初探》,《山東省農業管理幹部學院學報》2004 年第 4 期。

李遠國:《論鍾離權、吕洞賓的内丹學説》,《宗教學研究》2005 年第 2 期。

丁培仁:《〈靈寶畢法〉再研究——附論鍾吕金丹派的丹書與西部區域性》,《宗教學研究》2007 年第 3 期。

梁浩:《鍾離權“三成丹法”》,《現代養生》2008 年第 6 期。

陳杉:《道教壁畫的精華——山西永樂宫〈鍾離權度吕洞賓圖〉解讀》,《中國宗教》2011 年第 4 期。

趙超、李媛:《咸陽楊家灣明〈重修正陽洞記〉碑考略》,《中國道教》2012 年第 6 期。

魏燕利:《中國古典體操“鍾離八段錦法”之創始、演變與歷史定位》,《淮北師範大學學報》2012 年第 1 期。

不題作者:《元代永樂宫壁畫——鍾離權度吕洞賓圖》,《山西檔案》2012 年第 6 期。

章偉文:《水火、龍虎、鉛汞内丹蘊意發微》,《弘道》2016 年第 3 期。

圖書在版編目(CIP)數據

鍾離權學案/章偉文著. —濟南:齊魯書社,2018. 1
ISBN 978-7-5333-3916-6

Ⅰ. ①鍾… Ⅱ. ①章… Ⅲ. ①八仙-人物研究 Ⅳ. ①B959. 92

中國版本圖書館 CIP 數據核字(2018)第 016128 號

鍾離權學案
章偉文 著

主管單位	山東出版傳媒股份有限公司
出版發行	齊魯書社
社　　址	濟南市英雄山路 189 號
郵　　編	250002
網　　址	www. qlss. com. cn
電子郵箱	qilupress@ 126. com
營銷中心	(0531)82098521　82098519
印　　刷	山東新華印務有限責任公司
開　　本	880mm×1230mm　1/32
印　　張	16. 875
插　　頁	3
字　　數	495 千
版　　次	2018 年 1 月第 1 版
印　　次	2018 年 1 月第 1 次印刷
標準書號	ISBN 978-7-5333-3916-6
定　　價	**66. 00 圓**